新闻宣传丛书

委员风采（下）

WEIYUAN FENGCAI

北京市政协宣传中心◎编

中国文史出版社

目录

范承玲　畅游体育与文学的世界

徐　飞

“我至今也弄不清，她是如何从一个亭亭玉立的体操运动员变成一位硕士研究生的，又是如何从一个体育记者变成如此娴熟地驾驭文字、细腻表达真情的散文作家？她最初给我的印象，是一位靓丽的‘弱女子’，不善言谈，说起话来细声细气的。接触多了，才了解这位外表文静的女子，其实是很有主见、很坚强而且很重感情的。”这是报告文学家鲁光对范承玲的评价。

我也带着当中的疑问，走进了范承玲的世界。

“体育让我受益终身”

范承玲是与李宁同一时期的贵州省体操运动员，“记得第一次进体操房，我的视野里面是一张巨大的红地毯，当时我坚信，这一定是世界上最大最柔软的红地毯了”，说起体操，范承玲回忆道，“之后的一段时间里，我对那方红地毯着了迷。更诱惑我的是，我还能去看天安门，这对生活在距离北京2000公里之外的小孩子来说，是多么神圣的一件事啊”。

上小学的范承玲并不知道体操是什么，她当时是学校少儿艺术团的成员，仅仅是能去天安门这句话，让她在体操队与文工团之间毫不犹豫地选择了前者。当时的她绝没有想到，体操竟是如此惊心动魄的一项运动。为了练体能，运动员每天都要早起跑步。贵阳的冬天会出现凝冻天气，每到这时，跑道像镜面一样滑，几乎是跑一步摔一跤。从事专业体操运动的7年里，她不知道受过多少次伤。一次训练，颈部受了重伤，躺在固定担架上的她哭着问教练：“我还能继续训练吗？”虽然受过不少皮肉之苦，但一路坚持下来，更多的还是不舍。

在范承玲的职业体操生涯中，她的最好成绩是在全国比赛中获得跳马第四。作为曾经的运动员，她说她看到的不仅仅是输赢，而是对生命的认识以及由此带来的感悟。她说："登上最高领奖台是每一位运动员的追求，以这个标准评判，我不能算是一名优秀的运动员，但是体育让我受益终身。一是它给了我坚持的人生态度，这种坚持融入血液，成为我后来做一切事情的基本准则。运动员每天都在和失败打交道，即使这个动作你今天学会了，明天难度又增加了，又要面对新一轮的磨砺，唯有坚持才能走得更远。二是团队精神，体操要计算团体成绩，教练员会根据每个人的特点设计动作，有时会因为提高团体成绩而放弃个人所好。三是一丝不苟的人生态度。体操动作稍有偏差就可能给自己的身体带来严重后果，长期的训练养成了我做任何事情都十分认真、严谨的习惯。"这段体操生涯带来的认知和感悟足以支撑范承玲一生的工作和生活，她不会再被什么打倒了。

1977年恢复高考，省体工队有一些人考上了大学，范承玲很是羡慕。不少人鼓励她也去考大学，觉得她一定可以。"我是一个非常不自信的人，加上自己没上过中学，底子薄。"范承玲的母亲是四川大学毕业生，后来一直从事教育工作，父亲在部队时也从事过文字工作。"文革"期间家庭受到冲击，当时家里人都很脆弱。为了不让他们失望，范承玲的备考成了秘密进行的"地下工作"，除了几个队友，她没有跟任何人提及。备考这一年正是她当助理教练的一年，小运动员们6点半起床之前、10点睡觉后，都是她看书的时间。令她自己都没想到的是，凭着平时的一点积累和考前的挑灯夜读，在体委几十名考生里，范承玲考了文科第一名，成为了西南大学体育教育专业第一届本科生，继续着她与体育的渊源。

从体育记者到散文家

1988年，从华东师范大学比较体育理论专业获硕士学位的范承玲面临着两个选择，或到体科所进行体育科学研究，或做《中国体育报》记者。受父母的影响，她从小热爱文学，大学旁听了四年中文系的课程，让她跟文学更亲近，更熟悉。同时，这也是性格使然，刚出校门的范承玲不善言谈，不喜欢暴露在人群中，她认为记者的工作更适合自己。

起初，虽然前期做了很多准备工作，但采访的前一天却出现胃疼痉挛。面对陌生的面孔，顾虑重重，不知道说什么。日后的实践中，范承玲总结出：最好的倾听者就是最好的采访者。低姿态认真倾听别人的讲述，平等与被采访者交流，让人觉得你可信赖、可倾诉，这正是范承玲的优势。“做了21年的记者、编辑，多年不见的同学见面对我有两个评价：头发剪短了，爱说话了。记者这份职业，给了我更多观察人生、了解社会的机会，让我看到多样化的人性。成功的人都付出了我们看不到的努力与艰辛。”的确，就像她本人一样，如果不了解她的经历，仅看她的外表和文字会觉得她一直是一个生活安逸，浪漫、诗情画意的人。

在范承玲看来，每一次采访都是学习的过程。她看体育，除了比分，还有体育文化等更深层次的东西。范承玲第一次采访谢军时，她还不是世界冠军。在谢军的讲解中，第一次接触到国际象棋的范承玲发现中国象棋和国际象棋最大的不同是文化的不同。之后，她从中西文化比较的视角，写出了《国际象棋与中国象棋之比较》一文。“这是那次采访的副产品，这些副产品往往让我更有成就感。”正是凭借着这种钻研、沉下心做事的精神，2009年，范承玲获得了中国体育新闻优秀工作者银奖。

1990年，三九胃泰知识产权案在央视《观察与思考》播出后，引起社会广泛关注。这期节目的撰稿人就是范承玲，为此她翻阅了大量知识产权书籍，采访、请教了数位知识产权方面的专家。“要做一个好的记者，采访前要做大量的案头工作，对你所要采访的行业要有所了解。采写一篇文章的过程，就是一个学习的过程。”作为政协委员，她提出的《关于加大艺术授权知识产权保护力度的提案》，也得益于当初对于知识产权问题的研究与学习。

范承玲爱写散文，她说她最初写东西是写给自己看的，是自己和自己的对话。她喜欢散文，是因为散文来不得虚假，是用自己的语言对真实、真情、真诚的表达。她的文字浅淡、精致，读来不累，但里面又不乏哲意和思考。“每个人都是散文家，真实的生活就是最好的素材。只要真诚地面对生活，真诚地面对自己，真诚地述说，就是好散文。”她先后在《北京文学》《黄河文学》《飞天》《运动休闲》《第五频道》《中国文化报》等媒体发表散文数篇，先后出版了个人散文集《秋天的行走》《有些时间是用来浪费的》。其中，2008年出版的《秋天的行走》获得了第四届冰心散文奖，散文《风雨桥的记忆》入选“2009年我最爱的中国散文100篇”。

采访中，范承玲提及最多的词汇就是真诚。“与人交往，写东西，做事情都需要真诚，对人、对事、对人生都是如此。这就是正能量，不用去喊多么宏大的口号。”

关注古村落

在范承玲的散文中，很多篇提及她的家乡那些不知名的小河、石板路。她在《青岩之青》中写道：很多年前，我曾紧靠这石院墙拍过一张照片，一直颇为喜爱。而如今当我再次倚靠着它时，我老去，它却依然那么诱人。多少人从它身边走过，多少事在它眼前上演，可它却毫不躁动。那层层叠叠的青，还是那么厚实、那么干净。“传统村落带有鲜明的历史文化烙印，凝固着一个地区的记忆。只要传统村落存在，我们回望来路、追溯文化、寻根历史的目光，才能有所投射、有所皈依。”

关注古村落是源于她的热爱，“如果去一个地方玩，我会首选古村落，我喜欢真山、真水、真情，喜欢自然状态下的一切，我每到这些地方，会觉得彻底地释然、放松。我的文字里有很多都是跟石头跟小草跟无名的小花对话，我觉得它们都是有生命的，会表达。”然而，令范承玲伤心的是，往往是几年前刚去过的古村落，再去的时候可能就不存在了，或变成了另外一副模样。她在散文《偶遇周庄》里写道：很多年了，我想故乡，就会想起那条青石板路。但遗憾的是，周庄的石板路依然，而我的家乡的那条青石板路早就被柏油路取代了。“人类文明从田野走来，从劳作中来。人的内心世界的空心化比城镇的空心化危害更为严重。你走过的石板路，抚摸过的石牌坊都是滋养自己、为自己造血的东西。人不知道自己从哪里来就不知道会到哪里去。”北京作为文明古都和全国文化中心，今天与过去一脉相承，人们内心才会更加美好、丰沛和坚定。传统村落厚重的历史文化价值，对培养北京人的文化格调、文化品位，发挥着润物无声的作用。传统村落和传统村落文化消失，会造成我们对北京传统文化记忆的丧失，从而失去对历史的回顾，丧失未来发展的根基。她曾经去过很多地方，见过很多古村落，2014年她提出的《关于加大北京市传统村落保护的提案》，使古村落保护问题得到关注并成为当年北京市政协文史和学习委员会的专题调研。

热爱文化的她，十分关注文化问题，例如加强文化产业投融资体系建设、恢复地坛书市作为古旧书跳蚤市场等。作为致公党中央宣传部副部长的范承玲还参加了致公党中央“一带一路文化融合的调研”，“一定要文化先行，否则会带来很多问题。例如在他国架桥开路，如果那座山是当地民众心中的神山，是无论如何不能动的。在‘一带一路’的推进中，一定要关注到宗教、习俗等文化的融合。在眼下京津冀协同发展过程中，我们对于文化先行方面的关注度还不够，协同发展，应当是文化多元性基础上的协同，是文化创新基础上的协同”。

对于范承玲来说，文化或许早已融入血液，注入灵魂。

尚珂　站在流通法学最前沿

郭　隆

为了销量和搜索排名，不少网店会找朋友甚至是专业公司刷单。这一刷假信誉的行为有望被法律明文禁止。2015年4月商务部发布《商品流通法》（征求意见稿）中明确规定：交易场所内“禁止经营者自行或通过他人虚构信用评价”。

《商品流通法》给电商戴上了紧箍咒，作为该项行业立法研究的主持者和起草人，北京市政协委员、中国商业法研究会流通法专委会主任、北京物资学院劳动科学与法律学院院长尚珂，数十年研究市场流通法制、社会保障制度，所主持完成的商务部“十一五”重大立法规划项目《市场流通法研究》为我国制定市场流通基本法律提供了具体的、可操作的借鉴。作为北京市和通州区两级政协委员，尚珂多年来关注养老、医疗问题。广泛调研、多提提案，在她看来是委员的职责与担当。

流通法领域的突破

流通、物流领域的教与研，是北京物资学院的特色与优势。

随着市场经济日益活跃，2005年8月，北京物资学院依托其在流通、物流领域的学科特色与优势，成为全国第一家将法学专业细分出流通法方向的高校。当时，从事法学专业教学和研究多年的尚珂被任命为法政系副主任，在她看来，这一新的专业方向是“在法学专业的基础上突出培养流通领域的法律人才”，而在整个学科建设上也需要在行业特色方面下工夫。

“要让这个学科立起来，首先就要在流通法律研究方面取得突破。”尚珂如是说。“当时就觉得市场流通领域存在一些问题，但具体有什么法律方面的问题，该怎样研究只能一点一点去摸索。”作为学科带头人，从研究北京市的流通业态法律环境到整个市场的流通秩序，尚珂提出要完善市场法制建设，完善市场流通法体系，才能应对整个市场中流通秩序混乱的情况。于是，她凭借多年研究法律规范的理论功底，深入研究了法律框架设计的指导思想、条款设计的理由、解决的问题及主要的条款内容，形成了《市场流通法》草案。这项研究解决了市场流通法的构建基准等基本理论问题，填补了我国流通立法基础问题研究的空白，作为商务部“十一五”重大立法规划项目的相关成果，同时获得商务部2011年全国商务研究成果二等奖、中国物流与采购联合会2011年科技进步二等奖和中国商业联合会2012年科技进步二等奖等诸多荣誉。

深入实际开展调查研究是尚珂信奉的工作准则。在研究流通领域法律建设问题时，针对每一项研究项目她都要进行大量市场调研。例如，在主持商务部《酒类行政立法必要性研究》项目时，她先是将酒类企业现状调查清楚，然后是酒类流通渠道问题、酒类流通市场环境、酒类流通市场问题……每一个问题，对她而言都是新的挑战，每一项研究都是一个从无到有的创新。在对《再生资源流通管理办法》实施评估时，她分别对垃圾分类、回收运输、处理方式等环节进行调查，列出现有再生资源回收过程中分段管理的问题，从而提出更加符合实际且更具约束力的法规修改意见。

尚珂凭借着她的深入与创新，为解决市场流通中的社会焦点问题不懈努力。伴随着课题研究，流通法领域的理论研究越来越深入，经过近十年的不懈奋斗，尚珂带领团队完成了多项商务部、北京市哲学社会科学规划等流通法制相关课题，在法学研究方面形成了流通法律研究优势与特色，研究成果获得广泛关注，走在了行业法研究的前沿，也让学院的法学专业名气越来越大。

从最初科研项目的零起步到专业建设的初具规模，尚珂说，一切都要归功于自己的团队。“这些研究项目都是大家一起完成的，大家齐心协力完成了大量的调研和论证等工作。”

案例教学与实践平台

拥有30余年教龄的尚珂，始终为自己是一名教师感到自豪。她先后获评北京市优秀青年骨干、北京市中青年骨干教师、北京市优秀教师，荣誉伴随着她教师职业发展的每个阶段。她说，这是对一名教师最大的褒奖，她为自己的职业生涯感到骄傲。

1986年进入高校工作，尚珂主要教授《经济法》《竞争法》等法律相关课程。大量的法律条文和定量分析难免会让学生觉得枯燥，但在尚珂的课堂上，社会实践中所见所闻的真实案例成为主角。从出租车行业的市场准入管理，到管理效果的存疑；从出租车最初满足市场需求到打车软件的出现推动市场变革，政府的管理制度需要怎样改进？三聚氰胺事件引发大众对乳液的不信任危机，针对性的监管方法和手段有哪些？信用管理如何推进……在尚珂的教学中，社会现象、企业难题和法律进程总是联系在一起的，案例教学让学生们走出了书本的束缚。“在接受知识的过程中，重要的是分析问题的方法以及思维模式的培养。”尚珂说。

“在学生教育上，最重要的工作还是给学生提供一个认真负责的教师团队。”作为劳动科学与法律学院院长，尚珂既是这样认为，也是这样做的。从最初建立法学专业时的一名教师专门负责几名学生的“导师制”尝试，到现在校外导师和校内导师结合的“双导师制”，站在学生需求的角度上思考问题，已经成了尚珂解决问题的出发点。而每次在劳动科学与法律学院新生开学典礼上，尚珂提的最多的还是要勇于尝试、不断实践。“当然在这个过程中你可能会犯错误，可是只有发现错误，你才能解决它。”

为了给学生提供良好的实践平台，北京物资学院劳动科学与法律学院经过不断的摸索和尝试，已建立起20多个校外教学科研实践基地，并与通州区司法局、律师事务所及一些流通企业建立了良好的合作关系，为学生实习提供了良好的平台支撑。另外，由北京物资学院主办的每年一次的市场流通法制论坛是产学研政等方面人士交流、探讨流通法制建设的学术交流平台，在这个学术交流平台上，尚珂及她的科研团队不断地提出新的研究成果，发布学术研究观点，也为学生开阔了眼界。

经过十年的建设和发展，学院的法学专业（流通法方向），培养出一批又一批具有经管类和法学专业交叉的高素质复合型人才，学生在商品流通、物流领域法律制度方面具有较高的理论和实务水平，在就业和职业发展上具有不错的前景。

建言养老、医疗问题

多年来，作为市区两级政协委员，尚珂始终关注养老、就医等民生问题。促进医养结合、发展医联体……每次政协全会前，她都把最新的数据和建议写进提案中。

京津冀协同发展、北京市副中心的规划建设备受关注。其中，优质医疗资源的配置问题成为政协委员们集智建言的焦点。

“通州区辖区内现有各级各类医疗机构610家，目前总开放床位3467张，千人口开放床位2.56张。”在对通州区现有医疗资源现状进行全面调研的基础上，尚珂认为，根据通州区作为北京市副中心的功能定位和通州区所处的京津冀桥头堡的地理优势，通州区医疗卫生事业发展面临前所未有的挑战。她在《关于将市级优质医疗资源疏解到市副中心的提案》中指出，通州区医疗卫生资源匮乏，千人口开放床位明显低于全市平均水平，优质医疗资源的引进和合理配置亟须加强。

尚珂建议：“引进1到2家市级三甲综合医院落户通州，借助非首都功能疏解、京津冀协同发展的机遇，北京核心区医疗资源可与通州区区级医院开展深度合作，努力探索市、区、镇医联体管理机制，推进基层医疗卫生机构管理机制改革，逐步实现分级诊疗就医新秩序。”

“老年人的就医需求是十分迫切的，养老需求与医疗需求是相互交错发展的。”通过对一些区养老机构的调研，尚珂发现，公办和民营养老机构都自发开展了与医疗机构的合作，但由于养老机构与医疗机构分属于民政局和卫生局管理，在体制、制度设计上存在种种限制，目前民间自发的医养结合，不能真正解决养老机构对医疗服务的需求。

带着分析与思考，尚珂提交了《关于创新社会管理模式，促进医养结合，完善养老服务机构的功能的提案》，提出养老机构应该实现医疗、护理、养老一体化服务，政府部门应打破现有行政管理体制造成的制度隔离，创新社会管理模式，有效地促进医养合作机制的建立和运行。她建议，在相关主管政府部门的协调下，养老机构与相邻的社区医院、民办医院“结对子”建立合作关系。以多种方式进行医养合作，以协议的方式建立稳定的医疗服务。合作内容可以包含：入院健康状况的评估、建立老人护理评级管理、入住老人健康监测，常规体检、建立健康档案、心理健康咨询服务、就医绿色通道、对养老机构护理人员医疗护理培训等。“在医养合作的推行中，需要政策的引导和资金支持，建议给予实施机构以政策性补贴或以购买服务的方式给予适当比例的分担。”

近年来，北京市推行医联体模式，构建起分级医疗、急慢分治、双向转诊的诊疗模式。尚珂在针对通州区推行的医联体实施的调研中发现，慢性病患者在核心医院门诊进行诊疗所需的药品，在社区医院开不齐，病人涌向大医院开药，而同样的原因使得核心医院下转病人困难。

针对医联体运行过程中的医院级别、用药目录范围、医保报销等问题，尚珂在《关于发展医联体、试点突破药品目录级别限制、方便群众就近就医的提案》中建议，要定期组织专家充分评估本地区基层慢性病、常见病的药品使用品种问题，对于基本药品品种（包括国家和地区增补的）采购目录，要实现各级医院拉平，统一一个大目录，方便社区用药和三级医院用药品种对接。“在医联体内部试点社区和二三级医院药品并轨，实施药品基准价报销政策，抑制进口药物的使用。”

赵志强　留住一把打开历史的钥匙

郭　隆

说起蒙古族土尔扈特部的“东归传奇”，世人耳熟能详，但同样悲壮的锡伯族“西迁壮举”却鲜为人知。

200多年前的1764年阴历四月十八日，一批锡伯族军民从故乡沈阳（当时叫盛京）出发，告别世居的故土和骨肉同胞，踏上了万里西迁的漫漫征途。在历经严寒困顿、路途坎坷等种种艰辛后，这支锡伯族部落于乾隆三十年（1765年）七月二十二日，先后抵达新疆伊犁察布查尔地区，开始了平息叛乱、为国戍边的民族壮举。

将这一段可歌可泣的民族大迁徙故事探究、考证出来的，是一位执着而痴情的民族学者，一个用近乎顽强的民族精神，将一个民族、一种语言、一段历史串联起来，颇具传奇色彩的人。他就是北京市政协委员、北京市社会科学院满学研究所所长赵志强。

“文革”后的第一批满文人才

1975年，“文革”尚未结束，青年人在当时少有选择未来学习或工作的机会。出生于新疆察布查尔县的锡伯族小伙赵志强，此时第一次离开家乡，踏上了开往北京的列车。

“说起与满语结缘，我实在是很幸运的”，赵志强回忆说，20世纪70年代，会说满语、写满文的人日渐稀少，而一旦满语文人才断档，就意味着清朝皇家的200余万件满文档案无人解读。为此，北京故宫博物院遵照周总理批示，开办了满文干部培训班，特准从北京、新疆、黑龙江等地应届高中毕业生中招收21名学员学习满文。通过考试的赵志强被顺利录取，自此，改变了他的人生命运和工作航标。

在北京故宫内阁大堂的大殿里，赵志强和他的同学们开始了艰苦的学习生活。“满文和锡伯文的很多字同形同音，基本上，锡伯语完整地把满语保留了下来。”赵志强说，从小熟练掌握锡伯语言，让他当时在学习满文时比其他一些学员要快些。尽管如此，锡伯语与满语之间也存在一些差异，特别是他们掌握的口语与清朝官文书中的书面语差异更大，需要一个一个地记单词，逐字逐句地去领会。小本子记了一本又一本，卡片写完一张又一张。清晨和晚饭后，故宫西华门旁的内护城河边，每天都能看到赵志强背单词的身影。

经过三年的专业学习后，赵志强在故宫博物院明清档案部（今中国第一历史档案馆）满文部从事满文档案整理、翻译、研究工作，埋头于浩如烟海的清代文献资料中，常年的实践，使他对馆内文献了如指掌。不久前，赵志强为查找一份资料来到离开多年的档案馆，当工作人员一番查找后歉疚地告知所需资料短缺时，赵志强凭借多年记忆，准确无误地提示给对方资料所存的位置，果然一份文献被取了出来，这样的功夫令包括同行同事在内的所有在场人员佩服不已。

工厂内的残损木板

作为一个锡伯族人，儿时的赵志强便从父辈人那里听到过有关乾隆年间，4000多锡伯族军民穿越大漠草原，翻越冰天雪地的阿尔泰山，最后到达新疆伊犁的西迁传说。老人们讲的是否是真实发生的故事？自己的故乡到底在哪里？族人们为何要背井离乡远涉万里？一连串巨大的疑问很早就撞击着赵志强触摸民族历史的使命感。而今，掌握了满文，又能接触到故宫保存的珍贵清代历史档案，他最想弄清楚的就是自己民族、自己祖先的历史。

因为研究锡伯族史不是赵志强的本职工作，所以他只能利用业余时间来干。每天晚饭后，他就埋首在浩如烟海的清代满文档案里查找史料。没有复印设备，就手抄，一本本的笔记记了几十本。俗话说，阅万卷书不如行万里路。赵志强知道，传说中被抽调的锡伯人，出发前曾在沈阳的锡伯家庙集合，祭祖告别。是不是真有一个家庙？200多年后它是否依然存在？带着探索和敬意，赵志强和他的同事、老乡吴元丰第一次到沈阳太平寺寻找史迹。

“当时的家庙已成为一个工厂，找来找去看不到一点有价值的东西”，赵志强颇有感慨地回忆说。他在工厂外拍照的行为引起了一位工人师傅的注意，当得知赵志强是来寻找锡伯族史迹的，工人师傅便向他说起厂内机器下压有一块刻着字的木板。专业的敏感让赵志强十分小心地从机器下把残损的木板抬出来，除去上面的油泥后，“锡伯家庙”四个大字虽有残损却仍可辨认。“经考证，这就是太平寺大殿内的木匾！”提及此事，赵志强至今仍是一脸兴奋。如今，这块木匾就悬挂在修葺后的锡伯家庙殿内。

赵志强十分注重对细微史料的考证，多次到东北、内蒙古、新疆地区进行实地考察，特别是对锡伯族的西迁，更是收集了百余万字的历史档案资料。他先后出版了锡伯文版和汉文版的《锡伯族档案史料选编》。他与同事合作发表的《锡伯族西迁概述》利用大量鲜为人知的满文原始档案史料，经过严谨的研究和考证，对锡伯族西迁的历史原因和行进路线进行了严密考证；他与同事以锡伯文合著的《锡伯族迁徙考记》在国内外引起轰动，因为国内外许多专家认为中国已经没有人会用锡伯文或满文写著作了；意大利威尼斯大学教授斯达理将此书译成德文，在欧洲发行。

70万字专著破解“旧清语”

近年来，从《明亡清兴六十年》到《前清秘史》，与清朝历史相关的讲座、纪录片接连热播。“除了对历史故事本身的兴趣之外，对于一个少数民族为什么能统治中国达200多年，‘康乾盛世’如何使中国封建经济发展到一个新的高峰，都是人们的兴趣所在”，赵志强说，探究这些问题就必须掌握大量的满文原始档案，对满洲的历史文化进行深入研究。

发挥自己精通满语文的优势，结合人们关注的清史热点，赵志强逐步将研究方向转向清代政治制度。在查阅了大量的满文档案资料，经过分析考证后，赵志强发现了清代的很多决策是集思广益的结果。“清代中期的决策机构里不仅集中了一批满族人才，还有蒙古族、汉族等各民族的优秀人才。所做的决策基本是符合客观的，符合当时国情的，这为‘康乾盛世’打下了基础。”结合研究成果，赵志强出版了《清代中央决策机制研究》一书。书中探讨了清代中央决策的办法、政策产生的背景、过程和效果，理清了清代从入关之前的议政处，到雍正朝的军机处，还有九卿会议等机构在中央决策机制中的地位和关系。

研究满洲文化与历史，满语是必须的重要工具。而在多年的学习、研究过程中，赵志强发现，由于满语文自身的演化过程，也给满洲文化的研究带来了新的课题。

有一年赵志强和同事去辽宁省档案馆查资料，遇到一位研究人员向他们请教关于一句老满文的翻译问题。原文大意是：一个人不舒服，干硬的东西吃不了，也就喝点稀的东西。这句话是用老满文写的，如果按照皇太极改革后的新满文来翻译，最后一句话的意思就成了‘也就喝点尿’。赵志强对研究人员解释了这是老满文里面特有的一种表述方法，实际上翻译过来就是“喝点稀的东西”。

这件事对赵志强的触动很大，促使他对老满文进行研究。赵志强说：“皇太极时期，朝廷对老满文进行了改进，增加了‘圈点’，形成了‘新满文’，到了乾隆时期，很多人都不认识老满文了。”对此，赵志强经过20多年的潜心钻研，出版了一本近70万字的专著——《旧清语研究》。现在国内外一些高校和研究机构，如辽宁大学、黑龙江大学、台湾中正大学、韩国首尔大学等教学老满文的时候，都把这本书当作工具书使用。

一次使用满语的彻夜长谈

1991年，赵志强调入北京市社会科学院满学研究所。他的满语专长不仅在业务上得到了极大的发挥，也成为联络北京满族学者、拓展满族民间研究的纽带和桥梁。实业家陈丽华、皇族后裔毓瞻、启骧等都先后成为他情感上的朋友、事业上的同志。这种关系的建立不仅加强了民族内部的交流，也为满语民间资料搜集、强化满语社会影响、推动满语学术研究等带来积极的效果。

即使在满学所承担了许多社会工作，赵志强还是与以前一样，将更多的精力放在满文满语研究方面，发表了《清初军国议政与满洲贵族》《清朝兴衰与皇子教育》等近三十篇满文满语学术论文。这些专著和论文，都配合了时下的民主施政建设、教育体制探索、反腐倡廉机制等社会热点问题的探讨，让人们看到了满文满语新的价值和前景。

在当今社会，如果提到某人致力于满语研究，似乎总给人以“过去式”的感觉。而赵志强能够全身心地致力于满语研究30余年，除了本身的职业要求外，更源于心底的一股情感的力量。

一次，赵志强来到黑龙江省齐齐哈尔市富裕县友谊乡三家子满族村考察。作为满族文化的最后遗存地，在这里尚有为数不多的几位精通满语的老人，孟老先生即是其中的一位。当他听到赵志强纯熟、地道的一口满语，当即将他视作知音，不仅让到家里如宾朋故交般地款待，还施以地主淳朴、至尊礼节，让老伴借住他处，腾出炕头，与赵志强用满语彻夜长谈。是什么力量使得并不同族且年龄殊异的二人近若父子家人？共同的民族语言在这里产生了神奇的效应。也正是这种效应，坚定了赵志强守护民族语言、探究民族文化的决心。“抢救满文，就是为了留住一把打开历史的钥匙。”赵志强说。

梁绿琦　我志愿　我快乐

张 涛

一份工作岗位对一个人到底意味着什么？是一个糊口的饭碗，还是一个可以在亲朋故友面前夸耀的头衔，还是仅仅只是用来打发闲暇时光的工具？在经济快速发展、社会急速变迁的今天，人们对于职业的理解也变得越发现实与功利，对于职业本身的反思也大都被职业的回报所取代。因此，在这个时代，能够如梁绿琦这样身体力行、将个人事业与社会责任紧紧相连的人，就显得尤为可贵了。

梁绿琦是北京市政协委员，北京青年政治学院院长、中国共产主义青年团北京市团校校长，一位青年朋友的引路人。

重塑青年人的价值观

“现在的青年人普遍对于责任感看得比较淡，尤其是90后的孩子，虽然还谈不到自私，但是他们却表现得比较散漫，对工作要求不高，也不希望受到任何约束。在助人为乐方面就更谈不到了，多数人都是只图自己安逸，少有利他精神。”梁绿琦不无忧心地说。

多年来，梁绿琦一直对青少年的社会责任感缺失忧心不已，她时常思考如何才能发挥自身的专业优势，重塑青年人的价值观。经过很长时间的探索，她终于发现开展志愿者活动这一切实可行的道路。

“有时我发现给青年人讲马列主义、北京精神之类的理论，他们根本没有兴趣，更别说触动他们了，但是当组织他们参加完志愿者活动之后，却可以看到他们那种发自内心的兴奋，甚至都从眼睛里冒出光来。”梁绿琦这样说。

一次去毛主席纪念堂的志愿活动令梁绿琦的印象尤为深刻：起初动员的时候全场还是乱哄哄的，虽然一再告知大家，这里是毛主席纪念堂，是一个非常神圣的地方，但大家还是不以为意。可是随着志愿活动的逐步深入，大家却渐渐对毛主席产生了敬意，他们面对每天成千上万的参观群众，不再烦躁、敷衍，而是以“为毛主席接待客人”的强烈使命感去认真接待每一个来访的人。在这个时代的巨人面前，那些曾经自以为是的孩子终于感觉到了自身的平凡与渺小。

“现在的青年人很少有政治偶像，所以当一个改变了那么多人命运的伟大人物忽然走到了他的眼前，那种强烈的冲击感使他们忽然感到了个人的渺小，那种自我为中心的自私意识，在不知不觉中就被一扫而空了。”梁绿琦解释说。

梁绿琦告诉我，过去开展活动时，好多家长都走后门希望能对自己的孩子多些照顾，让孩子少吃点苦、少受点累。但现在却反了过来，家长们都走后门希望孩子能参加到她的志愿活动中去。而每当接到这样的“后门”电话，梁绿琦的内心都是欣喜不已。

“这表明我开展志愿活动的办法已经得到了家长们广泛认同，有了他们的支持，我将志愿活动坚持下去的信念就更坚定了。”梁绿琦如是说。

解决“入学难”该换个思路

“北京经过多年的发展，‘入学难’问题按理说已经解决了。比如大学方面，北京2013年招生计划有八万多人的名额，而实际考生才有七万多人，入学应该不难了，但是‘入学难’的呼声反而越来越大了，所以我觉得‘入学难’的本质并不在于入学本身，而在于优质教育资源的稀缺。”经过长时间的观察，梁绿琦得出了这样的结论。

她指出，北京作为首都，虽然聚集着全国最优质的教育资源，但在人口逐年递增的条件下，优质教育资源还是显得相对稀缺。近些年来，政府在促进教育公平方面采取了很多措施，比如为平衡资源，缩短学校之间过大的办学条件差距，老师和校长建立轮岗制度帮助资源薄弱学校赶上来，扩大优质学校的覆盖面，增加优质学位的供给量。这些措施虽然对“入学难”问题起到了一定的缓解作用，但距离真正解决这个难题，却还远远不够。

针对这个问题，梁绿琦有一个不同寻常的思路，她认为：政府可以解决最基本的教育权利问题，却没办法让所有人都享受到优质的教育资源，也没办法让一个教学能力差的学校在短时间内就达到优质学校的教学水平。但是，政府可以让每个学校都各有特色，通过特色校来分散家长对不同教育的需求。

"人们对教育的理解千差万别，对教育的需要也各不相同，再优质的学校，也不能同时满足所有家长的教育需求，这就为开办特色校留下了空间。我了解一些民办学校在这方面做得很好，有的学校特别重视传统人文教育，有的学校则在专业领域颇有优势，有的则是国际学校，完全融入西方的教育体系。这么多教育形式的存在，是完全可以满足家长们多元的教育需要的。"梁绿琦这样说。

梁绿琦也坦言，目前很多民办学校收费高，门槛低，口碑不好，有些国际学校一旦融入西方教育体系不成，就很难再与国内的教育接轨。这些问题的存在，使得家长对民办特色学校的认可度不高，不愿选择这些学校。但梁绿琦觉得，这并不能妨碍将开办特色学校作为缓解入学难问题的出路。

"我一直希望政协能够组织一些力量，对开办特色校的这些问题进行梳理归类，这样既能为解决首都的教育公平问题尽一份力，又发挥了政协智力密集的人才优势，何乐而不为呢？"梁绿琦建议说。

履职要讲究策略

梁绿琦讲述了这样一次履职的经历：朝阳区的朝阳公园依照规定，本来是不准许汽车进入的，但是长期以来，却有很多车辆享有特权，他们可以持卡在朝阳公园内自由穿行而不受约束。这件事被政协委员、人大代表们提及多年，但车主们总是以工作需要、特殊情况等五花八门的理由敷衍塞责，致使这个问题迟迟无法解决。直到2014年，朝阳区人大代表们忽出奇招，他们不再像往常一样，要求取消这些车主的特权，而是对车主们的种种理由表示理解，只以朝阳区政府管理需要为由，要求各位车主将姓名、单位及理由登记上报。车主们闻听此言，各种五花八门的理由统统不见了，五百多人竟无一人敢上报登记，这一久拖不决的顽疾就这样根治了。

“这是一个很成功的案例，处理方法稍加变通，问题就解决了。我觉得政协在处理一些提案时，也必须要花一些心思才行，一个小小的变通很有可能带来极大的惊喜。政协的监督不是权力监督，但我们可以让一些问题在公开、公平、公正的环境里曝曝光，好的我们就支持，坏的我们就反对，许多事情就自然解决了。”梁绿琦这样说。

在履职过程中，梁绿琦还有这样一种感触，她发觉曾经有些制度在执行多年之后，已经逐渐偏离了设计者的初衷，形成了很多令广大市民深恶痛绝的问题。政协委员虽然有反映这些问题的想法，但受自身能力和信息的局限，也很难对这些问题进行更深入的了解，提出高质量的提案供政府决策参考。

“北京市为了鼓励公园建设，曾经给予公园一项扶持政策，规定每个公园可以建设占公园面积5%的房屋用于管理经营。这个政策的初衷本是好的，但是近些年来，很多公园却利用这个政策，大肆挤占绿地建房出租，利用国家资源谋取个人私利，老百姓的意见很大。有的委员看不下去，提了提案，但是当公园一口咬定这些房屋只占5%的时候，委员就没办法了，因为委员一个人是根本没有能力去实地测量的，虽然心里觉得不是那么回事，但还是无可奈何，最终事情只能不了了之。”梁绿琦举例说。

对此，梁绿琦建议：政协对委员们提出的提案和建议不要一下子就转送给相关部门，直接交由相关部门办理解决，而是应该对所有提案进行梳理，将如公园超标建设房屋等委员调研力所不及的提案筛选出来，由政协再组织一些力量，进行更深入、更广泛的调研，以便政府在解决这些问题时，能够对情况掌握得更全面、具体，从而促进问题尽快得到解决。

梁绿琦是一个付出者，许多年来，她对青少年的成长、社会的发展，倾注了颇多心血，却并无一句怨怼之言。同时，她也是一个收获者，在十多年的志愿活动和履职活动中，她在帮助别人的同时也收获了快乐，成为了一个快乐的人。做一个快乐的人，不正是我们生而为人的意义吗？在帮助他人的同时，自己也快乐，这样的意义岂不是更弥足珍贵和意义非凡吗？这也正是梁绿琦想要告诉我们的。

王丽　风雨历练　铿锵依然

徐　飞

20多年前，她怀着“建立社会主义法律服务试验田”的责任感，毅然从国家机关辞职，挑起重担；20多年后，她所带领的德恒律师事务所，历经风雨，成为全国律所的排头兵。

初识王丽，是在暑期读书班上。她的发言往往三言两语，直奔主题，这或许与她丰富的履历相关。当过知青下过乡，当过老师执教于几所大学；当过政府官员，任司法部政治部的处长；受命创办律师事务所，其间还读了博士，做过牛津大学的访问学者。从基层到中央、从本土到西方的丰富经验，让她看问题做事情拥有犀利的眼光和独到的见解。

王丽奉行“低调做人”的原则，很少接受媒体采访。但是一照面，她就以亲切的招呼和温和的语调，打消了之前对她“难以接触”的顾虑。

德恒掌门人

王丽这代人都经历过那火热的向雷锋同志学习的年代，也都有上山下乡、接受贫下中农再教育的亲身体验，实践着为人民服务的伟大理想。对于在农村生活的经历，王丽说：“有这碗酒垫底，啥苦都能吃。人生当中有这段经历是十分宝贵的，身体不会那么娇气，精神不会那么脆弱。不管遇到多大的困难，都没有对社会、对生活失望过。”

1989至1993年，中国正经历改革开放的关键期，一方面社会主义市场经济确立，经济增速加快；另一方面社会思想活跃，东西方各种文化、理念发生碰撞、融合，这些变化既预示机会也潜在挑战。中国成为世界经济发展史上的奇迹，这一切也为中国法律服务行业发展带来了巨大的机遇。

王丽从事律师行业纯属无心插柳。1992年6月，王丽在司法部政治部担任处长，时任司法部副部长的郭德治找到她，要求她了解全国司法行政系统的律师公证法律服务的情况。不久，王丽交出了调研报告并提出了建议。

正是基于这份报告，司法部决定建立一个高素质、综合性、专业化、新体制的大型律师服务机构，以此适应改革开放和贯彻小平同志南方谈话的精神。律师服务机构借鉴西方律师事务所的经验，不给编制，不给经费。1992年末的一天，两位部领导亲自找王丽谈话，让她放手去做。王丽说："教教书、写点东西、跑跑腿还可以，办律师机构还真没有想过。"当时的王丽工作得心应手，朋友劝她别接这个任务："此去山高水深，你很难把握命运。"

"没想那么多，稀里糊涂就下海了，"王丽说，"要是把困难想足了就什么都不敢干了，人生来就是克服困难的。"同样是在1992年12月，王丽在《法制日报》发表文章《论市场经济与法律保障》中提出，法律法制既是市场经济发展的内部机制、内在需求和重要条件，又是市场经济的经验总结和高度概括。市场经济越发展，法制建设越深化，法制体系越健全，从这个意义上可以把市场经济看作是法制经济。公开提出市场经济就是法制经济，这在当时是十分具有前瞻性的。人们开始探讨市场经济当中的法律服务问题。

1993年1月，司法部直属的中国律师事务中心在北京饭店正式挂牌，房租定金是王丽从家里的积蓄中拿出的。这就是日后德恒律师事务所的前身。

作为党委书记，王丽把党建作为激励律师成长的正能量，常和党员律师开展"头脑风暴"。她说："不以权大而枉为，不以民小而不为。"意在督促律师们坚持使命，依法维权，尽职服务。"我一直教育我们的律师，内心要有定力，要坚定地信仰法律。一个好律师的口碑，一个好律所的品牌，都非一日之功，靠一个个案件积淀而成。"

王丽有一颗"永无止境的进取心"。在深化改革、依法治国的重大任务面前，她始终保持着学习钻研的好习惯，为民营企业和有关部门建言献策。2015年10月，她在《中国企业报》发表整版文章《混合所有制改革的关键在于完善产权平等保护制度》。她亲自组织参加2014年国家发改委重大改革研究课题遴选公开竞标，获得《产权平等保护研究》评分第一。在王丽带领下，德恒律所上百人投入该项目，学习研究在德恒蔚然成风。

王丽说："二十多年来，我们做的事情就是为委托人提供法律服务，简而言之就是'为人民服务的委托版'。"看起来单纯的工作实则并不简单，二十余载办理的案卷几乎浓缩了中国法制状况的高山、大川、江河、湖海。对于自己为何能取得成功，王丽说得很实在："我就是不怕吃苦，踏实做事。"

闯进"三峡"工程

作为市场经济中法律服务的开拓者，王丽一切都要从头摸索。"一定得抓住国家经济建设的主战场"，这是她一直秉持的理念。

1992年4月3日，七届全国人大第五次会议，以1767票赞成、177票反对、664票弃权、25人未按表决器通过《关于兴建三峡工程的决议》。这条关于"三峡工程投票表决"的新闻，显示在王丽的寻呼机上。

王丽迅速做出了第一判断——"三峡工程一定需要法律服务。"她瞄准这千载难逢的机遇，决心要闯进这举世瞩目的工程，干一番跨世纪的法律服务事业。

当时，很多同行觉得王丽初出茅庐，就想在群雄逐鹿的法律服务市场占据主流地位，简直可笑。但是没多久，可笑就变成了钦佩——王丽带领团队，通过锲而不舍的努力，拿下了大项目：成为三峡工程的法律顾问！

原来，在一次讨论会上，葛洲坝电厂厂长向王丽咨询一起仲裁案，并将案例委托给德恒。当时该案被认为"无力回天"，但是德恒律师看完几大摞厚厚的卷宗材料，凭借高超的专业能力，最终扭转了不利局面。疾风知劲草，由此三峡总公司开始注意到德恒所。经过整整一年不计报酬的法律服务，三峡总公司终于认可了德恒的能力与诚意，确定德恒为常年法律顾问。1997年大江截流的时候，时任三峡总公司总经理陆佑楣对德恒的代表们说："你们也是三峡工程的建设者！"这句话后来广为流传，成为全体德恒人的骄傲。

从三峡工程开始，德恒马不停蹄，先后为南水北调、京沪高铁、中铁建设以及中国农业银行A+H股上市等诸多重大项目提供法律服务，在业界建立了赫赫名声，律所本身也不断发展壮大。德恒在专业上算是"三甲一等"全科的律师行，律师、专利代理人等约1600人。王丽强调说：“全面不是同质化的扩张，而是深层次、前瞻性的高质量服务核心竞争力的发展。”

很多人问王丽，律所发展有什么诀窍？她说：“与国家、与客户共成长。抓住历史机遇，共享国家改革开放的红利。同时，不断地提升自己，使其符合市场经济与社会发展的需求。德恒现在还能按照我们当时制定的目标发展下去，说明我们的路子是对的。”

用法律服务社会

有人曾说：“律师是唯一不代表公权力，而以维护法律的准确实施为己任，去推动法治进步的专业力量。正因为它肩负着这样的使命和责任，它不仅是守法的力量，更是道德的楷模。”

如今，德恒一切都已步入正轨。王丽则把更多的时间奉献给了公益事业。2015年8月，中央统战部“同心”律师服务团在永吉县口前镇务本村、吉林市船营区望云社区开展了法律咨询和帮扶活动。很多当地的农民询问承包地、计划生育落实等问题。有人对王丽说：“你那么大牌的律师还这么接地气，给人出的招儿还挺管用。”王丽回答说：“律师就是要给人解决问题，不能光干大事儿不干小事儿。我的定位就是一名普通的律师。对法律本身有敬畏、有热爱、有崇尚，不管是谁，要有办法帮人家，让律师的头衔实至名归。”

在德恒成立二十周年举办的“法律服务与社会责任”研讨会上，很多人说：认识王丽律师多年，看着德恒做了很多利国利民的大事情，为三峡工程服务，率先实现走出国门为中国企业维权等。还有些事情虽然不大，却给我们留下了很深的印象。著名作家刘白羽晚年曾为自己的作品手稿等索还一事懊恼烦心。王丽同志想尽办法帮白羽同志取回了他毕生心血凝结而成的作品手稿等物品，了却了他将其献给中国当代文学馆的意愿。这件事占用了王丽大量时间，她分文不取、说理求人，令人感动。这样的事例还有很多。

2015年10月，云南省律师协会贫困少数民族公益法律服务中心成立，北京德恒律师事务所先期投入100万启动资金，与德恒昆明分所一道支持贫困少数民族地区弱势人群法律援助和12个工作站建设，为贫困少数民族百姓提供公益法律援助服务。德恒公益基金资助上百名学子完成学业，他们坚信爱心改变命运。此外，王丽等人还专门开通“德恒公益”微信，指导需要帮助的人。王丽说：“如果有人问去哪里找好律师，我希望人们来找德恒律师。”

“政协委员是我政治上的第一职业”

在王丽看来，开展法律服务、履行社会责任、服务民生是律师的天职，律师关注民生有天然的优势。“参政议政不光是议政治议政事，还要关心身边的事，关心老百姓最关心的事，关心北京的服务、建设，通过委员把每一件老百姓有期望值、有想法、有建议、有意见的事办好。”

在促进首都中小企业发展座谈会上、在财政预算民主监督组会议上、在专题协商、立法协商专题座谈会上都能看到王丽的身影。2013年3月至今，王丽已参加大大小小的政协活动40余次，活动涉及社法、经济、城建等多个专门委员会。只要是参加座谈会，王丽都认真查阅资料，带领所里的专业律师一道研究，准备书面发言。“参加政协活动也是学习的过程，听听政府部门的说法，听听各位专家的见解。有时候发完言，听到大家对我说，‘你说得很好，把我们想表达但表达不出来的想法说了出来。’这个时候就很欣慰。”

大力发展社会主义协商民主是党的十八大报告做出的重要部署。立法协商作为北京市政协在发挥协商民主问题上的重要探索，具有法律专业背景的王丽获得了发挥作用的机会。《北京市居家养老服务条例》《北京市控制吸烟条例》《北京市城镇基本住房保障条例》是2014年北京市政协立法协商的三个议题，每次座谈会上都能听到王丽精彩的发言。“立法协商是科学立法的重要内容，我是学法律、做法律服务的，天然有一种责任，积极发表自己的法律见解，为国家的科学立法贡献自己的一份力量。政协给我提供了表达渠道。”

通过对自身行业的观察，王丽在2013年提出了《打造北京服务高端平台》的提案。“希望在高端服务人士里面，能够推广北京精神‘爱国、创新、包容、厚德’，也能把这个市场管理好，杜绝黑律师黑中介的社会现象。”她认为，一方面是靠高端人才自身的努力，能够自觉地履行社会责任；另一个方面要靠市委市政府有意加强管理和组织。虽然高端人才都有行业的管理，但高端人才之间也需要交流促进，来提升服务的品质。这就需要跨行业的一个机构、组织或协会。

王丽认为当好一名政协委员是荣誉更是责任，要有意愿、要有能力、要全心全意履职。“政协委员就是我在政治上的第一职业。我是做法律的，有很多法律的经验，希望我对国家、对北京市的建言，能够被倾听。同时，能为国家和社会民主法治富强进步起到一些作用。这样，作为一名政协委员也算尽了自己一份绵薄之力。”

王惠文　数据会说话

徐　飞

王惠文很和蔼，让人没有距离感，更像是位住在隔壁你早已熟识的邻居。这种亲近感，让人感觉她是天生做教育工作的。

由于父亲在部队工作，从九岁开始，王惠文就跟随父母亲不断搬家。1974年高中毕业后，她留校当了代课教师。1977年2月她进入江西造纸厂化验室当了一名工人。1977年恢复高考后，她考上现在的北京航空航天大学应用数学专业。1982年毕业后，留在经济管理学院任教。在北航工作期间，教育部留学基金的项目使她有机会继续去巴黎多芬大学深造。也许是小的时候去过的地方比较多，加上后来的出国经历，她对自己的评价是：思想不封闭，适应能力强，在面对任何事情时，总会努力寻找其中有意义和有价值的东西。

“教育是把火点燃”

“又到了听亲爱的院长妈妈王惠文老师教诲的时候了。8系的孩子们，在院长讲话结束的时候，一起送上了一首《世上只有妈妈好》，这是8系孩子们的心声，也是我们送给院长妈妈的礼物。”这是经管学院学生描绘的前不久学院晚会上的一幕。

作为北航经管学院的院长，王惠文嘴中一口一个“孩子们”，而提及孩子们用得最多的词汇就是：聪明、可爱、美好、感动。孩子们也亲切地把她称做“王妈妈”“惠文姐”，可见她与学生间的亲密无间。

谈及教育，王惠文说：“我认为对学生要因材施教，做最适合他们的事情。”她说：“我一直和我们的团队讲既要感性又要理性。理性就是要用科学的方法、科学的态度研究、分析问题。但我们工作的出发点以及最后的结果，必然是感性的。因为在教育的事业中，我们始终收获的是感动、是爱。”她一直强调教育工作是心对心的。

2011年秋天，北航经管学院一年级的学生进驻沙河校区。王惠文说，这个学年，她一共只去了四次沙河，而第四次是去做调研。当时，学院教授《职业生涯规划》课程的老师在学生作业的主题词中，发现了大量关于迷茫、彷徨、苦闷、困惑等表述。这使王惠文和她的团队都意识到，学院需要对学生的成长投入更多的关注、关怀和关爱。

这之后，她领导着学院团队，满怀热情地投入到教改设计与实践工作。在工作过程中，她特别注重对学生综合素质的培养。她说：“在民主党派和政协，接受教育的一个很好的办法就是组织高端讲座，我也把这个办法用在学生身上。通过论坛讲座，同学们了解到不同学科特点及发展状态，开拓了视野，提高了自身修养。许多同学通过学习领悟到了科学、人文、艺术在本质上的统一。”有学生在学习体会中写道：“我们在思考科学问题时，难道不能用一种“美”的眼光来看待吗？一个很美的公式，一个很美的模型，一个很美的定理……当我们用审美的观点看待原本严肃的科学时，科学也会有生命，也会变得活泼，而我们一定能从这个过程中获得无穷的乐趣。”

在王惠文看来，做好教育工作，一定要明确“为了谁”的问题，并且要从学生中来到学生中去。“你一定要知道学生在想什么。我们的出发点是适合学生的学习需求，适应社会发展需要，适应国际学术的前沿发展。”在王惠文看来，教育不是把桶灌满，而是要把火点燃！

数据会说话

王惠文的主要研究领域为经济管理系统中复杂数据分析理论方法与应用。她曾在法国巴黎高等商业学院、澳大利亚新南威尔士大学、法国自动化信息研究所、法国CNAM大学、香港大学任客座教授和访问学者。

王惠文介绍说：“在大规模数据分析的问题中，一个重要的研究方向是信息综合与筛选。一个模型可能有成百上千个变量，但往往很多因素之间都是高度相关的。因此，就需要提炼出最关键的因素。”自1994年开始，她就在国内率先开展偏最小二乘回归的研究，所取得的成果获得国际同行承认。2010年由Springer出版《偏最小二乘回归分析手册》，她被聘为亚洲编委。

王惠文的另一个研究领域是复杂数据的处理技术，即面对海量数据，如何通过重新定义数据的表达形式，来拓展新的多元分析方法。在此方面，她和她的团队在国家自然科学基金重点项目支持下，开展了关于符号数据分析、成分数据分析以及函数数据分析等方面的研究，并将所提出的理论方法，应用于就业需求预测分析、汇率波动规律及影响研究、违约风险分析以及市场营销等经济管理领域的实践工作。

王惠文曾发表学术论文100余篇，出版学术专著3部。先后主持各类国家自然科学基金项目10余项；主持过航空基础科学基金项目，北京市自然科学基金项目、教育部博士学科点基金项目和中法国际合作项目等。此外，她还主持过一系列与国家社会经济发展密切相关的项目研究。例如，她曾多次主持商务部关于国外技术性贸易壁垒对我国出口影响的全国抽样调查工作；主持北京市劳动与社会保障局有关北京市劳动就业需求预测研究，以及禽流感对我国外贸出口影响等课题研究。她的相关科研成果曾于1996、1999年两次获得中国航空工业总公司（部级）科技进步二等奖；2000年获北京市科技进步三等奖。由于在教学和科研工作中取得的突出成绩，她于2000年入选中国教育部《跨世纪优秀人才培养计划》，2001年获得《国家杰出青年科学基金》。

在她看来，通过数据分析既可以寻找和提供新的、重要的信息点，亦能给出更加充分和有说服力的证据。她认为，当许多事情众说纷纭时，采用数据分析方法，就会得到更可靠的依据，还会发现更多新的论点。

说到在数据分析领域所取得的成绩，王惠文说：“我就是对数据分析感兴趣，就像小孩子喜欢玩游戏是一样的。数据分析很有意思，对于任何一个系统，你收集一些数据，它就一定会告诉你一些事情。通过数据分析，你就可以看到这个系统的特点，发现各种影响因素之间的关联关系，并且会观察到系统发展的倾向和规律。这些研究，对于我们开展前瞻性的研究和决策分析，都是特别重要的。统计数据会说话，这是真的！而兴趣就是最好的老师。”

“建言献策用我所长”

在政协，王惠文也以数据分析见长。这已经成了王惠文的一个标签。在她看来，参与政协履职活动，首先是充分利用自己的专业技能参政议政，采用数据分析的方法为调研提供量化依据。用王惠文的话说：“一个人，你能做得最好的，一定是你自己最熟悉的。我做很多的事情都是充分发挥数据分析方面的能力。”另一方面，她还利用政协履职这个机会教育学生。“我经常带着我的学生做政协的课题，一方面锻炼了同学们的科研能力，同时也增强他们的社会责任感。政协工作丰富了我的课堂。我会拿在政协做过的课题作为我的教学案例，用在教学工作中。这样的授课方式，可以帮助学生把理论与应用结合起来，使得课堂内容更加生动，更具有说服力。”

2003年，首都经历SARS疫情严峻考验之际，术后在家休养的王惠文特别想奉献一些自己的力量。“当时对很多现象都看不清晰，比如SARS的传播规律究竟有什么特点，在防控过程中主要注意哪些事情，等等。”作为数据分析专家，王惠文出于对数字的职业敏感，意识到只有从收住患者人数、治愈出院人数以及医护人员的感染人数等一系列数据中找出规律，才能更有成效地提出抗击SARS的对策。为此，她收集和分析了大量有关SARS疫情公报数据，研究了对SARS疫情进行状态评估和预测的指标体系与模型。相关研究成果，曾作为北京市政协提案以及民建中央和市委提案，受到国务院领导的重视与批示。关于对秋冬季再次发生SARS疫情的情况分析和模拟计算，作为北京市政协十届三次常委会大会发言，受到市政府和市政协领导的重视。她所领导的课题组还配合北京市卫生局进一步计算了SARS防控的最佳时机，研究结果在北京市编制非典应急预案中被采纳。

2005年，北京市政协开展《关于促进北京市出租车行业健康发展》调研。王惠文牵头组织对2004年8至12月近5万辆出租车IC卡的数据进行统计，分析了北京市出租车司机的劳动强度和收入状况。并作为执笔人，完成了《北京市出租车司机的工作状况分析》的调研报告。该报告有关研究内容曾多次作为主要发言，向市政府和市政协领导汇报，并在市政协主席会议、在常委会上发言。有关内容被纳入市政协的常委会建议案。

2005年，王惠文参加了北京市政协教文卫体委员会关于北京农村新型合作医疗管理问题的调研，完成了《北京农村新型合作医疗评估的数据分析报告》。通过对2004年12月北京市卫生局组织的农村卫生行政管理工作评估数据进行分析，根据对各区县专家评分数据的统计，对北京新型农村合作医疗的实施情况进行分析，其成果的有关内容被纳入市政协常委会建议案。2009年，她参加了北京市政协提案委承担的调研课题“扩内需，保增长，促进首都经济平稳较快发展”，在工作中运用统计分析方法，分析了北京市国有企业在金融危机中的经验和教训，以及企业和政府要协同努力的几方面的工作。2010年，王惠文参加了北京市政协重点课题“首都人口、资源环境协调发展”的调研工作，参与完成了《首都水资源、交通和垃圾处理能力的人口承载力分析》的研究报告。她和她的团队收集了大量的经济数据，深入探讨了北京市的水资源短缺问题、交通承载能力问题以及对生活垃圾的总量增长和填埋土地面积进行预测分析。研究报告有关内容被纳入市政协常委会建议案的调研报告。这些只是王惠文参与调研中的一部分。

作为提案委员会副主任，王惠文这些年一直在参与优秀提案的评审工作。“在小组工作中，我主要是在方案设计过程中参与技术咨询，然后负责计算工作，”她说，“提案委的工作也一直在创新，这对我思想触动挺大。”

作为市政协委员，王惠文在履职中做了很多实际而具体的工作，提及在政协的履职成果时，她说：“其实没有什么高尚的、值得宣扬的，我就是用我的专长做了一些工作。建言献策，用我所长。”

（本文刊载于《北京观察》2012年第9期）

邢爱义　委员的烦恼与欣慰

崔 晨

很多有车一族都知道“爱义行”，可是知道爱义行是屈指可数完全采用中水洗车之一的人恐怕并不多；而了解爱义行老板、北京市政协委员邢爱义的人可能就更少了。这位在全国拥有上百家连锁店、在北京拥有20多万会员客户的成功企业家，近几年来一直热心环保事业，执着呼吁利用中水洗车。

从2000年担任宣武区政协委员起，邢爱义就为一件事情锲而不舍地提案呼吁，这就是节水。作为洗车行老板，水是他的生产资料，也是他的生财之源。作为一位有社会责任感的民营企业家，邢爱义从1995年创出自己“爱义行”品牌的同时，就无时无刻不在思索如何提高企业的品质、如何减少环境的成本。为了与当时遍布京城大街小巷的作坊式洗车店以及街头一个提桶一块抹布就揽活擦车的“黑”洗车点区分开来，他凭借独到的眼光和勇气，很是超前地购买了国外已普遍使用的大型专业洗车机。但是这种超前在当时却有些不合时宜。“十几年前的中国，没有人敢用洗车机。车主怕被洗车机砸了，免费洗都没有人来。”回想起当年的“壮举”，邢爱义笑了。十几年前，在国外已经普及的汽车中控锁、防盗器、CD机等在国内都非常少见，更别说用机器洗车了。当时国内的消费水平和服务业的发展都还处在起步阶段。

经过两年多的推广，人们逐渐意识到洗车机相对于皮管子洗车和高压水枪洗车更加节水。人们开始离不开这种自动化机器了。爱义行的生意逐渐好转，邢爱义也慢慢地在洗车行业站稳了脚跟。尽管如此，邢爱义首先考虑的不是开设更多的连锁店，吸纳更多的会员，也没有开发其他经营项目，而是盘算着如何能让水越用越少，越用越科学，越用越环保。

随着我国机动车数量的急剧增加，邢爱义疾呼洗车用水形势严峻!“北京是个缺水的城市，每天使用大量的自来水洗车，其实经营者也是很心疼的。”于是，他开始采用循环水系统。他在洗车行地下铺设循环水收集、过滤、处理的设备和管线，让80%洗车用过的水能得到重复利用。

提到推广中水洗车的难处，邢爱义给我们算了一笔经济账：由于中水管线覆盖率低，使用中水需要从中水处理厂专门购进，致使原本每吨1元钱的中水，加上运费后成本涨到每吨15到20元。而使用民用自来水，每吨的价格仅为3.7元。导致大量洗车店通过盗用居民用水进行车辆清洗，相当于每吨41.5元的洗车用水却按每吨3.7元缴水费。水费价差高达十数倍！违法用水的低廉成本不仅使国家减少了收入，还直接酿成水资源的大量浪费。面对巨大的价差，违法洗车行选择了利益，而邢爱义选择了道义。

没有输送中水的管道，他用土办法在洗车行外挖了一个大大的蓄水池，容量足够蓄存20吨水，然后把一车车购来的中水储存在里面，洗车时消耗掉的水再从这里抽取补充。从此以后，爱义行实现了完全采用中水洗车。不仅如此，他还不惜高价进口英国的汽车洗涤液，目的就是不要对地下水造成污染。据爱义行2007年的统计数据，完全采用中水洗车后，一年可节约用水约30万吨，但扩大支出的用水成本，邢爱义却没有更多提及，他算的是节能环保的大账——“目前，北京的汽车保有量已突破350万辆，如此庞大的汽车保有量对洗车行业用水提出了严峻考验。洗车机清洗一辆汽车用水约为0.16吨，若以350万辆汽车每周清洗一次计算，北京市每年的洗车用水量将达到3000万吨。相当于一年洗掉了12个昆明湖！”他进一步细算说，“与之形成鲜明对比的是，北京每日70万吨的中水产量，利用率却还不到40%，洗车业用水更是只占到其中的1%。利用不了的中水就直接排放到河流中，这也是很大的浪费”。

于是，他想到把这笔账算给大家听，算给政府部门听。他一次次提出提案，先是通过区政协，2008年成为北京市政协委员后，又通过市政协递交了提案。

他提案中的首条建议，就是要加强立法——要尽快对禁止商业清水洗车进行立法，强令执行中水洗车。对无中水使用记录或中水使用情况明显与实际经营情况不符的企业，要从严从重处罚。他还建议，建立符合市场经济价值规律的价格补偿机制，改变目前民用自来水与中水之间的高额成本价差。对积极使用中水的企业实行价格补贴，让企业使用中水的成本尽量接近甚至低于使用民用自来水的价格，调动企业使用中水的积极性，通过水价杠杆撬动中水的利用。

他注意到，目前车主对汽车服务业的需求已开始像人们对医院、超市的需求一样。因此，他进一步建议，要完善城市规划，加强城市功能建设——政府在做市政规划时就应该把洗车问题考虑进去，满足市民需求。回龙观住宅区是北京最大的社区之一，生活着几十万居民，起初却没有一家像样的洗车行。邢爱义见此把一家餐馆改造成集环保洗车、汽车维修保养、美容装饰、汽车百货、车辆保险服务于一体的洗车行，回龙观地区的居民在社区网站上发帖“爱义行终于来了”。规范经营、环保节水的爱义行挤走了不少路边的“黑”洗车摊。许多居民排队也要在爱义行洗车，他们用实际行动践行着“在消费中节约水资源”的理念。

在提案办理过程中，也有人对邢委员产生了误解，认为他是利用政协委员的身份、利用政协提案为自己企业的发展铺路。每当听到这样的话，邢爱义总是憨厚地笑笑不做任何辩解。不过让他欣慰的是，这样的人只是少数，还是有越来越多的人关注节水问题，理解他、支持他。

《建议加大监管力度，全面禁止清水洗车》的提案使邢爱义获得了2008年度北京市政协优秀提案奖。他是第一个上台领奖的政协委员，接过证书的那一刻，邢爱义委员却仍心存隐忧，喜不起来，因为他看重的不是优秀提案那一纸奖状，也不是水务局授予他的“节水大使”荣誉称号，而是他的建议能否真正得到落实——全市乃至全国能否真正实现完全采用中水洗车，使我们有限的水资源能够节省些，再节省些。

2009年，邢爱义委员再次提出提案——《立法管理，全面禁止商业清水洗车》。这一次，邢委员的提案引发了更多政协委员的共鸣，成为了北京市政协经济委员会的集体提案。真正参与提案办理过程，更多的政协委员体会到了邢爱义的艰难与执着。邢爱义却很有信心地说：“一个区域一个区域地解决，我相信总有一天会解决的！”

多年来，邢爱义一直非常关注国外汽车配套服务业的发展，尤其是在环保方面。就在中水洗车已经越来越多地引起人们关注的当下，用环保眼光紧盯洗车、修车各个环节的邢爱义又开始为污泥、机油、废轮胎、废电瓶等给环境带来的危害而思考。这些都是当前政府对洗车、修车行业管理的空白，可能也将是他下一个、下下个提案关注的焦点。

（本文刊载于《北京观察》2009年第8期）

杨旭　为往圣继绝学

张　涛

城市的魅力是什么？它不仅在于鳞次栉比的高楼大厦、车水马龙的城市交通，更在于城市自身厚重的人文气息及人文关怀，城市的发展，应当让人产生更多的归属感和幸福感。而对于北京市政协委员、中国城市发展研究院副院长杨旭这样一个城市发展研究者来说，如何提升城市的魅力，如何提升人们的幸福感，则是他无时无刻不在思考的问题。

从防霾口罩想到的

与杨旭初次见面的时间刚好是12月8日。那一天，北京市第一次启动了雾霾红色预警，雾霾也就理所当然成为了所有人都在谈论的问题。在与朋友的闲聊中，有人无意当中向他提起了这样一个问题：雾霾天大家都戴着口罩，究竟是哪一种口罩比较好呢？

杨旭一时口不能答，但又觉得这个问题颇为重要，于是便积极地在网上搜索起答案来。他起初觉得，既然是北京市政府发布了雾霾红色预警，那么北京市政府的官方网站首都之窗上或许能有他要的答案。然而遗憾的是，他并没有找到。他又想口罩属于商品，应该属于工商部门的管辖范畴，于是又跑到工商局的网站碰运气，但工商局的网站却再次令他失望而归。

杨旭没有死心，带着学者特有的严谨和执着，他一口气查遍了卫生、疾控中心、交通、环保等所有可能与防雾霾口罩相关的政府网站，然而令他失望的是，就这样一个小小的问题，偌大的北京竟然无人能够回答。

既然北京市找不到答案，那么放到全国又如何呢。经过杨旭的耐心查询，他终于在上海找到了一个相对贴近的答案。那是几年前上海市质监局针对市场上的防霾口罩进行的一次检测，检测的内容仅有口罩的通透性和皮肤的耐受性两项指标，然而即使如此，不合格产品的数目就已经大大超乎人们的想象了，很多市场上的知名品牌都赫然在列。更让人大跌眼镜的是，连大名鼎鼎的云南白药制药公司这样一个从事医药生产的企业生产的防雾霾口罩也在其中，并且在所有不合格产品中，还排在最末端的位置。

这件看似不大的事，让杨旭的心里颇不是滋味。每当雾霾天气，北京市政府都会通过短信等方式通知广大市民做好健康防护，可是不知所措的广大市民该如何防护健康呢？在这样一个谈霾色变的日子里，无数市民戴着这种号称可以防雾霾的口罩走在大街上，又有什么用处呢？人民的健康都得不到保证，那么北京的市民又何谈幸福？北京城又何谈宜居呢？

杨旭觉得，不管这件事是政府没有注意到，还是因为其他因素没有去做，都体现了政府在社会管理方面的缺位，他说："许多年来，我们一直在讲为老百姓办实事。但什么才是实事呢，我觉得办实事不一定是什么重大的工程项目，不一定非要花费上亿资金修路架桥。那些与老百姓生活息息相关的小事，如果我们真正的重视起来，并且扎扎实实地去解决掉，也是为老百姓办实事的重要内容啊。"

关注基层管理

在城市发展的过程中，伴随着社会经济的巨大变革，社会文化的不断进步，也促进城市文化不断进步。而城市文化的不断进步，必然也对城市管理提出了新的要求。

"过去的中国，户籍农村人口占到总人口的三分之二以上，因此过去每年的中央一号文件都是涉农问题，但2010年之后，随着城镇化的快速发展，社会主要问题也由农村问题变成了城市内部以及城乡统筹问题，这样的变化使得人们的利益诉求开始变得不同步，我们没办法再按照原来的模式去简单地划分人群的需求。但与此同时，个体利益诉求却始终没有合理的表达途径，这对我们传统的城市管理模式提出了挑战。"杨旭这样说。

杨旭以北京的居民小区为例：居民小区是与广大市民最为息息相关的地

方，可以说几乎每个人的生活都离不开小区。但是如今北京的很多小区，却连一个业主委员会都建立不起来，即便建立了业主委员会，却也基本没有什么作用。原因其实很简单，传统的业主委员会一般十人左右，但现在的居民小区动辄数万甚至数十万之众，且不要说满足业主的诉求，解决管理的问题，便是与每个业主都见上一面、谈一次话也是无法实现的。

“一个小区近十万人，十个人去管，就如同让每人管一个师，且他的下边没有团长、没有营长、没有班长，更没有强制的约束能力，试问又怎么可能管理好呢。”杨旭形象地解释说。

杨旭认为，造成这样的现象主要是由于人们都试图去做那些宏观的、长远的全局性工作，却对微观的工作重视不够造成的。这样的思维方式忽略了个体的利益诉求，使个人利益找不到表达的渠道，因此才造成了基层管理的混乱。

他建议，首先要在制度上保障居民的话语权，畅通居民与城市管理者进行沟通和对话的渠道，让更多的居民切身参与到城市发展中，起到体验、促进和监督的作用，并最终享受到城市发展的甘甜果实。同时，要细化民生需求领域、频率和发展趋势，做到有目的、有计划、有针对性地制定各项城市规划。在居民共享项目中实行合理分配，协调效率和公平之间的关系。

“城市发展，应始终以民生为本，必须尽快促进城市常态发展与管理的科学化、法制化，在基层，我们一定要发挥协商的作用，每个人的诉求我们不一定能全部满足，但必须要保证所有人利益都能表达出来。”杨旭一针见血地指出。

建设智慧社区

杨旭对北京这座城市的发展历来都是十分热心的，尤其是在他担任了北京市政协委员以后，更是乐此不疲，许多年来，他一直围绕北京城市发展建言献策，不管工作多忙，他都坚持每年提交上几篇提案，这些提案角度独特，针对性强，令人读来常有振聋发聩之感。

记得在一次北京市政协的全会上，杨旭提出的智慧社区的概念还成为了当年媒体争相报道的焦点。他的提案从城市发展社会管理与公共服务的角度，阐述了自己对北京市近年来社会发展状况的认知与建议，得到了社会各界的广泛关注。

提案中杨旭指出，智慧社区是智慧城市建设不可或缺的重要部分，将为建立新型的社会服务体系，发展城市基层管理和公共服务的“智慧化”，提供一个可供选择的解决方案。北京自开展智慧社区试点以来，效果明显，但由于快速城镇化对社区管理形成的压力，以及智慧社区建设实践经验的缺乏，仍存在一些应引起重视的问题。对此，杨旭从更新发展理念、构建多元体系、完善标准制度、规范社区模式、统一推进规划、拓展实效服务等六个方面提出，不能简单地依靠基础设施和技术手段打造社区系统，而应遵循“因地制宜、注重实际、稳步推进”的原则，注重创新机制，开放共享机制，搭建政企合作机制，以实现长效发展。

他认为，社会组织的发展是现代社会中分流繁杂的社会公共事务，提高政府运行效率的唯一途径。2008年始，北京市明确提出构建社会组织“枢纽型”工作体系，尝试通过体制机制创新来激发社会组织活力。但受整体发展环境不足以及枢纽型社会组织自身乏力的影响，目前的态势与全市经济社会发展水平还不相适应。针对这一情况，他提出了深化制度改革，加强发展规划和引导，加大扶持力度，健全评估制度，完善监督和信息披露机制，以及畅通诉求和沟通协商渠道等七点建议。

“它人烂醉锦瑟傍，君独醉心编简香。”陆游此句，大约可以算作杨旭的真实写照。其实杨旭的经历颇为丰富，但谈论半日，他却总是言公者多，及私者少。我们可以轻而易举地在互联网上找到他的提案建言，但关于他个人的内容却是凤毛麟角。这固然与他为人低调有关，但我想更重要的原因，一定是在他的心中，这座城市的兴衰荣辱，远比他个人的得失要重要得多。

杨旭没有说过什么豪言，也少发什么壮语，但我相信一个心怀为往圣继绝学宏愿的人一定不会让我们失望的。

赵勇　我的理想就是富裕中华

李士杰

四川汶川发生历史罕见的特大地震灾害后，举国同悲。国家领导人率先垂范的忘我精神，恰似吹响了集结号。全国各地各族人民开展了爱心大救援，有钱出钱，有力出力。政协委员成为这支爱心大军中醒目的一部分。

5月23日，在北京市政协举行的人民政协理论与实践研究会第三届理事大会上，市政协主席阳安江说，在捐赠活动中，市政协常委赵勇再次奉献了他的一份爱心，希望大家向他学习。

赵勇常委是谁?

怎么个再次奉献了他的一份爱心?

向他学习什么?

带着诸多疑问，我采访了与赵勇常委相关的人。

市政协的委员名录是这样记载的：

赵勇，满族，1959年1月生，北京市人。大学学历。1982年毕业于北京大学。1983年在深圳市政府工作，其间赴日本进修企业管理两年。1990年定居香港，任香港富华国际集团总裁。1995年荣获北京市东城区十杰青年称号，1997年荣获香港青年大使称号、中华全国青年联合会第九届常委、北京市工商业联合会荣誉会长，是北京市第九、十、十一届政协委员、第十一届政协常委。

“看赈灾的电视 我妈妈多次流泪”

仁者不忧事通达。香港富华国际集团的老员工是这样介绍他们赵总裁的：赵总裁是一个很善于学习的人。他从最初的文员到公派前往日本进修，他一直自觉地加强自身修养，做勤学善悟的“海绵”，做思方行圆的“铜板”，做收放有度的“弹簧”。

1990年，赵总裁协助其母香港富华国际集团主席、全国政协委员陈丽华女士组建香港富华国际集团。1994年，他以超前的经营意识投资兴建长安俱乐部和丽苑公寓，在业界崭露头角。1998年，他注资金宝街改造项目，以其高超的商业意识和娴熟的市场运作能力寻找到了政策、市场和民意的最佳结合点，将商业与文化、历史与现代性完美地融为一体，堪称业界经典。

赵总裁在公益事业上倾注了大量的热情，支持北京申奥、捐助希望小学、救助贫困家庭，截至今日，已累计向社会捐款达千万元。

5月12日下午，当赵总裁通过媒体看到汶川震后灾区被破坏的情景时，心情万分沉痛，他当即召开公司高层管理人员会议，在会上，他说他的母亲，也就是陈丽华女士，“看赈灾的电视，我妈妈多次流泪”。所以作出决定：要时刻关注灾区情况，尽己所能帮助灾区人民做点事情。

赵总裁与母亲陈丽华女士商量，决定出资购买大批棉被和毛毯，给灾区人民送去温暖。13日上午，赵总裁放下公司的经营业务，亲自带领采购人员联系货源，一次就购买了价值150万元的各类救灾物资，包括8000条棉被、7000条毛毯，委托中国红十字总会转交给灾区人民。这批物资已于5月16日、19日和20日分三批发往震灾最严重的四川省汶川、北川和都江堰市。

14日下午，在全国政协和国务院侨办组织的向四川地震灾区捐款活动中，赵总裁和陈丽华女士又向地震灾区人民捐赠现金200万元人民币。

23日上午，在中国国家大剧院举办的第一届中国交响乐之季“向四川地震灾区募捐义演”活动中，赵总裁再一次向四川灾区人民捐赠现金100万元人民币，以帮助重灾区兴建希望小学。

作为政协委员，赵总裁把心系灾区，支援灾区人民重建家园当作义不容辞的责任，同时把做好本职工作，支持北京办好奥运会，也作为是对国家和灾区人民的支持。他在集团公司召开的会议上教育员工要自觉维护社会稳定，不信谣、不传谣，并号召和带领员工为灾区人民捐款。富华国际集团所属的北京长安俱乐部、北京丽苑公寓、北京丽晶/丽亭酒店、中国紫檀博物馆、北京富华永利实业有限公司以及北京富华行物业管理公司两千多名员工积极行动起来，以极大的热情为灾区人民捐款。5月20日，赵总裁将富华集团两千多名员工捐献的87260元人民币请东城区政协转交给地震灾区人民。

“学习、学习、再学习，学然后知不足”

勇者不惧昭天下。香港富华国际集团年轻员工是这样说他们赵总裁的：

赵总不但自己热爱学习，也实实在在地鼓励我们员工参加学习。

赵总在学习什么？“实实在在的鼓励”是指什么？

赵总什么都学，政治、历史、天文、地理他是无所不学。他今年刚在长江商学院EMBA课程函授毕业，听说他又报考了一个什么学院。“实实在在地鼓励”是指给钱。只要我们员工愿意在岗学习，我们赵总都出钱。赵总说，他自己需要学习国外一些先进管理公司的经验，但是他自己学习好了，只是学好了一部分，而大家都学好了国外管理公司的先进经验才算是真正学好了！

北京市政协委员提案信息中心的档案中详细记录着赵勇常委多年来利用业余时间经过调查研究后反映的社情民意和用心血撰写的参政议政建议。

例如：《建议尽快出台“劳动合同法”实施细则》《关于实现“咪表”泊车，改善城市静态交通管理的建议》《关于继续落实北京市智能化停车管理的建议》《建议设立“北京读书节”》《关于发挥东城区教育产业的优势，建立国际中学和小学的建议》《关于金宝街东口与东二环路设高架桥建议》等提案。

在《建议设立“北京读书节”》的建议中，他说，“知书才能识礼，要推动和引导北京人读书、爱书，把倡导读书作为提高北京人整体文化素养的立足点、基础措施和有效措施，这不仅能促进北京出版业发展，更重要的是推动北京和谐文化与和谐社会的建设。”

关于《金宝街东口与东二环路设高架桥》的建议，介绍了金宝街于2002年底建成并投入使用后，极大地缓解了王府井地区交通拥堵，给东城区的城市建设和经济建设带来很大变化的状况。同时，车流量在逐年增加。由于金宝街从西向东至东二环路只能向南转弯至建国门桥方向，如要向北，车辆只能在建国门桥盘桥后掉头。这样一来，导致在金宝街上朝二环路行驶车辆每天排起长队，不能顺利通行；也给南小街交叉路口南北车辆造成拥堵。此问题的存在，制约着金宝街市政道路功能真正全部发挥出来，也波及到建国门桥与东长安街车流量急剧增加和大量交叉。为此，赵勇常委建议：在金宝街东口与东二环路之间架设能向北行的高架桥，使向北行车辆从金宝街能顺利进入二环主路。

我见到赵勇常委是这样提问的：5月22日前，您已经通过各种渠道向灾区捐赠了几百万元的善款，为什么还要捐款？

赵勇说：阳安江主席曾说政协委员参与抗震救灾是围绕中心、服务大局的重要内容，是关注民生、心系群众的应有之义举，是履行职能、义不容辞的重要责任。

富华集团的真意是“富裕中华”，我的理想就是要实现中华富裕。看到电视画面上孩子们沾满泥土的小脸，感到心里很不是滋味。目前的捐款只是一部分，我们还要捐款！要为孩子们建设震不垮的学校！建设高质量的学校！

我不知道“儒雅、憨厚和实在”这三个名词是否能联在一起形容一个人。总之，从他不多的话语中，我对赵勇常委的印象就是：儒雅、憨厚和实在。

（本文刊载于《北京观察》2008年第8期）

秦剑锋　让楼宇亮起鲜红的党旗

郭 隆

伴随非公有制经济的迅猛发展，都市写字楼成为民营企业云集之地。汇聚着不同所有制、不同行政隶属关系、不同用工制度单位的商务楼宇，一时间成为党组织建设的“盲点”和“短板”。

2006年，北京市第一家商务楼宇党委——中共叶青大厦委员会成立，挑起这个大梁的，便是北京市政协委员、2049投资集团总裁，同时也是大厦委员会的党委书记秦剑锋。他用多年的心血与付出，探索出社会领域基层党建工作的一条新路，开拓了新形势下符合商务楼宇党建工作发展的新思路，创新了工作方式方法，使得商务楼宇党建工作在基层逐渐生根发芽，党的影响力在基层显著增强。多年来，秦剑锋被授予北京市优秀中国特色社会主义事业建设者、首都和朝阳区劳动奖章、北京市和朝阳区“群众心目中的好党员”等称号。

新的突破

在体会经济浪潮风起云涌的同时，秦剑锋曾为楼宇中的某种缺失而忧虑不安——下海后的党员，组织关系还留在原单位，驻厦企业内“有党员无组织、有组织无上级”的现象十分突出；大批青年人的政治诉求也难以实现。秦剑锋感到，这么多入驻企业没有一个统一的党组织是自己的一个责任，党组织要全覆盖，也要把商务楼宇覆盖起来。于是，他下定决心，一定要把“商务楼宇党建”的责任担当起来。

作为主管企业经营的老总，为什么会把眼光投放在基层党建工作上呢？这源于秦剑锋立足大局，对国家经济社会发展形势的深刻思考以及他富于创新探索的工作精神。

“改革开放以来，非公企业产值已占国内生产总值的60%以上，非公企业从业人员和提供新增就业岗位分别占全国总量的80%和90%以上，非公企业已经成为中国生产力最主要代表、吸纳群众就业最集中的地方，这使得社会领域基层党建工作的重要性日益突出。”在秦剑锋看来，非公领域党建工作关系到党的执政基础和群众基础，“商务楼宇党建”是巩固执政党地位的必然要求。“同时，‘商务楼宇党建’也是中国非公企业自身的必然要求。非公企业要健康发展，离不开党的政治优势，离不开党组织在群众中的政治核心作用和企业中的政治引领作用，离不开用党员的先锋模范作用和党的深入细致的思想工作凝聚员工。”秦剑锋说。

放眼全局，立足当下。从2006年起，秦剑锋就开始了大厦党委的筹建工作。

为尽快成立叶青大厦党委，秦剑锋带领筹备小组的同事们，对大厦内22家大型中外高科技企业进行全面走访，发出了《关于筹备成立叶青大厦党委进行党员情况调查的函》和《党员登记表》，及时地向驻厦企业挨家挨户宣传中央、市、区关于加强非公企业党建的精神，成立大厦党委对企业、党员和员工的意义以及建立大厦党委的计划、内容、任务等，并先后多次召开会议，统一思想认识。

2006年9月5日，北京市第一家商务楼宇党委——中共叶青大厦委员会正式成立。大厦党委下设9个党支部，党员105名，形成了以楼区为单位的党建工作体系，组织关系隶属于北京市朝阳区非公经济工委。

自此，叶青大厦党委成为北京市商务楼宇成立党组织的第一家，开了商务楼宇党建的先河，标志着北京市非公企业党建又有了一个新的突破——商务楼宇出租单位由过去只管自己企业内部党建，转为也关注入驻商务楼宇企业党建上来。

由于党组织影响力不断扩大，其他驻厦企业都纷纷要求大厦党委帮助他们建立党组织。三河上京房地产开发有限公司有不少曾在国企或机关工作过的“流动党员”，在大厦党委引导下，公司很快成立了党支部。在为老党员“安家”的同时，大厦党委也为有政治追求的年轻人入党提供了机会。随着一批企业相继成立了党支部，驻厦企业的党组织逐渐蔓延扩大，红旗连成一片。

10多年来，在秦剑锋的努力推动下，大厦党组织已经由成立之初的9个发展到30个，党员数量由当初的105名发展到了如今包括流动党员在内的570名。

锁定“服务”

“楼宇党委”，这个在当年听起来颇为陌生的概念，对秦剑锋和他的同事来说是一个崭新的课题。商务楼宇立体、多元、复杂，在与驻厦单位没有隶属关系的情况下，传统党建模式很难行得通。

在对近百家驻厦企业的经营需求等进行全面考察后，秦剑锋总结出非公有制企业党建工作的关键所在——靠服务凝聚人心，赢得认同，从而间接地实现党的核心领导作用。

于是，大厦党委提出了“有事找党委”的口号。秦剑锋率领党委班子，按照服务企业的党建工作思路，积极了解各个企业的需求，千方百计为企业排忧解难。例如，抓住与国家开发银行北京市分行开展党组织友好共建活动的契机，为驻厦企业提供金融贷款服务平台；组织企业开展形式多样的考察、学习、交流活动，促进企业间的项目合作；邀请工商、税务、公安等部门进入大厦为企业办理营业执照年检、税务登记、外来人口服务等。

2007年，驻厦企业收购了一家国有企业旗下的石膏矿，国企转为私企，一层不安的情绪在矿井上下浮动。面对干部不稳、人心不稳的情况，驻厦企业把大厦党委当做主心骨，请求出面做思想稳定工作。秦剑锋亲赴山东泰安，下到矿井里给职工们介绍北京公司的经营情况和党组织建设情况，让该国企党委吃下了定心丸。针对企业有70多名党员的有利条件，秦剑锋代表大厦党委对鲁矿集团经营状况、党员基本状况、党组织建设情况等全面考察了解后，确定北京鲁矿集团党组织由党支部改为党委，领导党员发挥作用，化解职工波动的情绪。石膏矿平稳转型。

除了服务企业发展外，驻厦企业员工的切身利益也在大厦党委的服务视野。驻厦企业里的核心员工因买不起房、无法结婚而提出辞职。为了维护驻厦企业的人员稳定，秦剑锋出现在大厦内一家房地产公司的办公室。在党委的协助下，102名驻厦企业员工以优惠价格签署了购房协议。

“大厦党组织与驻厦企业之间没有隶属关系，传统的党务工作经验不能简单地搬来套用。”谈及对“服务”理念的体会，秦剑锋说，党委只有做出实事，才能赢得驻厦企业和员工的信任，党建工作才能顺利开展。只有大厦党委从细微处做了许多驻厦企业和员工能够看到、感受得到的服务，党组织的影响力才会越来越大。

搭建重点企业与领导干部的沟通交流直通车，深入开展文化顾问活动，建立企业需求信息库……在“党的群众路线教育实践活动”中，秦剑锋率领大厦党委，抓住对基层党组织和党员进行教育的机会，开展深化八大载体活动。他还提出党组织服务企业、服务群众办100件实事；查找党组织与党员在服务群众和自身建设方面的100个问题；培育和评选先进集体、先进个人100名。

如今，“有事找党委”早已是叶青大厦内企业与党委关系的一种常态。而亲自走访每个党支部和驻厦企业，了解企业困难，为客户解决难题也成了秦剑锋的日常工作。每每在企业发展的关键时刻，大厦党委充当了企业发展的主心骨，党的影响力在大厦内显著增强。

在秦剑锋的领导下，叶青大厦党委还专门走出去，在2009年底携手怀柔区渤海镇六渡河村达成共建协议，为社会主义新农村建设出力。

2010年的春节天气异常寒冷，秦剑锋亲自前往六渡河村困难党员家中进行慰问，了解党员困难，帮助解决实际问题，实实在在地为帮扶对象做了工作。

秦剑锋的创新与探索，赢得了社会的认可，叶青大厦党委连续多年被评为北京市思想政治工作先进单位、朝阳区优秀党组织、朝阳区商务楼宇党建工作示范基地。

融合与融通

专家学者表示，叶青大厦楼宇打造“服务型党组织”的探索实践，对当前我国“两新组织”党建工作具有启示意义。通过为驻厦企业、党员和群众提供有效服务，把分散在不同企业的党员和群众组织起来了，凝聚起来了，密切了党与人民群众的血肉联系。

秦剑锋的“楼宇党建”新模式，探索了一条非公党建工作的新路子。习近平同志曾和他聊党建，“你是先当的总裁，还是先做的党委书记？我觉得你是先做的总裁，因为只有实干过的人，才知道工作的重点在哪里，不会在做党务工作的时候形成‘两张皮’。”

身为民企集团总裁，又是中共叶青大厦的党委书记，经营、党务的双重身份让秦剑锋深知：开展“非公党建”，一定要杜绝党建工作和企业发展“两张皮”，“将党务工作真正融入企业管理工作，才能让非公企业党组织焕发生机和活力”。

“在非公有制企业的发展中，很容易出现党组织建设和企业发展‘两张皮’。”秦剑锋直言不讳，民营企业党的组织不可能有领导权，不能像国有企业那样实现党领导一切。这种情况下，党建工作等于被架空，没了“地气儿”。他认为，“民营企业党建的第一要务，就是要跟企业经营发展紧贴起来，联系起来。说白了，就是党建各项工作都必须紧紧贴近、围绕企业发展经营的中心，一方面充分发挥党组织对企业的政治引领和政治核心作用，同时又能以企业的力量来支持党组织建设。“企业发展与非公党建工作两者必须是一体的，是自然融合与融通的，唯有这样非公企业党组织才有生机和活力，才能实现双赢与多赢。”

实际上，在秦剑锋眼中，党建工作与企业经营发展本就是相通的。“有了党组织，我们和企业方在政治上就是一家人，而当企业遇到经营问题时，也可以发挥党组织的优势为企业排忧解难。有一个很好的党组织能够切实帮助企业成长，也同时提高叶青大厦的企业形象，实现共赢。”

谈及非公党建面临的问题，秦剑锋指出，这些年来，非公经济党组织遇到的普遍问题就是没有把主要精力放在党组织建设上，不少私营企业觉得经营、挣钱跟党委、政府没什么关系，在政治上容易脱离组织，在感情上也容易淡化对党和国家的归属感。“有不少国有企业园区或写字楼的经营者，只管经营业务，不抓组织建设，缺少对党和社会的责任感。”

“党的建设是整个治理结构中的一部分，企业发展到一定水平必须搞文化建设，而文化建设中党组织发挥作用就能够形成先进文化。”对下一步提高非公党建工作的整体科学化水平，秦剑锋特别强调了非公企业的“文化自觉”：“从文化自觉的高度，研究形成具有中国特色的非公有制企业核心价值观。这既是构建社会主义核心价值体系对非公有制企业提出的要求，也是党建引领、建立非公企业先进文化的需要。”

符国群的学术人生

朱生志

未名湖畔，垂柳依依，叠石错落，古树参天，春日午后的北大校园别具一番风情。与窗外一派春和景明气象不同，在与博雅塔遥遥相对的北京大学光华管理学院新楼311室里，气氛显得热烈而融洽，符国群正与来访的台湾学者谈笑风生。

作为我国市场营销研究领域的优秀中青年学者，符国群展现给世人的永远是一副温文尔雅、气度不凡的学者风范。他现在担任北京大学光华管理学院市场营销系教授、博士生导师、《营销科学学报》主编，同时兼任中国市场学研究会常务理事、中国高校市场营销学会副会长、学术委员会主任。

由于长期从事市场营销、品牌管理和消费者行为方面的教学和研究工作，符国群取得了丰硕的学术研究成果：出版有《消费者行为学》《商标资产管理》《商标管理》《商标管理教程》等多部著作；在Journal of Marketing Management、Journal of Product and Brand Management、《中国管理科学》等国内外学术刊物上发表学术论文60余篇；主持国家社会科学基金、国家自然科学基金和国际合作研究项目十余项，企业委托项目多项。

由于教学和科研成果突出，符国群于1995年被破格晋升为教授，1999年就被聘为博士生导师。2000年9月，更是受到国内顶尖学府北京大学的青睐，被聘请为光华管理学院市场营销系教授、博士生导师。此外，他还曾担任武汉大学工商管理系主任、武汉大学学术委员会委员、武汉大学学位委员会委员，曾被评为武汉大学十大杰出青年、湖北省优秀教师，并获得霍英东教育基金会优秀教师奖励。

回首自己的学术历程，符国群深情总结道：“对学术的兴趣也是一个逐步培养的过程，正是对学术的执着与坚持，我才能够取得今日些许成就。我钟爱学术就是因为学术不用看别人的脸色，而是可以自由表达自己的想法。”或许正是这份对学术的执着与坚持，符国群才能在学术领域占有一席之地，才能在人生之路上活出精彩的自己。

经费问题

1993年至1994年，符国群被公派赴英国Loughborough大学访问半年，这是他学术生涯的一个转折点。访英期间，他凭借在数学、管理方面的扎实基础和中国人固有的勤奋、刻苦精神，很快熟悉了西方在品牌研究领域的前沿进展和研究方法，并成为Loughborough大学“品牌研究”课题组的重要一员。

虽然在学术研究方面，符国群可谓得心应手，但是半年访问马上就要到期。如果想延期继续深造的话，经费问题就是最现实的问题。因为按照英国当时相关规定，留学人员的银行账户里必须有一定资金才能被允许延长签证，否则只能是打道回府。而此时符国群的银行账户里却空空如也。不仅符国群有着经费的困扰，同去的很多中国访问学者也面临同样的窘境。为了筹集经费，选择到当地的中餐馆刷盘子打工挣钱似乎成了唯一的途径。“为了解决延长签证所要的经费，我有一个同行每天下午四点钟出去直到凌晨三点钟才回来，都是在镇上的中餐馆刷盘子，搞得身体很疲惫，也挣不了几个钱。”

出于对知识的渴望，对提升自己学术能力的强烈追求，符国群没有选择中途放弃，而是想方设法筹集经费。出乎绝大多数人的意料，符国群并没有如他的中国同行一样去刷盘子挣学费，而是充分利用自身优势，“轻而易举”地挣得了人生中至关重要的一笔研究经费。在很短的时间里，他就按照西方品牌研究领域的研究方法完成了人生中第一次实证研究“消费者如何评价甜食类产品：公司声誉、品牌和价格的相对影响”。该项研究结果被寄给美国著名的玛氏公司后，公司认为对巧克力产品的营销具有重要指导价值，当即决定为其后续研究提供资助。正是依靠这笔及时的资助，符国群得以在Loughborough大学注册在职攻读博士学位，并且成为Loughborough大学商学院拿到此类公司资助的第一个外国人，第一个中国人。

回忆此事时，符国群总结道：“作为一名脑力劳动者，你不应该拿你不擅长的事情去和别人竞争，不能以己之短攻他人之长。”如今，符国群也有不少学生赴欧美留学，他总是叮嘱他们要去名校、找名师，应该利用自己的优势去和别人竞争，而不是简单地到国外去混个文凭。

我只向真理低头

人生之路漫漫，总有无数的诱惑、困扰、抉择，对权、名、利无休无止的追求也无时无刻不在上演。选择甘坐学术的冷板凳，还是选择手握权力，挥斥方遒？或许，在普通人看来，这并不是有多少难度的选择，对公务员招考的趋之若鹜似乎就可以说明问题。

对权，对名，对利，符国群并没有随波逐流，而是一次次做出“不可思议”的决定：硕士毕业时，他放弃进入国家机关工作的机会选择留在武汉大学管理学院当一名普通的助教；从英国Aston大学学成归国后又多次婉拒去外企担任要职的邀请，继续选择坚守平凡的三尺讲台；1997年在他不到34岁的时候，武汉市组织部门准备让他出任副厅级职务，但他并没有心动；2002年，北京大学光华管理学院准备让他担任市场营销系主任，考虑到担任行政职务将会牺牲很多学术时间，他权衡再三还是放弃。符国群就是这样在人生的重要路口屡屡听从内心的召唤，无怨无悔地扎根教师这一职业，从事他愿意为之奉献一生的教学、科研事业。

当被问及是否对自己的历次重要抉择后悔、是否对权力产生一丝一毫心动时，符国群望着窗外若有所思，缓缓说道：“我至爱学术，对学术有着浓厚的兴趣。我心里想，如果我离开学术界五年，学术界变化将会很大，恐怕我就跟不上发展的步伐了。我之所以没有从政，也正是基于这样一个考虑。虽然生活总需要一定的物质条件，但我只向真理低头，希望拥有独立的人格，能够不为权名利所困扰，能够坚守学术底线，能够坚持批判精神。”

开辟属于营销人的阵地

正是对“吾爱吾师，吾更爱真理”信念的坚守，正是对独立人格的不懈追求，正是对公正学术底线的苦苦坚持，符国群在新兴的营销学科里做出了不平凡的贡献。1993年，国家教育部批准新增市场营销本科专业。作为改革开放以后才建立的新兴学科，营销学科虽然在全国各大高校都有所开展，发展速度较快，但是还存在师资力量参差不齐问题。在工商管理类中，相对于会计学、工商管理、财务管理等强势学科而言，营销学科明显处于弱势地位。为了把学科真正发展起来，赋予学科真正内涵，改变学科弱势地位，年轻的符国群苦苦寻找着契机。终于，他敏锐地发现，虽然工商管理类出版物众多，但营销领域竟然没有一份真正属于营销人自己的刊物。符国群深知没有自己的刊物就等于丢失了自己的阵地，没有自己安身立命的支点，没有创造学术思想火花的容器。于是，符国群选择创办属于营销人自己的刊物。正所谓初生牛犊不畏虎，符国群与志同道合的清华大学市场营销系主任赵平一起精心开辟出一块阵地——《营销科学学报》。

创刊是前人想做而没有完成的一件苦差事，事情的发展也并不总是一帆风顺。刊物诞生了，却成为没有刊号的黑户。为了保证阵地早日发挥作用，符国群“曲线救国”，采取以书代刊的形式，巧妙避开刊号问题，促成《营销科学学报》的早日面世。

自2005年创刊以来，《营销科学学报》的影响越来越大，已经成为学科领域内最权威、最具影响力的刊物。对此，符国群不无骄傲地说：“《营销科学学报》对推动国内营销学术界的发展、成长、提高做了很多贡献，得到学界认同。虽然没有刊号，但它却是国家自然科学基金委认可的杂志。在其项目中期评审的时候，只要在杂志上发表的学术成果都被认可。”现在从专业指标来看，营销学科已经不再那么弱势。在国家自然科学基金委工商管理学部每年申请成功的项目中，营销学科申请拿到的项目是最多的。这一切，符国群及其创办的《营销科学学报》有一份功劳。

践行学术之外的责任

虽然符国群痴迷学术，无心从政，但他并没有因此囿于象牙塔不食人间烟火，而是以一颗炽热的心时刻关注着民生，关注着人民群众的呼声。

长期的学术研究工作培养了符国群对客观事物敏锐的洞察力以及对时事政治的敏感性，他一直以强烈的社会责任感，践行着学术之外的责任，履行着市政协委员的光荣职责。

在符国群看来，能成为政协北京市第十届委员会增补委员、第十一届委员会委员、第十二届委员会常委非常荣幸。“参加政协以后，对个人的成长很有帮助，个人的收获也很多。有时候所提的提案能够引起有关方面的注意、关注，并解决一定的实际问题，就让我有小小的成就感。由衷地说，政协是学习的平台，氛围宽松，在与各位政协委员交流学习的过程中，提高自己，反映人民群众的呼声，也确实可以为人民群众办一些实事。”

符国群是这么说的，也是这么做的。虽然学术科研任务重，工作时间紧张，但是北京市政协的各种考察、会议，他都尽力抽出时间参加，并且积极献计献策。针对发现的社会问题，他积极撰写提案，反映问题，提出切实可行的建议。

“数载坎坷志未消，登山且莫问山高，野无人迹非无路，村有溪流必有桥。风飒飒，路迢迢，但凭年少与勤劳。倾听江下涛声急，一代新潮接旧潮。”正如北大光华管理学院名誉院长厉以宁教授在《鹧鸪天》里所写，展望未来，符国群踌躇满志，立志与他的同事们一道在北大这所钟灵毓秀、学术气氛浓厚的著名学府勤奋工作、不断探索，为推进我国市场营销研究的发展、为培养更多高水平的市场营销人才做出贡献。憧憬明天，符国群意气风发，将在政协大家庭中以更加饱满的热情投入到履职工作当中，不断为人民群众的福祉建言、献策。

樊澄　我对政协情有独钟

张　涛

从2001年进入民航工作，直到2016年4月卸任，樊澄在中国民航业任职已经十五个春秋了。这十几年的时间里，樊澄的职务几经变化，先后有国航副总裁、深航党委书记、深航总裁、深航董事长、北京航空董事长、国航党委书记、国货航董事长等。可以说，经过十多年的锤炼和打磨，他早已是中国民航业最为顶尖的专家。

樊澄是个经营型人才，尤通财务，他在进入民航系统三年后当上了国航的总会计师，并在这个岗位上一干就是十年，这足以证明他在财务方面的专业能力。尤其是在2009年他还被派到深航担任党委书记，当时深航前大股东刚出事，公司处于很大的不确定性中，派财务出身的樊澄到深航去，显然是看中了他出众的能力。然而在这里，我却想向您介绍他的另一个身份——北京市政协委员。

倾心履职

樊澄头衔很多，但对于政协委员这个身份，他是格外珍视的。樊澄来自央企，对于北京市的发展却一直十分关切。他始终觉得，作为一名北京市民，能够为北京市的发展尽一份绵薄之力，那一定是一件十分荣耀的事。在担任北京市政协委员的这些年中，他始终牢记政协委员的身份，在做好本职工作的同时，积极承担社会责任，履行参政议政职责，为促进北京市经济社会健康发展建言献策。尤其是在他退休后的这段日子里，没有了企业管理等事务性工作的束缚，他更是一门心思投入到了政协的调研活动中，并将活动中的所看、所听、所思、所想，融入到自己的提案中去，提出了很多颇具深度的意见建议。

“很多时候，每当听到老百姓肯定市政协工作的时候，我就会有一种特别的成就感，这种成就感与我之前作为企业管理人员处理企业日常事务时的成就感不同。这种成就感真正让我觉得我参与到了城市发展建设管理之中。如果说，我过去工作中的一些想法和经验对于这座城市的发展有所裨益的话，我绝对会毫无保留。”樊澄这样说。

随着担任委员日久，在参政议政、履职尽责的过程中，樊澄对于如何提高参政议政的能力，如何当好一名政协委员，也有了一些自己的想法。

樊澄认为，政协委员是一份荣誉，更是一份责任，担任政协委员一定要珍惜这份荣誉，更要履行好这份责任。因此，当好政协委员必须要积极进取，主动参加政协组织的各种会议和学习、调研、视察等各项活动。既要有较强的洞察、观察能力，同时也要有较高的政治敏锐性。在平时的工作生活中，要经常深入到基层和群众中去，调查了解情况，同时也要紧跟发展的形势，紧扣经济社会发展的中心，熟悉掌握现行的政策方针，有的放矢地做好提案的调查、社情民意的搜集挖掘工作，这样整理出来的提案才有分量，才有价值。

“我之前所担任的工作中，工作任务和评价标准都是非常具体的，但政协委员的履职工作没有具体的标准，因此，主动而为就显得尤为重要了。”樊澄说。

樊澄还特别指出，当好一名政协委员一定要遵守政协的纪律和规则。无规矩不成方圆，政协是通过一定的形式和规矩来组织委员参政议政的。这些形式和规矩既是政协加强委员队伍建设的实际行动，也是推进委员履职能力建设的有力举措。任何一名委员在履职的过程中，都要在已定的形式和规矩框架之下发挥好作用。因此，如何使自己的提案更贴合实际，更符合围绕中心、服务大局的要求，也必须是每个政协委员要时刻思考的。

积极建言

自樊澄担任政协委员以来，他的履职成绩有目共睹。凡是有关城市发展、城市建设、城市进步的事情，只要在其视野所及的范围内，他都会默默关注。虽然因为精力、专业等客观因素的影响，他的提案建议大多集中在经济发展、城市建设、社会管理等方面，但其提案的深度和见识，却总是让人叹服不已。

北京市政协十二届五次会议是樊澄从国航领导岗位上卸任后的第一次全会。因为少了日常工作羁绊，所以这一年全会上的樊澄在委员中间显得格外的耀眼。

在小组讨论会上，樊澄先是对2017年年初发生的“女孩航班被猥亵事件”发表了自己的看法，针对该事件，樊澄提出了飞机应按照有关规定，按照航线长短、机型大小安排1到2名“空警”的建议，引起了社会的广泛关注。

“一般情况下，国内航线安排一名，国际航线安排两名，可以倒班。‘空警’就是飞机上的安全员，并非由空姐等服务人员担当，而应该是独立的一个职务，专门负责飞机起降飞行过程中发生的航空安全问题，在突发事件中进行维护和制止。”樊澄在小组讨论中这样说。

在建议配备“空警”的同时，樊澄还指出，飞机的空间相对封闭和私密，除了猥亵这种情况的发生，还有一些危险器械、药物等，都存在安全问题。因此，他建议旅客在飞机上需要有自我保护意识和安全意识。

在大会发言中，樊澄的一篇题为《进一步深化服务业扩大开放，着力增强人民群众的获得感》的发言，更是获得了满堂彩。

在发言中，针对北京市“生活服务业市场”中的高端家政服务、全科医生服务、中医药健康服务、社区自治服务的“硬缺位”现象，樊澄指出，尤其要关注文化教育、健康医疗、养老、旅游等涉及老百姓切身利益和感受的生活性服务领域改革开放的成效，增强人民群众的获得感。他建议，要以开放促改革，补齐三块“短板”。首先要补空缺，惠民生。北京市生活服务业市场有“硬缺位”，比如中高端家政服务、全科医生服务、中医药健康服务、社区自治服务等还缺乏市场和规模，服务业态尚不健全，与国际大都市有明显差距。其次要抓细节，提品质。强调对生活性服务领域细节的规范性要求，推进文化、教育、健康、医疗、旅游等社会资源的有效使用，用市场化方式完善个性化需求。最后要“均值化”，促公平，使北京市居民群众都能够获得相对均值的基本服务，提升整体满意度。

此外，他还建议加强政策集成，及时总结经验。全面落实国务院关于做好自贸区新一批改革试点经验复制推广工作的通知，借鉴前海深港合作区、跨境电商试点城市等相关政策，在全市范围内统筹规划建设若干具有各自特点的服务业开放集聚区；搭建服务业扩大开放综合试点政策集成平台，把北京已有的各项改革试点政策、案例、动态信息和创新开放政策及其配套支持体系等汇集到一个网站平台上，提高试点工作透明度和权威性；要及时总结经验，以简化、集成、高效、细节为标准，强化政府服务支撑，对接企业需求，优化市场环境。

2017年3月，樊澄还主动承担起了市政协“进一步深化服务业供给侧改革，不断提升生活性服务业品质”课题组组长的重任，带领课题组对家政和便民服务、健康和养老服务、社区治理和物业服务、文化和旅游服务等四大领域展开调研。可以预见最近一段时间内，他是闲不下来了。

据樊澄透露，最近一段时间，他还一直关注北京市在城市快速发展过程中如何提升市民素质的问题。但是苦于这个题目太过于艰深，提案尚在酝酿中，一时还难以成文。

在业内，樊澄算得上是个老资格，但他并没有因此而改变了本色。相反，他的好脾气是出了名的。待人接物时，他的笑容常常挂在脸上，让人与之接近没有丝毫的拘束感，也正是因为这样，他与周围的人总是相处得十分融洽。

我听过这样一个故事，曾有过一位员工直接写信给樊澄提意见，信中写道：“老樊，我们公司是卖服务的。公司高层多次强调旅客界面的服务要如何如何，那么我们领导在员工界面的服务做得怎么样了？”在一般人看来，信中的语调颇带情绪，甚至对领导还有质疑的味道，更不用说开头便直呼其名了。这样的一封信无论从哪个角度看，都是令人十分着恼的。但樊澄选择把这封信刊发在公司内部刊物上，对信中提出的问题进行调查和整改，还给来信的员工回了一封信，署名也是老樊。试想一个人能有如此的胸襟和风度，又怎会不令人心折呢。这就是樊澄，一个睿智、谦和、富有人格魅力的人。

马荣才　求真知　建真言

徐　飞

走进马荣才的办公室，第一印象就是书多，资料多，文件多。无论从事科学研究，还是从政，他认为学习都是终其一生要做的事情。

从科研到从政

1991年从中国农业大学获得博士学位后，马荣才留校任教。2000年，他回到北京市农林科学院农业生物技术研究中心，走上了自己独立的科研道路。2001年，“十五”计划的第一年，马荣才担负着三个国家级项目——国家自然科学基金课题、国家“863”计划课题和国家“十五”科技攻关计划课题。“开头好了，后面的工作就顺了。”他说。2001年至今，他承担完成了国家级和省部级科技课题30多项。

为了做适合北京的、具有地方特色的应用基础研究，他选取了对北京市民非常重要的园艺作物——蔬菜和果树。当时，处于生命科学前沿的植物功能基因组学，国际上也才开展不久。马荣才对中国大白菜的分子生物学和功能基因组学研究在短期内迅速处于全国先进水平，建立了国内第一个白菜DNA序列数据库，构建了国内第一张大白菜DNA芯片，并开展了大白菜抗病分子标记辅助选择育种和大白菜转基因抗病育种等，所开发的分子标记被国内外同行广泛使用；同时，在国内率先开展桃属植物种质资源评价利用技术和功能基因组学研究，建立了先进的桃、扁桃的DNA指纹图谱数据库，分离了一批控制桃花和果实发育的关键基因，有关论文被国内外同行广为引用。同时，他注重加强科技成果的应用，与他人合作在陕西、内蒙古等地开展扁桃育种、示范，面积超过2000亩。

马荣才长期从事农业生物技术科研，成绩突出，经验丰富。迄今为止，已发表英文科技论文26篇、中文科技论文55篇、国内外学术会议论文32篇，参编著作2部，培养了45名硕士和博士研究生；获得国家发明专利6项、省部级科技奖励1项；长期担任国际上一些著名刊物的审稿人，多次应邀作国际会议报告，数次参与科技部和北京市重大、重点项目的立项建议和可行性报告编写以及立项论证和验收工作。在担任研究中心副主任、主任期间，马荣才为北京农业生物技术发展做了大量卓有成效的工作，获得“新世纪百千万人才工程北京市级人选”证书，并被中共北京市委授予“为首都建设作出突出贡献的统一战线先进个人”称号，直到现在还被聘为国内多个一级、二级学会的理事、常务理事以及中国农业大学、首都师范大学的客座（兼职）教授和博士生导师。

2008年12月，北京市公开选拔局级领导干部，在科研领域一片坦途的马荣才，凭借这个偶然的机会，走上了从政的道路，担任北京市农业局副局长。从科研到从政，马荣才感慨：“转变太大了，生命科学研究与农业科教管理，差别很大。之前研究的都是非常专业、狭小、深入的领域。不过，从研究到管理，学到很多东西。”

履职最重要的是责任感

马荣才认为，正确处理好本职工作与参政议政的关系，最重要的是社会责任感。社会责任感是一个人做事的基本道德要求，当前，各种利益冲突、思想激荡，社会责任感是人们工作和服务于社会的重要精神支撑。

马荣才的管理任务很重，农业科教、农业机械化、秸秆禁烧、转基因安全管理、国际合作、对口支援以及其他多项繁杂事务，每天缠绕着他。同时，每周要花时间去基层和郊区，对郊区农技人员、农民进行指导。然而，作为一名党外干部和市政协委员，马荣才感受到的是沉甸甸的社会责任，他高度关注“三农”，积极参政议政，提交了大量的提案和社情民意信息。

经常到远郊区县考察的马荣才发现，越来越多的工商资本开始注入北京近郊和远郊农业，他们的主要特点是兼业经营、非专业化经营、混合经营。

对于工商资本投资农业领域，马荣才称，北京鼓励并引导工商资本进入农业领域，但要首先弄清楚工商资本投入农业意图是否在于农业本身。他认为，工商资本投入农业领域要防止以投资土地为名长期占用土地，也要避免占地只是简单的租赁土地，随后又转租，这样很难提高农业劳动生产率，甚至导致土地抛荒。马荣才建议，工商资本若要投入农业领域，应该投入在产前，如种子、化肥等领域，或者投资于产后，如农产品收获、储藏、加工等适合产业化经营的领域，最好发展农工商综合体。他还称，政府应设立土地风险保障金，防止工商资本投入改变了土地性质；要规范工商资本准入和退出的机制。

他在2013年市政协十二届一次会议上提交的这件提案受到市政府、市政协和有关部门领导的重视，近几年得到了持续关注。

20世纪80年代至今，北京郊区每年都有10万左右异地农民从事农业生产经营。马荣才说，异地农民为北京市农业生产做出了很大贡献。但是，大量的异地农民无文凭、无技术、无资金、无长期打算，受无户口、无住房、无社会保障等不利因素的影响，已经成为城乡一体化进程中的重要问题。该如何加强对异地农民的管理、引导、支持和服务，他在市政协十二届二次会议上提交的《关于解决北京城乡一体化进程中郊区异地农民问题的提案》提出了十个方面的建议，为解决相关问题、维护首都和谐稳定提供了有益参考。

他通过民进市委反映的《沟域农村信息化建设应落到实处》的信息，提出了许多写实、可操作的意见建议，得到市委、市政府的重视，为党政部门科学决策提供了新的思路。

参政议政要重“质”

在马荣才看来，提高参政议政的质量，一是要提高业务能力，确保自身优势最大程度地发挥；二是要积极发挥自己的资源优势，善交朋友、广交朋友，善于开展各类调研活动；三是要避免“零碎的想法、一般的观感、笼统的表态”和过时的建议，要保证建言献策“立真旨、求真知、抱真心、建真言、出真招”。

“本职工作以外的事情不能停止学习。城乡接合部建设，农村土地改革，新型城镇化，京津冀协同发展，新形势下我们面临很多新的问题，只有不断学习积累，才能把身边的问题及时准确地反映上去，并提出有效的建议。”马荣才结合实际工作，在业余时间阅读了大量的书籍、资料，并不断开展调研，围绕全市重点工作提交了一批有价值的建议和信息。2013年和2014年连续两年被评为北京市政协系统反映社情民意信息先进个人。

2009年至今，他围绕“三农”等工作组织调研并形成了9篇调研报告，发表相关论文8篇，获得民进中央和北京市颁发的调研成果奖9项，其中一等奖3项、二等奖4项、三等奖2项。2015年初，他个人被民进市委评为参政议政先进个人、所负责民进市委科技委员会获得参政议政特等奖。2013年1月担任政协委员以来，已经负责撰写并提交市政协提案22件，其中界别提案2件、党派提案3件、个人提案17件，提交社情民意信息15篇。有关意见和建议被多家媒体报道，被转载、引用数百次。这些履职成果足以说明马荣才在参政议政方面所花的精力，所下的工夫。

“只有广泛开展社会调研和开展社会服务，才能在实践中发现问题、解决问题，真正做到‘建言建在需要时、议政议到点子上、监督督到关键处’。”在市政协十二届一次会议上，他主笔的关于发展创意农业的调研报告被民进市委转化为党派提案；他主笔的关于农业生产经营主体的调研报告被民进北京市委转化为市政协十二届二次全会党派提案；他带领民进北京市委科技委员会开展的关于调控城乡接合部人口的调研，调研报告被民进市委转化为市政协十二届三次全会党派提案。2015年，他带领民进市委科技委员会开展关于乡村文化服务体系建设的调研，该课题被列为民进市委主委调研课题之一。

作为民进中央经济委员会副主任，2012至2015年，他向民进中央报送多份全国政协提案和多项社情民意信息素材。所负责的关于农业转基因生物安全的调研报告于2012年由民进中央转化为全国政协党派提案；2014年撰写的有关报告被民进中央转化成《致中共中央、国务院关于发展现代农业的建议》；2014年，应邀参加全国政协举办的关于南水北调中线水源地水质保护问题双周协商座谈会以及“农村环境污染综合整治”重点提案办理协商会，并代表民进中央作会议发言。

他认为，以超脱的姿态，冷静客观地看待发展中的繁华景象和存在的问题，是党外干部的一大优势。“参政议政和合作共事，要做到实事求是、一切从实际出发、理论联系实际，尤其要牢牢把握我国的基本国情和社会主要矛盾，要认识到我国的新型工业化、城镇化、信息化、农业现代化和绿色化道路是与发达国家不同的，要时刻保持冷静的头脑，客观公正地建言献策、参政议政。”

刘宝平的“菜”富之道

徐 飞

有首歌叫《梦想》，歌词中写道：面向太阳就会是希望，我相信梦想就是最好的信仰。梦想可以催生人的内动力，梦想也会是你走出去的力量。北京是一座承载年轻梦想的地方，20多年前，还在上学的刘宝平，从老家江苏徐州逃学来到北京想要看看天安门，一到北京，他便被菜市场吸引住了。熙熙攘攘的人群中充斥着讨价还价的吆喝，红红火火的买卖， 这一切都让刘宝平心动，身为农家子弟的刘宝平意识到，这里就是他大有作为、大显身手的地方。天安门是什么样子，他没有来得及去看， 北京的名胜古迹和繁华的街市还没来得及去欣赏，便于当天下午买票乘火车打道回府了。回到家后，刘宝平不顾父母的反对，凑钱跑回了北京。他说：“当时的梦想也只不过是一套房子、一辆小轿车而已。”现在的刘宝平早已成为了有名的“蔬菜大王”。

一切为了市场需求

如今已经身为北京市政协委员、北京东昇农业技术开发（集团）有限公司董事长的刘宝平谈及成功的经验，只是笑笑说，没什么，一切都是顺应市场需求而已。简单的一句顺应市场需求，却彰显着刘宝平对市场商机敏锐的嗅觉和及时的捕捉。

20世纪80年代，初到北京的刘宝平在北京朝阳蔬菜公司做临时工，正值北京计划经济与市场经济的转型期，蔬菜供给缺乏，只有夏天一段时间蔬菜供应丰富，冬天还只是老三样——大白菜、土豆、大葱。意识到需求与供应的不平衡，刘宝平从中发现了机会。他开始和两个业务员从广东湛江、福建厦门向北京运输蔬菜，一天运输六七百吨，由于市场需求高，蔬菜往往都能销售一空。

但刘宝平很快又意识到了新的问题，运输来的蔬菜第一是数量少、运费高，第二产品质量得不到保障。刘宝平有些犯了愁，求人不如求己，为什么要舍近求远呢？能不能承包一块地来有计划地种植一些短缺的蔬菜品种呢？这样既提高了品质又降低了价格，市场空间也得到释放。于是，他开始四处找租地种植南方的蔬菜，功夫不负有心人，从延庆到怀柔到河北的丰宁，他开始租地并根据市场不断改变、调整蔬菜的品种。

随着市场需求的增加，刘宝平的生产基地也随之增加到现在的23个，遍布全国17个省。刘宝平说："我们现在每天向北京市场供应大约1500吨蔬菜，我们现在有50个蔬菜产品，只要在北京生活三天的人都吃过我们的产品。"2008年奥运会超过四分之一的蔬菜和2009年国庆60周年阅兵蔬菜90%的供应都来自刘宝平的集团。

2004年，添加各种化工原料的毒豆芽充斥着报纸版面。一次，在飞机上刘宝平看到了相关报道。生长在农村的刘宝平对豆芽不陌生，直觉告诉他，商机来了。当时刘宝平心想，没有任何添加剂的豆芽可能产量会减少，但是品质是有保障的，即使把价格提高一点儿市场也会有需求。为此，刘宝平专门出国考察豆芽生产情况。在他看来，利用北京丰富的科技资源，强大的技术力量，通过跟科研院所接洽，想做的东西一定能够做成。

不久，他在公司启动了一条流水线，豆芽从原豆清洗、消毒、孵化、发芽、去壳到包装全部实行自动化流水线生产。生产出来的豆芽每天有60吨投放到超市，即使这样也还是供不应求。刘宝平说："即使小的单品也能给我们餐桌上做贡献。"刘宝平生产的豆芽也成为了食品安全典范。2006年9月1日生效的北京市地方标准《豆芽安全卫生要求》就是由刘宝平旗下子公司联合北京市通州区质量技术监督局、北京市海淀区产品质量监督检验所起草的。刘宝平说："生产环节我们有足够的信心去把控，蔬菜已经基本达成绿色食品。"

"永远不坑人"

商场如战场，刘宝平也不是常胜将军，一路走来少不了磕磕绊绊。但他始终坚持一条原则：永远不坑人。

1993年，一位自称是日本蔬菜公司老板的人找到刘宝平说，急需20吨生姜出口到日本，货到后立即付款。刘宝平把20吨优质生姜运到日本，这位老板却一分钱也没付。“当时农产品贸易是没有规格和标准的，都是靠肉眼去判断，国外一些人利用比我们优先懂得国际贸易规则的优势，在文字上和我们做游戏：要干姜。但干姜一旦进入低温保鲜就会反潮，20吨的姜都要我们赔偿。”这笔订单让刘宝平亏损了20万元，这几乎是刘宝平当时全部的家当。刘宝平消沉了一段时间，“经验教训是要在经营交易中不断摸索、学习的，真正成功的人是经历失败还能从头再来的人。”

刘宝平说：“我被人骗过、坑过，我知道那痛苦的滋味。因此，我的原则就是永远不坑人。”

在他看来，生意人要诚信，宁可少赚、不赚，也绝不干弄虚作假、坑蒙拐骗的一锤子买卖，“当年骗过我、坑过我的人，当时的确也赚了一些钱，但那是不长远的，现在他们已经从蔬菜市场上消失了，找不到了”。1999年，刘宝平在张家口、内蒙古等地种西芹、胡萝卜等蔬菜。当年市场上的价格偏低，刘宝平为了信誉，为了不让他的菜农经济利益受损失，他决定还按预定价格收购这种菜，他一下就赔了18万元。做生意赔了，刘宝平心里也很坦然。

永远不坑人，他不仅自己这样做，还要求员工也都要这样做。一次，他安排了一个生产基地种植1500亩地的荷兰豆，他把每公斤8元钱的荷兰豆种子交给朋友发放给菜农，没想到朋友见钱眼开，竟把这种子以每公斤46元卖给农民。事后，那位朋友十分得意地找到刘宝平说：“吃水不忘挖井人。我把你给我的菜种转手倒卖出去，一下子赚了100万，这10万元表示点心意，希望以后我们能长期合作下去。”刘宝平一听就急了：“你知道，我是最不能容忍别人干坑蒙拐骗的事情，赶快把加价收下的钱退给农户，我们不能坑人。”

他说：“经营一家企业最重要的是诚信，无论与农民、地方还是消费者之间都要建立诚信。”在刘宝平看来，诚信不是面子，而是一笔可贵的无形资产。

带动农民致富

富裕起来的刘宝平并不满足于现状，他还要带动生产链条上的广大农民共同致富。

农业算是风险大的行业，2012年北京“7·21”暴雨和2013年3月9日大风，半年多连续经历两次自然灾害，让刘宝平的集团损失惨重，若放在农户个人身上损失难以承受。

因此，在刘宝平看来，要想让农民富裕，必须要把土地有效地利用起来。作为一名政协委员，刘宝平近几年的提案都是关于土地流转与土地集约利用。

做农业的方式方法有很多种，刘宝平说：“我们做的是产业支撑，把农民作为我们的产业工人，目标是改变他们的住房条件，改善产业的支撑点，农民以土地参与进来，他们作为产业工人收入不仅提高了而且稳定。”

为了更好地经营土地，刘宝平与以色列合作，借鉴其经营模式，建立了108栋大棚作为核心示范区。“以色列的专业组织大体有400家，人民公社大大小小有160多家，都有主要的支撑点，有的以加工型企业为主导，有的以养殖种植为主导，以色列以6个半产品支撑着其整个国家的发展，其人均收入达到近4万美元。”在刘宝平看来，农业需要先进的技术和生产方式，在合作当中要培养产业工人，只有让产业工人学会了真正的技术并把科技和管理融于农业当中去，才能把集团不断做大做强。刘宝平始终没有忘记作为一个农业企业应有责任，他每年会用收益的30%至50%去尝试、去创新，去摸索、推动一些对农业有意义的事情。

刘宝平时刻把自己的利益同农民的利益紧密联系起来，早已成为了他们中的一员。2008年年初，刘宝平作为中国亿万农民的代表走进中南海，他提出的“加大对农业专业合作组织的引导和支持力度，重视解决农产品销售运输和中小企业融资难、贷款难的问题”三条建议被温总理采纳。刘宝平说：“农产品物价不稳定不单是生产问题，还有物流不畅引发的问题。”而这一建议被总理当场落实，直接促进了绿色通道的实施。

现在刘宝平的北京东昇农业技术开发（集团）有限公司已经成为集种子、种苗、蔬菜、水果、冷藏配送、基地种植、观光农业、农业生产、精深加工、出口贸易等多元一体的综合性企业，国家级农业产业化重点龙头企业，早已超越了他最初的梦想。

李保国　土壤中寻找理想

朱生志

在中国农业大学西校区，有这样一座三层小楼，走廊环绕，廊道的墙壁上张贴着各种有关土壤资源应用的国内外学术交流成果。廊道拐角处，一间不足十五平方米的普普通通的办公室里，六个三米多高的文件柜占据半壁江山，摆满各类专业书籍，方便取阅的多功能折叠梯静静倚靠在柜旁。不同的土壤标本错落放置，挤占着原本不多的办公空间。简单的办公桌上堆满厚厚的资料书，圈圈点点，密密麻麻地记录着研究心得、体会。

这间普通而充满浓厚学术氛围的办公室属于李保国。作为我国土壤学研究领域的专家、中国农业大学资源和环境学院副院长，李保国从1990年博士毕业至今，集中精力研究土壤和水，在科研学术、教学育人等方面取得杰出成绩。李保国先后主持承担国家自然科学基金重大项目、国家重点基础发展规划项目（973）、国家高技术研究发展计划（863计划）、国家重点科技攻关项目等各类课题20余项，发表专业学术论文300余篇，其中多篇在Soil Science Society of America Journal、Water Resources Research、Geoderma等国际土壤和水学科著名杂志发表，被SCI和EI收录120余篇。

情系土壤

1990年，从北京农业大学（中国农业大学前身）博士毕业后，李保国选择留在了北京农业大学土地资源系。作为当时学校土壤学科年龄最小的青年骨干，在导师石元春教授的鼎力支持下，李保国承担起土壤学科的研究重任，并一直坚守在这个阵地上。

谈起研究土壤学的体会，李保国深有感触地说道：“土壤很复杂，有固体，有水，有孔，有空气，上面还长有植物。一般人认为土壤除了能够长庄稼，就是泥泞不堪，没有发挥什么好作用。其实，土壤既是社会发展最核心的资源，因为第一产业所有的植物都需要生长在土壤里，又是自然界最主要的环境，所有生产的东西终归要回到土壤里去。土、水、空气是相互影响的。空气污浊了，最后还是要回到土壤里，水污染了，也可能要回到土壤。三者是生命的必要资源，任何一方不健康都会对生命有影响，可持续发展离不开这三个资源。”

在李保国看来，霾飘在天上，根在“地”上，农用地的生态涵养功能不容忽视；食品安全表现在餐桌上，根在“田”里，首先要确保农用地的水、土、气等资源要素的生态安全；“美丽中国”的建设以及新型城镇化的资源保障，都离不开健康的土地。

正是对土壤研究的极大兴趣，正是对农业生产的持续关注，正是对环境保护的高度重视，李保国潜心研究，提出和研制了区域水盐运动监测预报系统、干旱地区土壤发育过程模拟系统、区域尺度的随机土壤水分均衡模型，建立了基于GIS（地理信息系统）的土壤分布式过程模型（水、氮、盐、污染物等），提出和初步建立了虚拟农田系统。功夫不负有心人，李保国的不懈付出迎来了大收获：作为主要研究者完成的“区域水盐运动监测预报”成果1992年获国家教委（甲类）一等奖；1993年荣获国家科技进步特等奖；1993年入选首批国家教委“跨世纪人才计划”； 1996年入选人事部首批“百千万人才工程”第一、二层次；1997年获得北京市第十一届“五四”奖章、国务院政府特殊津贴；1999年节水农业应用基础研究成果获农业部科技进步二等奖（甲类，排名第一）； 2000年9月被聘为教育部“长江学者奖励计划”特聘教授；2001年获第七届中国农学会青年科技奖；2004年获首届“中国土壤学会奖”；2006年获国家科技进步二等奖；2011年被授予美国土壤学会会士……

学科建设离不开人的创造

“我是1992年破格提的副教授，1994年年底破格提的教授，从所有的‘破格’中可以看得出来，当时人才是极其缺乏的。”李保国回忆道。有感于自身经历，李保国深深了解：人才是学科建设、事业发展的第一动力。学科建设和事业发展必须有人，离不开人的创造。“有人之后，其他的硬件条件才能建设，学科的好坏关键看有没有团队的支撑。”

从1992年开始，一批从国外留学归来的博士毕业后陆陆续续来到了李保国所在的北京农业大学土地资源系。为了留住人才，发挥他们的作用，李保国考虑更多的是如何为他们营造一个良好的工作环境和氛围。

为了使人才能够马上开展工作，在有限条件下，李保国想方设法为海外归国人员创造最好的工作条件，满足他们对工作条件的要求。

“1994年的时候，计算机的价格很高，要1万多元一台，而当时一年可以得到的经费也就是10万元。为了保证回国人员的工作条件与国外不相差太多，我为他们配备计算机，过了几年又为他们配备上网条件。”李保国回忆着当时的情景。

在李保国的带领下，团队不断地吸收新鲜血液。1993年，在法国从事博士后研究的张宝贵回来了。1995年，在全世界农业研究最有名的英国洛桑实验站从事研究的林启美回来了……

在从国外引进人才的同时，李保国也注重培养和引进国内著名高校的科研人才。任理、左强等从事完博士后研究工作后纷纷留校。到20世纪90年代中期的时候，李保国的土壤学科里汇聚了龚元石、左强、任理、林启美、张宝贵、郭焱、黄元仿等一批骨干，支撑起了中国农业大学土壤学科的一面大旗，因为正好8个人而且都是男性，因此被人们称为“八大金刚”。

科学研究不能停步，随着任图生、胡克林、刘刚、孙丹峰、毛萌的加入或融合，团队的研究力量越来越强大。2004年，李保国率领的科研群体成功入选首批教育部创新团队。

“同一个学科，要有不同地方来的人员交叉在一起才有利于学科研究创新的取得。这也是大家公认的快速出成果，快速出人才的方法。”李保国非常肯定地说，“我脑子里一直有这么一个概念，在我的队伍组成中，土壤学科本专业的要占到三分之一，水、植物等同土壤学结合比较紧密的也占三分之一，另外三分之一必须是基础性学科，如数理化和计算机。”

李保国不仅考虑团队的知识结构，也十分在意团队的年龄结构。李保国深有体会地说，“科学队伍应该有一个合理的年龄结构，是渐进式的。”现在团队中的骨干，大部分处于40到50岁的年龄段。“这里就存在一个年龄断层。”

李保国刚刚在土壤科学里开拓自己的事业时是30岁左右，那时在农大的土壤和水科学系，没有年龄在30到50岁的研究骨干。经过李保国不断的努力，将一批人才聚集到土壤学科里以后，这个断层效应仍然在继续，只不过由直接断层变成了间接断层。“如果我们退休了，学科的发展就会遇到困难。现在我们非常关注这个问题，不希望人才断层的现象继续下去。”

现在，李保国考虑更多的是将“70后”甚至是“80后”充实到队伍中来。“我们不光要发现新人，更要把好的团队机制留给他们，而且要代代相传。这是我们现在着手解决的事情。”

罗布泊之旅

人迹罕至的罗布泊充满了神秘色彩，这里被称为“生命禁区”，发生在这里的传奇故事常常伴随着失踪和死亡，但罗布泊又有着诱人的另一面，它是世界地质演变的活化石和气候变化的记录仪，是探险者和科学家的乐园，也是我国西北土水资源可持续利用研究的一个天然实验室。

驱车西行，穿越大戈壁去罗布泊。沿途亘古的景象，使人不得不想起多少荡气回肠的边塞诗篇，凄凉，粗犷，流血，思乡，不禁使人心潮澎湃，感慨万千。正如李保国同事杨小路在《鹧鸪天·戈壁行赏边塞诗》所写：西去阳关汉塞烟，方缰纵马下楼兰。荒原风咽琵琶曲，星夜苍书诗满天。思老杜，念谪仙，家家梦里醉边关。一瓢饮罢天山月，不灭膻胡不凯旋。

近十余年来，李保国的研究团体承担了国家有关新疆土地和水资源可持续利用研究的相关研究项目。罗布泊曾经作为内陆最大河流——塔里木河的尾闾湖，自然就成了他们聚焦的地方。每年9、10月份，罗布泊的风比较小，温度也比夏季低很多。即使这样，到了中午，罗布泊的空气温度也会达到摄氏30多度。此时，李保国都会带着自己的研究小组去罗布泊采集土壤样品。这样的“惊险之旅”对于李保国来说似乎是家常便饭。至今，李保国已经五次进入罗布泊。

不是亲身经历，绝对无法体会罗布泊“生命禁区”的真正含义。“罗布泊是一个干盐湖，到处都是盐壳，像刀子一样尖，像石头一样硬，没有地方坐，裤子稍不注意就会被划开一个口子，新买的旅游鞋在采集一次样品后就坏掉了。”

在罗布泊，采集土壤样品小组的成员之间平时是靠手机联系，但是离开钾盐矿10公里，手机就没有信号了。因此，大家都是采集完样品就马不停蹄往回赶。2006年，在采集完土壤样品，返回乌鲁木齐的过程中，由于地面过于颠簸，满载样品和仪器的四辆车中的一辆车的车轴断了，在荒原上抛了锚。不得已，小组留下3个人看管抛锚车和车上的样品以及设备，只留下一些水。其他人快速赶往哈密购买汽车配件。当他们深夜到达哈密的时候，找遍全城也没有相关配件。当地修车厂的人告诉他们，只有乌鲁木齐才有这种车的配件。想到荒原上的同伴，同行的人都着急了。于是他们紧急要求车队服务公司马上从乌鲁木齐运送所需的配件到哈密。经过一番折腾，当他们赶回荒原的时候已经是第三天了。幸运的是，车上留守的人在车坏的当天遇到了钾盐矿运输车，人员、仪器和样品已经安全回到了招待所。

现代社会，瞬息万变，物欲横流，诱惑与机遇并存，有人眼高手低，急功近利，也有人默默无闻，坚守信念。做研究、做学问就更需要耐得住寂寞，更需要拒绝浮躁，更需要持之以恒、锲而不舍。作为一个学习和从事自然科学研究的学者，李保国毅然选择追求科学。“不受外界干扰，不在乎别人说什么，人生就应该有理想，踏踏实实工作，努力朝理想奋斗。”

李赞东　心素如简　人淡如菊

徐　飞

每次见到李赞东，都能感受到她的知性温婉。

她是“文革”后第一批公费出国的留学生，也是中国第一批博士后，中国动物学会内分泌分会副理事长，中国农业生物技术学会动物生物技术分会理事……无数个光环背后是李赞东20多年来与实验室打交道，潜心于科学研究的付出与坚守。

潜心科研结硕果

1982年，改革的春风吹遍祖国大江南北，年仅24岁的李赞东远赴东瀛，受国家公派去日本留学，攻读硕士和博士学位。机会都是留给有准备的人，大学期间，李赞东自学日语四年。“研究生考试的时候我是用日语代替了英语，没想到被教育部选为出国研究生。”

在日本留学六年后，她带着报效祖国的心回国，决心为生物化学贡献自己所学。从此，中国农业大学美丽的校园就成为她扎根开花的沃土。她潜心著书立说，教书育人，桃李满园，用言传身教影响学生的科学观和人生观。她培养的学生分布在中国广袤的大地上，从事生物化学领域的工作，许多成为了领域中的佼佼者。

“按照‘教授’一词的中文词源，即‘传道授业’的本意来说，教授是有讲课的职业责任的。”长期承担生物化学及分子免疫学的教学工作，李赞东积累了深厚的教学经验和精湛的授课技巧，主讲的《生物化学》在2005年被评为中国农业大学和北京市精品课程。学生十分喜欢她独具风格的教学方式，在魅力教师评选活动中，她多次荣获“受同学爱戴的魅力老师”称号。她参加的“生物化学课程实施多方位改革与实践”获北京市教育教学成果一等奖。

然而，作为一名教授，仅仅是教学出类拔萃是不够的，李赞东在学术研究领域里也是一路高歌。1990年，为促进高校学科发展，充分发挥留学回国人员的作用，帮助优秀的年轻教师成为学术骨干和学科带头人，国家教委设立了回国留学人员科研资助费。“我们当时称其为‘雪中送炭’‘及时雨’，受到资助的人都十分珍惜这次机会。”李赞东就是抓住这难得的机遇，开展了“鸡胚胎壳外孵化”研究，其成果填补了国内空白，亦属世界首例。

自古以来，鸡胚胎都是在封闭完好的蛋壳内孵化成鸡的。1989年8月，李赞东带领硕士生在设备简陋的实验室里，经过几个月不懈的试验探索，终于突破了鸡胚蛋壳外孵化18天即死这一难关，于1990年4月27日，由14只鸡胚中成功地孵化出5只小鸡。李赞东说：“科学研究是为人类服务的，这一研究成功的意义在于能使人们方便地观察鸡胚胎发育的过程和该过程中的各种营养要求，也为探讨药物、放射线等外加因素对鸡胚胎发育的影响以及在胚胎发育早期导入外源基因提供了方便条件。可以运用于人类疾病的预防与治疗，例如先天性心脏病的治疗。”

然而，更为人称道的是，她利用微注射法移植胚盘细胞或原始生殖细胞制备种间嵌合体，为挽救濒危鸟类开辟了新的途径。“把濒危鸟类的细胞移植到鸡或鸭的早期胚胎中，类似于这样把自然界两种或两种以上遗传来源不同的细胞嵌合到一起，形成新的自然界没有的动物，在他们的下一代就能够生育出纯正的濒危鸟类。”李赞东做出了世界第一个异种嵌合体实验动物模型。六年之后，韩国才做出了相同的实验结果。“我的学生在阿联酋，为挽救阿联酋的国鸟也做出异种嵌合体，全世界目前只有这三例。”

她的课题组先后主持并完成863项目、自然科学基金项目和博士点基金项目等10多项，发表论文78篇，其中SCI论文69篇，获得专利多项。她不畏艰辛、执着追求、大胆创新，在生物化学领域产生了广泛的影响。“科学的道路从来就没有过一帆风顺，是不断挑战自我、战胜自我的过程。”为了科学和教育事业，李赞东不畏艰辛地奋斗在教学和科研岗位上。

不以善小而不为

李赞东前后在日本学习工作过十年，她观察到，日本的垃圾分类可谓“极致”，甚至到了“严苛”的地步。“如果问刚到日本的留学生或者游客最不习惯的事情是什么，他们几乎异口同声地说：‘垃圾分类。’”以香烟盒举例，香烟盒外包是塑料，盒子是纸，铝箔是金属，这件东西就要分三类丢弃。

成为北京市政协委员后，李赞东一直关注北京的垃圾分类与处理问题，她曾先后提出《关于有毒物质单独回收及垃圾分类的建议》《关于加快垃圾分类及垃圾综合处理的提案》等，参与市政协相关调研，时时刻刻不忘进行垃圾分类的宣传。“在垃圾分类与处理方面应当善于借鉴国外的经验，别人走过的弯路，我们尽量避免。”

“市民们都赞同垃圾分类，却很少有人真正去做，原因是大家根本不知道该怎样分。环境保护，人人有责。对此的教育越早越好。”日本的垃圾分类、环保教育，幼儿园就已经开始了。到了小学的高年级，学校会组织学生参观居住地的垃圾处理厂，让他们了解环境问题对生活带来的影响。垃圾处理、环境保护问题不仅是国家的问题，更是关系到我们每个人的问题。“要从我做起，从小事做起；提高环保意识，形成自觉分类的良好生活习惯，减少垃圾，减少有毒物质混入垃圾中。只有自下而上，树立全民环保的意识，才能逐渐改善环境，实现美丽中国。”李赞东说。

青少年的“成年病”比率日益增加也引起了李赞东的担忧，她基于自己的专业和实践，提出了《关于加强和普及青少年健康饮食教育的建议》。李赞东认为，科学合理的营养搭配对青少年健康以及良好的性格、情操具有重要的作用。由于生活水平的提高，父母对独生子女的过度保护，食品搭配中含有太高的能量，动物性蛋白及脂肪容易导致青少年“上火”急躁，情绪不稳定。“广泛调动像我这样的大学老师举办辅导班，努力培养未来母亲的综合素质，用合理科学的方法调整食物组成比例，培养下一代良好性格、高尚情操和博爱精神。”

“只要是我力所能及的、对社会有意义的我都愿意去做。人是要有点儿精神的，希望能通过自己微小的举动让社会变得更加美好。比如去给社区讲课，一百个人中有两个人听明白了，我觉得也是一种收获，因为他会对他周围的孩子产生影响。”

“通过政协调研等活动，让我接触了大学校园之外的世界，由此加深了老龄化社会、PM2.5、万元GDP能耗等问题的关注。我认为这是学习的过程，也是不断提高自身素养的过程。”

搭建友谊的桥梁

或许是李赞东有在中国、韩国和日本三个国家长期生活的阅历，或许是她珍爱的“一切崇尚自然”这句格言寓含的内心世界，精通韩文、日语的李赞东也是中日韩三国人民之间交往的友谊桥梁。

她担任欧美同学会留日分会副会长和留日学人活动站常务副会长后，在国内多次组织归国留学人员业绩展览，同时也在国外举办展览，展示中国的学术进步。1992年至2014年期间，她主持召开了20余次关于日中友好、科技交流、文化交流等内容的国际研讨会。

“不仅是为了学术的交流，更重要的是要让学术成为生产力的转化动力”，李赞东还积极为相关学术团队和企业牵线搭桥，为中日韩三国企业间联姻出谋划策，成为了众多企业交口称赞的义务国际技术专家。

李赞东是学术界中少有身兼数职并多才多艺的知性女子。她喜爱茶道、花道、集邮、旅行。“说到出门在外的孤单，要有会宠着自己的情愫，做自己喜欢的事。”留日六年，在通宵做实验的繁重学业下，李赞东利用周末学习花道。“在室内摆上自己亲手制作的插花艺术品，装点环境，可以为生活增加一丝惬意和情趣。”她精通日本插花艺术，又颇有自己的心得，她的作品融入了韩国和中国的众多元素，自成风格。她最爱的波斯菊，花色繁多，姿态各异，花语中有“幸福，自由和快乐”的含义，寄托了她对学生们和国家未来的期望。

归国至今，30多年的时间里，从最初协助日本老师到亲自传授插花艺术，她在多所院校和各种文化交流活动中举办插花讲座，也多次邀请日本插花大师和中国插花界相互交流切磋。

在各种国际交流活动和学术活动中，常常出现她的身影；在政府建言中，在各种艺术或礼仪讲座中，常常回响着她的言论。她就像她酷爱的波斯菊一样，用斑斓的色彩编织着美丽的梦。

冷如新　演好自己的角色

张 涛

人生怎样才有意义，怎样才能让自己的人生绽放光芒？这个答案其实很简单，尽全力演好自己的角色，只要你尽力做好，那么即便微小的角色也会散发出主角的魅力。记不得这话是谁说的，但我以为这段话对于冷如新来讲特别贴合，因为这正是她几十年来一直践行的真谛。

风雨中见真诚

如果此刻为冷如新写一份简历，那么大概一句话就足以概括了——冷如新，自1986年参加工作至今，一直在丰台区农业技术推广站工作，一个纯粹的基层农业技术工作者 。

“远看像逃难的，近看像要饭的，走过来才知道是农技站的。”对于大多数人而言，农业技术推广的工作是既陌生又不体面的。他们既不像一些企业事业单位，整日发发文书，填填表格，也不像科研院所那样，整日将自己锁在实验室里。对于他们而言，田间地头就是他们的办公桌，蔬菜大棚就是他们的实验场。

“我们这行有一个特点，越是刮风下雨越得往外跑，尤其是到了风灾、水灾、雪灾的时候，最是往外跑得勤，因为这个时候通常农作物损害比较大，农民正是需要我们的时候，时间是耽误不得的，所以再不愿意出门也得去。我们跟那些什么电脑、实验室基本都没什么缘分，主要就是向农民推广技术，农民天气不好不是也照样在地里干活吗，我们是为农民服务的，农民都去了，我们有什么理由不去呢。”冷如新这样说。

2012年7月21日，相信所有北京人都还记忆犹新，那天北京下了一整天的大雨，整个城市都陷入了水乡泽国之中，受灾最重的房山区更是山洪暴发，数十人失去了生命。对于丰台区而言，虽然受灾不及房山区严重，但是邻近房山区一线的农业基地却也没能逃过被淹的命运。冷如新回忆，京石高速杜家坎一带，积水最深的蔬菜基地水深竟有一米多，面对如此严峻的形势，连见多识广的冷如新也一下子紧张起来。

“说当时时间紧任务重倒不是说上级给我们分派了多少任务，农委并没有对我们跑多少个村子和基地作出规定。但是我们就是为农民服务的啊，如果不抓紧排涝救灾，等到农时一过，农民今年就白干了，他们要是白干了，那我们一年的辛苦也等于白费了。”冷如新解释说。

于是在此后的几个星期里，冷如新没日没夜地奔走在丰台区的各个农业基地之间，一方面帮农民排除水患，技术辅导，防止病害，为农民降低损失；一方面还要收集资料，分析数据，尽最大努力完成灾后重建工作。虽说丰台区算不得什么农业大区，但是区内大大小小的农业基地也有十多个，在短时期内完成如此繁多的工作，冷如新的辛苦也就可想而知了。

“干的就是这个工作，这就是我的责任，说不上什么辛苦不辛苦的。”当我感叹冷如新工作辛苦时，她这样对我说。

感触

如果说冷如新本人是北京市农业发展的见证，这个帽子不免有些嫌大，但是她几十年坚守在自己的工作岗位上，也确实体验到了许多改革开放以来北京农业发展的变化。这些变化不仅是技术上的进步，还有许多发展方式的转变和思想变革的冲击，这些变化都被冷如新看在眼里，记在心里。

冷如新认为，北京市的农业发展相对于过去而言，重视程度是越来越高了，扶持的方式也越来越科学了。许多先进的技术，新式的农具都免费提供给农民使用，如二氧化碳施肥器、经过改良的种子、给水果蔬菜套的袋子等。这样的扶持方式比以前单纯地资金投放更高效、更直接，也更能让老百姓感到实惠。

除了政策扶持的变化，还有发展方式的转变。在上世纪80年代，现代物流的思想还没有成熟，蔬菜水果全国运输的网络还没有建立，因此，丰台区农业更多承担了为北京提供蔬菜水果的任务。而随着全国物流运输网络的建立，交通运输南北通达，北京市不再需要丰台区保障蔬菜供应的时候，丰台区的农业发展也就渐渐地开始向现代观光农业转变。“其实，从我们的工作中就不难发现这种转变，以前我们主要研究的目标就是怎样让农作物增产，而现在更多的则是推广新技术、新经验，帮助农民更新思想、思维方式，努力让农民适应现代农业的需要。”冷如新说。

当然，除了这些令人欣喜的变化外，冷如新也坦言对行业发展的忧虑。她指出，基层工作岗位待遇过低严重影响了行业的发展。以她自己为例，干了大半辈子，都到了快要退休的年纪一个月也挣不了多少钱，至于新入行的年轻人，收入自然就更低了。如此微薄的收入，加上风餐露宿的辛苦，致使许多年轻人不愿意从事这项工作，因此就造成了“老的退休了，新的进不来，即使进来的也不专业”的尴尬问题。

“其实80年代时，这行虽说辛苦，收入水平跟其他行业比差距还不算大，但是2000年以后，其他行业收入大幅度提高，农业基本还是原地没动，所以留下来的都是年纪大的，年轻的基本都留不住了。就拿我们推广站来说，现在只有一个40多的算年轻的，其余都是五六十岁了。而且这么大个推广站，算我本人在内，只有三个人是搞技术推广的，其余都是司机、会计之类，现在我都不知道我们退了之后工作该怎么干下去。”冷如新不无忧虑地说。

冷如新告诉我，她是农业大学毕业的，当时一起毕业的同学或是嫌工作太累，或是嫌待遇太低，如今绝大多数都转行了，只有屈指可数的几个人还在默默地坚守着自己的岗位。如今她已经年岁大了，改善不改善待遇对她来说已经没那么重要了，但她仍然希望政府能够适度提高基层农业工作者的福利待遇，她不想让那些新入行的孩子们也过得如她一般清苦。

“过去不比现在了，现在的年轻人工作生活压力都很大，待遇这么差，工作又累，他们很难坚持下去，另外我觉得提高一点基层工作者的福利待遇，不光是对这些基层工作者，对这个行业的未来也是很有好处的。”冷如新这样说道。

百姓的传声筒

冷如新姓冷，却是个十足的热心人。多年田间地头、果园大棚中的奔走，使得她的身上也渐渐感染了农民的质朴与善良，在不知不觉之间，她竟然成了百姓的知心人，每当大家有什么委屈、烦恼都爱说给她听，而她则也尽自己的所能，为他们排忧解难。冷如新是北京市政协委员，这种身份的便利更是使得她成为了百姓的“传声筒”。每当农民们有什么工作生活方面的问题，大家总会自觉地找到她，请她代自己向政府反映，因此，冷如新的提案不仅数量多，而且从不缺乏新意。

“我每年提交的提案都很多，但我的提案跟别的委员不太一样。因为我是来自基层的委员，所以我很少提那些高屋建瓴的大事，提的主要都是那些民生方面的问题。虽说民生提案都是很少人关注的小事，获不了什么奖，但是这些都是老百姓生活中实实在在面临的问题，也都关系到千家万户。我觉得只要关系到千家万户的事，也都应该算是大事。”冷如新如是说。

冷如新认为，政协需要老百姓的声音，而传达这些声音更是基层委员的责任。在政协，许多委员来自大型企业、政府机关，不可否认，他们对于国家发展、政策调控都能说得头头是道，也能提出许多高质量的意见建议，但是对于普通老百姓关心的“菜多少钱一斤？”“公交车多长时间一趟？”并没有切身的体会。因此，只有基层委员们更多发挥自己的作用，老百姓的声音才能够真正地传达给政府，民生问题才有解决的希望。

冷如新告诉我这样一件小事：曾经有一位无房老职工，退休之后生活比较困难，按照政策，本来到了领取住房补贴的年纪，但是住房补贴却迟迟没有发放下来。老人无奈之下，对冷如新讲起了这件事，想请她代为反映。冷如新听后觉得，这件事虽然不是大事，但是老人生活十分困难，对于他而言，这些钱确实拥有着不同寻常的意义。并且经过调查冷如新还发现，这件事并非只牵扯到这个老人，而是类似的情况都没有发放。于是冷如新坐不住了，她将这件事写成了提案，并在当年的北京市政协全会大会发言中当众提出，引起了领导的关注，使这件事得到了解决。

“说来有人都不信，我跟那个老职工一直都是电话和邮件联系，我都没见过他，包括在事情解决之后，也一直没有见过，我觉得这本来不是什么大事，没什么见面的必要。”冷如新这样解释说。

据说爱因斯坦曾谢绝担任总统候选人，他的理由是：“方程对我更重要些。”爱因斯坦知道自己并非无所不能，物理学家才是自己最好的角色。物理学家是爱因斯坦的选择，而农技站则是冷如新的选择。的确，这个选择或许不像总统那么特别，不像明星那么耀眼，但是她爱她的选择，她认定这里正是她值得为之奉献的地方。尽管这里收入微薄，尽管这里风雨劳顿，尽管她的同学已经一个又一个地选择了离开，但是她不为所动，在她的心中，她自有一个标准来评价什么对于她才是最重要的东西。

仔细想想，冷如新的智慧在于选准了自己的角色，所以她才会心无旁骛、脚踏实地坚持在那平凡且艰苦的岗位上。在她人生的坐标系里，她没有横冲直撞，没有乱爬乱滚，而是谨慎、理性地探索，一旦选准了适合的位置，就尽心尽力地去演好那个属于自己的角色，并让这角色散发出光芒。我想她不会淹没在人海里，因为在那你拥我挤的人潮之中，只有她才是真正的主角。

分明茉莉开时候

张 涛

“分明茉莉开时候，琴静东厢。天样红墙，只隔花枝不隔香。”茉莉花的静美即便在失意之人的眼中，也不能掩饰其魅力，顾贞观是如此，纳兰容若是如此，而张彤也是如此。只是区别在于那茉莉的忧郁和伤感是属于顾贞观和纳兰容若的，而那份坚强则是属于张彤的。

张彤是北京市政协委员，水利规划设计研究院副院长，教授级高工，北京市党外高级知识分子联谊会第一届理事会理事，水利部认定的第一批水资源评审专家。而如此之多的头衔竟全都属于眼前这样一个细声细语，还略带孩子气的人，初见之时的确令我感到些惊讶，但稍坐之后，这种惊讶之感便被一扫而空了。

坚守

张彤从事水利事业完全是一次偶然，仅仅只是因为她的母亲在报纸上看到了华国锋的一句“将来中国的发展要重视水利建设，水利是中国农业的命脉”之类的话，便对张彤说：“清华有个水利系，要不你就学水利去吧。”故事的开头就是这样简单。

“记得等到我报完水利系，志愿已经不能更改以后，我妈又不知听谁说‘水利是一个特别辛苦的专业，根本就没有女孩子干这个，人家都是分数不够被分到水利系，你居然让女儿报了一个水利系。’于是我妈听完之后就后悔得不行，短短半年，她的头发一下子白了一半。”张彤回忆说。

就是这样一个简单得不能再简单的理由，为张彤划定了一生的方向。从此二十余载如一日，没有哀怨，没有悔恨，即便是为此失去了幸福完整的家。

张彤不会忘记，曾经与丈夫同在一个院子中工作，朝夕相处的日子。然而那都过去了，随着上世纪90年代下海潮的影响，丈夫选择了下海经商，渐渐地离她远去。

“记得当时我的爱人去了珠海，曾想要我跟他一起去。我想了很久，最终还是没有同意。我想女人还是要有自己的事业，不能迷失了自己。另外，我从毕业来到这里，单位的领导和同事们一直对我都很好，水利这一行我也很喜欢，我舍不得离开他们，也舍不得离开我的事业。”张彤有些伤感地回忆说。

分别的生活没能持续很久，很快两人的人生观、价值观都因为生活环境的不同而发生了较大变化。终于两人的婚姻走到了尽头，而张彤也一直单身至今。

此后这些年的辛苦，即便如张彤这样坚强的人也不愿回想。父母没有退休，丈夫去了南方，孩子还太小，自己又患上了腰椎间盘突出的毛病。这样的情况，张彤只得自己一个人咬紧牙关，一面工作，一面照顾孩子。谁也不曾了解，有多少个夜晚，她孤身一人伏案工作，吃住在办公室。谁也不曾料想，当腰痛难耐时，她是怎样地勒上宽腰带支起病躯。

治理水患义不容辞

2012年7月21日，是一个周六。相信很多人时至今日还不能忘记那个日子，那一天整个北京暴雨倾盆，短短几个小时，整个京城一片汪洋，数十条生命在这一天告别了人间，留给世间永久的伤痛。

“下暴雨的那天我本来还在外地开研讨会，刚一听到这个消息，我们就马上赶回来了。那天本来是周末，但我到单位的时候，却发现大家都在。大家心里都明白，要打硬仗了。”张彤的神情稍显紧张，就好像时间又回到了那一天一样。

张彤是北京水利规划研究院的副院长，治理水患是她义不容辞的责任。回京之后，她没有时间休息，马上就被安排赶往受灾的第一线——房山。她亲自将拒马河、大石河、十渡等受灾严重的地区走了一个遍。当时大水尚未退尽，桥梁垮塌，道路被淹，无路可走。张彤一面帮助当地百姓救灾，一面还要四处探访，为灾后制定具体的治理方案，其辛苦可以想见。

“我记得在治理永定河的时候一直在讲‘锁住蛟龙’，我们这么多年做水利工程的意义也正是为了通过我们的努力，消除水患，使人民的财产免受损失，但是在这时，我忽然感觉自然力量的强大，感受到我们水利事业发展的紧迫。”张彤动情地说。

张彤觉得，这么多年她心底里想说，但却一直没能说的话，被这一场大雨完完全全地表达了出来。这场大雨将人们浇得更清醒了，终于使人们明白了应该敬畏自然，顺从规律的道理。这场大雨也使政府反思了自己在城市水利建设中的种种问题，为在今后该如何调整水利规划提供了依据。更重要的是，它使大家理解了她们一直在宣讲的“为什么不能与河道争地、争钱”的良苦用心。

“从我自身的工作中也确实感受到，大家对水利工程比先前更重视了。以前我们的水利设计方案，总是被要求为地方经济发展让路。而现在，人们终于知道要为水让路了，经常有地方领导跟我说‘花多少钱没关系，一定做好，做结实一点。’”张彤略显兴奋地说。

最动人的地方

“您觉得您最能打动别人的地方是什么？”我这样问道。

“打动别人？”张彤稍稍迟疑，随即反问道：“有吗？要说我最招人恨的地方倒是有，他们都觉得我是工作狂。”说完，张彤便笑了起来。

善于做事，不善处世，虽不聪明，却还算得勤快，严于律己，对事负责。这就是张彤对自己的评价。虽然这在我看来，全是彰显她学者风范的优点，但张彤却显然不这样认为。

“我总是要求自己很高，渐渐地对别人也要求很高，尤其是当了领导之后，苦自己也就算了，怎么能把别人也都给苦了呢，所以有时候我心里也挺抱歉的。”张彤半开玩笑半认真地说。

张彤告诉我，有好几次，她曾经刻意要求自己改变这种性格，对自己宽松一点，对别人也宽松一些。但是每次都是过不了多久，她就为自己找到解脱的借口，而这次北京暴雨就是最好的借口之一。

“这次北京下了这么大的暴雨，出了那么多人命，我一方面需要身先士卒，一方面也得要求大家一起拼命。我们搞水利规划的，是帮政府做决策的，不能说错话。不能因为我们自己的一个想当然，就影响了整个决策。所以要提正确的建议，就一定要认真地检索许多东西，那就只能加码，压担子了。虽然包括我的同事、徒弟都很抱怨，呵呵，但没办法，搞水利规划，只能这样了。”张彤解释说。

政协成就了事业

“当政协委员这件事确实是我不曾想到的。这些年的政协委员生涯中，我感慨很多，我觉得政协不仅让我发挥出了作用，更使我找到了自信，成就了我的事业。”张彤有些感慨地说。

在担任政协委员的这些年中，张彤一直认真履职，参政议政，为首都的发展提供了许多可行性建议。从战略水源的贮备到西郊砂石坑的防洪，从垃圾回收到永定河的综合治理。这一桩桩一件件提案，无不凝结着张彤的心血。

采访中，张彤还非常兴奋地告诉我，她所提的战略水源地的建设提案已经开始推动了，“我今天上午在地勘院开会，就是讨论这件事，这件事真挺让我兴奋的。我觉得政协工作并非是我的负担，反而与我的本职工作相辅相成、相互推动，这也是我说政协成就了我事业的原因。”

但是，在担任政协委员的过程中，张彤也遇到过一些事与愿违的事情。这些事情曾一度令她矛盾、纠结，但最终，这些插曲都化作她建言履职的动力，使她越发成熟与果敢起来。

在政协讨论“水价上涨”问题的时候，张彤本来认为，水价上涨不应该仅关注百姓日常用水方面，而应该把目光放在公共用水和社会用水上，但是由于考虑到水价上涨是市水务局提出的方案，而自己又身在水务局的下属单位，张彤便未敢提出反对意见，只提出“更应重视公共用水方面”一句话，算作对自己的交代。

“我很庆幸虽然我没有提出反对意见，但是其他委员目光却很犀利，在他们的积极推动下，最终使得第二年的水价上涨只涨了公共用水方面，而没有涨百姓的水价。虽然这件事最终的结果是好的，但是我也做了深刻的反思，我觉得我作为一个技术人员，作为水利方面的专业人士，更应该说出自己的真实想法。所以从这之后，我提建议的时候也变得更勇敢、更坦率了。”张彤略显歉疚地说。

张彤喜欢做家务，喜欢手工制衣，拿手的北京炸酱面令人津津乐道；她爱旅游，周游全球是她的梦；她爱体育，游泳、爬山、越野样样能行。然而令人遗憾的是这一切的计划都只能躺在她退休后的时间表里，她太忙了。

“素洁、浓郁、清芬、久远”，正如张彤的一位同事所言，张彤与茉莉似乎有着一种天然的联系。朴实无华却芬芳四溢，恬淡优雅而清新脱俗。二十余载的冬雪夏雨，不见她容颜衰老，却看她依旧风华正茂、美丽如初，若不是她如火如荼的水务事业和自信严谨的生活态度滋养了她美好的心灵，实在找不到更好的解释。

诚然，多少年的艰苦奋斗，没能为她换来一个健康的身体，也没能换来一个幸福完整的家，但是她没有弱质无依的忧郁，也没有挥之不去的忧愁，而是在那不知何去何来的风中，将生命舞动得更加精彩。

如今春天的遐想、夏天的炙热都已过去，正是草木摇落的深秋，但我仍然感到希望依旧，这天气分明又是——茉莉花开的时候。

张琳娜　风雨总关情

张　涛

说起天气预报员，人们的理解一般是颇为简单的。他们大约应该在每一次天气预报或是天气资讯将要结束的时候出现，然后对今后一段时间的天气情况进行简要地分析说明，提醒人们注意天气变化和出行安全，如此这般之后，她们一天的工作就应该可以结束了。

如果天气预报员的工作真像我说的这样简单，那么张琳娜倒真是欢喜不尽了。没错，对于天气预报员来说，她们的职责就是预测天气变化，然而预测这二字可远不像人们想象的那般容易，它究竟意味着多少责任与压力，只有天气预报员自己知道。

张琳娜是北京市政协委员、高级工程师、北京市气象台首席预报员。2000年毕业于南京大学大气科学系，后一直在北京市气象台从事北京地区天气预报及服务工作。她多次参与北京高影响天气预报及服务，如2008年奥运会期间气象服务保障及2009年国庆60周年气象服务保障等。参加多项与北京灾害天气有关的课题及项目研究，发表多篇学术论文。获中国气象局授予的“2009年全国优秀值班预报员”称号。

台前与幕后

与张琳娜的会面在一个阳光明媚的下午，虽然她刚值完班，但在她的工作室里，其他的预报员们依然还在紧张而忙碌地工作着。一台台电脑上，显示着雷达回波图、卫星云图、定量降水落区图等等，各地的预警信息实时循环滚动，预报员们坐在电脑前，紧张地绘制着各种预报图，除了偶尔的轻声交谈之外，屋里基本不再有其他的声响。张琳娜小声告诉我，下午3点半将进行每日例行的北京地区全市天气会商，因此大家都在紧张、忙碌地准备着预报材料与数据。

我环视一周，注意到每个工作台前都有好几台电脑在同时工作，预报员不时切换屏幕查看天气实况观测、气象卫星云图、数值预报模式等多种数据。在我这样的外行看来，那些机器上显示的七扭八歪、形状各异的图形跟天书没有任何分别，但在张琳娜的眼中，这些奇怪的符号就是天气的密码，破译这些密码，就可以顺知天意，预见风雨了。张琳娜向我介绍说，她每天都要盯着这些图形分析数据，发布多种不同时长的天气预报，有每隔三个小时发布一次的未来六小时的短时临近天气预报，有每天经过四次会商才发布的未来三天的短期天气预报以及未来一周的中期天气预报等。

张琳娜是北京市气象局的首席预报员，除了日常的预报工作外，还肩负着预报技术把关、决策服务材料把关的使命，每次大家会商讨论意见都需要由她来最终拍板定夺。因此，较之其他人，她身上更多了一份沉甸甸的责任。张琳娜深知责任重大，因此她对天气预报每个环节都一丝不苟。多年来，她就像一个炒股票的股民一样，即使下班之后，也时刻关心着天气的变化。

“我们有一项制度，就是每天上报的最高温度不能超过或低于实际最高温度2度，否则就算预报错误，所以我就像得了一种职业病似的，没事就盯着温度看，就比如今天我预报了32度，而现在只有29度，我恨不得天气再热点才好。”张琳娜笑着说。

最想说真话的人

曾经听过这样一个笑话：气象局预报降水概率的时候，就是将十位天气预报员聚在一起，询问明天是否有雨，如果当时有四人举手，则预报降水概率40%，如果有五人举手，则预报降水概率50%。我将这则笑话讲给张琳娜听，她听完微微笑了笑，叹了口气说：“唉，这又是网友在调侃我们的工作。”

张琳娜告诉我，除去网上编段子之外，还曾有人采取更过激的方式表达不满。有人直接拨打气象局的电话，不分青红皂白，开口就骂，而原因只是因为晾在外边的衣服没有及时收回被雨淋湿了而已。诸如此类的事情，张琳娜和她的同事们经历得多了，所有的委屈无处倾诉，也只能自己理解自己而已。

“起初碰到类似的事情我也真是觉得挺气愤的，私底下也没事抱怨一下，但是现在时间久了，也习惯了，偶尔我也看些段子来自嘲一下，疏解一下内心的压力。从另一个侧面来看，这也证明大家对气象事业的关心，不是吗？”张琳娜半认真半开玩笑地说。

其实，气象灾害在所有灾害中一直占有相当大的比重，不需要旁人的冷嘲热讽，天气预报员的压力已经足够大了。张琳娜告诉我，每当北京市预报将会出现降雨天气，市政府相关职能部门就会启动应急响应预案，在街头就会看到排水集团的车辆遍布全城，甚至每一个井盖旁边都会有人蹲点守候，并且交警也会全城出动。每逢此时，面对成千上万应急联动部门工作人员的辛苦值守，预报员都要承受巨大的心理压力。

除去心理压力之外，有时他们的工作强度也是超乎人们想象的。据张琳娜回忆，2012年7月21日那场暴雨，正值她值班，由于当时天气情况复杂多变，她一丝一毫也不敢懈怠，整整25个小时未曾合眼，一直盯在电脑旁边，及时地为广大市民发布着最新的天气变化情况。为此，2013年她还获得了北京市委市政府授予的“抗击7・21特大自然灾害先进个人”称号。

“大家都说我们是最想说真话的一群人，就是老是说不准，对于我们预报员来说，还是提高准确率才是第一要务啊。大家的不理解，也对我们的预报准确率提出了更高的要求，我们只能化压力为动力，多多改进预报准确率才能不辜负大家的关注啊。”张琳娜这样说。

感言政协

张琳娜是第十二届北京市政协委员，加入政协时间还不长，但这丝毫不影响她的履职热情，加入政协这些年来，她已经跟随专委会参加过许多次调研活动，为首都经济发展提出了许多宝贵的意见建议，且她自己也从这些调研活动中获益良多。

张琳娜说，她的工作是按时发布天气预报，平时除了有时出去做一些科普讲座以外，一年三百六十五天，基本都是在办公室里度过的。虽然工作使然，但这对于她参政议政来说却不能不说是一块短板。而政协组织的调研活动，则刚好弥补了她的缺憾，在调研中，她能够更近距离地观察社会，同委员、专家们的交流讨论也逐渐增长了她的见识，而她的气象知识也在政协这个大的平台之上得到了更大程度的发挥。

“政协调研防灾减灾的课题时还专门到我们气象局看过，我也向其他委员介绍了气象方面的知识和天气预报的过程，委员们反响很大，在理解了我们工作的同时，也更加肯定了气象对于防灾减灾的重要意义，我也很欣慰能为其他委员建言履职提供自己力所能及的帮助。”张琳娜这样说道。

张琳娜很幽默，整个采访过程中，脸上始终挂着笑，而当我问起她对日后的工作有什么规划的时候，她却变得严肃起来，她一脸正式地说：“希望继续在岗位上认真工作，用热情和耐心守护首都的一方蓝天，用更精准的天气预报为城市防灾减灾作一点贡献。”稍顿，她又赶快补充说道：“对了，我还要更好地履行委员的责任，这个不能忘了。”

天气预报就该正确，难道不是吗？这是人们普遍的心理。天气预报有所偏差的时候，的确影响了人们的出行或是其他方面的计划，人们也有理由抱怨。但是天气预报毕竟不是实况直播，它只是对未来天气现象的一种预测，并不等于将来的真实情况。人们在抱怨天气预报不够准确的同时，是否也该尊重一下预测科学还不能达到百分之百准确的事实呢。

其实，所有对地球未来状况及趋势的预测中，天气预报已经是最准确的了。天气预报员再努力，也永远不可能完完全全地实现没有任何疏漏和错误的天气预报。他们只能尽他们的所能，最大程度地为我们驯服天气这只脾气难以捉摸的“怪兽”。也许，我们对他们真的太苛责了。

“其实我觉得不管您怎么工作，都不会缺少骂声。”我感慨说。张琳娜听罢先是一顿，随即略显激动地说道：“哎，你真是说得太对了，真是说出了我们的心声啊。”说罢，便又忍不住笑了起来。

武菊英　长郊草色绿无涯

张　涛

我对科研人员的印象，大约是这样的，他们应该戴着厚厚的眼镜，一袭白衣，在一间设备齐全的实验室里，用着一些常人不易听懂的言语，讨论着那些不为人知的秘密。然而，这样的印象对于市政协委员、北京市农科院草业与环境研究发展中心主任武菊英来说，显然是不适用的。

科学不是游山玩水

不同于其他科研工作者，武菊英没有实验室，如果非要说有，那她的实验室就是大自然。春天看发芽，夏天看生长，秋天看草在野外结籽儿的情况，屈指算来，一年中有三分之一的时光竟然都是在野外度过的。

“我是政协委员，还是人大代表，如果不是我参政议政的活动比较多的话，我本来应该每年有一半的时间在野外的吧。”武菊英这样说。

其实，武菊英的时间每一分钟都是经过精打细算的。她觉得双休日的时候会议活动比较少，对她心无旁骛地研究更为有利，便义无反顾地放弃了双休日。她觉得中午饭后容易犯困，下午工作提不起精神，于是便把午饭也省掉了。她觉得在一天中只有早上6点到8点和中午午休的时间是真正属于自己的，因此这些时间用来收发邮件和写文章自然是再合适不过了。

“人有双休日，植物是没有双休日的啊。这也是我们这个工作的特点吧，虽然忙些，但是却有更多亲近自然的机会，也算各有所得吧。我们做草类研究的，最开心的就是去爬爬山寻寻草，每次找到一种观赏价值高的草时，大家都特别开心。”武菊英说。

亲近自然，说起来是多么诗意和潇洒，然而实际上是怎么回事则只有亲近过自然的人自己知道了。科学不是游山玩水，进山考察也不是带个相机拍拍照片就可以了。武菊英每次考察，都要带上一大堆东西，标本夹、标本袋、铁锹、急救药品、干粮，每次整理起来都要满满一大包，基本上每个书包都有十多斤。而下山之时，虽然干粮减少，但由于标本增多，一个包往往更是重达三四十斤，带着这样的重量负重前行，诗意和潇洒还剩多少，就可以想见了。

进山寻找草种还有这样的特点，越是草木茂盛、草类品种丰富的地方，也越是地形复杂。因此，他们进山寻草也就不能走人工开凿的山路，而是要穿草丛，走鸟道，越是险远偏僻之处，就越要克服困难，执着前往。在这样的道路上行走，蚊虫叮咬，崴脚摔跤是不必多说了，就是遇见什么毒蛇毒虫也算不得什么稀奇事，加之他们往往还把注意力集中在各类植物上，对地形的审时度势就难免不及常人，这样的疏忽和大意自然也就为他们的旅程增加了许多不确定的风险。

由于长期的风餐露宿，负重攀爬，武菊英的膝盖磨损已经颇为严重，加之逐渐上了年纪，纵然其经验丰富，见多识广，但身手体力均已经不似当年，还要坚持这样的工作强度对于她的难度自然就更大了。

荣誉其实没那么重要

武菊英从1984年参加工作，到如今的北京农科院草业与环境研究发展中心主任，屈指算来，已经三十多个春秋了。这三十多年中，武菊英始终兢兢业业，勤勉上进，终于成为了受人尊敬的草业专家。如今说起这三十多年的职业生涯，武菊英竟然丝毫没有厌倦之感，反而是乐在其中，乐此不疲，她说她很享受做这件事的过程，而并不一定要追寻到什么样的结果，只要功夫到了，结果是自然而然的事情。因为这样观念的影响，武菊英很少去主动争取什么荣誉，即便荣誉已经触手可及，她也不会为了要得到荣誉而去刻意改变什么。她总说，她做的事情其实很平凡，既然国家已经为她的付出支付了报酬，那么她完成自己的工作也是理所当然的事情，至于什么头衔、什么荣誉等额外的褒赏，反而显得有些多余了。

受着这样思维方式的影响，武菊英对自己所从事的科学研究也进行了深刻的反思："我一直在想，我们每个人每年拿了那么多成果那么多荣誉，但究竟有多大用处？科学研究应该踏踏实实地去做，而我们却常常是急于求成的短期行为。一个科研工作者，如果能够为企业的发展提供一些支撑，能够为生态的保护发挥一些真实的作用，才算是最好的褒奖，这些褒奖远比那些奖章和荣誉重要得多。"

其实，一线工作的武菊英对于科学研究之中急功近利、急于求成的表现一直有着切肤之痛。她举了一个例子：时下国家正在号召大众创业和万众创新，鼓励高新技术转化为生产力，并进一步加强了对科研项目的支持。在此种背景下，她发现，往年每年不过只出一两项专利的学者忽然之间一年之中竟然一下子申请十多项专利，至于所申请专利的质量如何，究竟有什么用途，则全然顾不得了。

"我常对年轻人说，你们很多人都是农民出身，你们的父母要卖多少玉米才能卖出一百万，而你们几个月就要花掉一百万的经费，你们扪心自问，你们做出的东西真的对得起那些花掉的钱？对得起辛辛苦苦养育你们的父母吗？"武菊英有些激动地说。

武菊英认为，现在科学界沾染了很多社会上浮躁、浮夸的风气，凡事急功近利，讲究"包装"，不愿付出辛劳，却乐于享受荣誉，这对于科学必将是一件十分危险的事情。

履职建言

武菊英是北京市政协委员，虽然工作繁忙，但在参政履职方面，她一向不甘落于人后。多年来，她跟随市政协城建环保委员会参加过无数次调研活动，为首都经济发展提出了许多宝贵的意见建议，并且从这些调研活动中获益良多。她不但对本专业领域的问题尽心尽力，对于其他老百姓们关心的民生小事也是颇为热心。

2016年，在市政协"科学调控人口规模和应对人口老龄化"联组讨论会上，武菊英便主动为广大中老年人呼吁起了保健品推销问题。

"我替我的父辈们问一句，推销保健品这事谁来管？"武菊英开篇便如是发问。她在发言中指出，一些企业把老人们聚在一起，先免费试用产品，再给小礼品诱惑，许多老人就被洗了脑。在家连3元的土豆都舍不得买，3万元的床垫一下子就买了，而且说什么病都治，儿女出面干预，搞得家庭不和睦。她最后说："我跟这些老人说，这都是骗人的，老人反问我，既然是骗人的，政府为什么不管？所以，我想问保健品到底哪一个部门来管？"她的发言立即引起了在场委员们的一致共鸣。

在市政协"地下水资源保护与利用"调研中，武菊英看到很多因地面下沉导致的房屋倒塌，不禁感慨，"没想到地下水超采已经给市民生活带来了这么大的影响"。为此她提出建议，在地下水水源地禁建规模化养殖场和设施农业，严禁工业生产开发，对已有的养殖场、大棚和工业企业有计划地安排搬离，在水源地周边断裂带一定范围内建设绿化带。

除此之外，武菊英还常年致力于粮食增产研究，每当看到餐饮、宴请中的浪费她都格外心痛。她十分赞同厉行勤俭节约、反对浪费的做法，她还呼吁各部门尽快出台措施并做好监督，持之以恒见到实效。

据武菊英透露，她年轻的时候，也是一副争强好胜、不服于人的强人性格，但在这个工作上久了，随着与自然的接触日深，不知不觉竟也沾染了大自然的灵性与智慧。她本是植物与草业方面的专家，所知既博且精，然而随着她研究的日渐精进，她却愈发地感到大自然知识的无边无涯，感到了自身的无知与渺小，于是她一改昔年的轻狂，变得沉稳而谦卑，勤勉而恭谨，时至如今，那个争强好胜的武菊英早已不知去向了。

志不行，顾禄位如锱铢；道不同，视富贵如土芥。三十多年来，武菊英翻绝岭，涉激流，天气再恶劣、路途再险峻，始终亦步亦趋，负重前行。她不痴心于名位，不耿耿于功名，这固然使她失去很多令胸前挂满勋章的机会，但也正因为她的不沾滞、不执着，舍弃欲望的心念，让心灵开放，所以她才能见到世人所未曾见过的美丽。她深深地懂得生活的本质在于经历，而不是虚名，在她的心中，原本不需要旁人再去增添什么多余的色彩，那无涯的草色编织的新绿就足以令其一生看不胜看了。

记不得是谁曾言：完美的行为产生于完全的无功利之心，至此信然。

马秋华　我的信念是奉献

徐　飞

著名作曲家徐沛东曾评价马秋华说："教学的人很多，但在三种唱法都能教出代表性学生这是很值得研究的，马老师的确成为了一种现象，她的三种唱法教学成果令人惊叹。"

马秋华是热爱音乐并愿意为之努力的人，从舞台到讲台，从南京艺术学院、解放军艺术学院到中国音乐学院，每一次变化都代表着更具挑战的开始，然而，几十年来始终不变的，是她对音乐的坚持，是她对学生的精心和耐心，对事业的挚爱和坚持。

音乐伴随成长

天赋是一名艺术家不可或缺的因素，马秋华从小便显示出了在音乐方面的才能。在红小兵宣传队，13岁的马秋华因出演阿庆嫂，一夜之间在连云港市成名，到中学时便出演《海港》《沙家浜》《智取威虎山》等好几部革命样板戏。"我父亲是个戏迷，他从小就带我到处去听戏，请专业的老师教我唱戏。"1976年，马秋华高中毕业，响应上山下乡的号召，把户口放在农村，人一直在连云港市歌舞团工作。"当时，每月生产队给我记最高的工分10分，我把歌舞团挣的工资全交给生产队。"

1977年初的一天，马秋华正随连云港市歌舞团在泗阳市演出，"父亲发来一份电报，说恢复高考了，你赶快回来，复习文化课去考试。我当时高中毕业才半年，文化课还没有丢，在文工团有实践经验，专业又很突出"。《手捧鲜果献亲人》和《每当我唱起东方红》，一首是女中音一首是民歌女高音，在一个人身上能够显现出音域宽、音色变化多，又拥有舞台经验，江苏省两所艺术院校南京师范大学、南京艺术学院都争相录取马秋华。她最终选择了南京艺术学院，师从我国声乐界“四大名旦（黄友葵、周小燕、喻宜萱、郎毓秀）”之一，也是我国第一代从事专业声乐艺术事业的教育家黄友葵。

“黄先生教学非常严格，我唱歌的时候，只要有一个音符不对，她就不让我过关。”大学四年，除了学习专业就是弹钢琴，自身的天赋、名师的教导，加上马秋华的刻苦努力，她的专业水平突飞猛进，门门功课第一，钢琴排名全校第二。“我到现在还记得毕业时弹的曲目是《肖邦圆舞曲》和《格里格的春天》。”

1982年，马秋华毕业后，中央歌剧舞剧院、中央乐团等纷纷向马秋华抛来了橄榄枝。当时，年近80岁高龄的黄友葵很希望关门弟子马秋华能留在身边。师命难违，马秋华跟随黄先生从助教、讲师做起，直到老师去世。从南京艺术学院、解放军艺术学院再到如今的中国音乐学院，她一教就是30多年。

从光鲜亮丽的舞台到默默无闻的讲台，马秋华从没后悔过。她说：“能培养出深受广大观众喜爱的歌唱演员和从事声乐教育的老师，这比我一个人在舞台上意义更大、价值更高。”

马秋华从黄友葵先生身上学到的不仅仅是专业知识，更多的是她对待专业和学术的认真、严谨和执着精神。“春发其华，秋收其实，有始有终，爰登其质”，在教育这片土地上努力耕耘了30多年的马秋华，如今已硕果累累。至今，她已出版发行了6部声乐教学理论与实践教材（共24张光盘）、11本全国高等艺术院校中外声乐教材。“全国德艺双馨中青年文艺工作者奖”、国务院专家津贴、声乐博士生导师、全国优秀指导教师奖等荣誉纷至沓来，同时担任中国多项政府奖声乐大赛评委。

不拘一格出人才

马秋华始终保持对音乐的新鲜感。她很喜欢流行音乐，上学的时候虽然黄友葵先生不主张，她却偷偷唱了很多流行歌曲。1985年，她还与同事在江苏办了通俗唱法培训班，在当时可谓非常前卫。马秋华最早教授的一批通俗唱法的学生是在谷建芬开办的通俗歌手培训班上，有孙楠、黄格选等，马秋华作为声乐指导每周给他们上两节声乐课。

马秋华的教学能让人从中品味出独特，她从不把自己拘泥于一种教学形式当中。她认为，美声、通俗、民族每种唱法不是孤立的，只是不同作品风格体现不同唱法，科学性中体现多样性。对于三种唱法，她有一个非常著名的比喻：如果“美声唱法”声音的传播距离是100米，“民族唱法”就是50米，那么“流行唱法”就是耳边语，三种唱法间有融汇、有借鉴，相互助推。例如她的学生王莉，曾获得第十一届“青歌赛”美声唱法专业组金奖，但她也能用流行唱法演唱音乐剧，还能用民族唱法演唱民族歌剧《江姐》。

“教学是一件很有意思的事情。我教过藏族学生索朗旺姆和阿斯根，在教他们的时候，自己也学到了一些西藏歌曲演唱的韵味和风格；我在教蒙古族歌手萨仁呼时，学到了蒙古歌曲短调、长调是怎么演唱的。面对不同群体，总有新东西出来。我也从学生身上学到知识来充实自己，教学相长。”马秋华坦言。

每个人都是与众不同的，无论在舞台还是在讲台都得有自己的个性，而不是把别人的东西照搬。“声乐是个大学科，美声、民族、通俗则是大学科的小专业。要在科学性下体现声乐的民族性、文化性、时尚性。”“科学性”是民族声乐与世界接轨的保障，要让世界了解中国声乐，必须用科学的态度对待歌唱。“民族性”也就是中国声乐的个性，是中国民族声乐能在世界艺术殿堂占有一席之地的决定性因素。“文化性”包括艺术修养、文化底蕴、审美，甚至气质风度都在其中。“时尚性”代表着一个时代最前沿的文化，声乐又是各种艺术形式中最能直接表达时代精神和情感的。

马秋华还强调学生文化修养和艺术修养的培养。她鼓励学生多去看画展，听交响乐、民乐，戏曲也要涉及，“作为新一代的大学生，光会唱两首歌是不行的，要培养自己成为有文化的声乐工作者，也许刚开始看画展的时候不懂，刚开始听戏曲的时候听不进去，但凡事都要坚持，这样才有收获。”

1988年，在一次全国性的声乐比赛中，金铁霖和马秋华相遇，相同事业、相同追求使两人相知相往，两人的结合让马秋华结束了她在南艺度过的难忘的12年，正式调到解放军艺术学院工作，一干就是20年。

作为一位优秀的老师，马秋华善于发现学生的亮点，并在科学性的训练基础上把学生亮点放大、加强。她坚信培养学生，就是要保留个性，因材施教。每教一个学生，马秋华先要挖掘学生的优势特点，在此基础上设置教学计划。

戴玉强是马秋华到解放军艺术学院后培养的第一批学生，“戴玉强是一位非常全面而且难得的男高音演员，他真正到专业院校学习声乐，是1991年从军艺开始的。”刚开始，马秋华给他安排演唱了一些民族声乐作品，整整唱了一年，增强了他演唱的情感色彩。然后，开始唱一些美声作品，有了很大改变。马秋华一直主张按照个性发展学生，青歌赛通俗唱法第一名姚贝娜，此前在中国音乐学院学习民族声乐，可是她非常喜欢流行音乐，想唱通俗。“后来我考虑再三，还是应该让她按个性去发展，她喜欢流行的，又有民族的功底，发展空间会更大。”

戴玉强、韩延文、白雪、吕薇、王莹、王莉、薛浩垠、阿鲁阿卓、姚贝娜、王丽达、王庆爽、索朗旺姆、曹芙嘉……这些屡屡斩获比赛金奖、频频亮相春晚舞台、将个人音乐会开到金色大厅的耀眼歌唱家和歌星，都是马秋华的学生。一串长长的名单浸透着她高超的专业水准和独特的教学理念。

实现中国声乐梦

马秋华与丈夫金铁霖是全国声乐仅有的两位博士生导师。作为当今中国民族声乐界的风云人物，金铁霖身上汇聚了无数的荣誉。但或许很多人并不知道，马秋华是他教育事业上的重要合作伙伴。“我们共同生活了几十年，就互相探讨、研究了几十年。”她一直与金铁霖共同总结着民族声乐的教学经验。马秋华说：“过程中获得的是宝贵经验的积累和沉淀。可以说，没有这几十年的默默耕耘和学习实践，也不会有今天的成绩。”在这个过程中马秋华始终默默无闻，“我们那个年代的人吃过苦，经历的也较多，脚踏实地把工作做好，不求什么回报。希望现在年轻的孩子们踏实学习做事，特别是要有点奉献精神。把自己所学专业当成热爱去研究，不能急功近利，不要把成功和成名画等号，成功的人不见得出名，出名人士不代表成功。”

2007年，中国音乐学院民族声乐博士教育申办成功。2009年，马秋华正式转业到中国音乐学院，在军艺教学的20年，让她更加明确了事业的方向，“我只会教学、演唱，其他的也没有兴趣，想把这件事做到最好，最强平台就显得很重要。”为了更高的学术追求，她毅然决然地脱掉了军装。告别了绿色军衣，是为了更好地坚守着音乐这块阵地，到了新的高位她被赋予了更多的责任和使命，激励她继续奉献自己的力量。

她从金铁霖的手中接过了声乐歌剧系主任的接力棒。“中国音乐学院声歌系是全国科研教学实践的中心，也是品牌系。我们的一举一动很受关注，肩上的担子更重，责任感使命感更强，怎样把自己几十年研究的领域做好，为声乐的大发展添砖加瓦、贡献自己的力量，是我正在努力的。也许再过20年还没有看到我想看到的结果，但我还得脚踏实地的去做，给国家声乐教育的发展和未来做出贡献，去耕耘努力。中国声乐演唱水平，已经走到世界一流舞台，但要想成体系，让世界唱中国声乐，理论体系教材体系有待于加强。”

要实现中国声乐梦，少儿的音乐教育不可忽视。马秋华经常参加一些少儿的公益性活动，获得了中国儿童文学研究会“关心儿童事业突出贡献奖”“全国少儿音乐艺术十佳贡献奖”等。为了解全国中小学艺术教育的现状，她用一年时间进行集中调研，发现音乐课普遍被当做数理化之余放松休息的课程。2014年市政协全会，她提出了《关于北京市中小学德育（音乐艺术课）教育突出继承传统的提案》。她呼吁，应在中小学音乐课教材中更多地体现中华传统文化，增加民族性的经典剧目、歌曲、戏曲。“中国的孩子，如果对中国的文化、中国的音乐一无所知，那是非常可怕的。只有把本民族的文化学透了，才能实现真正的文化繁荣发展，走向世界才不是一句空话。我的提案，点很小，但辐射面很大。”

多年来，让“中国声乐”走向世界，马秋华一直在努力。教学是一个慢功夫，需要坚持一生去做。正如她在《中年》中唱的那样：点燃自己，照亮别人，我们的信念就是奉献。

申玉荣　奏响爱的旋律

张 涛

申玉荣，北京市幼教战线上的一名老兵。多年的一线历练，使她一言一行中洋溢着干练和知性，她的内心永远充盈着让人能够感知的幸福，阳光灿烂的脸上始终挂着微笑，相信最能感知和收到这一正能量的永远是家长和孩子。她是北京市幼教战线上的忠诚守望者和坚定实践者，三十多年的教龄，经年如一日热忱，不经意造就了她在幼教领域引领人的角色。如今，她正处在一个思想成熟和德能自信的黄金时节，步入到了一个人最美年华的时期，在责任担当和事业激励的驱动下，她的活力永远绽放在孩子们的青青年华里。

让真爱在坚守中互动

申玉荣是北京市政协委员，东城区光明幼儿园园长。如果说起她的人生成长故事，那么就不能不从幼儿园说起。从18岁参加工作至今，申玉荣已在幼教战线上度过了三十多个春秋。自始以来，为了这份平凡的选择，她倾注了她人生最宝贵的华年，无怨无悔。

“起初刚带班的时候，我还是个小姑娘，本来一直觉得自己还是孩子呢，突然一大帮小朋友喊你老师，当时身份一时还真是转换不过来，甚至还有些不好意思。当然那种感觉在心里是甜蜜的，还有点害怕、紧张，又有些兴奋。”直到现在，申玉荣回忆起刚带班的情形来，还依然忍不住发笑。

与孩子打交道不是一件容易的事情。虽然申玉荣是幼师出身，但真的与孩子接触的时候，才知道从书本上所学的远远不够。幼儿园的孩子很多，他们的性格、家庭背景、生活习惯都各不相同，越是与孩子们相处得久，她就越是感觉到带孩子是一门独特的充溢着爱的学问，是永远学不完、切身躬行的硬功夫。

随着与孩子们接触时日渐多，组织教学有了经验，申玉荣逐渐认识到了一些客观存在的规律，原来孩子们的天性是需要因势利导的，而且他们也需要平等的对话。跟孩子交流，一定要用孩子听得懂的语言表达，用童真和童心与他们沟通，并用游戏去吸引他们的注意力。只有这样做，孩子才能参加到教育活动中来。

随着教学实践的不断深入，申玉荣还逐渐了解到，不同年级的孩子性格特点也不一样。比如，有的小班孩子爱动手，动不动就下手抓人，因此对小班孩子的关注度，甚至要细到为其常剪指甲的程度。中班的孩子爱编故事，因此对中班的孩子要用发展的眼光去看待他们的成长。“纸上得来终觉浅，绝知此事要躬行”，这些亲身的感受，是无法从书本上获得的。

“不知不觉走过了青春，发现岁月蹉跎不留痕。”就如这首歌中唱的那样，不知不觉中，申玉荣已经从当初那个初来乍到的幼儿教师，成长为一名优秀的幼儿园园长。而她从前带着的那些不懂事的小孩，竟然也都已经为人父为人母了。只是不过三十年的岁月侵染，那个曾经青春烂漫的小姑娘，如今也已走进了金秋硕果的黄金时节。

若问申玉荣这么多年是怎样坚持走过来的？她不假思索地说是为了孩子。是孩子们教会她如何成为了一名合格的幼儿教师，是孩子们给了她坚持下来的勇气和动力。当她因为教唱歌嗓子变得沙哑时，孩子们给她捎来了胖大海；当她自己是准妈妈时，孩子们似乎变得突然懂事了起来，自觉跟她保持距离，说怕不小心碰到她肚里的小妹妹。这些细微的小事联系起来、联想起来，每每让申玉荣感动得热泪盈眶。她正是被孩子们爱着，才一路阳光地走来，每时每刻幸福地承受着天真无邪的期待。

让真爱在践行中升华

走进光明幼儿园，迎面而来的巨石刻铭“真爱”二字会让人为之一振，“真爱”犹如誓言，“真爱”是一种承诺。“这两个字是需要做出来的。”申玉荣如是说。她受命到光明幼儿园从事管理工作以来，立足园所实际，在继承和发展中国“幼教之父”陈鹤琴教育思想的指导下，旗帜鲜明地提出“真爱教育”的办园理念。

申玉荣认为，幼儿教师的爱相对于家长只爱自己的孩子而言，应该有更博大的定义，这种爱应该惠及到每一个孩子，并且为他们的安全健康成长高度负责，让家长和社会放心。为此，申玉荣提出“让真爱和微笑伴随孩子成长”的师德口号，将“家长放心每一天、幼儿快乐每一天”的服务宗旨作为全体教师的教研实践追求。

老师们如同家长般爱孩子，目的在于让真爱得以传承和传递。在“真爱”光芒的指引下，光明幼儿园对孩子的期待是一个真爱扶持的过程，让孩子首先要学会爱自己，也就是学会管理自我，培养其自主自立的意识。在申玉荣眼里，幼儿教育的特点是“一日生活皆教育”，让小班的孩子爱自己，会自己吃饭，有事情学会说出来；让中班的小孩子爱小伙伴，爱老师，会主动帮助他人铺被等；让大班的孩子学会为他人着想，这本身就遵循着次递成长规律。当然，每年一次新生入园都是一片哭的普遍景象，老师们会组织大班懂事的孩子为新来的小弟弟小妹妹讲故事，一起玩玩具，带动表演节目，让新入园的小孩子能够感受到幼儿园的爱以尽快适应新环境，同时也使大孩子在关爱他人中体验到自我成就。

申玉荣认为：“我不能保证社会给他们什么样的影响，但在这里，我一定要给他们积极正面的影响。在这里不刻意使他们学到多么高深的知识，但要学会爱，爱自己，爱老师，爱家长，爱所有在一起朝夕相处的小朋友，这才是一个孩子在幼儿园最需要养成的可贵品质。”

让真爱在体悟中成长

自申玉荣任园长以来，她特别注重自身的学习和思考，积极为孩子创设良好的育人环境，使幼儿在与环境互动中快乐成长。

光明幼儿园教学楼的墙壁“会说话”，五颜六色的创意图案让整个学园充满了灵动，而这一切都是申玉荣和老师们从幼儿视角出发，精心设计和实施的。比如，用敲碎的各色瓷片建成的大型壁画墙，表现了海陆空动物生活的场景；同时因地制宜建成攀岩，孩子们在欣赏壁画的同时还可进行攀爬类的体能游戏。漫步园中，树上的“鹦鹉”，树丛中的“袋鼠”，让整个园子恍如置入了大自然之中。申玉荣说：“我们之所以这样布置环境，目的是培育孩子们积极探索，乐观向上的习惯，还可以让他们在潜移默化中，得到美的熏陶和获得大自然的灵性。”

2002年，申玉荣为了让孩子们体会到收获与耕耘的快乐，萌发孩子热爱自然与珍惜生命的情感，她利用园中东侧的空地，为孩子们创建起了一座小小农庄，给孩子们营造出了一个亲近自然、体验生活的试验田和活化的实践基地。尽显了“都市之美需自然、田园之朴育英才”的创意目的。从此，这里成了师生共同拥有的一处乐园，也是园内实施“真爱”教育的一个动态的载体。

为将教学引入到大自然之中，申玉荣和老师们常带着孩子来田园里浇水、施肥，每天引导孩子们观察小苗的成长。听着孩子们告诉她哪里是黄瓜，哪里是西红柿，在解答着孩子们所提的各种问题时，她欣慰地感受到孩子如同幼苗般成长，每每令她像孩子们一样兴奋不已。

在田园的尽头还建有几处动物圈舍，养着小动物，有兔子、松鼠之类。申玉荣介绍说：“园里的这些小动物主要是锻炼孩子的观察能力和培养孩子的爱心，虽然养着费事些，但孩子们高兴就值得。”

申玉荣介绍说，孩子们除了能在“都市田园”里学习外，园里还常带孩子走出幼儿园，到郊野中去观察和体验更多的户外生活。孩子们与大自然近距离接触之后，能够用他们自己独特的视角去思考、去追问，远远胜过老师们的说教。

如果说，三十多年来申玉荣用真爱感染和教育着一代又一代的孩子，那么同样，无数孩子也用纯真和质朴回报着她，让她生活在与孩子共成长的幸福喜悦之中。也许是职业习惯，也许是事业执着，申玉荣作为园长的综合组织和管理能力是在实践中磨砺出来的，但只要回到园里，她的身影不是待在办公室里，而是多出现在各个班级里。在园里，她与同事们亲同姐妹，在孩子们眼里，她是一个有共同语言的大朋友。

为了让孩子吃好，她带领后勤精心设计食谱，重视并关心后勤、厨师人员的家庭生活和工作状态。遇有问题，她就像一个大姐姐语重心长，从不迁怒贰过，目的是不让负面情绪感染和波及到孩子。每年假期，她为使幼儿愉快来园，刻意为假期来园的小朋友配备熟悉的面孔。这些细致入微的小事，无不浸润着她对孩子浓浓的爱恋。

申玉荣喜欢音乐，在幼儿园的新年庆祝会上，她曾特意弹唱一首《与我同行》，表达了她对全体老师的尊重与感谢："你是行路人我也是行路人，一条漫长的路，两颗赤诚的心，只有行路人最理解行路人……有你与我同行，再累也心甘。"歌罢赢得全场一片掌声。

"我觉得这首歌包含了我所有想说的话，没有他们，我什么也做不成。他们才是真正的英雄和主人，集体的力量永远高于一切，个人的荣誉永远属于集体。"申玉荣满脸真诚地说。

朱敏　让每一个儿童都能获得理想发展

康　丽

北京市政协委员、二十一世纪实验幼儿园总园长，这样的双重身份让她在办好自家幼儿园的同时，更关注所在城市幼儿教育的整体发展；医学学士、学前教育硕士，这样的双重背景让她以更宽的视角关注学前教育的科学发展。她是朱敏，作为一所民办幼教集团的掌舵人，她用自己的智慧与心血，为那些稚嫩的精灵提供最适合的教育。她说，我的梦想是让每一个孩子在他们原有的水平上通过教育得到良好的发展。为了实现这个理想，她倡导，每一个教师对孩子都应该“蹲下来讲话，抱起来交流，牵着手教育”。

朱敏的日程表每天都是满满的。作为政协委员要提交各种提案，作为总园长要引领幼儿园的发展方向，作为管理者要操心教师的专业发展，此外还要接受各种采访，朱敏不可谓不忙。但即使在最忙碌的状态，她也不忘对教师、对孩子的尊重。“谢谢你”是她说的最多的一句话。

这也正是她为什么提出“主体性教育”的原因。她说：“尊重大人我们很好理解，但尊重孩子，我们提得很少，做得更少。最开始我们提出要尊重孩子，老师觉得太难理解了。什么是尊重？是服从？是家长提出的都满足？还是顺着孩子的意思？尤其民办园，家长更多地是要求服务和服从。因此，要把我们的理念传递给家长，我提出了三句话：蹲下来讲话，抱起来交流，牵着手教育。尊重孩子就是理解孩子，把自己变成孩子，站在孩子的角度去考虑问题。或许我们说的时候很简单，但是做的时候往往很难。这三句话就是告诉我们如何去做。”在朱敏看来，只有在“蹲下来讲话”的前提下，才会有接下来的“抱起来交流”和“牵着手教育”。

但现实的情况恰恰与此相反，由于独生子女较多，很多家长对孩子过度保护与溺爱，导致他们缺乏自主权，习惯于被动接受。作为民办园，家长对幼儿发展的高期望和对幼儿园教育的个性化要求，更易导致教师存在过度保护幼儿、提前灌输知识的倾向而忽略主体性培养。

“现代儿童学习观认为，儿童学习应该是主动的发现式学习，而不是被动的接受式学习，学习活动应以儿童为主体，发挥幼儿的主体性。因此，在快乐与发展课程的基础上，我们将‘主体性发展’作为我园课程与教学的本质特征和核心目标。而这个核心目标进一步解释为‘培育自信、自主、关心、合作、探究、创新的国际化中华新未来’，引导幼儿以‘学习小主人’的身份‘学生活，学学习，学做事，学做人’。”朱敏说。

与众不同的“主体性课程”

为了让每一个幼儿得到“主体性发展”，二十一世纪实验幼儿园的“主体性课程”也显得与众不同。为此，幼儿园主要运用了两个关键策略：一是让幼儿在学习过程中有“主动学习”的体验；二是为幼儿的学习“搭架”，引导幼儿主动而有效地学习。

为了让幼儿感到安全、自在、温暖，幼儿园努力营造家庭氛围，组织丰富多彩的活动，精心选择入睡音乐并安排播放时间，还修订、完善了《幼儿园一日生活常规》，将“支持幼儿做力所能及的事”这一观念制度化，并落实到进餐、盥洗、如厕、睡眠各个具体环节。

游戏和日常生活是幼儿学习的主要途径，而很多幼儿园对区域游戏是有时间规定的，但孩子不一定按照这个时间来，怎么办？朱敏提出，从管理入手实施弹性作息制度，调整教师上班时间，为区域游戏开展提供时间、人员保障。

“孩子在幼儿园的时间是有限的，幼儿园教育与家庭教育最大的不同，就是应该充分地利用孩子的兴趣，在有限的时间里，把多种教育目标综合在一个教育活动当中，让孩子去体验、操作和感受。”朱敏说。

在二十一世纪实验幼儿园，随处可以看到开放的公共活动区域，这就是朱敏所提倡的“没有围墙的教育”。在多数幼儿园，一个班级就是一个小世界，关上门之后，吃喝拉撒睡，在一个班里都能解决。然而问题也接踵而来，这个小世界太封闭。为此，朱敏提出，打开教室的门，让班级之间交流起来。因此，幼儿园设置了很多公共区域，比如楼道空间、才艺教室、社会性区角等。不同班级的孩子，通过课表编排，可以对区域进行不同的选择。这样打破年龄的界限、班级的界限，不仅培养了孩子的交流能力，更带来了同伴间的学习。

“这有点类似于走班制，老师负责自己的区域，孩子是流动的，区域是固定的。这对老师的要求更高了，他们需要掌握不同年龄段孩子的需要，了解多种指导技巧。这对老师来说，既是挑战，也是学习。”朱敏告诉记者。

“恩豆记者站”就是二十一世纪实验幼儿园恩济园的一个特色公共活动区。它的建立，源于中班幼儿接受的一次记者采访活动。看到孩子们对记者这个职业充满了好奇，老师们专门开设了“恩豆记者站”。在这里，孩子们可以完成一系列的体验：招募小记者——孩子在家长的带领下来到招聘现场，完成考核，才能成为小记者；小记者分工——孩子们分工合作，完成采访、录制、制作新闻小报的任务；定期开展采访、制作报纸——孩子们分为采访组、录制组，每组又有比较详细的分工，孩子们需要在采访前制作详细的计划等。这样的过程下来，孩子们不仅完成了“记者”的角色体验，还培养了自信、合作、自主的良好品质。

别看巴掌大的“恩豆记者站”，这里的“恩豆新闻台”“恩豆现场”，都是孩子们最喜欢来的地方。而在这些公共活动区中，孩子们来自于各个班级，在共同活动的过程中，大班的孩子学会了照顾小弟弟、小妹妹，中班的孩子能够在与大班孩子的共同游戏中学习到技能。“本来是独生子女的孩子们，也学会了分享、合作。这是我们最乐于见到的。”恩济园一位教师说。

为幼儿教师提供成长平台

没有教师的参与，再好的课程也只能停留在纸面上。对于一所民办园来说，教师队伍建设显得格外重要。

而让朱敏自豪的是，自己有一个非常优秀的团队。这个“优秀”不仅仅指教师们的学历和能力，更是指他们对“主体性发展”理念的认同，以及对幼儿园那种深厚的感情。

当然，开始时教师对“主体性发展”的认识还不是那么准确。很多教师对幼儿主体性的培养只限于“让幼儿自己去做事”这个狭窄的范围内。比如让孩子们自己收拾玩具，饭后擦桌子，摆椅子，让他们自己干力所能及的事。但在朱敏看来，幼儿的主动学习更是幼儿解决问题，掌握策略的过程。幼儿的学习大致分为四个阶段：1. 提出问题，即幼儿的实际认知水平与想了解事物之间产生差距。2. 提出设想，即思维内化，设想方案。3. 动手操作，解决问题，即实践探索阶段。4. 展现表征，即巩固认知，获得自信阶段。

“我们要透过事物的现象看背后的本质。”经过几轮研讨学习后，教师们发现了自己的认识偏差，能够从主动学习的含义去判断与反思自己的教学行为。

而以值日为例，以前都是教师安排固定的值日内容、固定的值日生。而在研讨学习之后，按照主动学习的理念，教师开始通过情景设置，让幼儿主动讨论探索值日生的内容与职责。孩子们的热情顿时高涨，自己确定值日内容，改进值日表，还选出了“值日之星”，到其他班为其他小朋友展示。

二十一世纪实验幼儿园的整个教研过程经历了学、化（内化知识）、行（实践）、思（思考）、行（再实践）5个阶段。这样一个过程下来，教师的教育技能提高了，学会了发现，学会了关注，学会了等待，学会了反思。孩子们的自我服务意识，主动探究和解决问题的能力也有所提高。

而在为教师专业成长铺路的同时，朱敏更注重创设一个宽松、民主的制度环境，让教师在这里找到家的感觉。在她看来，作为园长，首先要让教师们体验到什么是尊重、民主和爱，只有教师装满了这些以后，才能同样地传递给孩子。如果一个老师不知道什么是尊重，那么他就无法给予孩子民主的环境。

稳定教师队伍是民办园面临的关键问题。为了让教师们安心工作，早在1997年，二十一世纪实验幼儿园就在海淀教委有关部门、区人才交流中心的支持与帮助下，率先为教师们解决了职称评定问题，随后又全部解决了教师的社会保险问题。此外，幼儿园通过为外地、远郊区教师提供集体宿舍、实行园内评级办法，让京籍、非京籍教师在园内享有同等待遇。此外，二十一世纪实验幼儿园每年以固定比例投入在人员培训、工资增长上，保证了人才储备的稳定和充足。同时，他们又为各个岗位的员工发展，铺设了适宜的晋职通道，在全面锻炼和成长以后，实现自己的职业理想。

民办园的社会责任

如今的二十一世纪实验幼儿园声誉日隆。北京市优秀民办幼儿园、北京市市级示范幼儿园……但朱敏更看重自己身上所承担的那些责任。

“教育是公益事业，这是我们认同并一直坚持的。因此，无论是在园所投入还是社区服务方面，我们都不遗余力地去做。”谈到民办园的社会责任，朱敏为二十一世纪实验幼儿园感到自豪。

以恩济园为例，早在1999年，恩济园便构建了自己的网络平台，以家长为服务对象，以亲子教育为主要内容，以专题教育话题为争鸣手段，以留言板、专家邮箱为沟通媒介，遵循适宜性、实用性、可持续性等原则，传播科学的家庭教育理念，普及先进的早期教育方法，让优质的学前教育延伸到家庭、扩展到社会。

同时，恩济园还与邻近的3个社区建立了早教服务关系，积极响应海淀区教委提出的“让科学的早期教育走进社区”的口号。他们多次利用双休日面向社区居民进行早期教育宣传，设置宣传展板，发放宣传资料，吸纳社区中未入园幼儿免费参加园内大型活动，使社区幼儿受教育率达到94%。

在嘉铭园，二十一世纪实验幼儿园设有一个特殊教育中心，对自闭症儿童进行干预治疗，并相继开发了治疗与教育相融合的课程。目前自闭症治疗中心开了8年，有50多名儿童在这里接受治疗，并且收到了很好的效果。“接收一个特殊儿童就意味着承担十分的责任，但是身为教育者，我们没有理由拒绝这些孩子。”朱敏是这么说，也是这么做的。

为了让这些孩子同样享受到优质教育，朱敏让他们随班就读。刚开始时，普通孩子的家长并不理解，害怕老师因为要对特殊儿童付出更多关注，而影响到自己孩子的教育机会。为此，朱敏和老师们与家长提前沟通，告诉家长特殊儿童的出现，会激发普通孩子的爱心与责任心，最终得到了家长们的支持。

当然，特殊儿童的教育，需要的不仅仅是一个被接纳的环境，更重要的是专业的指导与干预。为此，二十一世纪实验幼儿园专门聘请专家对教师进行培训，并借助专业医疗机构的力量开展了一系列的探索研究。这条路虽然艰难，但是她们一直在坚持。

让朱敏坚持的地方还有很多，作为北京市政协委员的她，一直为幼儿教育奔走呼吁，比如减免小区配套幼儿园物业服务费，幼儿园增配“保健医”，政府应购买学位以缓解“入园难”等。是什么力量让她如此坚持，原因只有一个——为了孩子。

“和孩子们在一起，是很简单但很幸福的事情。这些孩子用他们的一言一行教会了我很多东西，我真的是和孩子们共同成长。”谈起孩子，朱敏的脸上，是溢于言表的幸福和满足。

庄毓敏　让金融为国家战略服务

张　涛

庄毓敏，这个名字应该是许多金融界人士再熟悉不过的了。她的个人能力、专业素养、人格魅力均是为人所钦仰的。我们随意打开一个网站，便可以非常容易地找到她关于中国经济的种种高论，然而关于她个人的报道，却是少之又少。于是就带着这样的好奇，我走入了她的办公室。

庄毓敏是个大忙人，以至于我数次邀约均未能成行。她是北京市政协委员、全国人大代表、中国人民大学财政金融学院副院长、全国金融硕士专业学位指导委员会秘书长。从这一大堆头衔之中，她到底有多忙就已经不需要解释了。在我想象中，她一定是一位豪迈激越的人物，至少在第一次相见之前，我是这样以为的。

初为政协委员

庄毓敏的经历很简单，20世纪80年代考入中国人民大学，从本科到研究生，从研究生到老师，从老师到副院长，屈指算来，已经三十多年了。三十年的时光使得她与人民大学的缘分渐渐几不可分，教育和学生也逐渐成了她生命的全部。

庄毓敏说，在她平淡的生活中，有两件事情在不知不觉中改变了她。第一件事，就是成为一名政协委员。庄毓敏是无党派人士，2004年，她第一次被选为海淀区政协常委，第一次与政治有了近距离的接触。从此以后，她也逐渐对参政议政产生了兴趣。

“我做了八年的海淀区政协常委，这对我有着非同寻常的意义，这是我第一次由学术理论的研究走入到学术的应用当中去。这使我对社会的认识和对学科的认识均发生了非常大的变化。”庄毓敏平和地说。

庄毓敏的话绝非虚言，在她原来的生活节奏中，看论文、写论文、教书育人，这些便构成了她的全部。不可否认，学者应该具备这样心无旁骛的精神，然而，这种“一心只读圣贤书”的习惯，却渐渐地使她对于“社会发生了哪些细微的变化”“企业有了哪些新的需求”失去了敏感。而这次政协委员的经历，则刚好弥补了她的缺憾。

在担任海淀区政协常委期间，庄毓敏根据自己的专业，提出了“中小企业融资问题”的提案，并花费了一年多的时间，针对这个问题进行了专门的调研。对于选取这个题目调研，庄毓敏是颇费心思的，当时的高科技中小企业生存环境十分恶劣，企业自身几乎没有什么融资途径，但海淀区中关村又是以高科技企业为主。因此庄毓敏认为，如果能够破解海淀区高科技企业的融资难题，不仅可以解决海淀区经济发展的瓶颈，更对中国经济的转型具有颇为宝贵的借鉴意义。

“其实当时提出的‘科技金融’这个词表达并不准确，但是为了更加明确地表达金融可以为高科技企业服务的想法，才选取了这个名字。”庄毓敏解释说。

为了研究这个问题，庄毓敏查阅了大量的资料。比如：美国政府怎样为高科技企业提供服务？美国政府为扶持高科技中小企业采取了哪些措施等等。通过政协的调研和专业的研究，她一口气写出了一份四万多字的报告，详细地阐明了她破解中小企业融资难题的思路和方法。后来，她的这份报告得到了政府的高度重视，并成为了政府日后出台扶持中小企业政策的重要依据。

“虽说这件事费了不少力气，但我第一次感到了学有所用，自己的价值也在这件事中得到了体现。在担任海淀区政协常委期间，我对海淀区的经济增长点、经济动力等都进行了研究，也给政府提供了一些相关的咨询，从那之后，我研究的思路也宽阔了起来，不再是在办公室根据论文写论文了，而是更多走出去，去看社会本来的样子，这是政协为我带来的变化。”庄毓敏认真地说。

一次挂职

庄毓敏第二个重要的变化来自于她的一次挂职锻炼。2007年，庄毓敏被派往苏州挂职，做了一年的市长助理，实际上分管当地的金融和经济工作。这次挂职对她的意义在于，她能够第一次站在地方政府的角度，来看待一个地区的经济发展。

长三角地区长期以来就是中国经济发展的重要引擎。因此，该地区对于经济改革的许多尝试和探索也无疑更具代表性。在当时，长三角的地方政府已经逐渐意识到，依靠制造业支撑地方经济的模式是不可持续的，必须探索新的经济模式来破解资源环境对于经济发展的制约。他们希望能够用金融的手段来撬动经济的增长，也迫切需要有一个金融领域的专家来实地指导他们的发展，于是，庄毓敏受命到来了。

庄毓敏的到来，对于苏州地区无异于雪中送炭。她刚到苏州，就为当地的官员做了多次讲座，详细地阐述了金融与地方经济的关系、该怎样用金融杠杆实现产业的升级、提升国家的产业级次等等。她还身体力行，四处调研摸底，为当地经济的发展制定了许多切实可行的政策和规划。事实证明，庄毓敏此行是成功的，她在当地推行的政策收到了很好的效果，直到现在，苏州政府还非常感谢庄毓敏为当地经济发展所做的一切。

这次苏州之行，同样改变了庄毓敏的许多观点和看法，她回到学校之后，对同事说道："做学术研究，再也不能假设政府是傻子了。"她指出，学者一贯地喜欢批评政府，每当政府出台某一项政策，就会有很多反对的声音批评政府不会制定政策。其实不然，这是由于信息的严重不对称造成的。在西方国家，信息公开度比较高，政府得到的信息与学者得到的信息差异不大，而在中国，学者得到的信息较之政府的信息则是非常少的，因此掌握大量信息的政府与掌握少量信息的学者所作出的判断一定是有差异的。

"政府所做的决策一定是平衡各方利益的结果，而不能简单地认为他做的决策都是错误的。所以，学者必须努力掌握更多的信息，他的学术研究才能更有价值。"庄毓敏这样说。

最忧心的问题

庄毓敏从事金融行业三十多年了，提起中国金融的变化，恐怕很难找到比她感悟更多的人。她介绍说：中国的金融学的基础是人民大学财政金融学院的黄达教授所奠基的，在建立中国金融学科的时候，他始终坚持着将金融学建立在为国家战略服务的理念之上，并提出了宏观的大金融的概念，因此，他在发展金融学科的时候也是尽量使金融贴近政府的需要，每当国家出现大的改革时候，政府总能听到他们的声音。然而，随着20世纪90年代一批海归学者的归国，他们为中国带来了新的金融学概念——一种金融市场的风险管理等微观金融的概念，这样的理念曾一度对黄达教授大金融的概念形成巨大的冲击，以至于金融界一度陷入争论，到底什么才是真正的金融学？直到2008年金融危机，才改变了这样的局面。美国的金融危机证明，一旦宏观金融管理出现重大问题，即使微观的金融手段再灵活也回天无力。至此，人们才对黄达教授的大金融概念重新达成共识，认识到国家对金融的管理不能仅仅只有微观的风险控制，宏观的调控仍是必不可少的。

虽然，金融学的概念几经波折最终走向正道，但说到现在的金融学教育，却让庄毓敏忧心不已，她说：“人民大学的金融学专业本身是很好的，分数线很高，教师队伍过硬，来的学生都是最优秀、最聪明的。但是问题在于现在来学习金融的学生有多少人是像黄老师所说的那样为国家战略服务呢？他们来学金融的原因无非是冲着这个行业高额的薪酬，丰厚的回报而已。他们没有理想，我有时候甚至担心一个没有理想的人掌握了高深的技能会有多么可怕，他们的知识不会为理想所用，只会为利益所用，这才是我最担心的事。”

在与庄毓敏的交谈中，我很少发现她关于自我的评论，相反，对于她在社会中扮演的各种角色却显得颇为津津乐道。其实我知道，她所看重的并不是这些角色本身，而是她的每一种角色都伴随着的那份责任，正因为这些责任，才使得她拥有了向前的动力，也正因为这种动力，才使她时刻享受着尽责的快乐。

记不得是哪个哲人说过：每个人都被生命询问，而他只有用自己的生命才能回答此问题；只有以“负责”来答复生命。对于庄毓敏而言，她已经用她三十多年的职业生涯回答了生命询问的题目，只不过答案还远不止此。

刘飞　让教育回归本真

徐　飞

有人说，一位校长的精神气质，会很大程度影响到他所领导的这所学校的气质。尽管时值暑期，安静的校园里看不到往日正常教学时的朝气蓬勃，但是走在学校开阔的运动场上，看到教学楼围起的不大区域内安放的篮球架，反映校史的景观以及教学楼墙壁上扑面而来的来自不同国家的“你好”文字，这些信息整合到一起，往日校园里孩子们乐融融、活泼泼的场景好像就在眼前。

阳光、乐群、眼眸亮而净、充满好奇，这正是北京市政协委员、芳草地国际学校校长刘飞希望孩子们从这所学校走出的样子。作为朝阳区小学校长群体中的标志性人物，刘飞作风稳健、为人低调，有着教育家的风采和气度。

速效不能救心

教师生涯的前16年，刘飞一直负责高年级语文教学兼班主任工作。刘飞认为，在教育学生的过程中，应注意顺应天性、培养习性，在两者之间找到一个平衡点，帮助学生成长与发展。

许多年过去了，刘飞对自己曾经教过的一位小男生仍然记忆犹新。那时班里有个学生叫张生，非常聪明，但束己不严。正因如此，他常常在自己毫无察觉的情况下，做出违反校规的事情。别人一旦指出，他一是强辩，二是感到委屈。在如何教育他的问题上，刘飞确实动了一番脑筋。

一次，刘飞正在办公室备课，突然听到楼道里传出了大声叫喊，仔细一听，就是张生，“他的声音很有特点，以我和他两年的接触是绝对不会判断错的”。刘飞放下教材，叫身边的一个学生把张生找来。到办公室后，刘飞指出张生的问题，意料之中，他矢口否认。“我也犯了牛脾气，当时就想把问题解决。没想到这样一来，他更委屈了，一边哭一边说我冤枉他。见他这样，我倒冷静下来，僵持下去于事无补。”刘飞缓和了语气，对他讲：“你别哭，可能是老师听错了，如果是这样，我向你道歉，你还是先去活动吧。”张生一边抽噎一边转身离去。不知怎的，看着学生的背影，刘飞心里特别不是滋味，自责这件事情处理得过于简单。在孩子没有认识到问题时，教师急于求成，这本身就是对孩子的一种伤害。

事隔一日，刘飞又在同样的地点听到了同样的声音，这次刘飞不敢有丝毫怠慢，疾步走出办公室，果然发现，楼道中大声喊叫的正是学生张生。刘飞把他叫到办公室，只问了一句话：“刚才楼道里大声叫喊的是你吗？”他不好意思地点点头，目的达到了，刘飞没有再说什么，只是嘱咐他注意纪律。学生当时满脸诧异。

不久，这样的事情又发生了两次，刘飞认为时机已到。“在学生又一次出现同样问题时，我把他叫到办公室，让他坐到了我对面的沙发上。我们从纪律问题入手，谈到如何用高标准要求自己，谈到健康心理素质的培养，谈到了如何对待批评……谈话在一种融洽的气氛中进行。”

这之后，张生虽然还时常有纪律问题发生，但老师批评教育他时，他很少哭了，偶尔老师掌握的情况有出入，他也能心平气和地与老师交换意见，看得出，孩子的心理比以前健康了。

这次经历也让刘飞再一次体会道：教育孩子一定要有个过程。对待学生要有一颗包容之心，这就要求我们对孩子要理解、尊重、善待，尤其是对犯错误的孩子，谨记“速效不能救心”。

国际教育中的中国力量

对教育教学更感兴趣的刘飞从来没想过会从老师转变到管理者的角色。“怎么迈向校长这一步记不清了，但迈过之后起码没有后悔过。”刘飞笑着说。

刘飞执掌的北京芳草地国际学校是目前全国最大的国立公办涉外学校，建于1956年，至今已走过60多个寒暑，60余个国家和地区的五千余名儿童在芳草地就读，又从这里走向世界。芳草地已成为中国教育开放的一个成功样本。

“国际化”是芳草地国际学校最突出的特色。如何办好国际化的教育？刘飞有着自己的思考。“我认为就是要实实在在琢磨中国基础教育的优势，认真梳理国外的先进理念，让两者实现有效地融合。”芳草地的国际化不是因为有“国际部”才国际化，更重要的是体现在用先进的理念培育全面发展的人。“国际化教育一定要落实到每一堂课中，体现在每一个师生身上。”

芳草地的目标是培养具有中国情怀、国际视野的芳草学子。这要求学生热爱中国、关爱世界；自信乐群、充满活力；会学善用、充满好奇。这些特点怎样在教学中体现出来？“我们主要是把国家课程创造性地、校本化地去实施、去落实。这就是芳草地的特色。同一本书，我们要教出芳草地的味儿。其实，不同学校都应教出不同的味儿，跟学校本身的育人目标息息相关。”

国内优势是分科教学，这有利于学生科学、系统地掌握知识、形成能力。但分科教学也容易肢解学生的完整生活。芳草地基于孩子身心发展的整体性、生活世界的多样性，在深入把握各学科标准的基础上，把国家课程整合到“道德、语言、数学、科技、健康、艺术”六大领域。当问到芳草区别于其他学校最显著的特点时，刘飞说：“把各个学科、领域所学，通过主题学习的方式综合运用。基于地球探索主题，我们提出了‘我爱芳草地、可爱的故乡、美丽的中国、多彩的世界、我想去那里、唯一的地球’六大板块，从孩子们最熟悉的地方——芳草地出发，由近及远，不断延伸。”

以“我爱芳草地”为例，为更好地激发学生爱校之情，学校让孩子选择自己最感兴趣的景观，去研究、探索，选择最适合自己的方式去表达，以此增强孩子对学校的认同，让孩子们在校园中生活得更加快乐。课堂教学之外，学校搭建了线上学习空间，课堂被延伸了，学生们可以随时随地更加方便地参与到持续、连贯的学习过程中，保持一个相对完整统一的学习节奏。在主题探索中，核心价值观潜移默化地种在孩子心中，这是芳草地国际学校核心价值观教育最具特色之处。

崇尚个性，享受成长，让每一个生命开出自己的花。“希望芳草地出来的孩子能成为有个性的孩子，不要像是从一个模子里刻出来的。会跳的一定让人家跳起来，会跑的一定让人家跑起来，这才是因材施教。”为所有孩子创造条件，老师努力发现孩子的优势，让所有的孩子在芳草地国际学校健康快乐地成长。

“世界在变化，教育也必须变化。作为芳草地国际学校，应先行一步，深入研究中西教育融合问题，在基础教育阶段拿出经验来、拿出实践案例来。”

让教育简单起来

“易知易行”是刘飞在教育教学及学校管理中最为看重的一点。一件事情所膨胀出来的复杂性和他所投入的时间、精力成正比。“我们在做教育的时候，也膨胀出了无限复杂性，以至于我们投入的过多精力没有用在本职工作上。教育本身并不复杂，是我们在教育上面附着的东西太多了，教育承载的东西太多了。人人都可以说教育，人人都可以给教育指出方向，让教育人无所适从。”

刘飞认为要易知易行，即“尊重规律、尊重计划，立足常规、立足特色，遇事三思、整合为佳，敢于放弃、舍即是得”。认识教育规律，是“知”；遵循规律办事，是“行”，知行结合。

教育的特点就是临时性的工作过多，在小学更是如此。刘飞说，“其实老师最重要的就是带班育人，清晰学情、清晰目标、清晰过程、清晰结果。”过去学校尽管每学期都要做一学年的工作计划，但计划往往由校长或领导班子一起讨论制定后，在教师大会上读一遍就束之高阁。刘飞将“易知易行”的理念付诸在学校管理上后，向全体干部、教师明确：今后计划制定后，老师们不但要将计划熟知而且一定要执行下去。每学期结束，重点检查的也是计划的落实情况。“如果计划没完成，其他的事情完成再好，我这里是不买账的。”

正所谓大道至简。“我的教育追求，就是把孩子培养成孩子，把教师培养成教师，把学校办成学校。”

刘飞曾在不同场合谈到他去加拿大交流访问时，与一位小留学生的对话。他问这位来自上海的初中生，在加拿大留学适应吗，以后想做什么？这位小留学生回答道：我就想身体好。只要我身体好，以后就可以去做工程师，修马桶、做保洁等都没关系，自己喜欢就好。通过自己的劳动可以养好自己，这些工作都是被尊重的。

这位小留学生的话时不时会让刘飞感怀。“我们一定不能用成人眼中的明天去设计孩子的今天。童年不能重复，失去了就永远失去了。现在不少小学教育，仍只注重分数，一味激励吃苦耐劳、淑女教育、绅士教育，这些方式合适与否暂且不论，但至少不是小学教育的全部。我的观点是，小学阶段一定要把孩子培养成孩子，不能只注重孩子的未来，而忽视孩子的现在。”

教育并不是一项要求时时新、日日新的工作。刘飞还记得学校的老书记这样形容教育：什么是教育？教育就是重复啊重复，不在重复中升华，就在重复中消沉。“教育是有其内在规律性的，应当简简单单、真真切切、踏踏实实地去把握教育的真谛。”

既要“政”又要“协”

在刘飞看来，一名政协委员，就要树立良好形象，发挥实实在在的作用。“政协委员既要‘正’又要‘政’。做人不够正直，在政治方面没有基本的认识，那做政协委员就是一件很危险的事情。同时，把握住‘协’，一定去协商、去参与、去参政议政，贡献自己的智慧，才能算是合格的政协委员。”

要说2016年暑期最热的电视剧，非《小别离》莫属。三个家庭面临要不要送孩子出国读书表现出各种不同的心理。小留学生和国际学校热的现象，引发了委员们的热议。与其他一些委员的担心不同，刘飞更多的是对中国教育的自信。他说：“在中国孩子走出去的同时，我们也应看到国外的孩子在走进来。每年有100多名不同国家和地区的小朋友到芳草地来学习。随着国家的发展，外国人士到中国就业工作交流互访的机会越来越多，他们有子女受教育的需求。把我们的教育办好，让他们能进入我们的学校学习，这就是我们能够做出的努力。让外国学生学习中国课程就是芳草地的国际化。”

刘飞一直关注教育现代化的问题。他建议由政府主管部门牵头，组成专家小组，深入研究首都教育现代化评估指标体系。在教育现代化价值取向、必要条件、基本路径、根本保障等诸多方面，提出简单明了，便于收集，可比、可操作、可量化的指标。指标体系涵盖是否全面、层次结构是否清晰合理，直接关系到评估质量的水平。其次，根据评价体系，加强实施情况的督导评估工作。政府督导部门，要强化规划执行的监控力和问责力，执行到位的程度、存在什么问题，如何调控等都要有效跟踪监测，并建立定期公布和反馈机制，这是必要的保证，含糊不得。“提出建议后，市教委非常重视，责成专人与我沟通。一个提案能真正发挥作用，这让我真切地体会到了作为一名政协委员的价值。教育现代化的一个重要指标是现代学校制度，现代学校制度的基点就是协商民主。我在政协履职中所学，能够充分运用到学校的管理工作中。这让我感到很高兴。”

从教30多年来，刘飞且行且思，不断探求着教育的真谛。他希望离开教育一线时，得到的评价是：刘校长是个“明白”人。刘飞认为，这是对他教育生涯的最好褒奖。他就像一棵安静的小草，和他的伙伴们，用生命描绘着这片芳草绿。

刘岩　生命的舞者

徐　飞

这些年，刘岩与伤痛不断抗争着，把简单做到纯粹，拥有了人生中别样的精彩。2016年10月15日，刘岩赴维也纳领取了“塔拉奖”，这是华人首次获此殊荣。这一奖项专门表彰那些遭受命运冲击仍然勇往直前、超越自我的人士，借此表达对他们的尊重与敬意。坐在轮椅上，有些纤弱的刘岩，正是那个勇士。刘岩说：“这个奖项有特别的意义，获奖不仅是自己的荣誉，更是华人的荣誉。受伤后的9年来，我不断努力用自己的方式让自己更好一点，脚踏实地度过每一天。”

作为舞蹈老师，刘岩培养着一批又一批的年轻舞蹈演员，曾经带给刘岩光辉与荣耀的舞蹈，今天依然在绽放。走进北京舞蹈学院文化课103教室，我们走近了北京市政协委员、北京舞蹈学院教授刘岩。

从足之蹈之到手之舞之

《胭脂扣》中风姿绰约的如花、《橘子红了》里顾影自怜的秀禾……大众认识刘岩，源于2006年央视春晚，她和杨丽萍、谭元元共同表演的舞蹈《岁寒三友》。其实，在此之前，刘岩在圈中已经小有名气。她腿功了得，动作干净优雅，被认为最有潜力的年轻舞者。大家都管她叫“刘一腿”，因为她的绝活是超强的“控腿”技术，一双腿成就了刘岩的梦想与光荣。

2007年底，刘岩接到北京奥运会开幕式运营中心的电话，由此获得了人生最大舞台——在奥运会开幕式中富有中国独特韵味的水墨画卷上呈现唯一的独舞表演《丝路》。为了奥运会开幕式上能够完美呈现，刘岩排练了500多次。

舞蹈是残酷的艺术。对于刘岩而言，这份残酷更深一层。2008年7月27日晚，距离开幕式还有12天，她照常参加彩排，所有动作一气呵成，干净利落。但是，就在她从“电子薄纸”跳跃到另一平台时，平台提前挪动了，毫秒之差，刘岩不慎从3米高台坠下。“上万人都停下来，音乐也不放了，所有人都停在那里，刘岩静静地躺在鸟巢底下。”张艺谋回忆起当时的场景时曾说。呼啸而去的救护车带走了刘岩，也带走了属于她的奥运舞台。

舞蹈将她推向了事业顶峰，也让她跌下了舞台。7个小时的手术结束后，医生的诊断是T12神经完全性损伤。这意味着，刘岩将再也站不起来，再也不能用双脚跳舞。“对于这件事情，我一点也不回避，9年过去了，我还在接受这个事实的过程中。”当被问到是否忌讳谈论受伤这件事时，刘岩这样回答。

刘岩最终用坚韧证明了自己的强大。“我希望，越来越少的人在提到我的时候说：这是因为奥运彩排摔伤的刘岩；我希望越来越多的人说：这是一个坐在轮椅上的舞蹈老师。舞蹈是我的信仰，我不仅要在舞台上舞动，而且我要用双手去探索中国舞蹈更多的可能。”

2010年，还在做康复训练的刘岩考取了中国艺术研究院舞蹈学专业的博士，这成为她受伤后人生的转折点。“以前我的生活只有舞蹈，如果没有受伤，我会一直跳下去，30岁、40岁、50岁……受伤之后，开始考虑读书，读书是知识不断精进的过程，让我的人生更加丰富的过程。”

2014年，刘岩出版了自己的第一本书《手之舞之：中国古典舞手舞研究》，这是刘岩读博期间的研究成果，填补了中国古典舞研究领域的一个空白。

博士毕业后，刘岩成为北京舞蹈学院的教师，她将舞台延伸到了讲台。她开的第一门课是《中国古典舞手部动作与印度古典舞手部动作比较研究》。2016年，刘岩考取了中国社科院的博士后，攻读宗教学专业，开始研究佛教手印。读书，为刘岩打开了另一扇门。

从足之蹈之，到手之舞之，刘岩依然是一名生命的舞者。她说：“现在轮椅是我的舞鞋，双手是我最依赖的舞蹈语言。我们的双手最不会撒谎，任何细微的动作都可以传达你的内心。手舞虽然是中国古典舞身体语言中微小的一部分，却有着无穷无尽的变化，有着自己清晰的传承脉络，中国聋哑人的手语、佛教的手印以及中国戏曲的手部动作既是独立的体系，又有着许多的借鉴吸收。”

“人最重要的是战胜自己，人真正的障碍不是来自于身体，而是来自于思想，实际上没有什么是不可以的。”刘岩说。

用公益点亮最深的夜

对刘岩而言，公益这条路走得自然而然。“在2008年受伤以后，我特别知道，当你需要帮助时，那个帮助走到身边，真的太温暖了。我觉得，做公益的意义就在于去帮助那些需要帮助的群体。我总说自己有两条腿，一条腿是舞蹈一条腿是公益，这样行走很顺畅、很快乐。”

轮椅上的刘岩舒展着双臂演绎过一支舞《最深的夜，最亮的灯》，她在黑暗中找到了方向——公益。对于那些从未有机会接触舞蹈的孩子来说，她就是一盏最亮的灯。

2010年，在中国文学艺术基金会的支持下，刘岩成立了以自己名字命名的“刘岩文艺专项基金”，专门为孤残儿童提供艺术教育。这些年来，她为北京郊区孤儿和聋儿带去了无尽的欢笑。

公益有很多种，利用美育教育的方式，更多是来自刘岩作为一个舞者的直觉。“一个人的职业规划会跟你的人生很多东西扭在一起。从小学舞蹈这件事情会始终跟你的生活在一起，伴随你的一生。这个‘在一起’不是你去选择，而是一种‘自然而然’。”

刘岩文艺专项基金成立伊始，有20多个来自福利院的小朋友自愿报名上课。之后，专项基金请来专业舞蹈老师，和北京市房山区儿童福利中心、通州光爱学校等几所定点机构合作，最多时有162个孩子上课。96个是孤儿，66个是聋儿。“我们不是要培养他们成为下一个‘杨丽萍’，只是给他们提供一个体会艺术的机会。”刘岩说。

上课的孩子中，一个叫范杰的小男孩给了大家意外的惊喜。刘岩回忆到，范杰天生失聪，听不到声音，但对音乐的感悟力非常强，甚至不需要手语老师提示，完全靠内心节奏和观察搭档起舞。为此，她找到北京舞蹈学院青年舞团的两位专业舞者配合范杰，以迈克尔·杰克逊的音乐为背景，第一次以编导身份创作了舞蹈《对他说》，并在国家大剧院演出。

也正是从那时起，刘岩开始尝试更多舞蹈编排。她曾帮助一个残疾人艺术团，创作了一支舞蹈《我的未来不是梦》，在和专业舞者同场竞技中，获得了“荷花杯”舞蹈大赛特别奖。

在她的舞蹈创作中，每年都会有一个题材关乎公益。2015年，刘岩担任中国首部公益题材舞剧《26分贝》的总导演和总策划，她用自己的努力证明了这样一句话：“你若盛开，蝴蝶自来。”16位群舞演员来自该残疾人艺术团，另外包括专项基金资助的5名聋儿。该剧以听障儿童小石头和默剧演员安吉尔的情感交流为故事主线，聚焦弱势群体，关注儿童心灵成长，以舞剧的艺术形式表现听障人士反馈给社会积极、乐观、温暖的生活态度，并反射到每个人的内心深处。

无论是已连续举办四届的“天使的微笑”儿童慈善摄影展，还是在北京舞蹈学院开设《艺术与青年公益》这门课程。刘岩都希望利用自己的所见、所闻、所做，让更多的人了解公益，参与到公益当中来。

白岩松曾这样评价刘岩：2008年之前她在领舞，2008年之后她在领路。作为领路人，她从没给自己设定标准，她把所有目光都放向了持久。2012年12月，她在“天使的微笑”慈善拍卖之前说，让我们携起手来，一起为这些孤残儿童做点儿事。事情做到今天，如今的刘岩专项文艺基金是一个让刘岩心安的状态，因为她在坚持，公益在做，帮助在继续……

政协新舞台

从舞蹈到奥运、从青联到政协，刘岩的舞台一直在延伸。2013年，对于“年龄最小”的刘岩委员来说，政协是她又一个新舞台的开始。

“到政协以后，我认真学习了‘履职’这个词。在我看来，做好本职工作，就是最好的履职。”学习政协知识、提出高质量的提案，刘岩委员一直在提高自己，一直在认真履行政协委员的神圣职责。

北京市青联副主席、全国青联委员、中国舞蹈家协会理事、中国文学艺术基金会理事、中国文艺志愿者协会理事……刘岩的社会职务很多，但她说这些都不同于政协委员。在刘岩看来，作为一名政协委员，她代表的是一个群体的声音。作为教育界别的委员，又来自文艺院校，这些年她对文艺教育类的话题很关注。同时，身为一名“轮椅上的政协委员”，她关注的还包括残疾人保障的问题。“这两方面是我成为政协委员以来一直关注的，也会是我今后持续关注的。”

“整个社会形态进行当中，我遇到的问题、周围人遇到的问题，我会进行理性思考提出问题，提出具备可操作性的解决思路，写成提案上交。提案并不能促使所有问题都得到解决，但此时你发声了，形成了思想上的碰撞，引发了关注，就是有效的。好过于这个问题存在却没有人去触碰。”

20世纪90年代，我国提出“素质教育”概念，在素质教育的改革中舞蹈普及教育落后于音乐和美术。这种现状引起了许多舞蹈教育界研究者的思考。刘岩认为，不应该把舞蹈教育狭隘地等同于教学生劈腿、下腰。舞蹈教育是美育的一个部分，舞蹈不仅是肢体运动的过程，更是一个思想转化为肢体表达的过程。真正的素质教育舞蹈课应该是面向全体中小学生的普及式的舞蹈教育。

2014年，刘岩就此提出《关于素质教育舞蹈课的提案》，经过一年的努力，2015年北京有63家小学开设了舞蹈课程。“开始答复我的是在50所学校开设舞蹈课程。我一直不敢小看多出来的这13所，我们平时给学生上课也是在基层，每个环节都是具体人来做的，多出13所小学，各个环节下来事情很多。”

“在这63所已经开设素质教育舞蹈课的学校当中，学校、学生和学生家长三方反映良好。我们做了三次情况交流会，作为调研得到了三方较为满意的反馈。”得知素质教育舞蹈课给北京市中小学生带来的实实在在的艺术体验与身心放松，并为孩子们整合知识与智力开发提供了新途径，看到自己的付出有了收获，刘岩感到“非常的振奋”，也受到“很大的鼓舞”。

教育事关百年大计，这是一个持续性的问题。为此，刘岩持续跟进了该提案。“我希望有越来越多的孩子能享受到舞蹈给他们带来的快乐。任何工作的推进都会发现问题，我会继续关注。”

把“生活总有挫折，梦想不会凋谢”当成座右铭的刘岩，在政协这个大舞台上，舞出了崭新的人生。

刘岩用公益和舞蹈点亮最深的夜，用坚强和温暖感动每一个人。她用生命舞蹈，舞出了自己的精彩人生。

关平　逐梦者

张　涛

没有“倚楼听风雨，淡看江湖路”的浪漫，没有“身在夜郎家万里，五云天北是神州”的感慨。他是梦的追逐者，自由的践行者，是一位为山川河流把脉的人。

他中等个头，体魄健硕，双眸炯炯有神，这一切都显示出他旺盛的精力。当他与我伸手相握的刹那，他热情、爽朗的笑声，亲切随和的性情，一下子拉近了我们的距离，让人不由得产生一种信赖感。我也暗暗觉得今天的来访绝不会缺少故事。

他就是关平，北京市政协委员，北京大学石油与天然气研究中心首席科学家。

行路难

一面是碧波荡漾、鸟语花香的人间胜境，一面是鸟兽绝灭、万马齐喑的生命禁区，一道天然的石子堤横穿其间，为生与死划定了一个不可逾越的界限，加之湖岸上的沙漠，两边巍峨的雪山，阴与阳、明与暗，所有一切美丽的哲学在这里得到了最好的诠释。

“当时我确实被眼前的景色吸引了，整个湖泊就如同一条鲸鱼一样伸展开来，很难想象一个湖泊中会包含如此之多的地貌元素。如果当时有一个画家或是诗人在，他定会在这里流连忘返，然而可惜我不是诗人，我只是一个从事地质研究的工作者，还有许多工作等着我去做，我只能在鲸鱼湖的旁边一阵赞叹，之后便匆匆离开了。”关平有些遗憾地说道。

关平的一番话道出了他的工作的辛苦与忙碌。石油和天然气的勘探开发是一门介于科学与技术之间的学科，它需要地质工作者利用各种勘探手段了解地下的地质状况以便进行石油开发，因此对于如关平这样的地质工作者来说，考察地理地貌自然是家常便饭了。然而，随着石油事业的发展，东部如大庆油田、胜利油田等设施完善，交通便利，条件优越的地区已经基本考察完毕，于是留给现在的地质工作者的就只有人迹罕至的西部地区了。

“石油勘查不是坐在家里用键盘鼠标就能发现了油田的，要从事这个行业，就必须有吃苦耐劳的精神。我现在常年都在跑青藏高原、天山南北等地。从美丽的鲸鱼湖边，到冰封的雪山高原都是我们常去的地方，这些地方最大的特点就是方圆几百公里没有人烟，行路十分困难。”关平描述说。

据关平介绍，由于考察地区基本都无路可走，考察队行路也颇为艰难，只能选择在相对平坦的河道中行进，即使这样，河道中巨大的鹅卵石高低不平，依然使得车内颠簸起伏，如果幸运的话，车子的时速能有二十公里就已经颇为不易了，这样一路行进下来，不要说考察，单是那种五脏颠倒的味道就足以让人苦恼不已了。

“我这样一路下来，往往都是五脏翻滚，心烦欲恶，浑身无力，连饭也不想吃。我们白天行进本来就不多，晚上肯定不方便再回去了，所以只能在夜晚支起帐篷，躺在地上数星星，这也算是苦中有乐吧。在这个时候我会觉得采集野外资料这种生活还是挺有趣的。”关平打趣说。

关平将考察用“有趣”二字一语带过，然而我却知道风餐露宿，雨雪侵袭的滋味，则远非这两字可以尽说的。

险象环生

“不仅仅是我，我们一起工作的同事们，都遇到过危险，在我朋友中，已经有20人为了这样的考察献出了生命。至于听说的，那就更是不胜枚举了。”关平说起这段话的时候，明显有些神色黯然。

其实这个行业的危险性，关平是早有了解的，还在关平上学的时候，就曾听到过无数关于地质考察如何遇险的故事。老师曾告诉过他们一位老前辈是如何在探险过程中遇到土匪，不幸被土匪所杀。他也听说过一位优秀的火山学家，在拍摄火山的过程中如何被岩浆吞噬而瞬间灰飞烟灭。更曾听说过彭加木消失在生命的禁区罗布泊中活不见人、死不见尸的故事。然而，他能够逃开命运，却没有逃开抉择，在明知险象环生的情况下，他依然选择了这条道路。

“我从没有后悔过我的选择，我觉得这样更能实现我自己的价值，也更具有挑战性。”关平坚定地说。

由于关平的考察多在人迹罕至的地方进行，所以危险性也是多样的，任何一个看似平常的小问题都有可能成为致命的危险，比如汽车不能动了。不管是汽车爆胎，还是汽车水箱破裂，只要是汽车不能动了，那么接下来究竟意味着什么，关平显然有着比我更深的理解。据关平回忆，一次在穿越罗布泊的考察中，短短十多天的行程就发现了两具前人的遗体。两具遗体均已经风化成木乃伊，其中一具从形貌和服饰来看，应该是一位19世纪末的欧洲人。他们遇到了什么情况，如何死去已经无从了解，但有一点可以肯定，他们一定因为某种原因无法离开这茫茫戈壁，最终葬身在这里。

除去汽车不能动之外，极端的气候条件也为考察增加了巨大的危险。一次在阿尔金山的考察，至今仍让关平记忆犹新。

关平还记得那次与考察队一行前往阿尔金山考察的时候正值六月，整座山看上去都没有浮雪，正是考察的好时候，然而天有不测风云，刚才还大晴的天，转眼之间便风云突变，一场暴风雪袭来了。

“我们的考察才开始没多久，当时大家才下了车，正在山路上摸索前进，最远的也不过离车五六里的地方，然而暴风雪来得太快了，远远超过我们的反应速度。我由于离车子较近，躲过了这一劫，那些离车子较远的还在往回跑的路上，就被冻死了，而当时我们只能眼睁睁地看着，没有任何办法。”关平有些伤感地说。

说起这份选择，关平认为更多源于他身体中那种不安分的性格，一旦上山、下河就会有一种说不出的冲动，闲得久了就会浑身不舒服，因此他也更愿意在野外追逐自由的生活和梦想。然而当我问起父母怎么看待他的工作时，关平先是一顿，随即缓缓地说道：“事实上，自从我做起这行以后，我的母亲无时无刻不在为我担心。”话音甫毕，他的眼圈便有些微微泛红。我忽然想起关平的母亲刚刚过世，于是话锋一转，便将话题岔开了。

建言履职

与关平的初见，适逢北京市两会召开，关平则是刚刚参加完小组的讨论，心情颇为激动。他认为，政协常委会工作报告经验总结得很到位，并且感觉到有两件事情对他的触动很大。

“我感受最大的是政协组织了几次大型的调研，这保证了政协参政议政的效率，使委员能够发挥自己所长。我觉得委员自身有其局限性，比如说我在石油天然气方面可能比较了解，但在城市规划建设等方面还需要更多的学习，所以在这些方面提出意见可能也是不全面的。再有委员们又都有自己的本职工作，都比较忙，那么他们调研是否有时间，深度是否足够都是问题。而政协组织的几次大型联合调研，则真正解决了这些问题。政协把委员们组织起来，使大家能够发挥自己所长，经过深入调研和讨论，所形成的东西才能算是真正的真知灼见。这样对政府的工作才会有促进作用，对整个社会才会有促进作用。”关平略带严肃地说。

强大的宣传是关平所说的第二个感触，他认为，现在的政协比较重视在媒体上进行宣传，许多重大的提案在媒体上都有专门的报道，这对委员的参政议政起到了很好的作用。这使百姓能够更直观地了解政协现在正在发挥着哪些作用和关注哪些问题，也更利于百姓接收信息以后，发挥自己才智，与政协形成互动。

别人把记忆做成照片藏于书册之间，他却将记忆做成故事藏在自己的心里。关平说他不擅长摄影，许多有趣的事情不能及时记录，但我又何尝不知，那是由于他为工作奔波劳苦，无暇耽于风月呢。没有任何诗情的描写，没有任何浪漫的夸张，放弃悠闲安逸的生活，选择一场被死神追逐的逃亡。这就是关平为自己选择的人生，一条颠簸崎岖艰涩难行的小道，一条起起伏伏暗通天国的阶梯。

当许多人渐已离开懵懂的岁月，那么梦想也渐渐淡出了现实，当前途暗生出无数的诱惑与羁绊，人们多也忘记自己本来的样子。然而关平这梦的追逐者，那些诱惑与羁绊却是无效的，他不甘于整日游走于钢筋混凝土构筑的城市森林之中，他鼓起勇气，以坚定的信念拼接起已经被现实冲击的支离破碎的梦想，尽情地释放自己内心自由驰骋的快感，用一种别人不曾理解的方式去体味一种别样的人生。

关平的下一站在哪里？我没有追问，但我知道那里一定又是起伏坎坷、荆棘丛生，我不知道该如何表达对他的崇敬，但我想，也许他需要的只是祝福吧。

许家成　让孩子们有爱无碍

徐　飞

很早就萌发了采访许家成的念头，知道他很忙，于是想把采访安排到暑假。谁知，暑假他更忙，忙着调研、忙着讲课。但是他从不吝惜有限的时间积极履职，再一次见到他是在两会前政协委员关注的热点问题座谈会上，他关注的仍然是残疾人的教育、就业问题。700多名委员里，从事特殊教育的只有他一个，他说："我要是再不发出声音，就没有多少人为特殊教育呼吁了。"本想就着这个机会参访，他又要赶回去参加国际劳工组织的残障人士就业研讨会，这是他的专业，也是他的专长。身兼学者、教师、特教机构管理者等数职的他，像个陀螺旋转不停，在各个角色之间转换。终于，在两会召开的前一天，来到许家成工作的蒲黄榆地区，在他的院长办公室进行了采访。

心理学为特殊教育服务

生物学、心理学、特殊教育，看来毫无关系的三者集中在许家成的身上。许家成本科读的是生物学，要毕业的时候正值国家心理学恢复，师范院校要开设教育学和心理学的公共课程。在学校动员下，他开始学习心理学，他的导师是国内心理学基础理论的著名教授唐自杰，他的研究方向是心理学基本理论，潜心研究潘菽心理学理论。许家成说："这个研究对我来说受益匪浅，不仅让我学会做学术研究，也使我学会做道德文章；知道做事要结合中国国情，实事求是，坚持以人为本的学术思想；明白做事要自信，做人要踏实。"

当时许家成在心理学界比较活跃，有人问他："你的导师都是在心理学界比较厉害的人，你到底有什么资本？"又有人说搞理论心理学的不懂实际，许家成遭遇到了挑战。想起导师曾教导他心理学要为人服务，把心理学和实际的领域结合起来一直是许家成的愿望。这种愿望加上外部挑战，更加坚定了他走理论与实践结合道路的决心。

许家成从一个国家“七五”攻关项目了解到，我国100个儿童中至少有一个是智障，他想为这群孩子服务。当时，做智力障碍心理学是一个新领域，很少有人做这方面的研究，许家成几乎是从零开始。

许家成曾经到一个民办机构去调研，屋子里又臭又脏，黑黑的，孩子们长年累月都躺在沙袋里，像婴儿一样养着，丧失了一个儿童的正常的生活。“我们到后做的第一件事就是让孩子洗得干干净净，穿上新衣服坐起来。告诉他们只要改变了孩子的养育方式，这个孩子以后就会有不同的发展。”在许家成等人的帮助下，一周以后，这所民办机构已经开始给孩子们上课。周围的老百姓感慨，这样的孩子也能上课学习、听音乐、做游戏。

通过这件事让他坚定儿童都有接受教育的权利，坚信所有的孩子都是可以教育的。许家成更明确地意识到特殊教育老师的理想不一样，学生们受到的教育就不一样，他们的人生也因此不一样。

让残疾学生成为社会公民

作为全国培智学校课程标准编制主持人，许家成认为，真正的教育不仅是教会学生具体的知识，教材也不必从语文数学开始，而是从如何做个合格的社会公民、从人开始。许家成认为，特殊教育要以育人为本，面对显著个体差异的学生，不能事先指定教材，根据学生的特殊需要为他们开发课程、编写教材。因此，特殊教育的老师需要有教学活动设计能力，要有开发教材、教具的能力。许家成说，在教学方法上，特殊教育对老师也有很高的要求。举个例子，正常的数学课教授小数点会依据整数、分数、小数这样一个顺序，但是智力障碍学生学不会。于是，就要直接告诉学生们，在生活中小数点前面是元，后面是角、分。这样，就能让学生在生活中直接应用，这就是一种功能性教学。可以让残疾学生学会更多的知识和生活技能，学会如何成为社会公民。听起来简单，如何给学生讲懂，其中包含着特殊教育专业知识和许家成不断的研究：从发展性课程，转向功能性课程、环境生态和支持性课程。

面对残疾儿童，并不意味着降低课程本身的标准，许家成和他的教师团队想尽办法、采用各种手段，教育与康复相结合，想多种方式为孩子们提供有效的支持，使学生们的就业能力尽可能接近常人，以便能到常态的生活环境里去生活和就业。

“当了特殊教育领域的老师，对这一特殊群体的理解不一样了，残疾只是人性多样性和丰富性的表达，认为他们是人类的一种存在方式，享有平等的权利。”许家成说。

他一直强调：“我们不是福利人士，我们是专业人士。天天说要有爱心、有耐心是没用的，是要思考什么样的方法可以实现他们的权利。”每当看到教育模式和康复模式不一样的时候，学生的成长结果不一样；每当一种更好的教育模式让残疾儿童更好地成长，这是让许家成最高兴的。随着模式的调整，残疾学生们越来越接近一种常态的生活方式，教育方法不断改进、教育成果不断显现。

许家成说：“最欣慰的就是他们能成功就业，在社会上活得比较像样。”让残障人士过上常态的、有质量的生活是许家成最大的心愿。

“支持”是为了“不支持”

采访过程中许家成讲的最多的三个词汇是：权利、质量、支持。权利，是与生俱来的，权利实现是为了要过上一个有质量的生活。残疾人权利和质量之间是有落差的，这个时候需要提供支持，支持就是第三个因素。

在特殊教育领域，一提到支持就会想到许家成。在他看来，做学问最重要的不是写文章而是改变实践。他解释说：“支持是指协助一个人提高生活质量的资源、策略和方法。这是以尊重对方是独立主体为前提的，用任何一种资源足量的最小协助，当这些主体的问题得到解决，支持就不断减弱。”支持是为了不支持，它是帮助实现权利或者提高质量的过程中的一个外力，足量最小帮助之后力量慢慢减小，让残障人士自己独立能去做。

前几年在成都郫县，许家成指导当地的残联工作人员和特教老师，解决了两名智障者的就业问题。“他们20多岁了还在学校里待着，找不着工作啊。”许家成看着着急。他把支持性就业的理念、方法教给当地的学校和残联。他们先去给这两个孩子找工作，分别找到一个打扫卫生和一个包装的活儿。老师去工作现场，先学会需要做的工作，回来教给学生。然后做了一个支持性方案，让孩子先在学校里“实习”。之后，老师、家长与孩子一起去工作现场，进行现场训练，等孩子工作达到需要的标准，老师和家长就慢慢退出了。这两个孩子的就业都成功了。支持性就业是一个方向，许家成相信，这慢慢会成为我国残疾人就业的主要渠道。

许家成认识的一个农村家庭，孩子患有智障，孩子的母亲能力不强，家里乱成一团。老师通过让妻子管理钱财，跟丈夫和妻子讲家庭的结构要怎么调整，怎样处理夫妻之间、父母和孩子之间的关系。慢慢地这个家庭就发生了根本性的变化。虽然用的是平常的办法，但许家成解释说：“这里面包含着对人的个性特点的分析，同时更多采用的方法叫做自然支持，用日常生活的方法来处理一些这样的事情，把专业的方法融入到平时的生活里面去，从支持学生变成家庭的整体支持。”一位老师说：“许教授把支持做得越来越深入，越来越有办法，认同的人越来越多。”

有时候看到网络上曝光对智障人士的歧视和欺辱，智障者的生存状态，尤其是成年人的生活状态常常让许家成感到忧心。他说：“希望越来越多社会上的人用平常心看待这些人，他们是人，而不是被我们可怜的对象，有困难的时候需要支持，需要大家帮一把。”

许家成的女儿非常理解、支持他的工作，她说：“我学习的是通用设计，正在研究为残疾人设计产品，我认为我和爸爸做的工作都很有价值。”

从重庆市政协委员到北京市政协委员，他希望通过政协委员的身份发出更多声音、做更多的呼吁，让特殊群体得到社会更多的了解和支持。

孙宝国　责任铭刻人生　理念成就事业

崔晓晖

“民以食为天，食以味为先”，国人对美食的热爱从林语堂关于“法国情人、日本太太、中国厨子”的调侃便可见一斑。说起美食，香料难缺。虽然我国是最早使用食品香料的国家之一，对花椒、大料、桂皮等传统香料有着几千年的使用历史，但许多关键的香料我国在很长时间都依靠进口，有的价格几近黄金且遭技术封锁，严重制约了食品工业的发展。而让我们最终能够对这样“卡脖子”的做法说“不”的人，就是中国工程院院士、北京工商大学校长、北京市政协委员孙宝国。

解读他的辉煌，我们看到了比成功更可贵的人生信念；探寻他的足迹，我们发现了比事业更绵长的奋斗理念。

走近香料专家

1980年，孙宝国考入北京轻工业学院学习精细化工专业，从那时起，他就与食品香料结下了不解之缘，在科研攻关、教书育人的路上坚韧勤勉地跋涉前行。30多年来，他主持的国家级科研项目9项，作为第一完成人获得国家级科学技术奖励二等奖3项、部级科学技术进步一等奖3项，授权发明专利15项，直接采用其技术的企业有50多家，出版学术著作9部，发表学术论文200余篇。

他突破了制约我国香料生产的一系列行业共性关键技术，实现了100多种香料的产业化，打破了国外的技术封锁和产品垄断，使我国成为世界上两个能够生产2–甲基–3–呋喃硫化物系列高档香料的国家之一和含硫香料生产大国。他提出肉香味含硫化合物分子特征结构单元模型，初步揭示了含硫化合物分子结构与肉香味之间的关系。克服了新香料开发的成功率一般不超过千分之一的困境，成功利用该模型设计合成了100多个具有肉香味的新含硫化合物，在研发具有自主知识产权的肉香味含硫香料方面迈出了坚实的一步。他还凝练出了“味料同源”的中国特色肉味香精制造新理念，为此，他查阅了大量的中华传统饮食文化书籍、资料，中国最早的烹饪专著《吕氏春秋·本味篇》中“凡味之本，水最为始”这句话给了他很大的启发。他将中国传统的饮食文化和现代生物工程技术相结合，采用“肉源”原料和生物酶解、水中炖煮的生产工艺，制造出了天然肉味香精。该香料在方便食品、调味品、饮料、菜肴等大量食品中得到广泛应用，既满足了人们追求天然肉香味的愿望，又保证了产品的安全健康，不仅让我们吃得更香，而且让我们吃得安心。

这些成果和贡献，让孙宝国在2009年的中国工程院院士遴选中脱颖而出，成为我国高等院校食品科技领域第一个院士和北京市属高等院校培养的第一个院士。在被加冕学术界最高荣誉“院士”后，孙宝国的很多故事开始见诸媒体。有他给大学生传道授业解惑的师者风采，有“做事先做人”的语重心长；有他多年来默默资助贫困学生、多次为慈善事业捐款的感人事迹，有老师、同学、同事对他的赞不绝口；还有父亲在老家病危一天一夜无人照料的无奈。

那么，到底是什么支撑着他执着而不畏艰辛地往前走？

责任铭刻人生

“我人生的快乐，在于能让周围的亲人、朋友和同事有所受益，这也是我获得内心安宁的根源。这种感觉，我称之为责任感。”在领导、老师、同事、朋友对他的印象里，有很多特点都很鲜明，为人谦和、洞察力敏锐、刻苦勤奋、严于律已……但孙宝国人生历程最鲜明的烙印，还是责任感、使命感。

考大学时，“我一不想学化学化工，二不想当老师，可偏偏学了化工专业，毕业后又留校当了老师。那个时候能全身心扎进去，并不是天生的兴趣，只是因为党的教育：干一行爱一行，让干啥干好啥。我承担了这个责任，就应该尽最大努力去做好。深入这个领域久了，见成果了，有价值了，就愈发坚定地走了下去”。

导师梁梦兰说孙宝国是她从教一生中最让她放心的学生：“我从来不会

担心他的实验数据有问题，他对自己要求很高，学风严谨。”梁梦兰特别提到，在与人合著书籍时，孙宝国的那部分总是最先完成的，“质量非常高，连错别字、标点错误都没有，从读书时候就是这样。而且，他总是很清楚地标明哪部分是自己写的，绝不会把别人的成果占为己有，真正做到文责自负”。

对待权力和名利，孙宝国也一样把责任放在最重要的位置。几年前，他被组织推荐参加正局级干部公开招聘，没想到顺利入围。但他却坦言自己不适合招聘的岗位，让身为市领导的几位主考官都很意外。他说：“科研搞得好，不见得领导能当好。科研出了差错，我可以重来；到一个自己不熟悉的学校当校长，一旦决策失误，就无法弥补了。那样对不起学校的师生，也对不起组织的培养。”就这样，他最终坚持留在工商大学继续自己的教育和香料科研工作。

正是这种责任感，让他甘愿付出大量的节假日和很多照顾亲人的时间，用心血、智慧、毅力克服了很多常人难以想象的难关，成就了现在的事业。

多年来，他几乎没有休过节假日，因为家就在学校里，所以“到了实验室，不觉得在工作；回到家，也没觉得下班了”。实验室带给他的不仅是常人难以忍受的味道，还有左手虎口一处3厘米长2厘米宽的伤疤，右手食指外侧有些畸形的软组织。因为长期过度劳累，不到50岁时，他就患上了颈椎病、腰椎病等疾病。然而，与心理情感上的痛苦相比，身体的病痛就不算什么了。

他的母亲是独生女，所以外公对母亲格外依恋，他儿子出生时母亲来京帮忙打理家务，外公在老家病危，母亲回去不久外公病逝；在他的孩子上幼儿园前，因为实在没时间照顾，又请母亲来京照看，结果不到一个月，老家就连发6封电报催他回家——他的父亲脑溢血一天一夜却无人知晓，两周后父亲就去世了。这些辛酸的往事，让孙宝国内心一直纠结着对外公和父亲的内疚。每念及此，他都很感激母亲，是母亲常常用“自古忠孝难两全”的道理来宽慰他。

爱岗敬业、业绩卓著、团队精神以及他对科研工作的无私奉献，让孙宝国在研究生毕业后的短短8年里，就从辅导员、团总支书记、教研室主任、系主任，升任至副校长。但对自己事业的成功，孙宝国认为最主要的还不是他的专业水平和组织管理能力，而是得益于自己做事的一些理念。“从小就常听母亲背诵《名贤集》教育我：但行好事，莫问前程；与人方便，自己方便……其中的很多道理都让我在人生道路上受益匪浅。”

理念成就事业

大学同窗祝贺他当选院士的短信只有四个字“天道酬勤”，他说这是当时最让他感动的祝贺。“其实大多数人的智商、时间、条件、资源相差不多，都在大致相当的起跑线上。所以勤奋努力是基础，付出才有回报。”“我是属牛的，要像老黄牛一样埋头苦干，但一定要抬头看路。”做事之前一定要认准方向。方向错了，干的越多离目标越远；方向对了，每一分付出都是在靠近目标。上世纪90年代，孙宝国和另外两位同学同时开始研究含硫香料，但毕业后两位同学都从事了其他事业，只有孙宝国沿着这个道路一直走了下来。说到这份坚持，导师梁梦兰认为这种执着与信仰的坚毅，也体现了孙宝国敏锐的洞察力：“他所有的研究都是一脉相承的，从早期的含硫香料研究，到水解肉类蛋白和热反应，再到后来的脂肪调控氧化研究，都是围绕肉香味进行的，一步步不断地深入”，“他头脑清醒，目标明确，能抵抗诱惑，安守寂寞，所以他能取得今天的成就我一点也不奇怪”。

事业的成功需要高人指点。“我能当选院士，首先要感谢母校的培养、感谢我导师的教导。我也有很多忘年交，在工作中也常常询问读书时的老师，即使他们退休了，也能给我方法论上的指导。”单打独斗往往难成大业。“我的原则是收获时一定先人后己，因为没有身边人的相助不可能有自己的成就。付出和分享的时候并没有想到回报，但我感觉收获的总比想象的多很多。”据香料香精课题组的同事介绍，事业有成的孙宝国时刻把母校的培养铭记于心，千方百计利用自己的资源为科研团队提供更好的科研环境和机会。对年长的同事，孙宝国恭恭敬敬，虚心请教；对年轻的同事，孙宝国总是尽力去帮助他们，为他们解决难题，时刻思考着怎样让团队建设得更好。据学生介绍，孙宝国在科研繁重、公务缠身的情况下，一直坚持随时通过邮件与学生交流，定期与研究生面谈。

“有舍才有得，懂得知足有止会更强大。”孙宝国早在1990年就研制出了当时美国售价16万元一公斤的食品香料。但他在慎重考虑后没有自己去搞产业化，而是将技术转让到了企业，当然也造就了很多千万富翁。“如果当初我去搞产业化，至少会成为千万富翁，但就不可能取得后面的成果，也不可能当选为院士。”很多时候，他放弃的东西连家人都不太理解。他总是平和地说：“何谓富贵？如果所得多于所想，就是富；得到他人的尊重，就是贵。知足者常乐，知止者常行。”

在大多数人眼里，他已是功成名就、桃李芬芳了。可孙宝国并不打算停止拼搏的脚步。“中华民族的复兴，国家的兴旺发达，人民的生活幸福，最终靠的还是人。人才的培养和涌现往往是集群化的。我现在的理想是为大家创造更多的条件，让我身边的同事更多地成长为领军人物！”

孙科佳　信仰的力量

张　涛

记不起是谁曾说起过，如果想要极为俭省地描述出一个人的特点，那么最好描画他的眼睛。这句话对我眼前的这位主人公来说，显得颇为适用。如果我们抛开了他的眼睛不谈，那么相信这样一幅身着军装军人的轮廓在任何地方都可以找到，但只有这坚定的、锐利的、仿佛能洞穿人心的眼睛，才明白无疑的只能是属于他自己。

他就是孙科佳，北京市政协委员，一位既有鸿儒气质，又兼怀豪迈风采的军人。

信念

孙科佳是国防大学战略教研部副主任、教授、少将军衔，军事学博士，博士研究生导师，全军院校育才银奖获得者，全军优秀教师，全军爱军精武标兵，国防大学杰出教授。他18岁便参军入伍，历任参谋、干事、国防大学研究生院训练参谋、国防大学战略教研部教员，军事学博士，是一个真正从士兵到将军的人。然而他能走上如今这条道路，更多还是受到了他的父亲的影响。

孙科佳的父亲是一名老八路，多年的戎马生涯锻造出了坚强勇敢、骁勇果毅的性格，这样的性格也渐渐影响了幼小的孙科佳，当一名解放军战士，成为一名像父亲一样的军人也就成为了幼小时候他一个理所当然的梦想。

“我的父亲是八路军三五九旅的一名老八路。人们普遍觉得，这是一支在南泥湾开荒种地的部队，其实不然，这支部队是八路军一二〇师的主力旅之一，若不是支精锐之师，也不能被选派守卫延安。这支部队也一直以忠诚、英勇、刻苦耐劳而闻名，‘三五九旅精神’也影响了一代人，我就是其中之一。”从孙科佳的言谈中可以很轻松地感觉到，他颇为父亲是三五九旅中的一员而感到骄傲。

按理说，孙科佳的父亲功勋卓著，孙科佳的童年自是不会差的。然而现实恰恰并非如此。孙科佳10岁那年，随着“文革”的到来，父亲不幸被打为“走资派”，全家也因为父亲的原因，由东北的大城市沈阳，一下子被下放到了内蒙古大草原去放牧。一时间天翻地覆的变化，让当时幼小的孙科佳多少有些回不过神。今后怎么办？日子该怎么过？成了一家人不得不考虑的问题。

“当时我还小，不知道发生了什么，不知道这事有多严重，也不知道沈阳住的好好的，为什么要到内蒙古去。”孙科佳回忆说。

就这样，10岁的孙科佳正式告别了快乐的童年，开始了牧人的生活。这许多年中，他放过牛，赶过羊，挑过扁担，捡过牛粪。可以说，那些现在许多成人所未能承受的艰辛，孙科佳在孩提时代就已经承受尽了。然而这些艰辛和委屈并没有成为他浑浑噩噩的借口，反而被他看作命运考验自己的机会，并且在困难中更加磨炼自己的意志、明确自己的信念。

“我们家从大城市一下子到了大草原，从一个受人尊敬的军人家庭变成了万人唾骂的走资派‘狗崽子’，这中间的落差是显而易见的，但不管环境怎么恶劣，受到怎样的委屈，我父亲一直都教导我们说：‘不要怨恨党，今天这样是因为党也有难处，但是不管到什么时候，我们一定要相信组织，相信党。’这句话对我们三个孩子的影响很大，受父亲的影响我哥哥入党时被驳回了七八次，还依然坚持入党。可以说这是他留给我们三个孩子最大的财富，正因为他的言传身教，才使我们在那样艰苦的岁月依然能够坚持信念，走上正途。”孙科佳有些激动地说。

慈父与严师

“您觉得您是一个什么样的人？您的家人是怎么评价您的？”我问道。

乍一听这个问题，孙科佳先是一怔，一时竟不知从何说起，他大约沉默了几秒钟之后，才缓缓地说道：“我觉得我能算得上是一个好爸爸吧。对，在孩子心目中，我肯定能算作一个慈父，以至于我儿子都觉得我对他管得太宽松了，他曾经跟我说，他要是当了爸爸以后，一定不像我这样教育儿子了。不过我总觉得我没有经历过一个快乐的童年本来就是一件令人遗憾的事了，我不能再把孩子的童年给剥夺了，所以我对他的管教就相对宽松一些。”

“那么您对于您的学生也是这样吗？”我继续追问说。

“不，对学生可不行。”孙科佳斩钉截铁地说，“其他事情都可以宽容，学术上的事绝不能放松要求。我对学生反复强调三点：第一，学术论文不能造假，一旦发现，严惩不贷。第二，要严格把控政治方向，一定要做党的学者，一旦发现政治倾向错误，学习再好也不行。第三，生活作风问题必须正派，个人道德问题必须严格要求，我们是为党、为国家培养军事干部，培养出的干部就必须对得起党和国家，对得起军队。”短短的一段话，孙科佳反复说了好几个“严”字，足见他态度之坚决。

国防教育不可轻忽

与孙科佳见面的时候，正逢北京市政协十二届一次会议召开，孙科佳作为新委员，心情显得格外激动，虽然第一次参加政协活动，他还没来得及准备提案，但他参政议政的热情已经溢于言表。

“我来政协之前许多人都说政协是一个组织人聚会聊天的地方，但当我今天实实在在地参加了政协的活动之后，才觉得那些都是不了解政协的人对政协的误解。政协确实是一个大学校、大家庭，在这里许多来自各行各业的精英都能直抒胸臆，将自己的所思所想反映给政府，而且也确确实实影响了政府的许多决策，我为自己能够成为一名政协委员感到光荣和骄傲，今后我也想根据我的学科领域，尽我所能为政协发展贡献一份力量。”孙科佳这样说道。

说到这里，孙科佳显然还意犹未尽，对我讲起了他对政府工作报告的感触来：“这次市长做的政府工作报告文字朴实，高度概括，体现了政府作风和文风的改进。并且报告吸收了各方面意见建议，比较全面地概括了过去五年的工作成绩。对于人们关心的教育、医疗、环境保护等热点问题也都有涉及。但是我发现，唯独对于国家安全和国防教育却只字未提，不得不说是一个遗憾。”

孙科佳认为，如今我们国家的安全形势并不乐观。分裂势力有所抬头，民粹主义急流涌动，南海的争端、钓鱼岛问题更是人所共知，在如此错综复杂的形势下，人们对于国家安全缺乏正确的认识和了解，但谈论国防安全的政治热情又非常高涨，如“辽宁舰”的试航等都是人们茶余饭后的重要谈资。在这样的情况下，由于政府对公众缺乏正确的引导，就造成了众说纷纭的乱象，使大量假的、错误的观点混淆视听，谣言到处传播，对国家安全造成更糟糕的影响。因此，在政府工作中引入国家安全和国防教育，让老百姓了解国家安全形势非常重要，只有对市民谈政治的热情给予积极正确的引导，才能使他们远离谣言流言的侵害。

“我觉得北京市可以请一些对于国家安全和军队建设有深入研究的专家学者，让他们进入大学、社区、机关单位等地进行演讲，这样一方面可以普及国家安全方面的知识，正确地引导大众的舆论；另一方面对于树立人们居安思危的意识也是大有裨益的。”孙科佳建议说。

许多时候，我们花了太多的时间去回想过去，以至于我们没有时间去面对未来，所以我们等来的只能是更多的无助与抱怨。我曾试图更深入地探究一下孙科佳的过去，但他只是几句微微带过，并没有展开，只是在谈起当下加强国防教育的时候才起了兴致。其实我知道，过去的酸楚与委屈他并不是真的忘记了，而是那些回忆与现在、未来相比，就没那么重要了。就像那潜居水底的鱼，明明有许多的话想说，只是真到了开口说话的时候，却只剩下一连串的省略号，而那些话则永远地留在了心里。

孙科佳是睿智的，他面对命运最初的不幸，却一直能抱定最为坚定和严肃的态度去审视自己的未来，不在命运为自己编制的迷津歧路中迷失了方向，始终能将自己置身于坦坦正途之上，的确让人感佩不已。或许这就是信仰的力量吧，我想一定是这样的。

李建丽　走进童心世界

郭　隆

“用我真挚的爱，去了解并真正走进童心世界。”这是北京市政协委员、西城区棉花胡同幼儿园园长李建丽30余载的情感流露。在30多年的幼教工作道路上，她走过了6个单位，经历了教师、区教研员、副园长、园长的不同角色。岗位的变化和亲身的体验，使她能够从不同角度去思考工作，对幼儿教育有了更加深刻的感受和认识。开门办教育，以教科研引领提高教育质量，大胆改革办园模式和管理体制，李建丽说，这些成绩来源于始终不变的理念：站在幼儿、家长和教师的角度去思考和行动。

作为北京市学前系统的政协委员，李建丽为幼教事业发展深入思考、积极作为，十年来共提出促进学前教育发展及相关提案十几项，其中2项获得“优秀提案”奖。

“爱”的奉献

2002年，李建丽来到西城区棉花胡同幼儿园担任园长。正值国家幼教事业迎来大发展的春天，“如何将这所北京市的名园办好？如何延续棉幼爱的教育传统，使之更有特色？”李建丽说，“爱”是幼儿教育事业的灵魂，把教师之爱与培养儿童的优良品性结合在一起，更能体现育人的价值和意义。

李建丽围绕“爱”的核心理念开展管理与教育实践，把爱洒向每一个幼儿。她提出了“以孩子利益优先”的思想，让每一个适龄儿童享受优质教育。萌萌由于从小患小儿麻痹行走不方便，虽经几年的家庭护理与康复训练取得一些效果，但与正常孩子仍有较大差距，5岁了还没有接受过正规幼儿教育。面对身体残疾的儿童，李建丽多次家访，为她制定了专门的教育与护理计划，并用自己的言行感染教师，也让幼儿园里的孩子们懂得了关爱。渐渐地萌萌学会了坚强、合作、与人交往，一年的幼儿园生活使萌萌融入到集体中快乐地成长。萌萌的家长为幼儿园送来了锦旗，教师们高兴地流下了热泪，为孩子的进步高兴，更感受到棉幼爱的传承。

“我们的爱要无隐藏地奉献给幼儿和家长。”致力于精细服务，李建丽开设了北京市为数不多的“宝宝在线视频点播系统”，家长可以在任何有网络的地方，随时上网了解孩子在幼儿园的学习、生活、游戏情况，给家长以教育的知情权，畅通的家园共育渠道。最初，有些教师对这种做法不理解，认为这是对她们无时不在的监管。“我很理解这种想法，通过与教师们坦诚交流，引导她们辩证而全面地思考问题，以积极的心态和看法来影响教师，激发她们对于事业的使命感和价值感。”时至今日，“宝宝在线视频点播系统”已经坚持了6年，天天如此，教师们对这种开放已视为棉幼优质教育质量的展示平台、家园共育的桥梁，也得到了家长的认可。李建丽也以此为契机，在“幼儿电子档案制作”“交互式白板使用”等方面进行深入研究和探索，幼儿园被市教委评为“北京市教育信息化工作先进单位”，成为北京市学前信息化教育示范基地。

成长与研究

师德为先，李建丽注重培育教师心中爱的种子。她引导教师从观察幼儿入手，寻找发现幼儿的每一个动作、表情及行为，用专业的视角审视、判断幼儿行为背后的原因，选择适宜的教育策略与方法，促进幼儿发展。一次美工活动中，一名托班的年轻教师为了让只有2岁多的幼儿能够自己动手粘贴，先后更换了三种粘贴材料，从固体胶棒到小棉签蘸胶水，再到小棉签蘸浆糊，终于找到了更加适合托班幼儿的粘贴工具，使孩子们体验到了成功感和乐趣。“作为园长，我为年轻教师们的敬业而感动，也为他们施教成功而骄傲，爱的种子正在播撒，爱的果实正在收获。”李建丽说。

“让棉幼的每一个人都获得发展是我们所追求的目标。”这是李建丽最常说的一句话。年轻的孟老师爱孩子，用心工作，但在处理人际关系上遇到了一些困难。李建丽跟她谈心，讲述自己年轻时当教师的故事，和她分享人际交往的方法，鼓励她在专业发展上高标准高要求。恰逢北京市幼儿园教育教学技能技巧大赛举行，李建丽鼓励她报名参加，最终孟老师取得了综合全能一等奖的好成绩，并迅速成长为一名优秀的区级骨干教师。胡老师是一名有经验的老教师，李建丽和她一起设计个人发展规划，帮助她分析自己的特点。胡老师至今在一线兢兢业业工作着，成为北京市的名师之一，西城区第一届霍懋征奖的获得者。

在开展教研活动、关注教师的专业发展方面，李建丽立足于将教师引入到主动研究的境界中。想办法解决孩子不爱喝水的问题是研究，想办法让孩子们喜欢玩活动区的材料也是研究。同时，幼儿园的研究和探索也取得了丰硕成果。在全国贯彻《幼儿教育指导纲要》结题总结会上，李建丽和教师们一起代表幼儿园作了《尊重个体差异，让教育行为更贴近幼儿的发展需要》的发言，受到了来自全国各地100多名专家和教师的好评。2006年她又主编了《营造和谐 成就自我》《科学管理 健康成长》《研究儿童 关注发展》三本书，分别记录了幼儿园的管理、教育教学、卫生保健等方面的课程改革实践的情况，得到领导和专家的好评。近年来，幼儿园培养了4名校级干部、15名市区级以上骨干教师和学科带头人。

支招“入园难”

作为两届市政协委员，又是学前教育“圈内人”，李建丽一直把建言献策的目光聚焦在“入园难”问题上。关注学前教育改革发展，与学生家长坦诚沟通，到新建小区实地调研……每年市政协全会上，她都把最新的调研成果、分析建议写进提案，从招生改革到师资队伍建设，从拓展办园方式到加强幼儿园监管，每一条建议都来源于对问题的把握与思考。李建丽说，这是教育工作者的责任，也是政协委员的分内事。

随着“二孩”政策放开，大城市面临出生人口增加的压力，“入园难”问题更加凸显出来。

“2015年有400多个家长提交了报名材料，但我们只能招收100多个孩子。”李建丽说：“每年一到3月份，很多家长就聚集在幼儿园门口，天天来问，十分辛苦。可是实在是学位不够，很多孩子进不来。”此种情况令李建丽感同身受，“由于招生规则不够明确，‘招谁不招谁’缺少依据，造成矛盾纠纷。孩子多学位少，不可能满足每一个幼儿的入园需求，有的幼儿园采取先来后到的方式、有的园采取抽签的方式，还有的园采取摇号录取等，以保证所谓的公平。”

在李建丽看来，“入园难”的根本原因在于幼儿园学位与入园需求的矛盾较大，加之招生制度的不健全不规范。“所以从解决民生、保障社会稳定和幼儿园服务的角度来看，幼儿园招生制度改革势在必行。”根据调研与思考，李建丽提交了《关于推进幼儿园招生改革的建议》，提出幼儿园应改变无计划的招生现状，参照义务教育招生制度改革方法，采用“学区制”管理思路，根据对当地适龄儿童数量的测算，划定一定学区范围，采取网上报名、录取的方式，有计划的招生，减少群众四处询问的焦虑。

在提案中，李建丽具体地阐述了对幼儿园招生改革的建议：管理上，政府采取学区制的方法，自上而下有计划地进行监管，每年划片区配置资源，保障本地区户籍人口子女在区域内入园。方法上，幼儿园招生采取网上报名登记，幼儿园严格招生程序，使幼儿免试入园，根据区域内入园需求进行编班和教师配备，并将招生情况上报教育主管部门。模式上，幼儿园可以创新办园模式，根据孩子的年龄特点，建立全日制、半日制、小时制等多种办园模式，以满足幼儿接受学前教育的需求。如小班（3岁）幼儿采用半日制、中大班全日制、大班小幼衔接也可小时制等，这样大大提高资源使用效率，提高入园率。

李建丽认为，加强幼儿教师的实践技能培训迫在眉睫。她在《关于转变政府资金投入方式用于幼儿教师培训的提案》中建议：市区两级政府在学前教育资金的投入中，增加专项资金用于干部、教师培训项目，为学前教育的发展奠定坚实的基础。放宽培训费的使用范围，根据目前教师发展状况要有一定比例的园本培训经费，从而满足不同园所教师专业发展的需求。在拨付的财政资金中，根据目前幼儿教师继续教育和园本培训以及教育实践需求，进一步增加幼儿园的人均培训费。

李俊清　文章写在大地上

张　涛

如果说这世上真有缘分，那么李俊清与大山的缘分则未免太深厚了些。幼小的时候长在山村，每天在山野之间，与山中树木、鸟兽为伴，而成年之后，又做起了林业研究这一行，更是往返奔波于一座大山与另一座大山之间，并且乐此不疲。

李俊清是北京市政协委员，北京林业大学林学院教授、博士生导师、生态学科学术带头人，1986年还被评为林业部跨世纪青年学术带头人。当然，他更愿意炫耀他的另一个身份——一个普通的劳动者。

一生只干一件事

“一生只干一件事，跟随毛主席干革命”，这曾经是在“文革”中颇为走红的一句名言。虽然随着时间的推移与时代的变迁，后半句话早已作古，但一生只干一件事，却依然有其独特的意义，对于李俊清而言，尤其如此。

“我本科是学林业的，硕士博士的专业也与林业有关，毕业后从事林业教学与科研工作，从起初研究的森林更新演替，到后来的植被恢复和生物多样性保护，虽然名称有所不同，但总的来说，基本上都是一个内容，一个目标，一件事情。”李俊清略带微笑地说。

不同于其他学科，林业研究的实验室并不在研究所里，而在自然之中。林业研究只有真正贴近大自然，感受大自然，才能真正形成有价值的科研成果，因此，对于李俊清这样的林业工作者而言，风餐露宿，跋山涉水也就成了他们天然的宿命。

“我们这个行业的一位前辈曾经说过，‘要把文章写在大地上’。想要了解大自然的规律，就一定要到大自然中去观察，我们想要解决任何问题的前提就是要先发现问题，而问题就藏在大自然中。”李俊清这样说。

然而发现问题本就是一件十分艰难复杂的事情。李俊清一年之中很多时间都要奔波于山野之间，去近的地方能有农家解决食宿，去远的地方就只能在山野间搭个帐篷，自行解决。据李俊清回忆，刚毕业时在东北野外考察，每日都是白天踏着没膝的大雪，晚上烤着已经湿透的棉裤，第二天再穿上尚未干透的棉裤再去踏没膝的大雪。

“过去考察相对比较辛苦，但是现在条件好了。另外我本是农村出身，这点苦与我童年时候相比也算不得什么了。不过话说回来，这行虽然艰苦点，但是倒也没什么危险，我这么多年也没遇到过老虎、黑熊什么的。”李俊清打趣说道。

始料未及

改革开放之后的三十多年里，中国经济有了突飞猛进的发展，相对应的，林业研究也有了巨大的转变，这些变化尤其令李俊清感慨不已。

“林业这一行业不断发展的过程，也是我们思路不断转变的过程。过去的林业一直被简单地理解成为国家建设提供木材，而到今天这一问题则变为了不仅要提供木材，还要为国家生态安全提供保障。林业过去一直强调如何植树造林，到今天则强调不仅要植树，还要恢复整个生态系统。过去我们只要管好树就可以了，现在则还需要管好这棵树周围的环境，管好与这棵树一起伴生的灌木草本，甚至还包括生活在这片树林里的动物。可以说，经过这么多年的发展，我们的林业研究变得更科学、更系统、更全面了。从为国家提供木材，到为人民提供清洁的水源，清新的空气，更好的生态环境，这些变化都是我们始料未及的，也正因为这些变化，使我们时刻感觉到责任重大。”

然而，在林业研究变得更加科学、更加系统深入的同时，许多更加复杂，更加令人头疼的环境问题也进入了他的视野，而这些问题尤其让他忧心忡忡。

李俊清手指窗外对我说：“我是1992年来的北京，当时北京每到春天就会沙尘暴肆虐，经过这么多年的植树造林，防风治沙，森林禁伐，草原禁牧，牧民圈养牲畜等努力之后，应该说现在春天沙尘暴明显好转了。但是在我们努力抗击沙尘暴的同时，雾霾问题又出现了。甚至雾霾已经替代沙尘暴成了北京新的城市标志，这让我非常痛心。试想我们植树造林能为改善雾霾做些什么，但实验证明林木对于雾霾并没有吸收作用。我觉得这是一个全新的问题，也需要全社会的人共同关注，才能解决。”

当中共十八大报告把生态文明建设摆在总体布局的高度来论述的时候，让李俊清颇为兴奋。在北京市政协第十二届一次会议的记者会上，他便针对首都的生态文明建设提出了许多意见和建议，他指出，需要加强生态教育，使人们对生态和自然保护有认同感，能自律、自尊、自爱；加强道德教育，使大家负起应有的责任，让环境保护成为公民的主动行为；加强文化建设，让每个人都能理解生态文明，只有所有人能把生态文明思想落到实处，北京的生态文明建设才能落到实处。

一个普通劳动者

李俊清自认为是个比较简单的人，简单到甚至可以用木讷来形容。从毕业到工作的许多年中，他一直就在林业研究这一条线中摸爬滚打，不管外边的世界有多少人下海经商赚了大钱，还是有多少人宦海沉浮已经身居高位，这些丝毫都没能影响他，用他的话讲，“干我的工作，拿我的工资，哪里想得了那么多名堂”。

“我跟别人的不关心还不太一样，许多人都是想过之后才决定要不要去，我是压根就没琢磨过，也不知道那都是个啥。说好听点吧，叫做事情比较专注，有恒心，但要说知识面比较窄，涉猎不广也能说得通。”李俊清这样解释说。

李俊清认为，许多外界对于他的溢美之词大多言不符实，他没做那么多事，当不起那么多的好评，人们对他的褒赏，只是大家对他友善的表示而已。一个普通的劳动者，这就是李俊清认为对自己最为贴切的评价。

对于自己的学生，李俊清更多地将师生关系理解为亦师亦友的关系。他从来没有疾言厉色地指责过学生，也没有将过错推脱给学生的习惯。对于学生的学术研究，他主动帮忙，为他们排忧解难，对于自己的课题研究，学生们也愿意积极参与，为他分担。当遇到事情的时候，他就和学生们商量着办，即使学生有错，他也是指出错误，分析做错的原因，保证学生改正了也就是了。

“我觉得学生也不是孩子了，他们都有自己的思维和分析能力，既然他们选择了做学问，总体来说都是不错的。我更多地要做的是去鼓励他们，支持他们。而不是去指责他们，泼他们的冷水。”李俊清解释说。

最震撼的调研

多年来，李俊清在市政协参加过无数次调研活动，为首都经济发展提出了许多宝贵的意见建议，并且从这些调研活动中获益良多。

据李俊清回忆，让他印象最为深刻的调研当数2003年SARS病毒蔓延时候，去中关村考察的一家病毒实验室。尽管时间已经过去很久，当时实验室的名字他已经不能记清，但当时的所见所闻确实震撼了他。

“记得当时的那个实验室的几个年轻人刚刚学成归国，恰逢“非典”蔓延之际，他们以前学的就是类似病毒预防这样的相关专业，于是就冒着巨大的风险，主动承担起了研制疫苗的工作，应该说失败的风险是相当大的。这几个年轻人深深地感染了我，我回来之后就告诉我的学生们一定要向他们学习，学习那种敢于担当的精神，虽然面对新问题没有百分之百的把握，但是专业所在就是天职所在，一定要敢于担当，不怕危险困苦，敢于挑起重担，我觉得这个精神对于全社会都是非常有必要的。”李俊清有些严肃地说。

李俊清对于幸福是这样定义的：一个人坐在家里客厅的沙发上，打开电视机，腿上放着一本喜爱的杂志，再沏上一壶茶，然后就这样静静地坐着，享受着那种发自内心的平静。

的确，人的幸福就是这么简单。当心灵有了依托，名利也就变得有些饶舌了。许多人一生在拼命地追赶幸福，然而幸福真的可以被追赶得到吗？他们在追赶的不过是自己的野心而已，而野心则永远比时间跑得更快。他们悲愁的来源并不是因为幸福未曾来到，而在于幸福临近的时候没能察觉。当然，这样的幸福也只能被李俊清这样心绪平静的人所望见，这样的幸福也只属于他这样的人。

李俊清是一个实干的人，说起林业研究来滔滔不绝，提及自己时则口才全无，他不喜欢说大话，不喜欢迎来送往，只喜欢漫步于山林之间，静静地探寻着自己的事业。他不愿意为我们描绘美丽的远方，因为他知道——路只在他的脚下。

宋靖霞　让英语教学融入生命教育

崔 晨

如何让英语教学由枯燥变得生动，如何让学生由怕英语到爱英语，进而熟练地应用？这是许许多多英语教师渴望破解的一道难题。北京市政协委员宋靖霞，就是这样一位在英语教学领域孜孜不倦的探求者。20多年来，从广渠门中学到东城区教师研修中心，她一直坚守在教学、教研一线，用生命教育理念教育人、引导人、培养人。

宏志妈妈

宏志班是广渠门中学于1995年在全国率先创办的专门招收城市中品学兼优、生活贫困学生的免费高中班。2004年至2007年，宋靖霞担任第十届宏志班的班主任，成了孩子们的宏志妈妈。在这三年时间里，她没有双休日、没有寒暑假、没有加班费，每天就是围着学生转。

宏志班的学生，有的由于有过艰难困苦的经历，不愿敞开心扉；有的肩负着家庭的殷切希望及沉重压力，而备感焦虑；有的在坚强不屈的意志背后，掺杂着隐隐的自卑。面对这群孩子，宋靖霞一直用爱来温暖他们，通过细致入微的心理疏导和言传身教，进行一系列的励志教育，引导宏志生正确看待贫困等各种困难，将其转化为身处逆境不忘自强自立的决心与勇气，帮助他们形成健康的心理与人格并寻找到励志图强的原动力。

每当谈起与孩子们的交往，宋靖霞总是谦虚地认为自己并没有做什么，反而是孩子们带给她更多的感动与影响。高考填报志愿前，有位学生找宋靖霞请假，他有考取清华、北大的实力，但成绩不大稳定，对于填报志愿很是犹豫，他想请假好好思考这一问题。宋靖霞微笑着点点头说，“你不要有太大压力，我相信你的能力，也相信你的选择，更支持你的选择”！这是一种无形的巨大的鼓励和力量。第二天这位学生理了短短的头发来到学校，以“削发明志”的方式告诉自己也告诉老师和大家“我要搏一把！”“最后他成功了。宏志班孩子的自律性和拼搏向上的精神要比一般孩子突出得多。”让宋靖霞感动的不仅是孩子们拼搏的心，还有感恩的心。“我们班班长王志新，他在高一拿到奖学金时，把奖学金全部捐入了宏志基金。他认为当时自己的家庭情况能支付起他的开销，他要用这些钱来帮助更多的人。后来很多孩子都是在拿到奖学金或资助后自觉自愿地捐出来，都不用老师做工作，这是一种爱心的传递。”宋靖霞如数家珍，虽事隔多年，她还能记得每位孩子的闪光点，说起这些，她的嘴角会不自觉地微微上扬，露出欣慰的笑容。

2004年，宋靖霞及往届12位宏志班班主任这个群体被评为北京教育杰出人物，对宋靖霞的颁奖词为：“教学上，勇于探索，敢于创新，在连续两年的高考中，所教学生均取得优异的成绩。从2003年起，在全北京市教育界率先开始双语教学的尝试工作并开始负责全校的双语教学培训工作，培养了一批可以用英语进行学科教学的老师。在担任宏志班班主任期间，她不计时间，不计报酬，踏踏实实，兢兢业业，表现了人民教师的高风亮节！”这是对宋靖霞最大的肯定与鼓励。

践行生命教育理念

关注学生的生命成长，提升教师幸福感，让学校成为学生生命成长的生态园……“生命影响生命”是广渠门中学的重要办学理念，也是宋靖霞强烈认同、始终坚持、时刻实践的教育理念。在广渠门中学，在宋靖霞身上，教育不再仅仅是传授知识，更是生命与生命之间的交流。

“我理解的生命教育就是教育活动要以生命为核心，以教育为手段，在学科教学、课外活动等教学活动中帮助学生认识生命、珍惜生命、尊重生命、爱护生命。”宋靖霞所在的英语教研组积极探索在英语课程建设和教学实践中融入生命教育理念。宋靖霞认为，这样有利于教师和学生在教与学的过程中产生深厚的情感碰撞，有利于教师把枯燥的学科知识转化为哺育学生健康成长的精神食粮，有利于教师以积极健康的生命状态影响、塑造学生乐观的生命状态。

宋靖霞从挖掘教材资源入手，“教材中提供的阅读文本材料，不仅可以提供给学生单词、语法等知识，还可以扩充学生的知识面、引起他们的思考”。在讲授食物一课时，宋靖霞请同学们拍摄家中的一日三餐，在课堂上汇总讨论家庭饮食结构，用阅读材料里介绍的食物金字塔来验证家庭饮食结构是否合理，提出改进方案，进而影响学生家庭的饮食。英语教材中有关于全球气候变暖的课文，宋靖霞结合课本阅读材料补充大量科普材料，带领学生了解全球气候变暖的事实、原因以及对整个环境正反两方面的影响。在讨论环节，引导学生说出对哥本哈根世界气候大会、《联合国气候变化公约》的看法，对全球气候变暖提出自己的解决方案，并思考各国在解决气候变暖方面应承担的责任和义务。通过这一系列的设计活动，积极培养学生的环境保护意识。在学生眼中，宋老师的每一堂英语课都是不可复制的，都是一次生命之间难得的交汇。

课堂教学之外，宋靖霞还挤出大量非工作时间，和学生一起开展英语角、英语校园剧、英语广播站、英语演讲比赛和模拟联合国等活动，使生命教育理念渗透到校园生活的点点滴滴。以英语校园剧为例，宋靖霞和几位英语老师一起，曾指导学生针对学校内存在的个别浪费水、电和粮食的行为编排了校园剧，积极呼吁学生进行节水、节电、节约粮食的“三节”活动。“从内容上，校园剧引导学生关注了人与自然资源之间的关系；从活动形式上，校园剧的排练需要剧本编写、翻译、演员、服装、道具、音响等多名学生的合作，互助使学生形成了良好的人际关系。另外，学生在完成任务的过程中，面对各种困难，集思广益，寻找解决问题的方法，形成了面对困难压力不服输、积极进取的人生态度。”这些都是宋靖霞在教育活动中高度重视和积极倡导的重要内容，使学生们受益匪浅。

建言教育改革

2013年10月，北京市教育委员会公布了中高考改革框架方案，在社会各界引起了强烈反响，特别是英语学科分数的降低，更是引起争议。“改革方案强调了中高考英语的减分减负，但对满足学生英语教育更高需求的说明不够，这自然会引起一些误解，降分给社会一个错觉，那就是英语不重要了，英语教学将被弱化。”这一问题引起了宋靖霞深深的担忧，她及时撰写政协提案，建议中高考改革要稳步推进。“一定要在充分调研的基础上进行改革！”宋靖霞指出，调研的层面要包括高校、课标组成员、学者、教研员，一线教师、学生家长，应协调北京教育考试院、北京市基础教育研究中心、北京市教育学院制定相应中高考考纲、确定教学内容和教学方式及制定英语教师培训方案，特别是这些方案的制定务必要考虑到学校实施的可操作性。这些意见引起了北京市教委等相关部门的高度重视。

2015年，宋靖霞担任东城区英语教研员，她所教研的新初一年级正好赶上中考英语口语和听力首次改革。“口语、听力测试直接检测学生在给定的语境下，用英语进行交流的能力，是比较理想的语言考试形式，同时也对外语教学有正面导向作用。”虽然深知改革是势在必行的，但看到学生与家长的焦急与忧虑，宋靖霞感同身受。她一方面竭力探究如何在课堂上给予学生更多的“开口”机会，另一方面，积极撰写提案呼吁及早公布相关考试信息，让各个方面都能做好充分准备，确保2018年中考英语口语与听力考试顺利进行。“尽快出台北京市中考英语口试方式、考试内容和题型设计、口试的评分标准等”“建立‘人机对话’听力、口语考试资源库，资源库内容可供学生日常练习使用”“在正式考试前，学生要有至少一次在考试地点上机实际操作的练习”“进行市级、区级、校级三级初中英语教师的培训，熟悉‘人机对话’操作”……这些建议既具体又有针对性与可操作性。与此同时，宋靖霞还十分关注教育公平的问题，她建议要关注远郊区英语教师的口语水平和能力能否应对中高考英语口语与听力的改革。“2016年，我们在东城区做了‘人机对话’口试实验，存在个别学生几乎什么都说不出来，或者语音语调不理想的现象。”城区的学生如此，宋靖霞担心远郊区的情况更不容乐观。“如果在远郊区的英语课堂没有全英文教学的环境，那么让学生如何练习听说。”宋靖霞反复强调，教育改革要体现公平。

“教育与民生是我最能把握的领域，我要在这些领域尽力发挥我的作用。”宋靖霞清晰地为自己的履职找准了方向。教育是宋靖霞的生命，她将自己的全部精力倾注于教育领域，正在用教育诠释生命的意义。她通过言传身教直接培育了一批批莘莘学子，通过在政协舞台上履职建言，必将惠及更多的学生和家庭。

陈丽　世界一流大学有多远?

张　涛

说起北京师范大学，陈丽大约是最了解这里的人了，从1988年求学开始，到如今做到副校长，已近三十个春秋了。多少年来，她如同燕子筑巢般含辛茹苦地经营着这里，为了推动学校教育事业的发展和管理制度的完善而默默地贡献着自己的一切。

立志做一名好老师

陈丽毕业于周恩来总理的母校天津南开中学，大约是中学时代的教师给她的印象太过深刻的缘故，从此时起，她便把做一名好老师作为自己的人生志向，并一直向着这个目标孜孜不倦地努力着。功夫不负有心人，1983年她终于如愿考入北京师范大学无线电电子学系。1988年被直接保送攻读同专业硕士研究生，并且留校任教，终于圆了她多少年的教师梦。

自陈丽留校任教以来，她始终兢兢业业，任劳任怨，以强烈的事业心、严谨的治学态度和科学的工作方法，取得了令人瞩目的成绩，赢得了师生的广泛赞誉。然而她知道，做一名好的教师并不容易，因此她把除教学外的所有时间，全部放在了提升自身素质上。1990年，交互式技术在我国远程教育领域开始应用，她便主动选择从无线电电子学专业转到教育技术学专业远程教育方向学习，并于三年后获得了教育技术学硕士学位。她还继续攻读了教育技术学博士，并成为了我国第一个自己培养的教育技术学远程教育方向的博士。多年来，她带领团队长期在远程教育领域辛勤耕耘，于2005年率先在北京师范大学创立了“远程教育专业”，如今，这个成立未久的专业已经成为中国唯一的远程教育的硕士和博士授权点，这一切自然和陈丽多年的努力是分不开的。除此之外，她还积极开展课程改革，完善各项管理制度，她主讲的网络课程《远程教育学基础》还被评为2007年国家精品课程，而她自己也被学生评为了北京师范大学教学名师。

建设学习型城市

陈丽是第十二届北京市政协委员，用她的话讲，她还是个新人。虽然是个新人，她的坚持和执着却丝毫不输于人。在成为政协委员后的几年里，她一直对学习型城市的建设这一议题颇为热心，并为此连续提交了多份提案。

陈丽介绍，北京的学习型城市建设开始得很早，自21世纪初，以北京、上海为代表的中国城市就已经积极开展学习型城市的建设。党的十八大报告也提出了“完善终身教育体系，建设学习型社会”。但在陈丽看来，近些年来北京市的学习型城市建设表现得不尽如人意，与国内很多其他大城市相比已经明显落后了。

陈丽认为，学习型社会就其实质来说是一个以学习求发展的社会。而城市作为社会的一个有形载体或组成部分，是发展全民学习、终身学习的学习型社会的有力抓手，因此必须将学习型社会理论作为学习型城市建设的理论基础。同时，城市也是一个有形的复杂巨型组织，运用学习型组织理论指导城市的管理，也是一种合理的选择。

陈丽觉得，当前学习型社会在制度建设上有两个短板：一个是“资格框架”，第二是质量保证制度。资格框架要使学习者具有明确的学习方向，并且适用于各类教育经历和工作经历。各类教育系统和职业领域可以在资格框架内，细化本领域各等级的指标，实现同水平各类学习成果的相互认可。而质量保证则是确保课程质量达到预期水平，经第三方评定，它的认证结果可以保证课程的学分被其他机构认可。这样，不同大学之间的学分就能够互认。因此，现在有必要呼吁建立这样的两套制度，以便支撑国家人力资本水平的迅速提升。

“推进社会治理方式变革，通过满足人的学习需要，推动城市发展，建设学习型城市，这是大势所趋。上海、台湾、香港、福建、太原、云南等许多地方的立法工作都早已完成了，我希望这个问题能够引起市政府的高度重视，将学习型城市建设的工作列为北京市委、市政府重点工作，纳入政府年度工作计划，制定详细推进方案，设定具体的建设重点工程，并加快立法进程，出台有关终身教育促进的法律条例，确定终身教育的工作范畴，落实终身教育工作的法律地位，保证工作的切实推进。”陈丽说，只要这件事情没有得到解决，她就会一直追踪，直到得到落实为止。

大学教育的困惑

中国一直在努力建设世界一流大学，许多大学也都推出了建设世界一流大学的时间表。过去的几十年，通过国家重点建设方式，我国高等教育的水平快速提升，取得了令人瞩目的成绩。但与发达国家和地区相比，在世界名列前茅的中国大学仍然是屈指可数，距离“高等教育强国”还有一段距离。那么，与世界一流大学相比，我国大学的差距在哪?

陈丽是北京师范大学副校长，并兼任学科规划与建设处处长，是一名少有的既有教育实践经验又有学校管理经验的复合型学者。在她看来，中国的大学教育有很多值得改进的地方，但最为重要的问题有两个：一是学科细分，二是管理制度。

一方面，国务院学位办根据知识体系将学科划分为若干门类，每个门类下又划分出若干一级学科。中国大学内部的机构设置、专业设置主要是基于学科和门类进行的。但是，复合型人才的培养和许多面向重大问题或学术前沿的科研创新都需要多学科知识和人才。显然，大学以学科为基础的教学和科研组织方式不能适应时代的要求，制约着大学在国家自主创新能力中发挥应有的作用，也不利于培养拔尖创新人才。这是大学体制上的瓶颈。

“大学可以分学科，人类社会却是从来不分学科的。我认为，我们大学按学科管理的模式是不符合人类社会‘高度综合’的现实需要，大学教育到了要变革的时候了。”陈丽说。

其实，大学对新型教育模式的探索早已经开始，比如很多大学已经允许一个学生修几个学位，并且开始设立新的混合学科，但随之而来又衍生出了新问题，新设立的学科又变成了一个独立学科而单独存在，与其他学科依然是

“老死不相往来”的状态。陈丽认为，这种现象表明按学科划分的组织框架已经不能满足现代社会对人的要求，必须打破这种思维模式，寻找根治的办法。

多年来，北京师范大学一直在努力积极探索推动学科交叉，提高大学自主创新能力的办法。在陈丽的参与下，2015年5月4日，北京师范大学出台了交叉学科建设项目，鼓励多学科的老师面向一个学科前沿或重大问题进行协作。“大学必须创立新的组织模式，让多学科的人在一起工作，这样才能从根本上解决学科之间缺乏互通的问题。”陈丽这样说。

另一方面，大学教育在学术取向上也表现出很大的问题。从前，大学一直是做基础研究的地方，大学的基础研究成果转化成社会生产力一直是一个十分漫长的过程。但在今天，社会生产力飞速发展，大学已经成为了国家自主创新的一个组成部分，社会迫切需要更多的大学研究成果能够直接应用于社会，需要大量的学者、学生走到社会发展的第一线与社会实践相结合，指导和促进研究成果转化为生产力。但是大学传统的学术标准仍然是以写书、发论文来作为唯一的评价标准，致使教授和学生们谁也不愿意去做那些“费力不讨好”的事。可以说，大学落后的制度建设直接拖累了国家研究成果的转化。

“大学教育有三根柱子，学生、教师和管理，我常说，与国际一流大学相比，我们的学生是最好的，他们无一不是万里挑一的精英，我们的教师次之，必须承认我们很多老师还缺乏国际化的视野，而我们最差的地方则是管理，没有一流的管理，我们就无法成为一流的大学。”陈丽解释说。

陈丽告诉我，近些年来，她一直在想，如何创造出更好的制度以提高大学师生的创新积极性，让他们的需求得到满足。她觉得只有建立了这样的制度，才会吸引来一流的教师，而有了一流的教师，才算对得起一流的学生。

陈丽坦言，作为学校的领导，她在创设制度方面确实面临着相当大的压力和挑战，她一直为了实现一流大学的梦想而积极努力地工作，虽不敢奢望这个目标能够在她的手中实现，但如果能让这个目标距离这所学校更近些，她也就心满意足了。

记得采访的那天正是过完新年的第一周，陈丽说还好这几天不上班，时间不是很紧。我反问说：“您这不是已经上班了吗？”“哦，这个不算的，大年初三我就来了，需要做的事太多，我怕上班之后忙不过来。”陈丽如是说。

季茹　“悟理”领路人

郭　隆

“1+1在什么情况下不等于2？”“在算错的情况下。”春晚小品的经典台词令人捧腹，但如果这样的设问出现在中学物理课堂上，则一下子点燃了学生们的好奇心，让他们对课堂下文充满了期许。

北京市政协委员、东城区教师研修中心常务副主任季茹，在二十二中学物理教师岗位上有近30年的教学经历，她重视教法和学法研究，采用“设疑激趣、碰撞思维、合作探究、展示交流”的教学方法，提高学生自学能力和探究思维，使学生爱学物理、会学物理、学好物理。

体验物理

“死背公式+机械套用”是不少学生不经意间养成的学习方法，物理在他们眼中变得枯燥难懂，学物理成了件头疼的事。

“物理教学就是要让学生爱上物理，让学生对物理这门科学产生浓厚的兴趣。”在季茹看来，物理就是见物说理，它是与日常生活息息相关的，存在于生活中，又指导着生活。“所以帮助学生亲身感受和体验生活中真实的物理场景尤为重要，让他们对生活中的物理变化有一个清晰图景和直观感受，这样学习起来比死记硬背要高效得多，也更能激发学习兴趣。”课堂实践中，季茹的“体验式物理”让学生们“入了门、上了道”。

限流和分压电路是学习难点和高考重点。不同的电路连接方式在测量不同阻值的电阻时，对电流电压的调节效果是不一样的。“什么情况下选取何种方法能够‘便于调节’？教师在理论上给学生讲通了，但大家缺乏具体操作的感受，必须要通过动手实验直观感受这一变化过程。”沿着这一思路，季茹带着学生们走进探究实验的课堂。

实验室里，在不同电路条件下，学生们自己动手对比不同阻值滑动变阻器的调节效果，随之观察小灯泡的明暗变化和电流表的指针走向，由此直观体会到电流是否便于调节，从而自己得出结论。在季茹的物理课上，她经常把演示实验变成学生实验，把验证性的实验变成探究性的实验，让学生亲自动手去做，亲眼看到物理过程和亲自计算相关数据，从而深入了解物理现象形成的原因、经过、结果。“这就是生活中的物理，所以我们的学习不应该是‘冥想’，而应更注重‘体验’，结合实际应用来学习知识、解答问题。”在季茹看来，物理教师应该运用自然科学独特的教学方法，让学生亲身感受物理的魅力，进而爱上物理，学会物理。

精彩、有趣、有吸引力，这是学生在评价季茹的课时用到的最多的词。“季老师几乎每一节课上都有很多实验，上她的课，让人感到思考是有趣的，记忆是深刻的”。季茹的这堂“限流和分压电路”教学设计荣获了北京市教科版普通高中物理教学设计评比一等奖，并作为北京市第一期百名教师风采课在中央广播电视台播放。

翻转课堂

老师备教材，学生等灌输，一同战题海，应试教育下的教与学忽视了学生的自主意识，极少给他们留下自我探索的空间。

“要把课堂还给学生自己，锻炼他们学会思考，学会表达。”为培养学生的自主学习能力，季茹采用翻转课堂和小组合作学习的教学方式对课堂教学进行改革。上课前，她给学生微课和学案，让大家事先预习，课堂上同学们首先在小组内解决预习中提出的问题，同帮互助，小组解决不了的或者是大家共性的问题，再由季茹讲解。这样，学生带着思考和问题进入课堂，教师的授课也更加有的放矢。

在季茹眼中，以前的教学更多的是教师的“教”，现在更侧重于学生的“学”；以前老师备教材，搞串讲，现在则是在“授业”的基础上更侧重于“解惑”。“针对学生需要来讲课，不仅提高了老师教学的工作效率，同时对学生自主学习也是一个促进。如果只是被动式、接受式的学习，嚼别人嚼过的东西，学习能力不会有提升，自我的可持续发展也会受到阻碍。”有些同学学习物理，经常出现讲的内容全听懂了，但是一做题就错。”季茹认为症结是老师讲的多，学生想的少。通过翻转课堂恰恰能够让学生在探索过程中有自己的感悟，慢慢地学会思考、敢于质疑。

季茹坦言，她曾对学生预习抱有偏见，觉得学生看懂了教材她还给谁讲。随着教学理念变化和新课改实施，她理解了学生只有提前预习才能深入地思考问题，才能对课堂有期待有兴趣。而针对学生的课前预习，老师也需要相应地做大量工作，如有目的地针对学生自己预习没看懂的没明白的，或是学生的创新思考的内容重点讲解。“不要不放心学生，老师讲出来的未必能变成学生自己的，只有学生自己讲出来他们才真正地学会了。”在季茹看来，这不仅是教学方法的改变，也是教师的教学理念和学生观的变化，只有培养学生的自学能力和思考、质疑的习惯，学生才拥有可持续发展的终身学习的能力。

多年来，季茹根据新教改精神，潜心钻研教材、教法，她的《等效方法在中学物理教学中的应用》《在物理教学中实施新课改的“重过程”教学》《“实践活动”和“课题研究”教学实施研究》《新形式、新理念、新课堂》《新课程物理教学中“自主学习”能力的培养》等多篇有关教改实践与心得的论文，获得市级一、二等奖。作为副主编她还编写了《研究性学习指导》综合实践活动教学用书，由人民教育出版社出版。

社会担当

除了抓好教学工作，季茹还承担着多项社会责任：北京市政协委员、东城区政协委员、东城区民盟区委委员、东城区教育工会委员、北京市特约监督员等。谈到这些身份，季茹说她更强烈地感受到了自己的社会职责和社会责任感，“通过实地调研、课题研究和建言献策能在更大范围对社会有所贡献，让我充满干劲”。

2013年，季茹承担了民盟东城区委关于落实减轻中学生课业负担的调研工作，随调研组一起对普通学校和示范学校的中学生做了1500份问卷调查，更加全面了解中学生“减负”现状，并与一线教师和学生家长进行了深入交流。

通过对调查问卷的统计分析，季茹发现减负工作已有阶段成果，如教师的教育理念、教师的教学方法等已有明显的改进。但随着年级的升高，学习压力逐渐增大，从初中到高中学生感受到的压力几乎增长了100%。这种压力并不仅仅来源于学校教育，同时还来自家庭、教育体制和社会环境。对此，季茹分析说：“目前过多地把减负增效的着重点放在学校教育的过程之中，而在学生的考核制度、学生的全面发展、社会的配套措施等诸多方面，中学生教育领域的减负增效工作还有较大的可操作空间。”

“抓‘减负’工作的关键是做到‘减负不减质’”，季茹认为，减负工作既要减轻学生的过重负担，更要开发师生潜能，提高教学质量，改进教学方式，促进学生全面、和谐、可持续地发展。为此，她提交了《关于减轻中学生过重课业负担的提案》，强调学校应加强对各学科作业量的监管，一方面学生作业要做到“精练”，脱离题海战术；另一方面改革传统的作业评判标准，把学习的主动权还给学生。季茹同时指出，有益且广泛的兴趣爱好对于学生形成健康人格、坚强意志以及正确的人生观、价值观是大有裨益的，所以应加强学校课外活动及选修课的建设，让学生发展爱好和特长，保证学生的课余活动时间，引导学生进行健康、有益的娱乐活动。该提案被评为北京市政协2014年度优秀提案。

此外，季茹还针对道路交通问题和多元养老问题进行了实地调研并撰写提案，她的《关于东城区人口老龄化发展现状、问题和对策研究》的调研报告，荣获东城区统战部2014年调研成果一等奖。

金英华　执着幸福的“农人”

张　涛

金英华，一位高中语文教师，在众多的北京市政协委员中她只是普通的一员。但是在学生们心中，金英华老师却绝对是他们心中无可比拟的特殊人物。她喜欢称自己是一位在学生心田上耕种的“农人”。她用智慧引领学生的发展；用师爱呵护学生的心灵；用满心的期待，换来了一代又一代学生的茁壮成长。

金英华是北京市政协委员、北师大燕化附中语文教研组组长、北京市特级教师、全国中小学优秀德育工作者、全国优秀教师、北京市先进工作者、北京市“紫禁杯”优秀班主任。她1996年来到这所学校，至今已走过了二十余个春秋。三尺讲台，二十年的坚守，二十年的付出，她始终奋战在教育教学一线，坚持立德树人、用爱打造管理文化，她用忘我的付出和身体力行为我们诠释了一个普通教师对于自己职业不普通的理解。

师德的力量

很多人认为，职业应该是一种谋生的手段，一个养家糊口的方式，甚至仅仅是一个打发闲暇时间的工具，但金英华显然不在此列。早在她的学生时代，当一名老师便是她梦寐以求的梦想，在填报高考志愿的时候，她只报了一个志愿——东北师范大学。

“从小我就是个孩子头，可能对这个职业本身就有天然的好感，虽然我知道，教师这个职业也会有这样或那样的不如意，但是跟孩子们在一起的时候，我感受到更多的是幸福感。其实，我也很享受这种简单快乐的生活方式。”金英华这样解释她的选择。

俗话说，信其师，则信其道；信其道，则循其步。在金英华的职业生涯中，就曾经有过这样一位深深感动了她的普通教师，以至于这位教师不知不觉地竟成为了金英华心中的坐标，并一直影响她至今。

金英华大学毕业后，曾经有过一年在吉林为乡村教师做教学培训的时光。在她讲课的过程中，她发现有一位乡村代课教师，每天上课都是踩着点来，下课则是马不停蹄地骑车就走。起初，金英华没好意思打听，等到略熟悉之后，才不解地问道：“学校每天都有早饭晚饭，为什么从来不见您过来吃，您为什么每天来去都那么匆忙啊？”“哦，我正带初三，得赶回去给学生补课。”这段简短的回答深深地震撼了当时年轻的金英华。需要说明的是，那时每天培训课程要进行到下午4点半左右，而那位老师每次骑自行车往返则至少需要四个小时的时间，因此即便他饭也来不及吃上一口，也只有晚上才有为学生们补课的时间。

这位普通的代课教师让金英华真正地体会到了平凡当中伟大的力量。这股力量在不知不觉中，也更加坚定了她要成为一名教师的信念。如今二十多年过去了，那位代课教师的名字金英华已记不太清，但是他的人格魅力却一直在金英华的心中散发着光芒。

爱是最好的教育

没有什么比师德的阳光更有无穷的魅力，也没有什么比师德的榜样更有无比强大的力量。金英华深深地懂得，要做一名好的老师，不仅要业务精湛，还要有良好的师德和一颗热爱孩子的心。

2004年，金英华接手了一个高二的班级。当时，学校为了提高学生们的学习热情，给优秀的学生以更好的学习空间，采用了一种新式的管理方法，即每次考试都进行排名，将成绩最优异的学生放在一个班级里作为奖励。这种做法固然使得那些优等生们的学习环境得到了改善，但与此同时，因为学生的成绩总有起伏，班级里不断有人进出，这种如同末位淘汰的方法无形中也给学生们带来了巨大的心理压力。因此，在那两年中，金英华做班主任也就更加地细心。

2005年的元旦，是这届学生毕业前的最后一次联欢会，因为分别的日子渐近，金英华也想利用这个联欢会，给同学们准备一份特别的礼物。她想来想去，决定送给每个同学一张贺卡，但她又觉得每个学生都是特别的，因此每一张贺卡也必须是特别的。为此，她跑遍了燕山大街小巷的每一家商店，好不容易才凑齐了这五十多张贺卡。回到家后，她又开始苦思冥想，因为她希望每个学生都留下高中生活最美好的记忆，所以在写每一条寄语的时候她都要认真地回顾两年来与这位学生相处的点点滴滴。因为害怕贺卡上有涂改的痕迹而不够正式，她在贺卡上写寄语之前，还要先在一张A4纸上打好草稿，然后才肯小心翼翼地抄在贺卡上。那些日子，金英华每天都为这件事忙到后半夜。

金英华还记得，那一年的联欢会上，学生们翻看贺卡时，整个教室里哭声一片。那一刻，金英华深深感到：她正被这么多的人爱着，原来她才是世间那个最幸福的人。

金英华有一个奶瓶式存钱罐，那次联欢会上，她将它做了学生们的心愿瓶。她让学生们把对高考的期望、对未来的畅想统统都留在了那个小小瓶子里，待到有一天重聚的时候再去体味那时那刻的美好。如今，那些学生参加工作都已经很多年了，但金英华依然信守着这个承诺，这个瓶子她已经珍藏十多年了。

“2015年毕业十年的时候其实有过一次聚会，但因为有些学生没有到齐，所以就没有打开，大家让我继续代为珍藏，等到五年后重聚的时候再打开来看。至于他们里面写了些什么，我至今也不知道。”金英华回忆说。

不放弃每一个学生

人说三年一代沟，这一点金英华算是深有体会。送走了2003−2005级那一批学生之后，金英华又迎来了一批新生。不同于上一批学生的乖巧、听话，新一批学生表现得极其张扬、有个性。巨大的反差甚至让金英华一时有点应付不来。

在金英华的班里，有一个男生很聪明，却很调皮。用金英华的话说，简直就是三天一大事，天天有小事。他几乎和所有的任课老师都吵过架，在所有人眼里，这个孩子就是一个不折不扣的刺儿头，大有“朽木不可雕”的意味。

然而金英华没有放弃他，她知道这个孩子本质其实并不差，只不过适逢青春叛逆期而已。为了使他走上正轨，金英华可谓煞费苦心，三年下来，她甚至感觉去他家里的时间比在自己家里的时间还要长，他在办公室里的时间比在教室的时间还要多。就这样，在她的温柔感化和耐心指导下，这个男生最终还是顺利地度过了高中三年，如愿考上了大学，并且高考成绩还不错，甚至远超众人的估量。孩子的家长高兴得合不拢嘴，激动地对金英华说：“这些年真是多亏了您的不放弃，要是没有您，这孩子就完了。”

金英华还记得，在那个男生大学毕业参加工作后，他用第一个月的工资买了两份礼物，一份送给了自己的妈妈，而另一份则送给金老师。原来看似荒诞的他也不是什么刺儿头，他也是一个有情有义，懂得孝顺和感恩的好孩子。

“前几天那孩子给我打电话了，告诉我他升公司主管了，我也挺替他高兴的。通过这件事也让我更加坚信，对待特殊时期的孩子一定要有耐心和爱心，教育不能太急功近利，陪伴和等待有时候反而是一种更好的方法。”金英华如是说。

折腾

金英华除了对学生真挚的爱之外，还有一点更是令人敬佩不已，那便是从不躺在昨天的温床，必须不断开拓进取的精神。当然，金英华称之为爱折腾。

2012到2013年，对金英华可谓是意义非凡的一段时光。金英华不仅要担任高三（10）班班主任，还承担了高三3个教学班每周27节课的超大工作量。除了这些课程外，星期三的上午金英华要去进修，星期五要去参加北京市的名师班培训，因此每天的工作强度就可想而知了。

那一年，金英华每天早上7点就会到学校，下班则要至少拖到晚上10点多以后。她每天说话多，时间久了，咽喉发炎，不能说，她就写；由于长期站立，她的腿开始浮肿，以前最爱一席长裙的她悄悄换上了运动服，楼道里依旧是急行军的步履，却再也听不到高跟鞋的“哒哒”声。

即便是每天超强的工作量使得金英华身心俱疲，她仍然坚持每天跟学生一起跑操，仍然坚持每天必须站立着给学生讲课。她说，首先，坐着讲课她不会；其次，坐着讲课就是对学生的不尊重，她无论如何不能做不尊重学生的事。

付出终有收获，这一年的高考，她所带班级平均分630分，三人达到清华北大线，两人考取北大，并囊括了房山区理科前两名，创造了学校高考新纪录。

2014年，金英华在名师班接触到一种全新的教学方式——高中语文专题教学，于是不甘守旧的她又“不安分”起来。这一年是金英华连续第五年奋战在高三。她带高三一个班，当班主任，还兼跨了高二两个班的语文课。尽管如此，为了实践这种新的教学方法，她带领着高二语文组的老师，开始了对专题教学的探索和研究，大家先是把现有的教材进行整合，然后又针对学生的特点和考试的方向对教材进行了重新编写，一年中他们编写的学案竟有两百万字之多。在那一年中，金英华每天的睡眠时间大约只有三个小时左右，天知道那一年她是怎样挺过来的。

其实，金英华也曾烦躁和焦虑过，只是她从不把性子用在学生身上。金英华说，那几年经常听见她的丈夫对她戏言：“看你平时跟谁说话都挺和气，怎么一见着我嗓门就高了。”

很多人都说，老师是一根蜡烛，燃尽自己，照亮了别人。但金英华却不喜欢这样的比喻。她觉得，蜡烛成全了别人，到头来自己却只落得油尽灯枯的下场，那蜡烛的命运岂不是太过悲凉了吗？老师难道真的只是成全了别人，自己却毫无所得吗？当然不是这样，老师在成就了学生的同时，也成就了自己，老师虽然为学生的成长付出了自己的心血，但也正是因为学生的成长才证明了老师的价值。

“老师其实每天都在与学生共同成长，今天的你比昨天的你多了更多的领悟和理解，不也正是老师的收获吗？心态变了，正能量自然就多了。”金英华如是说。

“幸福地做一名教师，做一名幸福的教师，享受做教师的幸福。”这是金英华执着守望不懈追求的梦想！

周龙　探触戏曲艺术的极限

郭 隆

他始终是尖子生，20岁出头便摘得中国戏曲“梅花奖”，成为国家一级演员；

他是现代京剧界率先进行前卫探索的艺术家，中国戏曲、西方歌舞剧、实验话剧的因子在他身上得以美的、自然的融化；

他曾荣获国家级教学成果奖，是国家级精品课程（戏曲）第一完成人，年轻的戏曲教育家，中国戏曲高等教育的领航人……

他被赞誉为中国戏曲表演界和教育界的“双料”明星。他就是市政协委员、京剧艺术家、研究生导师、中国戏曲学院副院长周龙。

从“尖子生”到“不务正业”

但凡梨园界的“苗子”，无不是从小练就了一身扎实的基本功。

周龙出身世家，从小耳濡目染，6岁便开始学戏练功。他师承众多名家，深得王金璐、尚长春、雷振东、李甫春等名家名师的亲传与指点，先后学习演出了《挑华车》《八大锤》等数十出老生、武生传统戏。近似残酷的老科班教戏模式，让周龙练就了非常扎实的基本功，演出了大量的传统剧目，奠定了坚实的传统基础，先后荣获了中国戏曲梅花奖、全国青年京剧演员电视大奖赛“最佳表演奖”、中国京剧演员邀请赛“最佳表演奖”等诸多奖项。

即使成为中国戏曲学院最年轻的教授，周龙仍不满足于已有的成绩。他有意拓宽自己的视野和表演领域，投身于更广阔的戏剧舞台。1996年，他参加中国京剧院与美国希腊话剧团合作排演的古希腊悲剧《巴凯》。尝试性的“跨界”，使周龙产生了新的灵感，从此便一发不可收，将戏曲艺术的触角延伸至音乐剧、歌舞剧、实验话剧，甚至西洋歌剧。在香港，他与“剧场行动”合作排演了小剧场戏剧《巴奥》；在美国，他与美国、日本、韩国的艺术家联合创作排演了实验舞剧《宽恕》；作为艺术指导，他为巴黎艺术剧院排演莫扎特的歌剧《女人都一样》……

初看这些“足迹”，周龙似乎有些“不务正业”。周龙说，他的“不务正业”有两层意思，首先是不能耽误正业，“基本功要扎实，传统的功底要深厚，这是基础”；在“不误正业”的前提下，周龙根据自己对艺术的感悟，有意将中国传统戏曲“符号”打散，与其他民族的艺术形式相融合，进行一些创作上的探索与尝试。

话剧、实验戏剧，甚至是歌舞剧，在一些人看来，周龙的创新和探索可能超出了某个剧种，对此，周龙解释说，只有“跨界”出去，才能触摸到中华戏曲艺术在表演形式、塑造人物方面的“能量”还有多大，通过与其他艺术形式相接触，才能真正赋予中国戏曲艺术新的生命力。

“总要有一个人去敢于尝试，敢于吃螃蟹”，周龙形容自己在戏曲方面的创新实验是“平地抠饼”“摸着石头过河”，他说，整个京剧史就是一部创新发展史，“梅兰芳先生对于旦角头饰的改革，程砚秋先生将笙纳入伴奏乐队都是创新，梨园界流派纷呈的盛景靠的就是创新。”

移花栽柳，古调今弹

对于传统戏角色的再创造，周龙讲求“美中求真”。在继承曲词、表演功夫之后，重点琢磨人物内心，把角色演活。汉剧《秦琼表功》是一出传统剧目，周龙通过挖掘、整理，将它改编为一出京剧剧目，改名《秦琼遇渊》。

为使表演技巧的运用向人物上“靠”，周龙突破了一些约定俗成的套路。剧中秦琼自卸手的情节设置，颇让周龙感到得意。考虑到秦琼是捕快出身，懂得刑具里面的窍门，周龙把大带的技巧运用到手的链子上，踢过来，甩出去，配合跨腿、转蹬、翻身、缠头裹脑、甩髯口的一系列身段，如同玩耍般退下手。这个细节处理，既达到了对人物性格的刻画，又让观众有“玩意儿”可看。

亦演亦导，异彩纷呈。大型神话京剧《哪吒》便是周龙导演的一部精彩佳作。

十几岁时，周龙就跟著名表演艺术家袁金凯老师学习过传统京剧《乾坤山》，“原剧的哪吒是一个因贪玩而闯祸的形象，立意不高”，周龙发现，简单整理不足以改变这个戏在主题、故事情节、人物形象等方面的不足，他决定把整个故事重新构思，将它丰富扩展为一出有特色的大戏。

周龙的这次改编是富有创造性的。他将哪吒射箭的行为，由无意的玩耍误射，变为有意的为护城救民而降妖伏魔；哪吒与石矶女的战斗由赌气争胜变为正义与邪恶力量的交锋。“这样一来，哪吒的行动是为了拯救百姓，为了城池的安宁，人物形象立得住，主题思想也升华了。”剧中，周龙还尝试注入一些现代艺术元素，他把京昆旋律放在一起，使曲牌与皮黄的演唱同在；使用“齐钹”“镲锅”“大锣”三种敲击乐器，打出三个人物的不同形象；用“威亚”显示哪吒神奇的法力；特别是现代舞蹈、声光手段配合“乾坤圈”的表演，使整出戏呈现出新的风貌。“孩子们都瞪大眼睛看，在座位上跃跃欲试”，家长们如此描述。

“有创新表现，又不离传统根基，做到了情、理、趣的统一”“一出难得的好戏，为京剧的教学与创作提供了一个范本”……《哪吒》的编演过程，成为一堂具有实验性、探索性、前瞻性的戏曲角色创造课，如今，它已作为中国戏曲学院表演系一出优秀的大戏教学剧目加以传承。

诠释“敲钟人”的内心世界

用京剧的“形”与“神”，刻画和诠释外国名著中的角色，是周龙特别渴望的事情。

艾斯美拉达变成了艾斯梅，神父变成大公公，卡西莫多按照其形象直接称为阿丑。借外国故事为背景，用传统京剧艺术形象来塑造“丑陋的敲钟人”——卡西莫多的形象，这便是“中国版”的《巴黎圣母院》。“阿丑这个角色，不能用京剧中‘行当’的概念来框架，他不是一个滑稽的小丑”，周龙说，根据人物性格，他将武花、架子花、丑、勾脸武生、短打武生的表演风格融为一体，运用京剧中的各种表演方式和技巧，塑造阿丑的内心世界。“一切技巧都要为塑造人物服务”，从这出戏中，可以看出周龙对“戏与技”关系的把握。他着重挖掘人物内心，揣摩人物的所思所感，诠释角色内心的善良与美丽。阿丑有一段撞钟的表演，为表现他欣喜若狂的情绪，周龙采用了“串翻身”“卧鱼”、旋子，呈现出一幕高台飞跃撞钟的情景。最为惊险的是在高台上“扑虎”进来，“抢背”出去，原地“倒扎虎”与“窜毛”穿过，充分发挥了周龙的武功技能。

在塑造外国人物形象时，周龙还遇到过“语言障碍”。

《贵妃东渡》中的阿布仲麻侣是一个日本遣唐使，人物一张嘴就得给观众明确交代他是一个异邦人。用普通话感觉分量不够，完全奇异的声音又显得矫揉造作，念白上怎么处理，着实让周龙头疼。

多次排练下来，周龙尝试把京白和韵白结合起来，用“风搅雪”的念白来塑造声音形象，并且从头到尾贯穿在全剧中。如对“今有日本遣唐使阿布仲麻侣，参见大唐万岁万万岁”一句台词，周龙设计为：前边用京白念，告诉观众这是异邦人，后半句用韵白把语气拉起来念，把人物分量压住。整本台词，每一字、每一句他都要考虑合不合辙、押不押韵，即使为了一个字，他也要多次调换，甚至修改整句，“意与声统一了，人物才有异邦之感，且不失分量”，周龙说。

年逾七旬的老观众看完这出新戏后，用《牡丹亭》里的一句话表达自己的感受：“不到园林，怎知春色如许！”

最自由的艺术碰撞

周龙有个观点很新颖，他认为中国的传统艺术，中国的京剧，只有被外国观众接受了，并被他们“拿去了”，融入了现代艺术之中，才能说真正走向了世界，也才真正获得了新生。

1995年，美国纽约希腊话剧团为实验话剧《巴凯》选择合作伙伴。于是，不同国家、民族的传统艺术元素在一起碰撞、融合、互动、拥抱，京剧“四功五法”的表演元素使《巴凯》呈现出新的戏剧模式。当时的欧洲戏剧中心主席看过该剧后，赞誉道：“这是我所看到的表现这一题材的最有震撼力的一出戏。”

在实验戏剧《宽恕》的编排过程中，周龙开始与日本、韩国、美国的艺术家们合作了，民族的京剧艺术也第一次与日本的“能乐”、韩国的“唱剧”、美国的“现代舞”相遇了。

非常奇妙的是，《宽恕》并没有故事，全靠演员们运用本民族的、传统的、经典的艺术动作，表达现代的、前卫的整体理念。这种创作是最大程度的限定——民族传统艺术，与最大程度的自由——无具体详细文本、无导演，完全靠自由发挥，两者奇特地结合在一起。剧中，周龙扮演了中国的鬼魂，他把对京剧艺术的理解毫无顾忌地发挥得淋漓尽致。整出戏的意境、思想，美国观众都看懂了，虽然他们有各自的理解和想象力的发挥，但戏要表现的世界和平、人民和睦的主题，观众的理解都是一致的。

变了形的中国京剧在国门之外，仍被外国人认定为中国的京剧，且被他们所接受，这给周龙以很大震动，很多启发。他感悟到，实验戏剧的目的在于寻求和拓展戏曲元素在舞台呈现上更多的可能性，带动人们用新思路调动戏曲元素进行新戏创作。“在形式上跳出京剧的基本模式，把京剧的思维方式、文化内涵、表演体制、美学精神等赋予其他艺术形式，将京剧的魂魄植入其他艺术体内，使其血液里流淌着京剧的因子，充满京剧的韵律和气质，以一种无形渗透的方式体现京剧的精髓。”周龙说，他多年来基于传统戏曲之本的艺术探索、创新与实验，目的正在于此。

“周龙是戏曲界的鬼才，他在造一座看不见的桥，想把古代和未来、东方和西方连接起来。”著名音乐家谭盾对周龙如此评价。在周龙看来，京剧艺术与其他民族艺术的融合，是京剧从少年走向壮年，发展到“尖端”，具备相当艺术内涵后，才能达到的感化、触动力，是一种艺术形式发展到高级阶段才能实现的深受追随和仿效的境地：一如中国的语言里充满了唐诗宋词的余韵，西方的流行音乐中散发着古典音乐的余香。

（本文刊载于《北京观察》2011年第8期）

周凤玉　教育要凭良心

张　涛

相对于北京市政协的众多其他委员来说，周凤玉应该算是比较普通的一位。她没有令人羡慕的头衔，没有传奇跌宕的故事，她只是一名普通的高中音乐教师，一个带领孩子用最质朴的方式去感知音乐的人。

精心上好每一节音乐课

对于首都师范大学附属密云中学这样一所远郊区县的高中而言，音乐课是不大被重视的。学生方面，每天沉重的课业压力，已经令他们喘不过气来，根本无暇顾及音乐课这种“没用”的副科。每堂音乐课都会被学生们视作千载难逢的睡觉、聊天和赶作业的良机，几乎没人注意到台上的老师讲的是什么。老师方面也没好到哪儿去，有些主科老师把占用音乐课当成理所当然的事情，在他们眼中，音乐课不属于高考必考科目，无论学好学坏，对考大学并无影响，与其上音乐课，倒不如把时间用来上数学、英语来得实在。因此，音乐课在这里一直处于一种尴尬的境地，而这样的境地则使天生较真的周凤玉心里很不是滋味。

有一位主科老师曾这样对周凤玉说过：“周老师，您这课多轻松啊！音乐课不就是唱唱歌吗，男生唱完女生唱，一组唱完二组唱，哪像我们这课上得这么累啊。”的确，音乐课如果按那位主科老师说的那样上是没有问题的，周凤玉甚至还有更容易的方法：上课时候带上个电脑，学生们想听什么歌就给他们放什么歌，到点就下课，不用考试，不用作业。当然，如果她将课直接让给别人，自然是更轻松的。但是，这不是周凤玉想要的，强烈的责任感驱使着她，她必须对她的学生负责，对她的工作负责。

“音乐课是实施美育教育的一个重要途径，在学校如果不上音乐课又何谈美育的发展、提高？音乐课虽然不参加高考，但风格多样、内涵丰富的音乐作品对人的精神层面的影响却是无比深远的，我上课讲十点内容，哪怕学生就听进去一点，对他们来说也是收获，也证明了我的努力没有白费。所以，不管别人怎么看，我必须坚守我的‘阵地’，既然我做了教师这个工作，就一定得负起责任。人在做，天在看。教育，凭的不就是良心吗？”周老师颇为动情地说。

自从2007年周凤玉调入这所学校至今，她始终坚持认真备课，研究教材，研究学生，精心上好每一节音乐课。她坚持亲力亲为，绝不将任何一堂音乐课让与别人，无论是哪位老师前来商量，她都绝不通融。如今，周凤玉在这所学校里已经是名声在外，任凭是谁都不敢再打她音乐课的主意。

其实，周凤玉并不是一个锱铢必较的人，相反她的内心是十分容易满足的。有一次音乐课，整个班上只有两名学生目不转睛地盯着她，竟然使她兴奋了很久。两位学生也许不知道，他们在接受老师教授知识的同时，也深深地鼓舞了老师自己。

“大的环境我改变不了，我只能尽可能地改进我的教学方式，教学手段，尽可能用更科学、更细致的方法，调动学生的积极性。我相信他们有一天终会懂得，学习不是一件功利的事，每一门课程对人的发展都是大有益处的。”周老师饱含深情地说。

无怨无悔，做好课外艺术辅导

在周凤玉从事音乐教育的这些年来，可谓硕果累累。她所辅导的校合唱团参加北京市学生艺术节合唱比赛全部获得县级一等奖，并且还获得了三次市级一等奖、七次市级二等奖。她本人更是四次被评为市级最佳合唱指挥。每当她谈起自己的教学工作，都是无比地欣慰和自豪。

从教三十多年来，周凤玉一直担任着学校合唱团的指挥。合唱团的组建、发展、提高都倾注了她大量的心血。她时常利用周六、日和中午等休息时间进行训练，但对此却从无怨怼。

周凤玉始终希望用音乐作品去感染学生的精神世界，她认为合唱训练是陶冶道德情操的重要方式。例如在合唱团演唱《龙的传人》时，同学们和老师一起分析作品的表现内容，学生们在理解作品的基础上大胆地表达作为一名炎黄子孙的责任感与自豪感，他们可以通过音乐的旋律、肢体、节奏、速度、音色、强弱等各个方面尽情地表达作品中那种豪迈、激情的真挚情感。

由于合唱团的团员来自不同的班级，学生们之间多互不相识，且大家成长环境也各不相同，性格差异很大。为此，周凤玉在指挥学生合唱的同时，还倡导学生们在生活中要相互友爱，相互帮助，珍惜友情。在这样相互帮助的学习氛围中，学生们不仅仅是学会了几首合唱作品的演唱，更重要的是他们还在合唱训练中培养出了集体主义和团结协作的精神。

“在平时的训练中，要让合唱作品达到节奏统一、速度统一的目的，没有团结协作的精神是无法做到的，在比赛当中也同样如此，每一位合唱队员都要融入在集体之中，发扬团结协作精神，才能演绎出好的作品。因此我觉得，每一次合唱比赛对于学生们都是一次提升凝聚力和协作意识的过程。”周凤玉解释说。

周凤玉还认为，合唱这门艺术对增强学生自信心也有着极其重要的作用。每当她带领合唱团参加市、县比赛，并斩获比赛各种荣誉的时候，她都会看到合唱队员们脸上洋溢着的那种发自内心的喜悦。这种收获的喜悦无形中增强了学生们的自信心，让有些先前自卑的学生认识到其实他们并不比任何人差，任何事情只要肯努力，就一定可以获得成功。这种自信对于学生们以后的训练和创作，甚至更加久远的成长和生活，都是不无裨益的。

用真诚的爱去关爱每一名学生

在周凤玉组织合唱团的过程中，她与学生们也逐渐产生了深厚的情感，有很多学生时至如今还与她保持着密切的联系。有学生甚至在合唱团解散的时候私下对她说：“周老师，我以后叫您干妈行吗？”学生们对她的感情可见一斑。

曾经有一位高一新入学的女生被周凤玉选入了合唱团。当时，所有任课老师都没能记住她叫什么，只有周凤玉在合唱训练中一下子叫出了她的名字，令这位同学着实感动了好一阵。随着相处日久，周凤玉对这位女生的了解渐渐多了起来。她了解到这个女生的家在密云县的北部山区，学校离家很远，每次回家除去要坐上两个小时的公交车外，还要再走上几里的山路，她家境贫寒，求学不易。于是，这个小姑娘不经意间激发了周凤玉的悲天悯人之心。每当这位女生回家的时候，周凤玉都会偷偷塞给她一两百块钱做路费或贴补生活，家里孩子的衣服穿不完，周凤玉也时常送给她穿。当时的周凤玉也许不知道，她不经意的善意对这个乡下小姑娘的未来发生了怎样的影响。当这位女生高考报考志愿时，她毅然报考了首都师范大学，她立志要像周老师一样将来做一名优秀的人民教师，更要像周老师那样关爱更多的孩子。如今，这位同学已经毕业，她依然与周凤玉保持着联系。在她四年的大学生活里，周凤玉也一直没有间断对她经济上的帮助和生活上的关爱，在这位女生的心中，周凤玉简直就是如同她母亲一样的存在。

“人心都是肉长的，老师学生之间不是命令与服从的关系，老师对学生是不是用心，学生们自然也都看得出来，任何教育方式和手段相对于爱而言，都是无足轻重的，只有爱是教育最为通用且最为有效的方法。”周凤玉这样说。

师者之爱，与责任同行。对于周凤玉而言，她的责任是沉重且痛苦的。不同于很多主科老师一样，学生走出校园，考入好的大学，即是他们责任的终点，老师的价值全在于高考的发榜之日。而周凤玉的责任不是这样，我们无法用考试这样一把看得见的尺子去衡量她的价值，更不能靠分数这样的手段去评定她工作的好坏。周凤玉的个人能力是有限的，她只能在教育功利化的滚滚洪流之中为那些并不理解她的学生守住最后一块属于音乐的孤岛，默默地履行着她所能尽到的最大责任。

世间对于老师的赞颂之词已经太多太多，但世间对于老师的理解却又太少太少。我想那些称颂的陈词滥调对于如今已经年逾50岁的周凤玉来说本是无关紧要的，只有那些老师和学生们对她的理解才是对她最好的褒赏吧。

线联平　沟通的纽带与桥梁

张　涛

北京是我国的首都，北京教育的发展自然而然会受到全国各地的关注。从国家层面看，政府更关心的是北京的教育能否发挥引领和示范作用，而从北京市民角度来看，则对能否为北京市民提供更优质的教育服务更为关切。近些年来，北京市教育委员会根据国家的方针政策和北京市的实际情况，在实践现代化教育过程中想了很多办法，如推进义务教育的均衡发展，培育职业教育的培养水平，提高高等教育的科技贡献和人才贡献，构建终身学习的教育体系等。这些改革的措施都发挥了积极的作用，为社会的进步起到了重要的支撑。

当人们关注北京教育的时候，自然而然便会提起他的名字，他就是北京市政协委员、北京市教育委员会原主任线联平。

双重角色

“政协组织是个智力密集，人才济济的地方，一专多能的人数不胜数，这些高水平的人才对于教育基础性作用、战略性作用以及教育在社会发展中的重要影响都有非常深刻的认识，因此在教育工作发展当中，与政协的沟通是十分重要的。”线联平这样说。

线联平是政协委员中比较特殊的一位。他既是政府官员，又是政协委员，既提提案，也办提案，因此他的履职活动也必须常常在这种角色的交替转换中进行。

“因为我双重身份的便利，所以我可以将教委已经做了的工作毫无隐瞒地呈现给委员，也可以将教育工作中面临的难点问题讲给委员们听，让大家共同商量解决，这种方法既得到了委员们的欢迎，也解决了我们一些实际问题，取得了很好的效果。”线联平说。

近些年来，北京市学前教育问题受到社会各界的广泛关注。随着人口的不断增长，学前教育的已有设施逐渐与北京的城市发展不相适应，那么如何满足北京市民对于高水平的学前教育的需求便成为了一个大问题。针对这个问题，市政协很多委员都写提案建言献策，北京市政协教文卫体委员会更是设置了多个主题，组织多次调研活动，对这个问题进行了专门的研究。众所周知，市教委作为政府部门，有向委员们介绍相关情况、与委员们进行沟通的责任，而线联平既是委员又是市教委主任的特殊身份，则刚好为政协委员与政府部门沟通之间搭起了一座天然的桥梁。

在这次与委员们的沟通中，线联平提供了很多第一手材料，这些材料有些是他在参加政协活动中新的发现，有些则是他在教委工作中的经验积累，但他都毫无保留一一呈现在了政协委员们的面前。

线联平认为，跟委员们沟通必须要毫无隐瞒，实事求是，只有坦诚相见，才能肝胆相照。对此，他可谓深有体会。

近些年来，北京的空气质量问题较为突出，因此中小学生的身体健康问题就成为了委员们关注的焦点。2016年，市政协教文卫体委员会把“改善教室的空气质量”作为一个专题进行调研。线联平在参加调研的过程中，又从行政角度对这个问题进行了深入的研究，并将解决这个问题的难点实事求是地与委员进行沟通。

一般来说，人们都通过安装空气净化器来解决室内空气质量问题，线联平也同意中小学安装空气净化系统是有必要的。但他同时指出，教室不同于其他公共场所，教室内既需要保障空气质量，也需要保障空气流通，必须防止高度密闭带来的负面影响和潜在风险。

“去年我曾邀请一些专家研讨学校教室空气质量问题，但有一个冲突，就是净化空气需要密闭空间，这样一来某方面空气质量改善有效果，比如降低了PM2.5含量，但其他方面效果很难预计。例如，空间封闭后，会产生大量二氧化碳，二氧化碳比例过重也会对环境有影响。此外，季节性病毒密度提高，会提升感染可能性。人口这么多，封闭好还是流动好很矛盾，安装净化系统是好的设想，但需要保障空气质量，又保障空气流通。因此在这样的条件下，安装空气净化器是必要的，但开窗通风也是必要的。”线联平说道。

线联平的坦诚得到了广大委员的理解和支持，这令他备受鼓舞。他说：“遇到这样的问题，一定要与政协委员们开门见山，不要躲闪和回避，只有让大家全面掌握实际情况，才能找到最为妥善的解决办法。”

提升市民的文化素养

2016年中旬，线联平从市教委主任的职务上卸任，但他对教育问题的热情却丝毫不减。他把更多的时间投入到了政协的调研活动当中。半年来，他随市政协教文卫体委员会实地走访了很多地方，并提出了很多颇具价值的意见建议。

在2017年北京市政协全会召开期间，线联平的“通过社区文明礼仪教育提高北京市民文明素养”的提案便得到人们的广泛关注。

线联平认为，北京是我国的首都，现在正处于建设副中心并形成京津冀协同发展的战略格局过程中。但是，与实现北京城市功能定位的目标相比较，市民的文明素质还有较大的差距，在一些区域和领域，还存在着人口素质的‘洼地’现象，文化软实力和经济硬实力不匹配。

线联平指出，当下北京市人口素质的“洼地”主要表现在：市民基本素质与现代化国际大都市的定位不相符；社会公共服务中体现北京历史文化名城的人文素质不突出，影响力不足；准确反映北京风貌的文学文艺精品力作太少；缺少对市民进行文明礼仪教育的体系和载体等。

“现在一提文明礼仪教育，就谈学校教育，如果家长不做好表率，学校教育再多，家长在家的言谈举止很容易就把孩子影响了。现在教育方面产生的很多问题，并不仅仅是教育自身的问题或是教育某个环节的问题，必须将这些问题延伸、放大才能根本解决。因此我认为在研究教育问题的同时，更应该考虑教育与其他社会领域的联系。”在线联平看来，文明礼仪教育，只靠学校力量还不够，还要重视社区建设，把对市民文明素质的教育培训纳入人口管理服务的工作职责中。现行的人口管理和服务是以居住地为主进行的，要扩大居住地对人口管理的职能职责。无论是户籍还是非户籍人口，都应该接受多种形式的市民文明礼仪素养教育并且达到一定的标准。他建议市区社会工作部门通过建设、评选文明社区增强动力和活力，提高社区建设效果。

提升城市的文化内涵

文化是一座城市的灵魂。针对北京城市文化建设，线联平也有自己的看法。他提出要突出城市的特色，充分挖掘古都北京的文化，并以其为底蕴修复优秀的城市文化体系。在他看来，北京城市建设和管理的思想不仅要关注现代、注重国家，还要突出北京文化（也包括人文精神）的特色，以此特色作为首都、国际大都市的支撑，从而增强国际影响力和国际认知程度。

优秀的传统文化，是一座城市乃至一个民族最深厚的文化软实力。但线联平在调研中发现，很多民众对北京传统文化的认识尚存偏差。他希望通过政协委员的建言呼吁，能正确引导民众对北京传统文化的认识，并希望相关部门通过深度开展对北京文化的研究，总结推广其精华部分，纠正对北京传统文化的曲解和误读，积极宣传正能量。“文以载道，文以化人，最好下力气培育几部反映北京优秀文化风俗习惯的文艺作品，让民众的精神文化生活更加丰富多彩。”线联平说。

线联平还特别指出，目前北京城市副中心的建设正在如火如荼地进行，城市副中心的建设不应该只是基础设施的建设和办公场所的建设，必须要通过城市副中心的建设，将通州地区的文化底蕴挖掘出来，使之成为副中心长远发展的文化依托。大运河文化带是北京三大文化带的重要组成部分，但多年来，北京市对于大运河文化带的保护和挖掘的力度却有些不足。希望这次城市副中心的建设能够进一步带动大运河文化的挖掘，使之成为城市新的内涵，并将大运河文化的精髓一直传承下去。

徐艳梅　书写自己的精彩

张　涛

如果不是我之前看过徐艳梅的简历，我不会相信她已经年过五十了。她看起来很年轻，清秀的面庞上，一双乌黑闪亮的眼睛流露出智慧和儒雅。她的嘴角始终挂着灿烂的笑，而这种笑容则像磁场一样吸引着我。我与她虽属初见，但我坚信，在她的身上一定有着与众不同之处。

徐艳梅的管理学情缘

徐艳梅是中国科学院大学管理学院教授、博士生导师。当你打开百度，搜索她名字的时候，会轻易地找到各种关于她主讲管理学课程的信息。她的课件，更是超越了学校的范围，被广大的管理学学子和企业管理者奉为至宝。然而，人们或许不会想到，这样一位大名鼎鼎的徐老师原本对管理学竟也没有什么兴趣。

其实徐艳梅的梦想本是成为一名作家的，以至于高考的时候，所有志愿都报了中文系，甚至不惜报到了遥远的兰州。但命运弄人，她的文学梦最终没能实现，却机缘巧合地与管理学产生了联系。

“说来或许你都不信，我刚开始学管理那会儿别提多不喜欢了，上课一直是老师在上边讲课，我在底下偷偷看别的书，上了四年都没找到感觉，现在回头想想，大学那些年真是没学到什么东西。”一位教管理学的老师竟会这样评价她的大学生活，的确很让我出乎意料。

有人将命运比作一个拿着放大镜的坏小孩，我以为对于徐艳梅来说，这句话颇为贴切。毕业的时候，徐艳梅偏对教师情有独钟，在到企业、到机关与留学校做教师之间，徐艳梅毫不犹豫地选择了做教师，且态度坚定，一连三个志愿，全部是教师。

20世纪80年代中期的中国，改革初启，百废待兴，管理学领域正是引进、消化、吸收的时期，管理实践也是以经验为主。如何快速实现由学生到教师的身份转变？是他们那一批人面临的共同课题。

毕业之后，学校没有将刚毕业的徐艳梅直接派去授课，而是将她派去企业挂职，做了一名厂长助理，让她从实践中体味管理学的奥义。事实证明，这次挂职是非常重要的一个转机，徐艳梅对管理学的兴趣也由此被诱发出来。

“在当厂长助理的这一年里，由于具体接触到了管理学的应用，我对管理学的兴趣也在不知不觉中被激发了出来。可是我也发现，我懂的实在太少了。于是在挂职的一年中，我除了在企业工作的时间外，剩下时间就去北京图书大厦阅读文献。这一年的学习和实践使我对管理学的认识上升了一个高度，这种认识是我先前无论如何也不会想到的。”徐艳梅解释说。

也许是职业秉赋使然，相较于具体的管理活动，徐艳梅更感兴趣的依然是管理现象背后的机理和逻辑，一年挂职工作结束后，徐艳梅便快速恢复到管理学理论的研究和探索之中，并且兴趣越来越浓烈。

80年代，西方管理理论进入新的发展时期——企业文化管理，1986年，该理念渐入中国。初识此词，文学情节深藏于心的徐艳梅兴奋不已。企业文化？物质、效益、刚性的企业，可以与文化相关联？为什么经过传统管理、科学管理、现代管理等一系列发展阶段后，美国会于80年代进入企业文化管理阶段？一系列思考和问题将徐艳梅重新带入管理学的理论框架和逻辑体系之中，在由企业文化而引发的对管理学理论的前掘后探中，理论的精妙日益强烈地吸引着徐艳梅，至此，管理学的兴趣之门被隆重开启并一发不止。

有了明确的研究方向，一系列工作便自然地开展起来了。此时，企业文化在国内还是新鲜事物，但徐艳梅已经上路有一段时间了。她开始撰写论文，发表见解，总结中国近现代企业的历史和优秀企业的文化，一系列著名的老字号企业的店训、理念、文化被梳理出来。同时，她与中国社科院的几位专家一起，联合当时的一家民营研究机构，编辑出版了一份对开版的《企业文化学报》，每月一期，她亲自做记者、做编辑，甚至做版式设计……国内企业文化研究领域的学者，大多了解这份报纸在推进中国企业文化理论与实践发展建设中所发挥的独特作用。1988年，她撰写出版了《企业文化——管理之魂》一书，这是国内企业文化的早期学术作品。从学生时代开始涉足管理学，到为人师后教育的学生遍及天下。可以说，如今的徐艳梅与管理学感情已经颇为深厚了。在她看来，管理学更像是她的一位挚友，几十年来一直陪伴着她，与她共同成长。许多年中，她先后编写、翻译了《合营企业稳定性与寿命周期》《企业仿生学》《组织生态变迁研究》《健康高碑店》《日美企业经营比较》等多部著作，并在专业核心期刊发表论文80余篇。同时，依据管理理论和管理原则，她在教学、行政和党派工作中践行管理实践，效果显著。她的人生已经与管理学紧密连在一起，分也分不开了。

彰显党派的力量

除去中国科学院大学的老师与北京市政协委员的身份之外，徐艳梅还有另外一重身份——民建朝阳区委主委。这项工作虽然属于兼职，但做起来同样并不轻松，但好在徐艳梅天性开朗，易于与人相处，因此许多年来，徐艳梅主持下的党派工作也是有声有色。

“我的前任是北京市政协副主席王永庆，他在党政机关工作多年，行政能力和主持工作能力都很强，主持党派工作更是驾轻就熟。而我来自高校，各方面都很欠缺，所以他卸任之后，我独自带队，压力还是相当大的。”徐艳梅如是说。

的确，民建朝阳区委员会1300余人，且来自各行各业，性格各异，要把这样许多人聚拢在一起，使他们各显神通，朝着一个方向使劲，的确不是一件容易的事。多年来，徐艳梅一直本着边干边学的态度认真地履行主委职责，她一面积极学习前任的经验，一面总结自己的工作，几年做下来，逐渐也形成了一套自己独特的工作思路和方法。

徐艳梅认为，做好主委一定要有很强的包容性和凝聚力。对于会员中个性很强的人，要尽量安抚，让其服从大局，对于低调的人，也要把他们的工作成绩看在眼里，不能让老实人吃亏。要让所有人发挥所长，在这个大的集体中体现出自己的价值。

“这几年党派工作做下来，我总结最重要的就是客观公正，不能带有个人情感去处理问题，不能因为个人的喜好去评判事物的好坏。正因为我力求这样做，所以做主委这些年，也得到了大家的支持和帮助，各项活动才能有秩序地开展。”徐艳梅谦虚地说。

据了解，自徐艳梅接任主委以来，民建朝阳区委员会组织了许多有影响力的活动，体现出了民建党派的界别优势，彰显了党派工作的活力。

“记得国家出台《劳动合同法》之初，社会反响强烈。由于考虑到这部法律的出台将影响到企业用工与企业效益，进而影响企业人员的流动及社会诸多方面，于是我们就组织了一次论坛，邀请国家商务、司法部门的有关领导，企业高管和我们党派成员中从事法律工作的专业人员，专门就这部法律的解释进行研讨，现场气氛活跃，效果显著。类似的活动我们是没有经费支持的，全凭自己组织，非常不容易，但每一次都异常成功，这些活动不单将民建界别的优势很好地体现了出来，也极大地增加了会员的自信心和自豪感。”徐艳梅举例说。

李开复曾说，成功就是做最好的自己，然而对于徐艳梅而言，最难的问题则是无法真正地顾及自己。我问起过徐艳梅今年有什么规划，徐艳梅先是一怔，随即努力思索了半天，才缓缓地说道：“去年党派刚刚换届，正急需建章立制，梳理工作，组织活动。学校这边除了给学生上课之外还有两个大课题需要完成，去日本做三个月的高访项目要挤出时间，再有政协这边的调研也要参加。对了，今年还要指导两个在国外的博士生完成研究项目，指导两个在国内的学生完成毕业论文，要答辩，我还得多费点心思……”她说了许多，只是这许多的计划中，偏偏漏掉了她自己。

在采访的过程中，徐艳梅说得最多的话就是道歉，她总觉得自己不是一个好的采访对象，不像其他人那样拥有丰富的经历和精彩的故事可以拿来宣传。但我觉得，这丝毫不影响她人格魅力的光辉。许多年中，她已经用忘我的工作、认真的态度和坦荡的为人书写出了她自己的精彩，难道不是吗？

郭涵　做自己应该做的事

徐　飞

正如著名教育家陶行知先生所说："校长是学校之魂。"如果把学校比喻成大海中航行的帆船，那么，校长无疑就是这艘船上的舵手。一个好校长是整个社会道德的楷模，是教育使命和教育理想的坚守者，是学校教学模式的设计者，是学生和老师的领路人，同时也是中国教育创新和突破的发起者。

采访郭涵，身为校长，她并没有领导的架子，她向我们传递的不是校长的身份，而是她的真知识、真学问和真性情。她丰富的内涵，质朴、简明的用词以及她的文化修养，使人有一种陶醉和忘我的舒畅。

1974年，正值"文革"时期，郭涵还是一零一中的一名中学生，高中毕业插队回来后，当了一名老师。1978年她报考了首都师范大学，大学毕业后分配到一所基础薄弱校教书。她当时对自己的要求很朴素，就是工作一定要认真。八年的教学生涯让郭涵感受到教育均衡、优质均衡的重要性。

随后在教科所的八年，让郭涵接触到古今中外浩如烟海的教育理论。让她对学校、对教育有了更全面的了解与理解。"对一些现象比较敏锐，看问题直达本质。"原海淀教育局老局长王家骏评价说："郭校长科班出身，是真熟悉教育、真懂教育、不可多得的办学人。"

挑战中前行

1999年郭涵来到一零一中，她从来没有管理过一所学校，突然一下子做了一所历史名校的校长，对郭涵自身来讲是个挑战。

“当时的教育经费不充足，首先面临的是生存，对学校怎么生存下去特别担心。”郭涵的想法是要抓住学校的根本、主要矛盾，她始终坚持教学质量是第一位的。她来到一零一中的第一件事就是听课，所有老师的课都听一遍，郭涵说：“得到的一定要是一手的东西，一个一个老师谈学校什么地方需要改进。”做校长有不同做法，有的人说要宏观、要战略，郭涵认为要具体问题具体分析，不同阶段需要的领导方式不同。在一零一中当时的特殊阶段，就是需要亲力亲为，加强制度管理。

教师是一所学校的脊梁、心脏，郭涵深知办一所学校最重要的就是教师这支队伍。“这支队伍的师德，对教育本身的认识很重要，要办让学生、家长、政府、社会满意的教育。”郭涵一直跟老师们强调，一零一中给的是机会，可以少一点儿荣誉感，多一点儿人生投入。

关于教师队伍建设，郭涵有着自己的思路：专业发展，人文关怀。具体可分为制度和文化两个方面，制度管的是底线，是比较平稳时候的一种有条不紊的状态，需要不断调整。制度管不到的地方就需要文化，文化就是一种氛围，讲究潜移默化的效果。一位老师说，作为一个老师来讲，可能觉得自己很普通，但在这个学校，校长会让你觉得不普通，你身上肩负的教书育人的使命，就不再是一句单纯的口号。

郭涵一直兼任北京一零一中教师发展学校校长，十多年来，培训的核心内容就是提升教师的科研能力和教学创新能力。通过分层次的不间断培训，建立起一支德才兼备的骨干教师品牌队伍。十多年来，一零一中100多项市区乃至国家级科研课题负责人、10多项教学创新成果获得者，都有在教师发展学校的培训经历。

在郭涵的带领下，一零一中秉承着“百尺竿头，更进一步”的校训负重前行，学校的竞争力和影响力不断提高。郭涵也因此获得了2012年中国教育家年会“中国好校长”的称号。

对此，郭涵感慨地说：“在面对复杂的社会环境、很高的社会期望和压力时，很幸运，我仍然比较清醒，坚持学校是师生生命成长的土地，校长的使命是促进学校持续发展，做自己应该做的事。”

培养未来社会的担当人才

“养我者父母，育我者一零一中。”这是曾庆红作为校友回一零一中给母校的题词。“学校走出去大批领导干部，但更多的是普通劳动者，无论是在什么岗位上，都对国家对社会做出了自己的贡献”，郭涵说：“我们特别强调担当的意识，我们的目标是培养未来社会的担当人才。”在这样一个目标下，有很多素质和能力的要求，在一零一中都是有步骤地进行培养。

温家宝曾讲过，要用爱和责任办教育。郭涵说：“这种爱不是单纯的父母之爱，是从国家的前途命运去爱护。要将责任举过头顶，因为，从我们手底下出去的人就是未来社会的中坚。”

人有主观能动性，学生不会完全按照老师、家长的意志去做事情，学校的孩子也会犯各种各样的错误。记得有一次，学校的一名特长生在外面抢手机，后来因为害怕，跑去自首。“派出所问我们这个孩子怎么处理，学校肯定是要从挽救学生的角度出发，班主任、年级组长都相信他不会再犯这样的错误。”有一年教师节，这个学生来看郭涵，已经上大学了，状态很好。“这个学生能来，我很高兴，学校不是不允许学生犯错误，而是要搭建好一个平台来引导他健康地成长。”郭涵看来，学校是在为学生的人生打底色，让他知道到社会上什么事儿能做，什么事儿不能做，告诉他一些生活的准则、方式方法。

郭涵一贯主张学生全面发展，她认为“只要是符合教育规律的东西，只要是有利于学生成长与发展的东西，作为校长，都要力求做好。”

她实践着自己的办学理念和教育理想。邀请校友回到学校给学生讲课，讲在一零一中所受的教育以及对他未来成长中的帮助，也请名人来拓展学生视野，李肇星、吴建民、梁衡，神九航天员、国家科技奖得主、国外的诺贝尔奖得主等都请来给学生讲座。“学校就是搭建一个大的平台，把学生和社会的需要结合起来。”

2013年2月第四届中小学生艺术展演中，一零一中金帆乐团演奏的管弦乐《天方夜谭第四乐章》获得一等奖。郭涵说：“做任何一件事情都要有它的意义，这么大的一个乐团并不是为了比赛或是一场音乐会而存在的，乐团一共排了150多首大的曲目。利用这些资源开选修课，交响乐欣赏，不同年级的孩子在一起时形成一种真正的审美、艺术熏陶这才是最重要的。”

“很多一零一中的校友返校以后都在讲，当年的一零一中给了他一个强健的体魄，给了他一个永不服输的精神。这也是这些年我一直在推进的事情。”一零一中体育教育一直有着优良的传统，它是毅力、吃苦耐劳、协同合作精神培养的重要载体。一零一中高中体育会考始终保持在海淀区前两名。

学校为了培养学生情商、与人相处的能力，把不同年级不同班级的学生聚集到40多个社团。微笑社团、连心社对社会弱势群体的关注持续多年，学生深入“太阳村”、孤儿院，走进临终关怀医院，走进北京远郊区县落后乡村，零距离感受中国经济文化教育发展的不平衡，感受弱势群体的生活现状，亲身感受他们所处的生活困境。利用元旦等节假日，和环卫工人欢聚一堂，同扫一路，感受普通劳动者的朴素与勤劳。高三人文实验班把长期为打工子弟学校提供帮助的项目，通过不同方面阐释，形成全班的研究性学习报告，市政协委员常纪文作为义务指导老师经常来学校和学生们交流，还把它变成了提案。

一零一中通过多种多样的形式，让学生的个性得到了张扬，独立、情商、与人合作的意识也得到了培养。

读书育人 守正出新

郭涵从小就爱看书，小学开始读人物传记，后来读的书越来越杂，政治、文学、经济乃至宗教等，都在她的阅读范围之内。“人物传记给你广阔的视野，哲学让你看清事物本质，宗教是要改造自身欲望，历史是让你看清发展趋势。”她说：“作为一个大校长，很多事情跟个人的兴趣有关系。你有兴趣这个事情就能推动。”

当校长之后，郭涵有一种使命感——希望在她的推动下，在全校形成浓郁的读书氛围，让学校年轻的老师、一批又一批的中学生在他们应该读书、必须读书的年代多读书、读好书。郭涵觉得，让全员读书，无论从哪一个角度看，都应当是校长理所当然的教育使命。至于道理，其实很简单：一所学校，无论如何，也不能成为精神的荒漠，而应当生成文化的绿洲。2008年郭涵被评为中国教育报《读书周刊》推动读书十大人物。

她一直认为，作为校长，书读多了，可以有效构建一个人的综合能力，而这种综合能力，对学校建设极为重要。“现在有很多很时髦的东西，但它是不是趋势自己得清醒，学校不能跟着这些三山五岳的概念转，一定要有自己的判断。”在郭涵看来，管理一所学校要讲求守正出新，“正”就是优秀的传统，就是教育的规律。不能让物质条件不好时候的好品质，在物质条件好的时候全丢了。郭涵强调：学校是育人的，有些东西要守得住。

谈话过程中，郭涵给我最直接的感受就是真实、直爽，这也许就是她把一所学校管理得有声有色的秘诀。

黄卫东 履职践承诺 鉴酒品人生

马一舟

黄卫东很忙。忙着教学、科研，忙着推广葡萄酒文化，忙着参与政协履职，更忙着享受事业和人生。

缘起西红柿

黄卫东中学时理科很好，考大学一心要考数学专业，结果头年没考上。1978年，他又参加了一次高考，这次分数不错，他还想报数学专业，但有了上次失败，报专业时他犹豫不决。班主任老师给了个建议，“就学园艺吧，报这个肯定能录取，还能吃到西红柿”。黄卫东谈起当年那一幕还津津乐道，“当时没的吃啊，能吃到西红柿是很难的，后来我就报了果树专业，能吃到水果不是更好？结果就录取了”。本科学果树专业，毕业分配到北京农业大学（中国农业大学前身）任教，后来又攻读了园艺学硕士，毕业后留了校。“也许当初我学了数学，现在未必能取得什么成就。”黄卫东笑着说。当年为了吃上西红柿的偶然选择，无意间给他打开了一扇门，带他走进了一个崭新的领域，他的人生轨迹从此便和园艺密不可分。

如今的黄卫东早已不缺西红柿吃了，他是中国农业大学葡萄酒科技发展中心主任，先后主持国家攻关、国家自然科学基金项目等20多项，培养了几十名硕士和博士；他是葡萄酒行业的学术带头人，他在葡萄弱光生理、冰酒新产品开发和酚类物质研究、葡萄酒产业规划等方向取得了突出成绩；他是推广葡萄酒文化的使者，他任社长的《中国葡萄酒》刚刚在世界饮食图书博览会上获得世界最佳葡萄酒杂志奖项；他还是北京市政协常委，提出的《加强食品安全监管》等提案屡次获得市政协优秀提案奖。

授业葡萄酒

黄卫东和葡萄酒有着深深的感情，面积不大的办公室内，恒温酒柜占据了最重要的位置，里面满满当当地摆放着贴有各国酒标的葡萄酒。当品鉴美酒成为工作的一部分，世间还有比这更幸福的事吗？葡萄酒不仅仅是事业，俨然成了黄卫东人生中最重要的一章。

2001年开始，黄卫东主持筹建了农大葡萄与葡萄酒工程学科。后又主持筹建了葡萄酒科技发展中心并担任主任。近几年来，他先后主持了10余项相关科研课题，开发出了“学院派”干红葡萄酒、干白葡萄酒、冰葡萄酒，大大提升了农大葡萄与葡萄酒工程学科在国内外的影响力。

十多年来，黄卫东在葡萄酒教学与科研上倾注了大量的心血。谈起葡萄酒及其产业来，他滔滔不绝：“市委市政府提出了转变经济发展方式，就北京而言，大力发展葡萄酒（文化）产业等都市现代产业是重要的产业选择。”他对记者说，相比白酒（蒸馏酒）产业，葡萄酒产业对环境的污染很小；葡萄酒产业是典型的现代都市农业，产品附加值高，产业链长，可持续发展；葡萄用来酿酒，葡萄籽、葡萄皮等可以做高级保健食品，剩下的废弃物可做饲料或肥料；葡萄酒具有文化价值、收藏价值、投资价值、保健价值，衍生出来的葡萄酒庄园，还具有深厚的休闲、旅游价值。在黄卫东科研团队的支持下，延庆县已经编制了《北京延庆酒庄葡萄酒产业带发展规划》，还于2014年举办了第十一届世界葡萄大会。房山、密云、平谷等区县也纷纷把葡萄酒产业作为本地区现代农业的发展方向之一。在黄卫东看来，北京位于北纬四十度，土壤气候条件俱佳，是世界公认的葡萄种植黄金地带之一。同时拥有增长快速的、巨大的消费市场，发展葡萄酒产业具有得天独厚的优势，现正是北京培育高端葡萄酒产业的最佳时期。各区县如此热衷发展葡萄酒产业，正是看重葡萄酒产业的巨大潜力。

谈到葡萄酒，黄卫东的眼睛里闪烁着兴奋的光芒：“法国人喜欢吃肉、吃鹅肝，然而心血管疾病的比例却不高，这和他们喜欢喝葡萄酒的传统有很大关系。”黄卫东说，都市人都讲究生活品质和健康饮食，每天适量饮用葡萄酒对身体有好处，葡萄酒中的多酚化合物超过50种，多酚具有延缓衰老、美容养颜的功效。“像我们这个岁数，过了五十岁之后，常饮烈性酒对身体的危害会加倍，喝酒更容易喝醉”，黄卫东用自己做例子，“与烈性酒不同，适量喝葡萄酒不仅对肝脏无害，反而对肝细胞的再生具有促进作用”。这时记者才仔细地打量起他来，想必是常饮葡萄酒的缘故吧，坐在记者面前神采奕奕、口若悬河的黄卫东，丝毫看不出他已过了知天命的年纪。

诤言斥乱象

黄卫东一直十分关注食品安全问题。早在市政协十一届一次全会期间他就提出了《关于加强和完善首都农产品和食品市场安全监管的建议》，提案中“完善首都农产品和食品市场安全监管机制，健全价格监测、预警和应急机制，严惩违法和扰乱市场的行为”等若干建议，至今看来仍颇具针对性、前瞻性。

“民以食为天，食以安为先。”跟记者谈及最近发生的瘦肉精、染色馒头等事件，刚才还和颜悦色的黄卫东脸上立马就没了笑容。在食品安全问题上，目前一直强调“地方政府负总责”，更多的是在明确政府责任。现行的食品安全体系中，工商、质监、卫生等部门都仅对食品生产流通的部分环节负责，易出现监管“真空”地带，这给不法企业和商贩以可乘之机。黄卫东指出，无论是采购、生产、流通还是销售，诸多环节的核心都是企业行为，作为市场主体的企业，责任更为重要。因此在食品安全责任体系中，企业应充分负起第一责任。“食品加工企业，特别是龙头企业，出了问题第一时间要做的就是承担责任。然而目前一些企业，出了问题不是反思自查，反而把责任都推给上游的供应商户，还觉得自己是受害者，觉得养殖户卖给企业的原料是有问题的。做广告号称‘十八道检验’，收购时候你为何没检验出问题？”黄卫东情绪有些激动。“食品安全无小事，企业必须负第一责任，一旦出了问题，必须付出代价，所有的问题食品必须马上下架，无条件销毁，没有任何商量的余地，即便经济损失，即便是企业破产。不能因为个别企业的不负责任影响到全行业的发展。”他告诉记者目前食品安全最主要的问题是责任落实不到位。政府需要严格落实监管责任，企业更需要牢固树立“第一责任”意识。

他坦言，目前各地食品安全监督检测抽检的样本和次数偏少，远远不能满足公众对食品安全的关注要求。就北京而言，经过奥运会的考验，食品安全监督检测的能力和水平都有了较大幅度提高，但监管效果依然离公众的期望有一定差距，一个重要原因就是政府在食品安全监督检测体系建设上投入不足，黄卫东说：“食品安全无小事，要加大食品安全保障投入，加强食品安全监督检测能力建设，加大专项财政投入力度。”

食品违法添加物可怕，尚未检测出的潜在有害物危害更是不能忽视的。这些违法添加物用现行食品安全标准是检测不出来的，必须要建立食品安全预警监测制度。黄卫东反复强调，要把安全监管的关口前移，建立定期抽检制度和预警监测制度，一方面检测机构要扩大抽检数量和范围，另一方面科研部门要检测并预警新出现的食品违法添加物，用“双保险”确保食品安全。

履职践承诺

作为政协委员，黄卫东把高质量的提案作为参政议政、建言献策的主要形式。每年都会提出几件提案，数件提案还被评为“优秀提案”。近几年来，黄卫东还提出了《加强食品中“反式脂肪酸”监管》《加强食品添加剂监管》《加强京郊特色农产品市场体系建设》等多件提案。

这些提案，大多和黄卫东教学科研紧密相关，记者很好奇他是如何在繁忙工作之余有精力认真履行政协委员职责并能提出这么多具有前瞻性、操作性好的提案。他为记者揭开了谜底：“做好政协委员，最核心的就是要围绕本职工作，本职工作是我们最熟悉的，只有把本职工作做好，参政议政的能力才能越来越强。”每个政协委员都有自己擅长的领域，结合自身专长提建议就比较专业。黄卫东相信，只有专业才能做到最好、才有话语权。凭借教学与科研的优势，黄卫东可以充分利用科研团队的研究数据、成果撰写提案，因此他提出相关问题的提案针对性更强。“这是对自己负责，对提案工作负责，更是对自己政协委员身份负责，作为政协委员不能盲目地写提案，提案要具有真实性、可操作性，更要具有针对性、专业性。”黄卫东坚持只提自己擅长或者熟悉领域的提案。“如果政协委员对自己提案的内容都不熟悉、不了解，提案办理时本人也无法有效监督，履职效果就大打折扣了。”

黄卫东觉得现在提建议的渠道越来越畅通，自己的提案基本上很快都能得到解决。作为市政协常委和民进中央委员，他说自己的建议和意见能搭上“直通车”反映到相关决策部门。2011年他提出了一份《充分发挥外商投资企业在国家自主创新示范区核心区建设中的作用》的提案。提出没多久，中关村海淀园的领导就带了相关职能部门上门拜访，专程听取黄卫东的建议。

黄卫东的日程排得满满当当，采访过程中不断地接到各种工作电话和邀约。他无论是科研还是履职，无论是事业还是生活，都像葡萄酒一样红红火火。采访中记者印象最深的就是听到黄卫东提及“责任”二字，作为老师对学生负责，作为学者对科研成果负责，作为政协委员对自己的身份负责。做好本职工作，才能履行好政协委员的职责，才能践行对社会的承诺。

法国作家克洛岱尔曾这样描述葡萄酒：“就像伟大的作品和伟大的思想一样，它并不是从压榨机中一出来就能立刻被贪婪而漫不经心的肠胃所吞没，它需要艺术、耐心、时间和关怀的合作。”人生亦如此，需要生活的艺术、工作的耐心、充足的时间和对内心足够的关照，才能酿出属于自己的那瓶独一无二的葡萄酒。黄卫东在酿造一瓶人生的葡萄酒，酿造如美酒般忙碌又充实的甘甜人生。

崔铁宁　最忠诚的守望

张　涛

在社会上对公务员这个职业趋之若鹜的情况下，离开公务员队伍着实罕见。但对崔铁宁而言，既非厌倦宦海沉浮，寻找悠然闲适的生活；亦不是嫌收入微薄，去追寻更高的生活品质，却是因多年职业生涯对事业的理解而开始新的征程。

她本是一名在基层环保局工作十多年的公务员，只因工作中遭遇环境保护的诸多困惑，为了找到其根源和解决的办法而选择了求学深造。“环境保护不是污染防治那么简单，比起行治标之力，治本绝不亚于十年树木、百年树人的工程，如果让我选择，我宁愿去治本。”如命运的召唤，她选择将三尺讲台作为传播生态文化的阵地，将科研作为探求不竭的源泉，在这里，感受奉献于造福人类的绿色事业带来的活力和生机。

入行和求学

工科背景的她进入环保领域有点误打误撞，但却是在国内经济和环保开始加速发展的时候。年轻的她亲身经历了环境保护从起初的三废治理，到后来的源头预防、全过程防治管理方式的发展变革。随着资源环境压力伴随经济发展与日俱增，她也从环保局过于闲适的困顿中醒来，工作压力渐大，环境监察、环境统计、城市综合治理质量考核、污染监理……十几年里她几乎将环保局的所有业务做了一个遍，逐渐成为了中坚力量。她几乎走遍了她所在城市的每一个有污染源的角落。“那时，我们是骑着自行车去调查污染源和办公事的，甚至在北方冬天大雪过后全部结冰的道路上骑行。不过现在想起来还真挺有意思的。”她说。她踏实好学、认真敬业的态度，得到了领导和同事们的认可，曾被评为呼和浩特市先进环保工作者和自治区污染源调查先进个人。

然而，在环境管理走向精细化的过程中，崔铁宁逐渐意识道：环境问题不仅是我们眼中看到的污染，那只是冰山一角，其实问题显现之前生态环境的变化已经经历了一个较长的累积过程，如不增强自觉意识并自我约束和调整，在将来的某一天，会令我们的子孙措手不及。“有时我们感到委屈，所做的工作不可谓不全面，力度不可谓不大，连我们自己都需要努力才能适应。环境管理手段不断丰富完善，多措并举，源头把关、过程监控、罚款、关停、排污费齐上阵，但仍然举步维艰，污染有时就像牛皮癣，不断地再生和反弹。这显然是一场需要坚持不懈的长期战役。我想：去探寻冰山在海平面以下的部分，也许能找到问题的根源和答案。”崔铁宁这样说。

带着这样的想法，在随后的几年，崔铁宁完成了她的博士、博士后生涯。她想：环境问题本质上是科学决策、经济模式和消费行为问题，在问题出现的时候才去解决就早已被动了，而应该在源头和整个社会的行为过程中将其消灭于无形之中。在循环经济刚作为一种理念被环保专家引进中国时，循环经济、生态经济方向引起了她的兴趣，她希望能够为中国经济转型过程中循环经济发展做一颗最基础的铺路石，成为国内较早进入此领域的博士生。她的论文被华北五省环境研讨会和环境科学学会评为优秀论文，并获得研究生奖学金等奖励。后来循环经济在政府推动下发展迅速，她所在的南开大学被教育部资助设立了相当于国家重点实验室的哲学社会科学循环经济创新基地，她出版了自己的第一本关于循环经济的专著，毕业后被北京工业大学循环经济研究院引进，实现了她成为一名教师的夙愿。还被借调到北京市发展和改革委员会参与了北京市“十二五”循环经济规划的制定等工作。

最神圣的职业

“我对教师这个职业的喜爱始于少年时代，”崔铁宁说，“不过那时没有想过会当一名大学老师，我认为年龄层次越低的教育越有重要的意义。当一名中学教师，甚至幼教都是非常神圣的职业。因为教书的目的在于育人，育人始于幼小，影响更终其一生！”在孩子们人生重要的成长阶段给予启蒙和帮助，是传播爱、滋养智慧、种植理想的福泽未来、贡献社会的神圣事业。要不是母亲的阻止，她可能就直接进入教师的队伍了。不过那样，也许就不会进入环保这个领域了。在她童年的记忆中，做小学老师的母亲经历了“文革”中教师地位待遇低下的艰辛，不愿自己的女儿重蹈覆辙。而成长中的她看到的却全然是教师职业浓厚的大爱和传道授业的光环，她说：“我相信这个职业在将来一定会受人尊敬的。”“现在，”她说，“虽然是有点晚，但我转了一大圈，还是回到教师的行业里来，命运是不是有点神奇呀？”

她感恩于伴随她成长之路的老师们，那些循循善诱，适时在她稚嫩的心里树起榜样，栽种梦想的启蒙老师，还有“文革”时住牛棚扫厕所也不放弃信仰的班主任……她说自己很幸运，她曾经的老师中有后来的学科带头人，有的成为省政协主席、副主席、全国政协委员和人大代表等。这些优秀的教师给予她的远远超过科学知识的掌握，更多的是他们作为一个时代优秀知识分子的言传身教：站在时代船头敢于担当、甘于奉献的高尚情操和人格魅力。“教育就是在潜移默化的影响下，你蒙昧的思想里出现一盏明灯，不论周边多么迷离和黑暗，在远方都有一线光亮如磁石般吸引你前行，这就是传承最大的魅力。”她说。

作为一名大学教师，崔铁宁坚持普及生态教育理念，她说：“在环境意识比较超前的欧洲，一些试点大学把环境类课程作为基础课，认为学习科学知识是让学生们更好地认识、改造世界；但学习环境科学是教会学生如何与自然界相处。这是重要也是基础的教育。”因此，她不仅在学校、党派等建言时进行倡导，还身体力行，除了培养计划内的课程之外，另外开设了循环经济、全球能源博弈和低碳发展通识选修课，开拓学生视野，鼓励指导他们探究和申请学生科研项目，“学生们很踊跃选这些课，而且课后很乐于与我讨论问题”。“希望有一天生态环境和可持续发展的基本原理能够像数理知识被应用在其他学科一样，逐步渗透在建筑工程、机电工程、工业设计、经济管理等各个领域。”这是她对环境教育的执着。

致力于循环、生态经济领域，崔铁宁主持或参与中国工程院、科技部国际合作、国家社科、北京市社科基金、市软科学等国家、省部级、校级研究课题十多项，撰写或参编专著、教材5部，发表论文30余篇，一些曾被评为优秀论文。2008年获中国环境科学学会第七届中国优秀环境科技工作者奖。

直言敢谏 勇于担当

崔铁宁是北京市政协委员、民革市委委员、中央统战部党外知识分子建言献策信息员、市政府特邀监察员、民革中央教科委员会委员、民革北京市委人口资源和环境委员会委员、北京工业大学党风廉政监督员……从这样一大堆的职务当中不难看到，她对社会发展是何等的关注，建言献策的热情是何等的高涨，最主要的是她认为每一项称谓背后都有着一份信任，对得起这份信任就要认真履行每一份责任。

2007年以来，崔铁宁建言献策的频次与质量是比较可观的。作为民革党员通过市政协专委会、华北五省市研讨会等各种形式参加活动，频次颇高。提交各类提案、信息80多篇次。多篇提案和信息被刊载在《团结》《民革中央专委会通讯》上，或被采纳并提交全国政协、市政协，中央和市统战部等部门；连续4年因对民革中央的提案信息工作作出贡献而受到表彰，2011年获得五年一度的民革全国参政议政先进个人的表彰；曾获区政协优秀提案奖，民革北京市委成立60周年先进个人、市优秀党员、优秀女党员等；2007年成为中央统战部党外知识分子建言献策信息员，这个两年一换届的职务她竟然连任四届。她的许多建议被中央统战部重视和采纳，2013年被中央统战部评为年度优秀建言献策信息员（全国只有28人获此荣誉）。2013年，崔铁宁担任北京市政协委员，一年多就向政协提交提案8篇之多。

崔铁宁的提案注重独立思考和调研实践，内容既有一般性的社会观察，如就高峰期地铁拥挤现象提出地铁安全防护问题、建立志愿者体系机制的建议。又有对经济社会发展主流、热点问题的思考，如发展循环经济、节能减排、生态文明建设等建议。崔铁宁认为建言献策建立在参政议政责任和热情基础上，以对重要社会问题的敏锐洞察和把握以及广大百姓的利益为前提，好的提案要有积累，所以一般都选择自己熟悉的专业领域作为话题；另外，她提提案时坚持自己观点，哪怕当时看起来有些超前、不一定会被采纳也要直言敢谏。例如，在2008-2009年应对金融危机阶段，为保稳定保增长提出GDP保8%至9%的计划后，她直言不讳地提出“研究和评估GDP增长质量和增强国家实力的建议”等，提出将国家长远发展利益与近期利益相结合，弱化数字化GDP考核方式，应对危机的选择更应考虑如何抓住契机占领未来国际科技市场制高点的思想。

崔铁宁不仅是绿色经济、环境保护的研究者和传播者，也是环境责任的亲历者。她说："现在公民环境意识提高了不少，都知道需要良好的生态环境，但具体要落实到个人和企业行为时，就不一定自觉承担了，这说明环境责任意识相当滞后。"多年来，她身体力行，做绿色出行的坚定支持者和实践者。她家离北京工业大学并不算近，但她一直不买车，十几年如一日坚持每天坐公交、地铁上下班，这在北京工业大学的教师里也并不很多。

"其实不开车确实不方便，好多人也劝过我买车，但是作为一个倡导和推动环保的人，我不能思想和行为两张皮，光嚷嚷着绿色出行，节能减排，却说一套做一套。从我做起应该是最基本的。"崔铁宁这样说道。

梁嵘 矢志推进中医诊法现代化

朱生志

在北京同仁医院体检中心内，有一间中医体检诊室，里面除了诊桌、办公电脑和摆满资料的文件柜外，还有几台仪器。一名体检者正在一台仪器前进行“舌诊”。这台仪器的主体部分是一台单反数码相机，体检者端坐着，将下巴放在仪器的下颌托架上，对着镜头吐出舌头，“咔嚓”一声，检测不可思议地瞬间完成，仪器自动出具测量参数和参考诊断。操作这台名为“舌象仪”的中医检测仪器的正是梁嵘。

作为北京中医药大学中医诊断系教授、博士生导师，国家中医药管理局及教育部重点学科中医诊断学学科学术带头人，“全国首届百名中青年医学科技之星”的获得者，梁嵘从1978年北京中医学院（现更名为北京中医药大学）毕业至今，集中精力从事中医诊断学的教学及科研，在教学育人、科研学术等方面都取得了杰出成绩。

以舌为镜话诊法

中医现代化，是摆在所有中医学者面前的重大问题。“理论空洞玄虚，诊断无可靠依据，治法无一定标准”是一些人对中医的指责，中医存废之争由此而起。同时，中医也面临一个悖论：不进行客观化、量化研究，它就不能现代化；但如果量化了，也会有人质疑：这还是“中医”吗？

作为国家中医药管理局及教育部重点学科——中医诊断学学科学术带头人，梁嵘勇于守正创新，在自己的领域默默地为中医现代化做着研究。

“过去我们进行中医现代化研究的思路，主要以西医学的理论和技术为支撑，来观察和验证中医的理论与疗效。”梁嵘按照这样的思路，以中医脾虚证为切入点，进行了15年的动物实验和临床研究。这些研究给梁嵘带来了诸多荣誉，如1993年被评为“全国百名中青年医学科技之星”，1994年被评为北京市高校（青年）学科带头人，1997年破格晋升教授。但是随着研究的深入，梁嵘开始对中医和西医的原创思维特征及由此所导致的差别进行了思考。

“认识身体有两个途径，一个是感知身体，一个是测量身体。中医主要走了感知身体的道路，比如号脉，是利用了医生的触觉，望舌，是利用了医生的视觉。而西医主要走了测量身体的道路，如血液检查、放射线检查、超声波检查等。感觉是人们认识自身与客观世界的基础，是人们获得知识的重要途径，因此，中医在‘科学’面前要自信，中医的实验研究要找到能够揭示自己的原创思维特征和科学内涵的命题，而不是简单地借鉴西医的思路、技术与方法。采用适宜的测量方法，测量中医医生所感知到的身体信息，是揭示中医诊法之科学性的重要途径，也是实现中医诊法现代化的有效路径。”梁嵘很认真地这样说。

俗话说“人过三十不学艺，人过四十天过午”。已逾不惑之年的梁嵘却重打锣鼓另开张，开始了对中医舌诊颜色信息的测量研究，这一干就是十多年。然而，梁嵘毅然选择的研究新领域并不为所有人所认同，不少人对这种研究报以怀疑的态度。面对科研道路上的种种挑战，梁嵘坦然处之，“依赖感官的行业并不仅仅是中医，调香师制作香料需要敏锐的嗅觉，品酒师鉴定酒水需要灵敏的味觉。有关视觉、嗅觉、味觉的测量都有、也必须有自己的科学体系。感觉与测量结合起来，才能更系统、更深刻地认识感觉知识的价值。所以，从现在开始，中医应该带上测量的工具上路了。”

现在，梁嵘与合作单位北京同仁医院体检中心一起，利用我国自主研制出来的舌诊仪，对健康体检者进行量化的舌象分析，探讨舌诊在健康评估和健康管理中的特殊价值。在梁嵘眼里，当利用颜色科学架起视觉经验与颜色测量之间的桥梁后，每一位医生对舌的颜色变化的感知就不再是主观经验，而是从主观感觉迈向客观测量的数据积累过程。“数据的来源越广，积累量越大，舌色变化与辨病、辨证、疗效评价之间的关系就越清晰，中医也就实现了从主观感觉的舌色判断到客观测量的舌色评价之间的转化。”

科研之路并不是康庄大道，总有数不清的失败与挫折，但梁嵘深信一分耕耘，一分收获，坚持默默前行。苍天不负有心人，梁嵘终于在这条满是荆棘的道路上留下了坚实的印记。截至目前，梁嵘主持或参与中医诊断学的科研项目10余项，其中包括国家重点项目3项，发表学术论文180余篇，合作出版学术著作10余部，获省部级科技进步奖5项。梁嵘还在大学里开设了“中医诊法研究”“中医诊断学古籍选读”等课程，将古人对中医诊法研究的思路，现代有关诊法研究的新知识、新技术传授给大学生和研究生，让学生对中医诊法研究有更丰富的古今知识，也开始关注中医诊法研究的每一点进步。

从吐露真言到行动诤友

1987年，梁嵘加入了中国农工民主党，曾任第九届、第十届农工党北京市委委员。2008年至今，梁嵘还担任北京市第十一届、十二届政协委员。从一位埋首教学科研的大学老师成长为一名合格的政协委员，梁嵘凭借着强烈的社会责任感，成功地实现了从教师到政协委员的角色转换。

对此，梁嵘不无谦虚地说：“一个人有了责任，才会有行动的动力。在政协这个观察社会、思考社会、学习社会的平台上，在学习如何当好政协委员的过程中，我逐渐意识道：不仅仅政府有社会责任，我们每个公民也有社会责任。”

随着中医学术的进步，中医看病已经不再是一张板凳、三个手指头的诊疗模式。舌象仪、脉象仪……这样一批拥有自主知识产权、能进行“望闻问切”的中医诊断仪器已被研制出来，并具备投入临床使用的能力。

2012年5月，国家发展改革委、卫生部、国家中医药管理局联合印发《关于规范医疗服务价格管理及有关问题的通知》，同时公布了《全国医疗服务价格项目规范（2012年版）》。虽然该规范中已包含一部分中医诊断项目，如“舌象仪”“脉象仪”，但遗憾的是，由于没有具体收费标准，部分中医诊断仪器无法进入医院进行有效地使用，只能在实验室一展拳脚或被束之高阁。这一情况引起了社会各界的普遍关注，也牵动着梁嵘的心。

在梁嵘看来，中医诊断仪器在中医现代化过程中发挥着举足轻重的作用，她说：“中医诊断仪器的作用有两点：一是保留中医的诊断图像或数据资料。这些数据是健康档案、临床诊断的证据。二是资料积累多了，就可以在大数据分析的基础上，建立起客观的中医诊疗规范和疗效评价标准。这两条对于促进中医药的发展至关重要。”

“台湾的舌象仪和脉象仪已进入医保体系，有收费标准，1次约200台币。目前，韩国也在申报国际的中医诊断仪器及诊断标准，如果我们不让中医诊断仪器合法合理地进入医疗诊断领域，将有可能失去这些中国原创的诊法优势。”拳拳爱国之心，溢于言表。作为一名政协委员，尤其是一名从事中医研究的教育界人士，梁嵘对此忧心忡忡，深感责任重大。为此，梁嵘从自身从事的专业研究领域出发，提交了《关于将中医诊断检查纳入医保收费项目的提案》《关于将中医四诊仪器的检查列入医保收费项目的再次提案》。经过她的努力，提案提交上去后，受到了北京市发展和改革委员会、卫生和计划生育委员会、人力资源和社会保障局的重视。

虽然两度就同一问题提交提案，且所提建议的落实尚需时日，但是梁嵘并不灰心，依然时刻关注着中医诊断科学研究及其应用。因为，梁嵘深知“作为公民、政协委员，应该在向政府提出建议的那一刻起，自己也付出行动，来为推进建议的落实做出不懈努力”。

谢正观　选择我的生活

张　涛

他感情细腻，学识广博，且善于填词作赋，从《诗经》到《红楼梦》，从李杜到苏辛，多有涉猎。他生性好静，除很多无法推脱的社会活动之外，剩余时间则多用来独处。连他的学生都说，除了课堂，很难在其他的地方找到他，但这又并不妨碍他成为一个深受学生欢迎的人。他是个台湾人，灌了多年洋墨水，却对传统国学情有独钟；他信奉“兴酣而来，兴尽而归”的信条，但又不失“言有物，行有格”的严谨。这就是我想向您介绍的北京市政协委员、中国科学院大学资源与环境学院教授谢正观。

我的中国梦

“我梦想有一天，幽谷上升，高山下降，坎坷曲折之路成坦途，圣光披露，满照人间。”相对于马丁·路德·金对未来那种诗意的憧憬，谢正观的梦想则是十分朴实和真切的。也正是这种后来被我们称为“中国梦”的东西，驱使着他离开美国，投身于中国大陆当时正在轰轰烈烈的改革开放大潮之中。

“很多朋友都认为，我当年在大陆生活条件比较匮乏的时候，选择回国发展，如今看来还是很有远见的，其实真实情况不是这样。除了跟随当代世界潮流对社会主义有所追求外，最重要原因是我当时有一种心情，今天可以不害臊地说就是我有我的强国情怀。”谢正观这样解释说。

谢正观回国定居时正值20世纪90年代初期，那个年代的物质条件自然是不如人意的。因此当《北京人在纽约》正红遍大江南北，无数王启明正前赴后继地选择去海外淘金的时候，“傻乎乎”地非要跑回大陆来参加建设中国特色社会主义的谢正观，在当时看来无疑是一个异类。当年他还年轻，凭着一腔热忱来到大陆，还未曾想过今天的自己会是个什么样子，更没曾想过当年的“傻乎乎”有一天也会被看做什么远见。

由于谢正观在美国留学主攻的领域是城市规划，他回国后的第一份工作就被分在了中国城市规划设计研究院，月薪是全院最高的300多元。每当发工资的时候，人们先后在一张大表上签字，谢正观的名字赫然列在最前，大家对这个比院长工资还高的家伙是怎样一种态度就可以想见了。因此每次领工资签字的时候，都让他特感尴尬。虽然如此，300多元的工资还是显得有些不太够花，每当境外来了要好的朋友，好客的他都免不了破费，一顿饭下来，工资就已经所剩无几了。如此拮据的条件，不能不说是一种挑战，但是他却坚持了下来。

“我之所以回归祖国，是因为我对我的国家有我的梦想。我看到了发达国家公共交通的四通八达，就梦想着我们有一天能有发达的地铁；我看到日本、法国的高铁快速便捷，就梦想着我们的同胞也能享受到高铁的便利；我梦想着中国能够在奥运会上金牌拿第一，也梦想着中国能将人送上太空，唤起全体华人的自豪；我梦想着看到两岸能够实现统一……而三十年来我的中国梦不出我所料，大多都实现了！”谢正观情不自禁眉飞色舞地谈论着他的梦想。

只是两岸统一尚未可期，不免让他颇多遗憾。起初，他天真地以为如果中国夺得奥运金牌第一、将人送上太空，就一定能增加华人的凝聚力，促进两岸统一；谁知道后来真做到了，有些台湾人竟满嘴怪话，说什么“人家早就做到了，你今天才做到”，言下之意似乎是说没啥了不起。他不知道自己的台湾乡亲如今思想已然有变，使他真正感受到世事难料。但他仍对他们抱有信心：台湾同胞长久寻求出头天的道路是曲折的，他们最终一定会真正认识到，和祖国大陆携手前行才是光明的！

现而今，两岸的年轻人是该有新梦想的时候了。谢正观也坚信，经过几代中国人的辛勤耕耘加上年轻人的创新，他们的梦想——他们的中国梦，也会跟他一样，一定有实现的一天。

20世纪80年代中期，谢正观第一次到大陆参访。在这里，他越发感受到了正在改革开放的中国所散发出来的勃勃生机，感受到那种身临其境的真实和到处洋溢着的希望的气息。曾到过许多国家的他慨然认定这里必是一片改革开放的热土，这样的判断竟促使他产生强烈的动力立下宏愿：自己应该抓住机遇，抱定决心，切身参与其发展和改革的全过程，做一个他深信不疑的中国未来必然发生巨变的历史见证者。

谢正观回忆说，对20世纪大多数发展中国家而言，社会发展似乎只有两种模式，即美国模式和苏联模式。直到中国改革开放的时候，他隐然感觉到，大概第三种模式出现了。这种模式到底行不行，走得通走不通，那时候大多数人是看不清楚的。只不过相对于国外的隔岸观火，或是国内的心里没底，他选择了亲自尝一尝梨子的滋味。

“是骡子是马拉出来遛遛，在改革开放的大潮里，我也想试一试。虽然后来发现我既不是骡子也不是马，但是我心里却很坦荡，至少我可以骄傲地说，我也曾为中国的现代化出过一丝力。”谢正观表情认真地说。

他觉得，所谓建设祖国或是留洋工作只是不同生活方式的选择，本来不该算作一个问题，只是由于人们的价值观念作祟，才使得留洋的成了理所当然，回国的反而成了稀有物种。虽然他也知道，这样的说法很有可能被误以为是唱高调，但他当时就是这样想的。不过若将一件算不得问题的问题拿来反复宣扬，倒是真的有违本心了。那些出国的人把希望寄托在外国，尤其是西方世界，即使再苦也不回来，可又纷纷把目光盯在国内，这是为什么呀？如人饮水，冷暖自知。

疏解不是唯一手段

2015年，正是“十三五”规划的编制之年。“十三五”的五年是北京市全面建成小康社会的关键时期，也是落实京津冀协同发展战略，疏解非首都功能的关键五年。这样的大背景，这样的激动人心的顶层设计，对于以规划为专业的谢正观当然会予以极大的关注。

他认为，从宏观层面看，疏解非首都功能是降低中心城区人口密度，有效控制人口规模和保护古城的必然选择，功能和人口的过度集中，对环境承载力造成巨大的压力，因此疏解非首都功能本身无可争议。但从微观层面看，疏解非首都功能似乎并不能如老百姓所愿，立刻使中心城区变成一个宜居的城市，人口过多只是造成中心城区拥挤的一个原因，更为重要的原因则在于公共设施的便利程度不够，很多空间没有被更合理地利用。

“以我国的香港为例，中环的过街天桥为一体系，编织成网，都与周边的大厦相连接，一个天桥可以有五六个出口，这就大大减少了街上的拥挤和增加了人们出行的便捷。而北京过街天桥虽然很多，却各自分散，单兵作战，体现了行人让路于小汽车的思想。北京西单的多座天桥虽有连成天街的意思，却效果不彰。它们既未能遮日蔽雨，自动扶梯又不足，这就是公共服务意识的缺失所致。”谢正观举例说明，在老城区呈现的一些拥挤现象有的是因为空间利用不合理造成的，有的是空间利用不充分造成的。

他认为，公共设施与服务的提供在非首都功能疏解的过程中也至关重要。如果只疏解功能，而不加大当地公共服务的提升力度，老百姓住得不舒适，那么他们自然还会选择回到公共服务功能较高的中心城区来。

谢正观还表达了他的一点顾虑，他指出：北京要在中心城区打造高端服务的功能结构，一定会需要新的大量的外来高精尖人才，这群人有可能被迫居住郊区。而中心城区的居民，显然是不足以胜任这样的工作，那么他们有可能被迫到外围去寻找工作；上述两种群体势必造成新的职住分离，带来新的交通拥堵。一个是疏解功能增量的问题，一个是疏解功能存量的问题，孰轻孰重？因此，对于新规划新问题将造成怎样的影响，要事先做好充分估量。

“百姓更多在意于生活的舒适程度，官方则更多关注于城市布局，长远规划，如何统筹二者之间的需求，才是我们真正需要下工夫认真研究的问题。我们不能抱定简单疏解了人口和功能，就可以预见未来的美好；相反，还有很多未知问题需要我们去解决。”谢正观强调了以人为本是城市建设的核心。

的确，诚如他一再提及的，知其不可为而为之是很多献身国家建设的人所具备的精神，京津冀一体化要有个过程，靠的就是这种精神。对于像他这样曾经漂泊海外，终而回乡安身立命的人而言，这样的精神则再合理不过了。那是中国人的气节，中国人的灵魂，中国人内心深处最为纯净的表白。

他出国为了追梦，回国也是寻梦，对于一个追寻梦想的人，又哪里需要如此多的注脚呢？我生本无乡，心安是归处。余英时说：“我在哪，哪里就是中国。”那么我们看待归与不归又何必那么执着呢。“我只是选择了我想要的生活，在哪儿还不是过日子呢？”谢正观如是说道。

陈颖　为了祖国的荣誉

吴葆　崔晨

2008年8月13日，在奥运赛场上，中国射击队收获了北京奥运第三金。“意外！”“神奇！”“绝处逢生！”“绝地反击！”“超级逆转！”“近乎奇迹的表演！”记者们极尽能事地把一连串惊喜掼到了这枚金牌得主陈颖的头上。的确，这是一枚来之不易的金牌，在杜丽、朱启南和谭宗亮失利之后，在高手对决，以5环之差位列第三的不利情况下，陈颖顶住压力，稳定发挥，决赛的20发子弹中仅有三枪低于10环，打出平均每枪10.4环的好成绩，从而顽强反超。这也是一枚弥足珍贵的金牌，使陈颖成为中国射击队中第二位集奥运会、世锦赛、世界杯冠军于一身的大满贯得主。

获得奥运冠军的陈颖顷刻间成为媒体追逐的目标，但是在众多的报道中却遗漏了一个关于她的重要身份特征——陈颖是北京市政协委员。8月28日，作为政协委员的陈颖接受了我们的采访。

动作要练到自动化的程度

奖牌是运动员追求的目标；奥运金牌是所有运动员的梦。为了实现心中的梦，运动员付出的艰辛有时是常人无法想象的。射击运动不像球类、水上等运动项目，没有一点游戏的成分，训练是非常枯燥的。

陈颖说，自己进入射击队纯属偶然。那是在她上小学六年级的时候，崇文区业余体校的教练来到她所在的北京市崇文区幸福小学招收即将小学毕业的女孩子到体校练习射击，陈颖被选中了。用她的话说，她从小被家里当男孩子养，从来没梳过小辫子，常常是很短的运动头，17岁以后才开始留长发。可能就是因为她的性格像是舞枪弄棒的男孩子，才被射击队教练挑中的。

陈颖说："射击运动员的动作要求精确度极高，所以，练射击练到准确还不行，必须要精准。运动员的训练就像站桩，不仅要站得稳，而且要站得准——角度、姿势都要讲究，举枪、瞄准、叩动扳机，所有的动作都要练到自动化的程度，并且要成为本能的反应。"

这是一种什么境界？常人实在无法想象。从13岁算起，陈颖摸枪已有18年。1994年，高中二年级的时候，她被北京射击队选中，成为了专业运动员。2001年，她进入国家队，运动成绩稳步提升。长达18年的刻苦训练，成就了今天的奥运冠军。

陈颖的父母都是北大荒知青，像许多知青一样，他们希望女儿能圆自己的大学梦，不愿看到女儿因为练射击影响学习。而对于陈颖来说，开始练射击还是出于兴趣，但是上了中学，课业负担加重，练射击反而成为一种调剂和放松。在临近中考的日子里，每天8节课，外加大量作业，光是做卷子每天就有十几张。但每天下午4节课后，陈颖都要到体校练习一个小时。她是利用课间和自习课来完成作业的，实在完不成，她宁愿加夜班。母亲的反对越来越明确，体校教练跑到她家里做工作。教练说，体育好，中考还可以加分。但是中学生哪里有射击比赛呢？陈颖笑着说，中考时确实享受到加分政策了，不过不是因为射击，而是由于获得北京市演讲比赛的第二名。

正是凭着不间断的刻苦训练，陈颖实现了运动员的最高价值，为祖国赢得了荣誉。她说，自己的坚毅，来自于父母坚强性格的影响。

妈妈的病情隐瞒了半年

陈颖的父母是兵团知青，母亲来自天津，父亲家在北京。1977年11月，陈颖在北京出生，妈妈生下她后，把她留在北京的爷爷奶奶家，就同爸爸返回了东北兵团。陈颖说，是爷爷奶奶和一大家的人把她抱大的。

那是一个大家庭，陈颖的父亲有三个哥哥两个姐姐，他是家中的小儿子，因此，陈颖有两个姑姑，三个"大大"，他们各自的小家庭又都有两个孩子，这样，陈颖虽然是家中的独生女，却有10个哥哥姐姐。尽管没有父母在身边，她却是这个大家庭中最受宠爱的小姑娘。她说，自己虽然是第一代独生子女，却既不是小皇帝也不是小公主，而是个“假小子”。回忆起儿时生活，陈颖充满甜蜜，她说，“那时无忧无虑，哥哥姐姐带着我到处玩，到处闯祸，整天在街上跑，就像是胡同串子。那真是金色的童年！”说到这里她咯咯地笑起来，笑声中藏着幸福的回忆。

陈颖说：“1979年，邓爷爷发了话，让所有的知青都回城，在我2岁的时候，爸爸妈妈终于回到了北京。他们像所有的知青一样，为那个年代付出了青春，但他们历尽艰辛，仍非常坚强。”

谈到父母，陈颖流露出感激、钦佩与内疚。

陈妈妈几年前曾患乳腺癌，由于发现及时，手术成功，恢复也很好。谁知，今年春节期间，旧病复发，再次住进医院接受化疗。由于当时陈颖备战奥运，家人怕影响她参加比赛，就对她严密封锁消息。所有的人——她的父母、爱人、公公婆婆、姑姑“大大”以及所有的哥哥姐姐，都瞒着她，目的只有一个，让她轻松上赛场，为祖国争得荣誉。今年初夏，陈颖曾回过一趟家，母亲瞒不过就告诉她，自己有些咳嗽，像是肺炎，吃了点药就好了。粗心的女儿竟相信了。后来，训练紧张，她不能回家，只能打电话，赶上母亲住院化疗，家人就告诉她，爸妈到外地旅游去了。再后来，进入临战状态，电话也不能打了，她真的一点都没为家人分心。她说，直到走下领奖台，她打电话回家，想和家人分享夺冠的喜悦，大家才告诉她，母亲已经做完了四个疗程的化疗。一个疗程21天，她被瞒了整整半年！讲到这些，陈颖泣不成声。

正是有了亲人的理解、支持，陈颖才能从容、镇静地应付比赛。她说，我们都是正常人，比赛时也会紧张，但是这次是在家门口比赛，我知道所有的亲人都在为我加油。

回家的感觉真好

8月27日上午，中共北京市委、市政府为参加奥运会的京籍运动员、教练员庆功。会上，陈颖发现有人传给自己一张字条，还没来得及打开看，就被坐在她旁边的北京市体育局局长孙康林抽走了。原来，奥运会后，运动员们仍有许多集体安排，不能自由活动，而市政协机关的同志们早就等不及了，都想和新委员陈颖见见面。于是，在阳安江主席的“授意”下，沈宝昌副主席写了纸条。孙康林局长当然善解人意，他知道，陈颖和张怡宁的教练李隼都是体育界推荐的北京市政协委员，于是，他慷慨放行，并拉上张怡宁，一同来到市政协。

今年1月，陈颖接替已任两届委员的师兄杨凌，被推荐担任了北京市政协委员，但年初召开市政协全会时她已开始集中训练，因此，这是她第一次“到家”。

见到阳安江主席，她一开口就道了声对不起，说，“我太失职了，没有尽到委员责任。”

阳安江主席笑着说，“你为国家争得了荣誉，做出了贡献，政协为你骄傲，政协感谢你！”

陈颖说，虽然还没有来得及参加政协活动，但政协简报、杂志和各种学习材料我都抽空阅读，从中了解了不少政协工作情况。机关的同志经常和我电话联系，与政协的领导、同志们在一起，就像和家人拉家常，回家的感觉真好。

说到政协，陈颖很是谦虚，她说，政协委员中专家学者很多，他们都为老百姓反映意见建议，很敢说话；她说自己对政协的了解还很有限，如何履行好委员职责还要好好向老委员请教，但自己将更多地关注基层运动员的呼声，反映他们的意见。

其实，陈颖大可不必太谦虚。正当她摘获奥运金牌之际，她历时4年研修的北体大体育管理硕士研究生课程已经完成，毕业论文写作也已近尾声。在学业与事业上，她没有什么缺憾了。

拿到金牌，她最想回家，最想见到的就是父母和爱人。她说，还是在5月份，她的训练时间尚且有些空隙，她打电话给爱人，希望他过来看看，但那时正是抗震救灾最紧张的时候，爱人所在公司承担着为灾区恢复供电生产相关产品的任务，他加班加点，回不了家，也没有时间去看望她，所以，他们也有很长时间没有见面了。

就在27日这一天，她请了一个小时的假，到医院去看望病中的母亲。这是她几个月来第一次和母亲相见。她说，母亲瘦了，好像也苍老了……

（本文刊载于《北京观察》2008年第9期）

霍建新的人生九宫格

崔 晨

在十二届北京市政协体育界的几位委员中，他没有奥运冠军陈颖的赫赫战功，也没有铁血教练李隼、柴岭的桃李芬芳，他是在体育明星背后，为竞技体育与全民健身做出双重贡献的幕后英雄——首都体育学院教授、北京大学生体育馆原馆长霍建新。

走进位于首都体育学院图书馆三层的霍建新的办公室，一整面书墙首先映入眼帘，书柜里整齐地码放着体育、文化、社会科学等各类书籍，书脊前错落有致地摆放着他从世界各地搜集来的艺术摆件，柜门把手上层层叠叠垂挂着他参与的各项体育赛事的证件，书柜顶上还悬挂着一幅幅或静物或风景或抽象的油画作品。霍建新正端坐在书柜前的书桌上办公，掩映在一摞摞文件与一叠叠新鲜出炉的学生成绩单中间。置身这样的环境中，一时间记者有种走错办公室的感觉，扑面而来的艺术气息更是让记者模糊了眼前这位采访对象的身份。随着访谈的深入，解开了我们的疑惑，体育管理、教学科研、文化艺术、政协履职……霍建新的人生九宫格缓缓展开。

尽精微 致广大

“其实我的专业是美术，这些油画都是我的作品。”也许是看出了记者的疑惑，霍建新指着书柜上的油画向我们道出了开场白。1985年大学毕业的霍建新被分配到首都体育学院，干起了美术与体育结合的专业，教授体育绘图课，这是体育教育的基础课程。就是从那时起，曾经年少轻狂、不修边幅、长发披肩的文艺青年在神圣的讲坛上收敛起张扬的个性，“老师是人类灵魂的工程师，你的言谈举止将对学生起到言传身教的作用。所以成为老师让我改变了很多，和原来的风格完全不一样”。而未改变的是霍建新多年来从美术中形成的审美观，这似乎已融入了他的血液。“大家都说我是个完美主义者，看什么都以艺术的眼光，从美术的角度，立体的、全方位的去看。”霍建新笑着说。“尽精微、致广大”这则绘画理论也成为他的人生座右铭，“尽精微、致广大，我又加了半句：工作犹如绘画。这就要求我们工作时既要有非常精到的细节刻画，又要有宏观的把控，而且要掌握好二者的平衡”。从霍建新坚定的眼神和笃定的语气中，我们可以感受到这已不仅仅是他的艺术追求，而且是他的人生境界。

工作没几年，霍建新通过竞争上岗来到北京大学生体育馆工作。这是隶属于首都体育学院，建筑面积达1.2万平方米，当时仅次于首体、奥体、工体的北京第四大综合性体育馆。从零开始的霍建新在场馆运营管理这个当时如白纸一般的领域上绘画出崭新的作品。

最早在体育场馆工作的人员往往是退役运动员及其家属，运营管理也只是停留在关灯、锁门上。初出茅庐的霍建新触类旁通地认为，体育馆是运动的基础，如同办公室是工作的基本平台一样，有谁愿意在卫生条件不好、灯光照明不够、空气质量欠佳的地方运动，只有提升场馆的自身硬件水平，才能为竞技体育与全民健身提供更好的服务。想到这，说干就干的霍建新带领整个团队首先开展了北京大学生体育馆的硬件改造工作，为了确保工程质量与进度，他经常工作到深夜，有时干脆就住在工地，经过一年多的改造，北京大学生体育馆已初具规模。

“改造后，校领导的想法是能否通过体育馆挣点钱。”对于创收霍建新一窍不通，但他的想法是起码要让体育馆先有点人气，他就骑着自行车、背着广告牌，走街串巷去宣传，自己给自己代言：“大爷，来我们体育馆锻炼吧，不贵，羽毛球5元一小时、乒乓球3元一小时。”而在那个习惯于水泥台垒砖头打乒乓球的年代，好的运动环境并没有吸引太多客源，花钱去运动的做法大多民众还不大接受。但霍建新的努力也并非一无所获，北京大学生体育馆首先吸引了一批“白领”工作之余来锻炼，之后在这些人一传十、十传百的宣传作用下，北京大学生体育馆逐渐形成品牌。“1991年1月20日，北京大学生体育馆成为北京第一家对外开放的体育馆。”说起20多年前的这个日子，霍建新犹如提起自己孩子的生日，仍然记忆犹新。北京大学生体育馆的对外开放也如同推动了多米诺骨牌的第一张牌，带动了首都各个体育场馆的逐步开放，推动了体育事业的发展。

在几年的逐步摸索中，霍建新确立了以全民健身为己任的办馆宗旨；在管理上他制定了一系列规章制度，提倡“以馆为家，馆兴我荣，馆衰我耻”的主人翁精神，确定了奖勤罚懒、多劳多得制度；在经营上坚持以“体”养馆，充分发挥体育馆的功能性作用，力争社会效益与经济效益的双丰收。北京大学生体育馆成为了国内高校体育场馆经营管理的典范，数次被国家体育总局评为“全国优秀场馆”，他本人也成为了体育赛事、场馆管理的知名专家。

在北京大学生体育馆运营管理工作取得显著成绩之时，霍建新对事业追求的脚步并未停歇。就在各大场馆坐等赛事之时，他又一次想在前头、做在前头，采取“走出去”战略，到世界各地去申办赛事，由他成功申办的赛事有“第18届世界跆拳道锦标赛”“2004年世界乒乓球巡回总决赛”等，其中最著名的要数北京三大品牌赛事之一的“世界斯诺克中国公开赛”。而霍建新亲身组织、参与的国际、国内体育赛事更是多达50余场，其中不乏北京奥运会、世界大学生运动会、亚运会等重大赛事项目。

从体育“充电” 在政协“放电”

号称自己从小爱动的霍建新，对每项体育运动都上手很快，游泳、羽毛球、网球是他的强项。朋友们也总是戏言，霍建新运动后像是打了吗啡一样精神焕发、精力充沛。体育不仅给予霍建新体能上充电，还是他参政议政的源泉。

2003年，霍建新成为海淀区政协委员，“几年的履职让我逐渐感觉到，利用政协这个平台，可以把自己从事的体育科研转化为社会生产力，推动社会的发展，这也成为我履职的最大动力”。这种力量也一直推动他在成为市政协委员后，坚持为民生体育出谋划策，十余年来共提出了二十几件有关民生体育的提案。

为了了解百姓对体育健身的需求，霍建新常常利用休息时间，根据群众的来信、来电，对群众反映强烈的问题，进行实地调研。一次，海淀区玉海园小区的百姓给霍建新打电话，反映该社区体育健身设施被拆除、运动场地被占用的情况，他周末一早就开着车去实地调研走访，倾听群众的心声。“当时有很多百姓在等我，可以说是夹道欢迎，我真是受宠若惊。”群众的信任也增加了霍建新履职的责任感与使命感。百姓反映学校体育场馆不对外开放的问题，他专程到北京一七一中学、一零一中学等开放较好的学校进行大量走访与座谈，了解到校方对开放学校体育场馆还存在经费问题、安全问题等困难和顾虑时，他一方面撰写提案呼吁此事，一方面帮助协调解决，最终达成了双赢。

“一定要认真从基层、群众中总结问题，发现热点难点，再根据你的专业或研究方向提出建议，才能写出有分量的提案。”霍建新所提提案的“分量”也自在百姓心间，他提出的《关于北京地区奥运场馆赛后利用的几点建议》的提案就入围了2009年百姓票选的“最具影响力提案”的前30强。“小霍，我可投你票啦！”当时这通朋友来电，弄得霍建新一头雾水，在朋友的指引下，他才找到当天的《北京日报》，得知自己提案入围的好消息。虽然该提案没能最终当选10件“最具影响力提案”，但能从近万件提案中脱颖而出，已经显示了该提案的社会影响力，评审委员会的推荐说明也对该提案给予高度评价：此提案为制定和完善《关于北京奥运场馆设施向公众开放的指导意见》《关于进一步加强国家体育场运营维护管理合作协议》等政策措施，妥善处理好“开发”和“保护”等多方利益关系，打造以奥运场馆及周边景区为主的奥运旅游精品线路等，起到了积极的促进作用。

如今，霍建新由北京大学生体育馆转岗到首都体育学院，他的人生九宫格从此又填满了一格。“我真是分不出孰轻孰重，哪一方面都想做到最好，所以只能均分。”在新岗位工作仅短短一年，他所撰写的论文就被中国图书馆学会评为三等奖，他所提出的让知识“动”起来的图书馆办馆理念，在业界备受称赞。新的领域也拓宽了霍建新的履职视角，在市政协十二届一次会议上，他不仅带来了《加大公共体育场馆开放力度，充分为社区服务》《加强体育健身体质检测，增强青少年体质》等有关民生体育的提案，他表示经过进一步调查研究，还准备提出《建立首都高校图书馆联盟》的提案。面对十二届市政协的履职征程，霍建新已是“关山初度尘未洗，策马扬鞭再奋蹄”。

于圣臣　爱心似海　善行无疆

郭　隆

作为一个民营企业家，他始终坚持“药品质量只有一百分”的原则，“做老百姓用得起的好药”；作为北京市科委认定的高新技术企业，他率领研发团队开发了40余个新药品种，且远销亚洲、非洲的多个国家；而在社会慈善事业上，他致富不忘回报社会，一次次伸出爱心之手，以自己的行动否定了传统“商人”的定义，书写了一名民营企业家乐于奉献、扶贫助困的慈善情怀。他就是北京市政协委员、北京悦康药业集团有限公司总裁于圣臣。

从率领企业步入“商海”的那天起，于圣臣就把“合和文化”作为自己企业的灵魂。也正是在“合和”理念的指引下，于圣臣和他的悦康药业集团始终有一种“大爱的胸怀”，捐款救灾，捐资助学，多年来，于圣臣用一次次的爱心行动践行着企业家的社会责任和慈善情怀。

“我们的心与灾区人民同在”

2008年5月12日，神州蒙难，举世皆惊。

四川汶川特大地震给灾区群众的生命财产造成了巨大损失。

通过电视画面看到受灾同胞的不幸遭遇，于圣臣心情十分沉重。他即刻意识到，在严重的灾情面前，受灾群众急需镇痛、消炎类药品。“国家到了危难之时，我们要坚定地与党和人民站在一起，履行一个企业公民的社会责任，为灾区人民实实在在地做点事情，帮助他们渡过难关。”于圣臣立即召开中高层领导紧急会议，即刻成立了“心系灾区援助工作小组”，由他亲自任组长，密切关注灾情变化，迅速作出援助工作安排。当获知灾区群众缺医少药的详细情况后，于圣臣第一时间要求企业生产部门调整生产计划，加班加点生产用于抗震救灾的急救抗感染药品。同时，在他的组织下，在全集团范围开展“我与灾区同胞在一起”的献爱心活动，号召全体员工尽自己一份力向灾区人民捐钱捐物，以不同的方式表达对灾区人民的牵挂之情。不日，全体员工的爱心捐款加上公司筹集的500多万元急救药品陆续发往灾区。

“我首先是国家公民，然后才是企业家！”于圣臣说，企业的发展壮大离不开国家政策和社会各界的支持，企业家理应肩负起更多的社会责任。“现在国家有难，作为企业经营者，调动自身资源为灾区奉献自己的一份力量是我义不容辞的责任，希望这批药品能够缓解灾区人民的伤痛。”

“致富思源，回馈社会”是于圣臣一贯坚持的理念。多年来，每次有灾难发生，他都会挺身而出，积极地向灾区捐款捐物，用他的话说——“我们的心与灾区人民同在。”

2010年，青海玉树发生了7.1级强地震。这一次，于圣臣立即行动向灾区捐赠了包括阿莫西林胶囊、头孢氨苄片等当下急需的抗感染、消炎、镇痛类药品，共计1750箱，总价值约506万元。

其实，这样的事例还有很多：1997年抗洪救灾期间，他向中国红十字会捐赠了价值40万元的药品；2003年春，在抗击“非典”的紧要关头，他先后两次向原北京宣武区政府和北京市等单位捐赠了价值150万元的药品；2005年长江中上游地区遭受特大洪灾，他带领企业员工立即生产出总价值约200万元的抗菌消炎药品，免费捐赠给受灾最重的重庆市开县；在2006年的“送医送药到山区”活动中，他又捐赠了价值1.2万元的药品；2007年，他向贵州毕节贫困地区及重庆市九龙坡区捐赠药品，共计价值50万元……据不完全统计，近年来于圣臣带领悦康药业集团已累计向社会捐赠了价值约1500万元的财物。

给孩子们送去社会的温暖

“亲爱的于叔叔，您以榜样的姿态，告诉我们如何做一个对社会、对他人有用的人。我们一定会勤奋学习，用优异的政绩报效祖国，用自己被温暖的心，去温暖那些需要温暖的心……”这是河北省平山县西柏坡中学的学生发自肺腑的声音，这声音充满了孩子们对于圣臣捐资助学、帮扶贫困学生善举的感激之情。

孩子们是祖国的未来，让他们能够安心学习、完成学业是于圣臣始终的心愿。

当得知西柏坡中学办学条件差，学生家庭贫困后，于圣臣主动请缨肩负起对口帮扶的责任。2011年初，他向西柏坡中学捐赠50万元人民币，用于改善校园供暖供水设备、购置文体设备，并设立了贫困学生助学金。“每年每个孩子的学杂费、生活费并不多，但镇上的不少家庭都会为这个数字犯难，而孩子们最渴望的就是通过读书来改变命运。”于圣臣说，这一次的捐赠，力量是有限的，希望更多有识之士关注和支持老区教育事业的发展，回馈更多的社会财富来帮助孩子们接受良好的教育。”

为教育事业做一些力所能及的事，让家庭贫困的学生能够上得起学、上得好学，始终是于圣臣牵挂的一件大事。2011年7月，捐款助学的行动再一次在西柏坡中学延续，于圣臣把2300册总价值8.5万元的图书，送到了老区孩子们的手中；2002年，他向贵州毕节贫困地区捐款筹建了一所希望小学，实现了当地许多孩子的上学梦；2008年1月，于圣臣走入专门收留全国各地的流浪儿、孤残儿、特困儿的北京光爱学校，给孩子们送上新书包、新文具等学习用品，让他们感受到了社会大家庭的温暖。

“正是由于贵集团的支持与赞助，给我们提供了必要的竞赛设备，我代表所有参加数学建模竞赛的同学们，向于圣臣总裁及贵集团致以衷心的感谢。”由于圣臣出资赞助举办的沈阳药科大学“第三届”数学建模竞赛取得圆满成功，学生代表刘艳之特意给于圣臣寄来了感谢信。

“一位成功的企业家应该对社会心存感激，边远山区孩子的教育条件比较差，能用自己的爱心善举尽一点绵薄之力，是一件很有意义的事情。”于圣臣说，2013年他准备在西部地区继续开展支教助学公益活动，计划投入200余万用于改善贫困学校的校舍建设。

心念职工 关爱送暖

历经多日的阴雨天气，冬日的太阳让人感觉格外温暖。

捧着沉甸甸的募捐箱，斜倚在病床上的张洁忍不住潸然泪下。

一年前，悦康药业集团公司的员工张洁被诊断患有白血病。得知此消息，身为公司领导的于圣臣放下手头业务，与公司干部一起为张洁联系医院、确诊病因。在张洁的治疗过程中，于圣臣更是放心不下，每隔几天便赶赴海军总医院，向她的父母详细询问病情、治疗计划和家中的情况。“我们的企业是一个大家庭，谁有困难大家都会伸出援手，我们会尽一切努力为你创造良好治疗条件，坚信你一定能够早日恢复健康。”于圣臣与张洁所在部门的同事一起，多次到医院进行探望，鼓励张洁以乐观、积极的心态面对治疗。

在企业内部，于圣臣组织了一场“关爱送暖”的募捐活动，他带头捐款，并号召企业干部、职工以真诚行动表达对张洁的深切祝福。短短半天时间，爱心捐款就装满了募捐箱，献上了企业爱心的同时，也了了于圣臣的一桩心愿。“谢谢大家，谢谢每一个关心我的人，我对自己的康复充满乐观的希望”，张洁对公司及同事们的感激之情溢于言表。

在企业界有这样的现象：有的企业平时热心社会公益，积极捐助，充分履行了自己的社会责任；但对待企业内部自己的员工，却过于苛刻，甚至不近人情。对此，于圣臣表示坚决反对，对本企业内部的员工，他的心中始终装着一个“谢”字。“关心企业员工的生活，帮助他们解决实际困难，是一个企业家基本的责任”，于圣臣说，只要自己有机会、有能力，就要将“爱心助人”牢记心头，全力当好一名“慈善使者”。

（本文刊载于《北京观察》2013年第2期）

再帕尔·阿不力孜 人生的凯旋

薄 茹

在北京市政协委员中有这样一位年轻的维吾尔族委员。他是维吾尔族的第一批留日学生，第一批博士、博士后，博士生导师；他不到30岁时，成为新疆维吾尔自治区最年轻的副教授，39岁时，成为博士生导师；他孜孜不倦地进行科学探索，他开朗热情地拥抱生活。他不断为自己的民族增辉，维吾尔族也为他感到骄傲。他就是中国医学科学院药物所仪器分析中心主任再帕尔·阿不力孜教授。

寻找再帕尔·阿不力孜教授成长的足迹，从中可以获得很多启示。

父亲：人生的导师

时光倒退30年，新年前夕。维吾尔民族能歌善舞，喜欢聚会娱乐。但每次面对伙伴的邀请，15岁的再帕尔·阿不力孜都感到十分为难——在同伴面前，穿着哥哥的旧衣服的他显得那样寒酸，少年的心总是敏感自尊的。

虽然那是个物资匮乏的年代，但过年的时候穿上一件新衣服并不是特别奢侈的事情，尤其再帕尔那样的家境。他的父亲在新疆日报社工作，母亲是一名小学教师。

“爸爸，给我买件新衣服吧，别人家的孩子都有。”在临近新年的时候，再帕尔向父亲提出了这样的要求。他的那身衣服与周围的同学比较起来，实在太旧了，而且不管冬夏就是那么两件。他已经是个大孩子了，父亲一定能满足他。

父亲并没有答应他的要求。他伤心地哭了。

“堂堂男子汉，还为衣服哭鼻子，太没出息了。”父亲严厉地批评了他。从父亲的口中，他听到了“人不能只追求外表”这样的道理。虽然不多的几个字，但这句话的分量在再帕尔的心里却是沉甸甸的。

他一直很崇拜父亲。没有什么力量比父亲的言传身教更能对再帕尔产生影响。

再帕尔·阿不力孜的父亲是著名的维吾尔族诗人和老作家阿不力孜·那则尔，曾担任新疆日报社副总编、副社长以及新疆作协主席。他不但创作了大量脍炙人口的文学作品，还因为文学界培养了新人而被称为“文学花园里的育花人”。正是这位严厉克俭的父亲对再帕尔产生了深深的影响。

父亲在新疆日报社工作时，再帕尔常去父亲办公室看书学习。进出办公室的人很多，多数是向父亲请教如何修改稿子。常常在别人看来很难修改的地方，父亲略加思考，就能顺畅自然。旁人对父亲的敬重印在了小再帕尔的脑海中。

再帕尔·阿不力孜很小的时候，家里就装了电话。电话百分之百都是打给父亲的，一般都是报纸送去印刷前，请父亲再去校验一次。无论多晚，只要接到电话，父亲就会赶到办公室或者印刷厂。四十多岁时，父亲患了心脏病，他的战友都说是太过辛劳的原因。

父亲去世时，再帕尔写了一篇悼念文章，称父亲是自己的“人生导师”，父亲对他产生了两个重要影响：一是努力成为一个像父亲那样受人尊敬的人；一是无论做什么事情，一定要认真。

从很小的时候开始，再帕尔就懂得勤奋学习的重要。通过努力，他考上了新疆大学化学系，并且凭借优异的成绩，成为班里留校任教的唯一一名学生。

毕业前夕，系领导问再帕尔：“你是什么地方的人？”

再帕尔说：“我是乌鲁木齐人。”

系领导很疑惑：“你是乌鲁木齐人，那你父亲是做什么工作的？”

再帕尔说出了父亲的名字，系领导惊讶地说：“你是他的孩子，不可能吧，我还以为你是从农村来的。”因为，他没见过城市的孩子一年四季只穿一套衣服。

多年之后，回忆起这段经历，已是中国医学科学院（中国协和医科大学）药物研究所研究员、博士生导师的再帕尔·阿不力孜说："父亲的严格要求以及以身作则对我产生了很大影响。因为家里的情况和父亲的严格要求，我在物质生活上非常简朴。事情总是有正反两个方面，那时不能如愿以偿地穿上漂亮衣服，但正是这样才使我有更多的时间和精力用到学习上。我能有今天的成就，应该感谢我的父亲。"

异域求学

1985年，再帕尔因为学习成绩突出，被选派为新疆维吾尔自治区第一批赴日本留学生，到日本明星大学化学系学习。在那里，他开始了真正的科学研究。

20世纪80年代，留学远没有今天这么流行，一个异乡的学子总会遇到各种困难与挫折。虽然再帕尔很少谈论这些，但许多留学生需要解决的问题他都不得不面对，而且为了在学业上有所成就，他遇到的困难甚至超过了大多数人。

在日本，他的身份是中国学生，没有人会把他作为少数民族来特殊对待。他既要学习日语，又要适应生活，更不能浪费一滴宝贵的专业学习的时间。

读硕士时，再帕尔每周要到离学校很远的一个实验室做实验。去之前，他总是作很充分的准备，以便在一天内获得更多的数据。当时，实验所得数据是用一种价格昂贵的卷轴纸打印，再帕尔并不知道这一点。终于有一次，在他抱着一堆数据资料准备回去时，实验室的管理人员很不高兴地问他："小伙子，你知道你每天用了我们多少纸吗？这纸很贵，一卷要一百多美元。"

再帕尔感到了前所未有的窘迫。他不能理直气壮地负担起这笔费用，当时的生活费维持生活已经不容易了。但能做这项实验的仪器很少，一项项数据又是那么重要，他怎么舍得这难得的机会呢？他是那样无助。

幸好那位管理人员还算通情达理，他说："你想多做实验，多获得数据的心情我理解，但以后能节约就节约些吧。"

就是这样，再帕尔既要勤奋刻苦，又要小心呵护自尊。

多年来，再帕尔始终坚持一条原则——只要身体状况允许，就不间断工作。在日本读书期间，即使身体状态不佳，他仍不肯松懈。

1991年，再帕尔到日本攻读博士学位。虽然这是他第二次来日本，但糟糕的环境还是让他遇到了麻烦。他住在校外一处简陋的留学生楼内，因为空气灰尘中有大量螨虫，所以刚到日本不长时间，他得了过敏性鼻炎。

每天，他不得不忍受呼吸困难的折磨。尤其到了晚上，躺在床上翻来覆去难以入睡。最后，他想出了一个办法——坐在床上，用胳膊支在床边的书桌上看书，等瞌睡袭来时，立刻躺下。这样，他常常一熬就到后半夜，最后只能勉强睡上几个小时。第二天，他还要继续做实验。这样的生活持续了一年多。

学业结束之后，再帕尔选择了回国继续研究。“我喜爱自己的专业，虽然为此付出了很多，但我并不后悔。”

年轻的博导

1988年，再帕尔获得硕士学位回到新疆大学继续任教。1991年，因为成绩突出，他被破格提升为副教授，那一年不到30岁的他，成为新疆历史上最年轻的副教授。正如诗人父亲给他起的那个富有诗意的名字“再帕尔（凯旋之意）”，他正逐渐向人生的“凯旋”迈进。

1991年，再帕尔应日本东邦大学理学院之邀，再次留学日本。在日本获得博士学位后，他受中国医学科学院药物研究所的邀请，做博士后。博士后出站之后，1997年，再帕尔作为中国医学科学院（中国协和医科大学）引进人才，被晋升为研究员，在“国家药物及代谢产物分析中心”工作，成为质谱分析的带头人。现在，他还担任该中心的副主任及药物研究所仪器分析中心主任。

质谱学是一门基础学科，也是一门高科技学科，广泛应用于化学、化工、医学、药学、环境等各领域，是当今国内外最活跃的分析学科之一。再帕尔所从事的正是这样一门处于国际前沿领域的研究，他在国际上首次提出了“准氢键”新观念，从理论上扩展了氢键的覆盖面，得到了国内外学术界较高评价。

现在，再帕尔从事利用质谱新技术开展药用植物（含中草药）和药物代谢产物中微量成分分析的快速、灵敏的分析方法探索，以及质谱分析法的新应用、天然产物和结构特征等研究。“就像去天安门，可以走永定大街，也可以走别的路；可以步行，也可以坐车，而我们是在找一种高效快速的路径和方法。”很复杂的东西，他用轻松的比喻一下就讲明白了。

这些相关研究成果已经在国内外学术刊物上发表论文40余篇；其中在国际质谱学等SCI杂志上发表相关论文近20篇，这当中10篇是2002年至今连续发表的。这些成果得到了国际质谱界和国内药学、分析同行的公认和好评；既紧密结合了国内外对于药用植物中活性成分的高效快速分析的前沿课题，又开辟了质谱的新分析思路，建立高效、快速微量的新分析方法具有很好的学术意义和应用前景。

科研日益精进的同时，再帕尔的努力不断得到肯定。2000年，因为在专业领域的出色成绩，39岁的再帕尔成为了一名年轻的博士生导师。他还获得北京市爱国立功标兵称号等多项奖励。

最近，他被选为中国医学科学院、中国协和医科大学院校学术委员会委员，并应主编邀请，担任国际主要质谱学杂志学RapidCommun.MassSPeetrom.和J.Am.Soe.MassSpetrom.的审稿人。这些年，他还担任了中国质谱学会常务理事、有机质谱专业委员会副主任委员，作为主要负责人之一，他多次组织了全国性的学术会议。

从维吾尔族的第一批留日学生，到第一代博士、博士后，再到博士生导师，再帕尔不断为自己的民族增辉，维吾尔族也为他感到骄傲。

快乐的学者

和许多天真活泼的少数民族同胞一样，再帕尔·阿不力孜是一个生动有趣的人。办公室里正在运行的空调突然断电了，再帕尔会不假思索地脱下鞋，跳上桌子就开始“检修”。这时，他一点儿都不像那个在实验室里对他的博士、硕士研究生要求十分严格的教授。

西谚云：性格即命运。再帕尔能够在科学事业上取得令人赞叹的成就，同时又能从容面对困境，快乐自信地生活，这与他乐观开朗、率性自然的性格不无关系。他的乐观开朗有很强的感染力，加上待人诚恳，所以很多人喜欢和他交朋友。就连在日本读书时，他那位严厉的导师都不得不承认，他与再帕尔的关系不像师生，而像“父子”。

在日本留学时，他与其他数名留日学者共同筹建了“在日中国科学技术者联盟”学术团体。作为创始人之一，再帕尔担任联盟的第一届副理事长。由于办事公正，又有很强的组织能力，再帕尔负责外联和组织各类活动。在他的带动下，这个团体联系了许多在日本留学的学者，大家定期交流，在学术上以及生活中，都大获裨益。一个维吾尔族学者，对海外的中国同胞具有如此强的感召力，足见他在大家心中的威信。前几年，中国科协召开全国青年学术联合会，其中第三、四届请海外学术团体召集海外留学人员参加，驻日的“在日中国科学技术者联盟”成为中国科协在海外的联络机构。再帕尔说，他在联盟的活动中展示出的领导才能，是他父亲在血液中遗传给他的。

一般情况下，很多人会认为从事自然科学的人不太关心时事，这一规律在再帕尔身上有点“失灵”。他热情大方，对身边的事物充满兴趣。1999年，身边的同事推选他做宣武区人大代表。在区人大召开的会上，总能听到他的发言。

他最近在学习开车，他把开车的“心得”与三个文明建设结合起来。“汽车和汽车的质量是物质的，相当于物质文明，交通法规是政治文明，驾驶员的行为就是精神文明。物质文明是原动力，政治文明是保障，精神文明是推动力。”

不要以为他就是随口说说，他把这些写成发言稿，在北京市政协全会的专题座谈会上做了发言。作为北京市政协委员，他把自己看到的、想到的问题认真记下，并提出自己的看法。他认为必须重视精神文明建设，精神文明发展的成功与否可以成为考核领导干部工作能力的指标。

再帕尔说，他有一个梦想，就是建一所私立大学，用自己的教学方式，用所感所闻教育年轻人。因为，一个国家前进的速度，与这个国家的国民素质关系密切。

这个想法是在日本留学时萌生的。当时，日本大学的数量世界排名第二。再帕尔看过一份资料，从人口比例看，日本街上走着的一百个人中，就有两个人是在去学校的路上。日本大学中，百分之七十多是私立大学，私立大学中百分之七八十是“二战”后建立。战后的日本也是一穷二白，之所以有日后的发展，与日本的有识之士重视教育密切相关。再帕尔很喜欢康德的一句话：“人只有通过教育才能成为人。”

他谈到了几年前道路上经常出现的口香糖迹，谈到了生活中一些不文明的行为。他说："以前我也不知道口香糖的那层锡纸是用来包裹要丢掉的口香糖的，但是通过教育，我知道这些。我还可以教育我的孩子，他很小就懂得这个道理……"

言谈之中，再帕尔充满了说服力。相信，他能实现他的这一理想。

（本文刊载于《北京观察》2004年第5期）

孙美平　架起生命的防火墙

张　涛

她本是一位守护生命的卫士，可我却没能寻见她的盾牌与长枪，她本是一位救人于危难的天使，可我却没有发现她飞往天空的翅膀，她自诩只是路边一株平凡的春草，不欲让远行的人为之驻足停留，却只愿在人路过的时候，一眼就能瞥见生命的希望。

略带羞涩，还有些孩子气，每逢说到有人夸赞自己时声音会自然压低，时而想起往事还会眼圈泛红，说话声音轻缓，语调低平，这一切都和她的身份似乎并不相称。当她伸手相迎的那一刻，我能轻易地感受到她的热情，但我们的主人公是否擅长表达自己的感情，我却真的不得而知了。

她就是北京市政协委员孙美平，北京市疾病预防控制中心科研教育管理办公室原主任，那个为人民架起生命防火墙的人。

儿时的回忆

孙美平1959年生于北京的一个工人家庭，当时由于家里收入低，又加上孩子较多，所以家庭经济条件一直显得很紧张，父母对此背负了很大的压力。

“当时的家庭很脆弱，基本处于吃饱就好的状态，任何一个微小的打击对于这样一个家庭来说，都是一场灾难，所以母亲对我们的管教总是特别严格，从来不准我们在外边惹是生非。”孙美平说。

据孙美平回忆，一次姐姐曾对她说：“你发现了没有，咱们家的孩子只要跟别的孩子发生矛盾，妈总是批评自己家的孩子，总认为是我们的错。”当时体会不深，后来随年纪稍长，才对姐姐这番话深以为然。

由于母亲的教育，孙美平从小便养成了温良恭顺的性格，遇到事情，总要首先反思自己的错误，总要首先考虑是不是因为自己的原因给别人带来了伤害，以至于后来发展到不管发生什么事情，都会首先自责的程度。

“还记得有一回我们的中心主任找我，但又没告诉我什么事，我接完电话第一反应便是我是不是犯什么错误了？于是在去他办公室的路上就努力回忆着。直到进了他办公室后才知道，原来是推荐我当人大代表候选人。”孙美平说完，便笑了起来。

儿时母亲的教育，对孙美平性格造成很大影响，这样的教育使她30岁以前从来没有学会拒绝和对别人说“不是”或是“不能”的能力。当我问及她现在怎么看待母亲对她的影响时，她说：“我觉得遇到问题首先自责的习惯主要来自于小时候母亲的教育，不过现在想想其实也挺好的，这使我养成了严以律己的习惯，而且我的父母亲很勤劳、善良、乐于助人，这对于我形成正确的价值观也很重要，当然，就是被鼓励的时候太少了。”

绝不妥协

对于一个不习惯说“不”字的人来说，否决别人永远比否决自己要艰难得多，然而她一旦说了“不”字的时候，则一定是不容置疑的。

事情要从2011年的夏天说起，当时在我国已被消灭16年的急性传染病脊髓灰质炎（小儿麻痹症）从巴基斯坦传到中国新疆并迅速在当地蔓延。8月时，新疆和田地区发现4例脊髓灰质炎病毒病例，而到10月底，病毒已扩散至新疆喀什地区和巴音郭楞蒙古自治州，累计报告脊髓灰质炎病例18例之多，并发生了死亡病例。

“大家都知道小儿麻痹是致残的，严重的甚至有生命危险。在20世纪60年代，我国每年发生约4万例脊灰病例，造成大量残疾和死亡，到80年代全国因小儿麻痹造成的残疾人累计达187万之多。所以对于这次输入脊灰野病毒的爆发疫情，我们国家卫生部立即启动了二级应急响应机制，并成立了专家组多次研判疫情，研究防控策略，我当时也在其中。后来，连世界卫生组织也派遣了专家组来华协助控制疫情。”孙美平回忆说。

目前，国际上尚没有有效治疗脊灰的方法。即使千军万马地征讨也不能立刻驱走笼罩在新疆上空的阴霾，只有快速地在人群中建起牢固的“免疫屏障”，才能有效控制和阻断脊灰野病毒的传播扩散。最简便有效的办法就是在新疆全部地区进行强化免疫，重点人群服用“糖丸疫苗”。

然而，面对新疆复杂的自然环境、现实的经济条件和工作基础，专家们意见不一，一时间陷入争论。由于出现罕见的成年人病例，有些院士专家提出了在新疆的南疆地区全年龄人群都应服疫苗，世界卫生组织专家们更提出了开展更多轮次强化免疫，以提高接种率的建议。对此，具有多年一线疾病预防控制经验的孙美平立刻意识到这些建议是不可行的。她提出缩小南疆地区服苗人群的年龄范围，并耐心说明理由。同时义正辞严地指出：世界卫生组织不能因国际其他国家的惯例而忽略了新疆的实际情况，过多轮次强化免疫的做法，不但不能快速形成免疫屏障，有效控制疫情，还会造成当地人员身心的疲劳透支，损伤防控力量，更失去了控制疫情的意义。因此，建议采取将人群年龄限制在40岁以下，下大力气保证服苗质量，确保每轮次免疫达到高接种率，限制强化免疫轮次数量的更为有效的策略。

孙美平的建议获得了专家们的一致认可，被卫生部采纳在新疆实施后获得了很好的效果。本次我国应对新疆疫情所采取的总体综合防控策略已初见成效，并被世界卫生组织誉为“国际范例”。

据了解，类似这样的争论还有很多，尤其是在处理国家重大突发公共卫生事件的时候，在工作中不管是面对什么样的权威，只要是孙美平认为不对或是不妥的，她总能“固执己见”，绝不妥协，最终以理服人。

我问她是什么原因造就了这样的性格，她略加思索说：“可能是由于责任、爱心和对专业知识的驾驭以及长期工作经验的积累吧。”随后又歉然一笑，“不好意思，我平时也没想过。其实，采纳谁的意见并不重要，只要事情没办砸，人群快速得到了健康保护就行了”。孙美平又补充说道。

以先进的理念、积极的行动、良好的效果、准确的信息，为政府决策提供技术支持，为大众健康提供优质服务是孙美平近十几年来坚持的职业操守，她的成绩得到了大家的一致好评。

处世有方

“做人、做事、做学问。”曾经有几位朋友对孙美平如此评价。

“我听到这番话时心里极是惶恐，我万万不能想到他们会这样高的评价我，我绝对担不起这样的评价，但是他们的这番话却使我很受触动，从此之后我将这句话作为了我的座右铭，时时激励自己朝着这样的方向去努力。”孙美平略显动情地说。

老老实实做人，踏踏实实做事，孙美平就这样一路走来。她不看成败，不论得失。誉来，一笑而过；毁来，一笑置之。也许这是由于她正直善良的天性使然，也许是由于她多年勤恳工作的责任需要，但这些已经不重要了，重要的是这些已经融化在她的血液里，已经贯穿在她的生活中。

在担任市政协委员和区人大代表期间，孙美平曾多次针对位于安定门附近的西滨河沿社区简易楼群的危改问题持续数年提出建议，最终该简易楼群于2010年启动了危改拆迁工作。在地坛北里的一栋居民楼地下室违法出租事件中，孙美平与居委会人员一道亲临现场查找安全隐患，并对该问题紧盯不放，最终由区房地局对其进行了查封，彻底根除了居民日夜担忧的安全隐患。此外，她还对北京市社区卫生服务人员工资待遇低的问题积极呼吁。次年，该群体人员的工资待遇人均提高了一万多元。

在孙美平担任北京市政协委员和东城区人大代表期间，类似这样的事情不胜枚举，她总能从身边发现问题，从细小处查找隐患。

孙美平说：“我这个人不太善于思考，观察世界看不了太远，我仅能从我身边的小事做起。当然，这些问题的解决是不是因为采纳了我的意见就不知道了，我只知道在这件事中我曾经做过贡献，并积极推进过，那就已经足够了。这也是我的处世之道，我一直认为，如果想要帮助别人，就不要想回报，要回报的帮助还不如不做，因为那样的帮助是不真诚的。”

孙美平告诉我，她觉得自己是一个糊涂的人，许多事都想不清楚，看不明白。然而却很坦然。她觉得就这样平淡的活着，踏踏实实做一些身边的善事，其实也挺好的。

在平淡中感受力量、在无求中完善自我、在宁静旷达中笑看红尘、聚散随缘、来去如风，这便是属于孙美平内心的那份安静。其实我明白在人生中确实有许多诱惑，亦真亦幻，令人难以取舍。然而孙美平却能在这纷扰的俗世之中固守内心的宁静，体味人生的真谛。她不随众在仕途上你拥我挤，不在欲海里随波逐流，不在名利场上摸爬滚打，本着天地无欲心自宽的态度，本着勿以善小而不为的准则，以学习、服务为履行社会职务的原则，在平淡中给人以恩惠，在细微处给人以关怀，在人不觉时给人送上触手可及的幸福。孙美平从事疾病预防工作二十多年，不求利禄，不出风头，默默地为人民的健康值班站岗，用自己的青春和热血为生命架起了一条看不见的防火墙。

从不追问什么是人生的意义，而意义却自然写满了她的人生，这便是孙美平的处世哲学，虽然我不知道她是否了解，但重要的是她已经这样做了。

（本文刊载于《北京观察》2012年第1期）

让中医文化薪火相传

徐 飞

骤雨初停，碧空澄净。向山行，塞外风清。

烟柳致爽，叠峰掩映。望天蓝蓝，云袅袅，树婷婷。

燕山腹地，幽凉仙境。滦河绕，毓秀钟灵。

浩浩武烈，郁郁苍岭，有水环城，城环山，山环景。

在委员暑期读书班，北京市政协委员、北京中医医院北京中医研究所副所长李萍的这首描写承德美景的词给我留下了深刻的印象，却没想到从小喜欢诗词，即将出版诗集的她，从事的竟是严谨、逻辑性强的中医研究工作。

说到中医，人们最先联想到的也许是望、闻、问、切的诊断过程，针灸、艾条、刮痧板等中医治疗工具，艾灸、贴耳豆、贴敷等特色治疗手段，但说到中医临床背后的中医研究工作，就知之者甚少了。李萍1990年从北京中医药大学毕业后，就一直在中医研究所从事皮肤病研究工作。提及当初报考中医院校学习相关专业，她说："当时我才16岁，是家里人替我做出的选择。"李萍的父亲在山西省中医研究所从事医学研究工作，母亲从事药物学研究工作。"记忆里，很小的时候，妈妈经常往家带很多图谱，3岁的我连字都不会写，但是已经会描着"药"写字了，对植物和动物等生物学的知识特别感兴趣。"李萍家里摆放了很多古书、中医书，没事儿就看看，因此，对中医不陌生、不排斥。"爸爸也一直希望我从事中医工作。"正是从小的耳濡目染和父亲的期望，使李萍走上了中医研究的道路。

在研究所工作几年后，1995年，李萍继续攻读博士学位，1998年博士毕业后，去法国国家科研中心做博士后研究，李萍说："通过这段学习，让我对中医和现代医学都有深入的涉猎，尤其2000年从法国回来后，对中医的理论和研究更有深刻的认识。”在20世纪90年代，当别人的项目经费还是两三万元的时候，李萍的科研经费已经是30万元了。李萍把支持化作工作中的动力，她曾承担10余项国家及省部级课题，发表论文80余篇，培养硕士生12名，博士生6名。她的研究项目“平尔热治疗儿童外感发热的临床与实验研究”获北京市科技进步二等奖；“回阳生肌外治法对慢性皮肤溃疡愈合及局部微环境作用的研究”“活血生肌珠香散对慢性伤口愈合影响的实验研究”“心脉灵对内毒素休克大鼠肝肺损伤的保护作用”“滋肾柔肝冲剂对慢性乙肝及肝纤维化的临床与实验研究”均获北京市科技进步三等奖。

中医研究是中医临床背后的一方面，它总结临床规律，是对中医药以及中医理论的研究。从事中医研究需要知识的长期积累，较高的综合素质，要耐得住贫困，守得住寂寞。面对这些，李萍笑着说：“研究有了新的突破、新的发现，发表了很多有影响、有见地的文章时，还是很有成就感的。”

把中医带入课堂

中医药学，是中国医学体系的重要组成部分，是中国传统文化的重要载体。李萍发现，当代的青少年，在现在的教育环境中对自然科学的思维方式容易接受，对具有哲学思想的中医渐渐远离，这样中医就失去了发展的土壤。作为北京市政协社会与法制委员会青少年组的委员，她把履职与自己的专业相结合。“我认为中医文化的传承与青少年时期的教育密不可分。把中医带入校园不仅能促进中医的传承、发展，也帮助青少年拓宽视野，健康成长。”2009年她提出“关于中医基础知识进入中小学生课堂建议”的提案，得到北京市青少年科技创新学院办公室主任张毅委员和史家小学校长王欢委员的大力支持。“2009年底，我们在史家小学开始了‘中医文化进校园科普宣讲’的有益探索。”现在，李萍的团队已经在史家小学连续开设了三年的中医课程，并扩大到北京五中分校和北京四中。

在中医进课堂过程中，李萍遇到不少波折。中医院校毕业的专业人士说起“天人合一、阴阳、五行、四气五味”这些非常熟悉，对中医每一个特性、经典都如数家珍。但要把这些说给学生们听，学生们觉得晦涩难懂。因此，和学生的磨合成了一个艰苦的过程。李萍说：“一次偶然的机会，朱尔澄委员给了我很大的启发，她提出要用漫画这种浅显易懂的方式来表达中医深奥的内涵。”就这样，漫画团队、中医团队、教育团队，经过近一个月不断地碰撞、磨合，经过主创人员数次的易稿、推翻，从故事、内容、形式上不断地修正，终于把一本形式活泼、内容新颖的中医漫画故事《中医文化与我们的健康》呈现给少年儿童。这本书以孩子的生活为主线，将中医药的文化内容为隐线贯穿起来，使他们潜移默化地悟出中医的道理。从“做有意义”“吃有讲究”和“睡有学问”中连接起生活的时间点，体现中医药学的理论和对健康的指导。其中，“做有学问”讲的是做眼保健操，从眼保健操按摩的一些穴位，讲到经络再讲到中医的特色疗法。在其他委员的建议下，李萍还利用自己写诗词的专长，为孩子们编写了三字、四字的中医健康歌诀，使中医知识朗朗上口，帮助孩子们理解记忆。

在介绍眼保健操一章时，引入经络和穴位的概念：

经脉络脉，气血通道，
内入脏腑，外达体表，
布散全身，效应传导，
身体不适，穴位来找，
针刺之道，大有诀窍，
酸麻胀感，得气为妙，
罐按灸刺，目的在调，
经络通畅，至关重要。

“中医的知识通过日常的生活事例渗透进去，用孩子们喜欢的形式把中医的知识普及校园。从小变成他的一种生活态度，一种生活哲学。”李萍如是说。

推动中医创新与整合

在李萍看来，中医不仅要传承还要创新，要适应当下科学发展环境。“中医创新一定是继承基础上的再发展，把中医精华融入到现代医学体系之内，就是创新和发展。”中医讲究各家学说，进入临床就形成个体化发展，个性化的治疗方案是否行之有效、能否被广泛应用或是在研究各家理论与临床基础上提出新的中医理论与诊疗手段？这均是中医研究要解决的问题。例如对于银屑病的研究，老中医都认为用凉血、活血、养血，从血论治。李萍说："我们把临床的用药规律、其他各家的用药进行了分析，对用药方案、临床的疗效进行对比发现除了凉血之外都要解毒，我们提出了血分蕴毒是银屑病的一个重要病机，这是对其理论的发展。"十一五、十二五时期，李萍团队开始研究"银屑病'血分蕴毒'及凉血解毒中药的干预作用"，证明了加入解毒药物临床疗效更好，对原来的理论有很大的推进，对提高临床效果有很大的帮助。在对银屑病理论研究成果的基础上，李萍团队进一步做内用药和外用药的新的药物研究。这种创新是研究的创新，是从理论到应用的创新。

此外，李萍还提出慢性疮疡久病入络的"虚、瘀、毒"的病机理论；主持建设了以研究皮肤病为主要方向的国家中医药管理局"细胞病理"三级实验室和"疮疡生肌理论及应用重点研究室"，以及北京市科委"中医皮外科外用药研究平台"，这些都促进了中医研究的创新、发展。

针对北京地区中医药临床和科研分散、优势不突出等问题，李萍提出了《加强北京中医药资源的整合的提案》。建议整合中医临床、科研的力量，把北京市的中医临床、中药研究所、中医研究所等合并在一起，以北京的临床优势推动研究和转化。她说："这意味着临床、科研、药物的转化一条链就打通了，对北京中医药的发展有里程碑意义。"

推动血友病进入门特报销

作为一名政协委员，李萍时刻不忘关注医疗体系中的弱势群体。她连续两年提交提案，建议将血友病列入医保门诊特殊病种，彻底解决所有血友病患者的医疗保障问题。血友病是一种凝血缺陷的遗传病，不能根治，只能依赖长期输入凝血因子来治疗。由于血液制品来源有限，且价格又贵，患者的家庭终年负担高额的医疗费用，大部分都难以为继。李萍介绍说："患者发病时，如果去医院正常治疗，每次花费动辄上万元。而北京多数血友病家庭人均月收入少于1000元，所以很多病人只能放弃治疗或者主动减少标准用药量，最后造成了终身残疾。"

北京的血友病患者并不算多，大概有1000人左右，现在医学条件下，如果患者从小就能得到适时的治疗，就很少出现身体的残疾；而现在已经20岁到40岁的患者，由于当时没有得到及时有效的治疗，成为社会的困难群体。2010年，市人力资源和社会保障局最终将血友病列入了门诊特殊病种报销。在世界血友病日的当天，全体血友病之家的成员送了一面“关注民生，为民解忧”的锦旗给李萍，表达深深的感激之情。李萍说：“当时他们邀请我去，我真的是受之有愧。其实没有为他们做太多的事情，只是为这一群弱势群体去呼吁，希望社会能解决他们的实际问题。将来，他们还要面临很多的后续难题，如血液制品的稳定来源、价格等等，还需要更多的社会关注。”

一项研究、一件提案，李萍事必躬亲。外人看到的是成绩的绚烂，过程中的挫折与艰辛我们不得而知。然而，对于她而言，只要认定是对社会有利的事情，就一定要坚持，哪怕过程再曲折。

杨月欣　百姓身边的科学家

郭　隆

从2013年1月1日起，消费者在超市里拿起一袋软包装牛奶、速冻饺子或是瓶装腐乳，会发现其外包装上都新标注了一个《营养成分表》，对该食品每百毫升中所含的能量、脂肪、蛋白质、碳水化合物和钠的含量进行了明确标示，有些还标明营养成分、功能成分等。这样的成分标注可以使消费者更加详细地了解食品基本信息，比如哪个高脂肪、哪个低钠（盐）等；在乳制品中，每100克牛奶中蛋白质含量在2.5克以上，则是纯牛奶，若蛋白质含量在1克左右，则属于含乳饮料。

推动建立《预包装食品营养标签通则》这一食品安全国家标准，花了10年时间将这张《营养成分表》“贴”上食品外包装上的人，就是北京市政协委员、中国疾病预防控制中心营养与食品安全所食物营养评价研究室主任杨月欣。

科学与实践

化学专业毕业的杨月欣在科研领域的主攻方向曾是基因表达。在年轻的杨月欣眼中，穿着白大褂，拿着试管、显微镜在无菌实验室里提取细菌中的抗药基因并摘取学术成果，才是一个科学工作者价值的体现，力争在前沿科学领域有所建树是她看中并充满期待的前进之路。

20世纪80年代初，杨月欣被调到中国疾病预防控制中心营养与食品安全所工作。“孕妇的奶水不够有什么办法解决？”“给孩子吃奶粉的剂量要如何把握？”“化验结果为贫血，吃什么能补充体内的铁元素？”平日工作中，所里的营养学专家、老师们几乎每天都会详细解答这样的电话咨询，工作内容也主要围绕与老百姓居家生活密切相关的问题。这让一直向往前沿科学的杨月欣颇感失落，回想当初，她坦言："当时我从心理上认为营养学这个专业比较浅，觉得都是家长里短过日子中的琐碎问题，如何科学进取比较迷茫。"

看法的转变往往与亲身的经历和感受密不可分。1988年，杨月欣跟随所里的专家队奔赴山东、河南以及北京房山区等郊区乡镇，为偏远贫困地区的孩子做佝偻病检查和预防。佝偻病在婴儿期较为常见，是由于维生素D缺乏引起体内钙磷代谢紊乱，而使骨骼钙化不良的一种疾病。由于当时群众不懂得相关知识，不少患儿2岁以后残留有不同程度的骨骼畸形。得知有北京的专家前来义诊，每天抱着孩子来做检查的群众，天不亮就排起了长队。"给婴儿补钙吃什么效果好？""在家里晒太阳管用吗？"急切地咨询显露出家长内心的焦急。在下乡义诊的过程中，杨月欣发现很多老百姓执着地用自己家的鸡蛋去换麦乳精给孩子喝，在80年代，大多数家长认为工业化的产品是营养丰富的好东西，结果导致不少孩子出现了营养不良。

"这些亲眼所见、亲身所感的经历对我的触动很大，我第一次意识到日常生活中的营养科学对老百姓是多么重要。社会需要营养知识的普及，只有将这些知识传播给群众，才能解决他们生活中的实际困难。"谈及自己当时的思想转变，杨月欣说："原来营养科学不是婆婆妈妈的小事情，而是一门实实在在的应用科学。"

自此，杨月欣在科技研究中越发重视从理论到实践的应用，更加注重从实验室到百姓应用的衔接。在荷兰、法国留学，更加深了她对营养科学的认识。之后，杨月欣的科研道路一路顺畅，陆续承担了"863""973"等国家重点科研项目以及很多与国外营养学领域的合作。

控制血糖的新概念

一位业界知名而有威望的老教授曾告诫中国疾控的员工：要学会做"四个家"，即医学家、科研家、教育家和社会学家。话中之意是疾控人不能仅是实验室里的"科研虫"，而要关心社会，知道社会人的需求，让研究成果造福群众。

结合多年的工作实践，杨月欣越发领会到前辈的教导之意。在社会生活中，营养教育和营养强化被认为是改善群众营养不良问题的“两条腿”，其中营养教育是最经济划算的，通过科普让大家知道如何科学合理膳食。“当一个科学家，就有责任做好社会实践，把科学知识说出来、写出来，让大家得以应用。”杨月欣说。

馒头、米饭的含糖量在80%左右；大葱、冬笋是6%……以前，在有关控制血糖升高的科普读物中，通常只将不同食物中含糖量的高低依次列出，简单地告诉患者要少吃或不吃含糖量高的食物。杨月欣在多年的研究中发现，食物中的糖以多种类型存在，不同类型的糖对人体血糖代谢的影响是不一样的，所以用某种食物含糖量绝对数值高低作为对人体血糖影响大小的高低排序是不科学的。由此，杨月欣提出了一个新概念——食物血糖生成指数，即一个食物能够引起人体血糖升高多少的能力。为获得这一相对准确的生理学参数，杨月欣又一次奔走在各个医院、社区，埋头在实验室中，测量种种食物的血糖应答。每一个数值的获得就需要采集15个人的每人20多份血液样本。杨月欣和她的实验室同事们共完成了五万多个血液指标的数据检测。科学研究获得同行肯定的同时也得到多个科研奖励。杨月欣没忘记这个成果的实用性，2004年她发表了自己的第一本科普读物《食物血糖生成指数——一个关于调节血糖的新概念》，提出了不同碳水化合物会对血糖有不同的影响，并将这些通过实验测出的不同食物血糖生成指数做了详细的分析和排序，有助于读者制定个性化的食谱。“很实用，建议高血糖患者人手一本”，大量的热线电话和读者来信对这本科普书表示了认可，该书被多位业内专家称为碳水化合物革命的前沿性著作。

随着人们生活水平的提高，百姓对健康饮食、科学养生的认识也在逐步提高。“一个营养学家不能仅在实验室里，要了解社会，给老百姓做些与日常健康密切相关的事情。”受到BTV《养生堂》栏目和中央台《消费主张》《健康之路》等节目组的邀请，杨月欣录制了多期关于合理摄取维生素和健康饮食的科普节目。她说，科普是每一个科学家的责任，自己有义务去把健康知识和营养学研究成果推向社会。

NL健康教育行动计划

每当社会上遇有食品安全、健康饮食相关的难题，中国疾控中心营养与食品安全所的专家们便义不容辞地承担起调查、科研、膳食指导的社会责任。杨月欣正是这个大家庭中活跃的专家。她认为每个科学家都应该承担社会责任，而食品安全公共政策的制定和推进是政府管理的有效措施。

杨月欣自2002年开始研究各国食品营养标签管理。2007年我国通过“卫生部营养标签管理办法”。 2013年1月1日起，国家食品安全强制性标准《预包装食品营养标签通则》（简称《通则》）在我国所有食品中强制执行。营养标签（NL）从研究到国家强制性执行这个过程用了整整10年。

每每说起营养标签工作，杨月欣脸上都会露出喜悦的笑容，她说：“虽然并没有像实验室研究一样得到国家科学技术奖励，但这是我最值得骄傲的成就。一个营养政策、标准的实施，能改变全国人民的生活，没有比这更有价值了。”目前，她正和她的同事们就《通则》的具体内容和工业界操作指南进行进一步的完善工作。有工业界人士认为，这个标准是首个普照食品工业界、消费者的“营养阳光”，一场包装食品“营养革命”即将轰轰烈烈地到来。无疑，营养健康是人类生命的重要目标，一个“营养”国家标准的强制实施，将使得全国13亿人口轻松获益，让千家万户更加简单地安排一日三餐，享受健康饮食。

我国目前糖尿病、高血压、高血脂及心血管疾病人群逐年增加，成为大众健康高危害性、高死亡率、高经济负担的三大疾病。为了促进膳食平衡、推动大众健康，中国疾控中心启动《国家营养标签健康教育行动》《减盐行动》推动营养立法等。杨月欣是这些项目的倡导者和执行者。目前她正在联合社会各界，组织开展食品标签“高油”“高盐”调查，启动“营养标签改善我生活”“读营养标签、过健康生活”等系列活动。她说：营养标签实施是利民阳光政策，预计这个简单方式五年内可以带来大众营养意识提升、膳食平衡加强以及城市慢性病和边缘地区营养缺乏病的极好预防；十年可带来可见的疾病发生和医疗经济负担显著减少。政策对大众健康的影响意义深远！

张林琦　与“艾”抗争的科研人

徐　飞

艾滋病作为人类共同的敌人，不同国界、不同肤色、不同族群的人们都站在同一战场之上。北京市政协委员，清华大学医学院副院长、艾滋病研究中心常务副主任张林琦就是一位与艾滋病病毒抗争了近30年的科研人。

走进清华大学伍舜德楼艾滋病综合研究中心，在二楼办公室见到了正在伏案工作的张林琦，对面挂着“张林琦教授实验室”牌子，这就是他每天与艾滋病病毒打交道的地方。天气好的时候，透过办公室的玻璃窗，能望见不远处的圆明园。

兴趣与志趣是最好的老师

因为兴趣，张林琦高考报考了北京师范大学生物系。从此，他走上了生物学研究的道路，再也没有离开过。“中学时，老师一直教导我们，21世纪是生物科学的世纪。每年暑假夏令营，生物老师都带我们出去考察。当时的想法很单纯，就是出去看高山大海，在无形之中对各种动植物有了深入的了解，从而对生物学产生了兴趣。而后，还成为北京市生物爱好者学会的会员。”

“当年北师大在细胞生物学研究方面集结了一批院士，科研水平领先于全国。但同时期西方的研究水平却比中国先进不少。”出于对生物学研究的热爱，研究生期间，张林琦获得了中英两国政府的“中英友好奖金”，赴英国爱丁堡大学留学。

艾滋病最初被发现是在1981年，1983年病毒才被分离出来。1988年，张林琦研究方向便由遗传进化转向艾滋病研究。

张林琦将艾滋病病毒形容为微观世界中的“superman（超人）”，是一个令人敬畏的对手。他在英国用五年时间研究病毒变异、传播规律。其中一个重大发现就是病毒在一个个体里面种类繁多。“我们当时抽取病人的血液进行研究，发现一毫升血液里有成千上万个病毒，而且每一个病毒长得都不一样。”艾滋病病毒不仅仅在不同个体之间大相径庭，在同一个体内也具有多样性，这就使免疫系统很难对机体内所有的艾滋病病毒产生有效的免疫反应。病毒从一个个体传播到另一个个体的时候只有一两个可以存活下来。如同鲤鱼跳龙门，一群鲤鱼只有几条可以越过。“如果能够发现和确定传播过程中这些病毒的共同特点，就会帮助我们设计更好的方法阻断病毒的传播。这方面的研究至今仍然是重点。”张林琦的这个发现在20世纪90年代初引起了业界广泛关注。

从进入艾滋病研究领域起，张林琦就在一个最核心的圈子。为了追随自己的梦想，张林琦到美国洛克菲勒大学跟随何大一教授继续学习。何大一在国际享有很高的声誉，他发明的“鸡尾酒”疗法是目前世界上医治艾滋病的最佳方法。此时，张林琦实现了从纯实验室研究向病人、病毒、免疫以及相关的应用性研究转变。

2007年，张林琦以国家科技部重点基础研究发展计划（“973”计划）艾滋病研究项目首席科学家的身份来到清华大学，担任清华艾滋病综合研究中心常务副主任和艾滋病病毒研究所所长的职务。他领导的研究团队在病毒的致病机理、病毒与免疫系统的相互作用关系、抗病毒疫苗和药物的研发、抗病毒抗体和淋巴细胞免疫反应的研究与应用等多个领域均有所建树和突破。

一路走来，张林琦说：“都是凭借兴趣与志趣，否则一般人会觉得每天的实验是很枯燥的，不如出去看个电影有意思。但在我看来，探索科学的奥秘，探索未知世界，利用新发现、新手段更有效防治艾滋病，是场非常令人激动、惊喜和有成就感的探险。”

谨慎的乐观

在艾滋病疫苗研究领域有个说法，艾滋病疫苗的研究是“博士后的坟墓”，意思是做疫苗就意味着出不了好的成果，发表不了文章，没有科研基金——你死定了。虽然是一句玩笑，但笑过之后，疫苗研发的难度昭然若揭。

这条路上的研究者们每迈出一步都要付出更多的努力。

不过，在张林琦看来，能做艾滋病疫苗的研发也是一件幸事。“做科研的人都希望找硬骨头啃，太容易解决的事情没有挑战性。我们这些人能有精力、有能力来做自己认为很有意义的事，机会难得，是非常运气的。”作为“973计划”艾滋病病毒生物学和免疫学应答机制研究首席科学家和国家“十一五”和“十二五”科技重大专项“创新性艾滋病黏膜疫苗研究”首席科学家，张林琦深感其中的责任重大，从不敢懈怠半分。

他每个月要读几百篇新的学术文章，掌握国际科研新动态。“进行信息获取、消化、吸收、再造，提出一些新的想法和思路，对我们来说是家常便饭。”张林琦经常对他的学生说：“解决一些科学问题，无论是基础性问题还是转化性问题都要从长计议，立足高远，不要仅仅为了眼前的毕业论文。要学会发现和充分利用最先进的科技手段，抓住关键的科学问题，力争在一个点上有所突破，这其实就已经非常不容易了。”

科学本身就是探索未知，探索的过程中成功率不到10%。张林琦做了个比喻，就像钻井找油一样，不能保证打下去就一定有油。经过严密的气候、地质分析之后，找到了也可能储存量极低，没有经济利益。“做艾滋病疫苗研究随时准备着失败。我们自己时常会发现自己的误判和错误。但我们认为错误是正面的否定，是前进方向上的关键参考。这种在经验和教训中成长和优化的范例，在科学研究和发展中屡见不鲜。关键是要有实事求是的基本素质。在勇于创新的背后，实际上是敢于承担失败的勇气。打不倒你的东西，一定会使你变得更坚强。毕竟在探索未知世界的时候，人的知识、技术都是有局限性的，做科学研究的人必须有一个谦逊的胸怀和强大的心脏。”

谨慎的乐观，这是张林琦形容科学家态度的一句话。他说，科学研究的特点是以99%的失败来换取1%的成功，在这个过程中，需要“不撞南墙不回头”的勇气和“独辟蹊径”的智慧。“艾滋病研究是一块硬骨头，但再硬，也要把它啃下去。”

“现在全世界都没有人知道，在攻克艾滋病的道路上，哪条路能够走得通。所以，要在合理的判断下进行各种尝试。”善于打比方的张林琦说，“就像在黑暗中放枪。”不知道世界哪个角落的实验室在什么时候突然有了特别好的实验结果。对于像艾滋病疫苗这类尖端科学问题，科学家只有通过及时沟通，掌握世界最新科研成果，才能增加正确判断的几率，利用创新的思维和手段，率先攻克艾滋病。

如果之前是用“望山跑死马”来形容他所做的事情，即方向清楚，怎么走、走多远，谁也不知道。那么在过去的几年中，艾滋病疫苗的基础研究取得了重大突破，科学家们找到了艾滋病病毒可被攻击的几个薄弱环节，找到了病毒的心脏。“我们现在已经站在山脚下了，还看清了上山的路，并且大概知道要怎么走了。”这也是包括他在内的众多科学家愿意为之全心付出的动力。

失败是成功之母，面对任何艰难的挑战，科学的道路从来就没有过一帆风顺。“只有拥有强烈的责任心、执着的信念，通过科学的方法，脚踏实地、勇于创新、不畏失败，才能最终战胜艾滋病。”

关注公共健康

作为北京市政协医药卫生界的一名委员，张林琦参加政协会议最大的感受就是委员们的“直言不讳”，对政府的意见建言，都是百姓关心的问题。

张林琦十分关心公共健康问题，“传染病的检测、预防和知晓等方面实际上取得了一定成绩，但是许多工作做得仍然不到位。”经济越是发展，社会越是进步，国民对健康的需求特别是对健康资讯的需求就越是旺盛。美国人经常接受来自媒体的警告：艾滋病依然在肆虐。旧金山的公共汽车站牌、《华盛顿邮报》的公益广告、新墨西哥州高速公路旁的标牌、纽约闹市区的横幅，无不提醒你——你检测过艾滋病病毒感染吗？张林琦认为，媒体在公共健康的宣传方面发挥着重要作用，应当充分对艾滋病预防、感染风险进行警示教育，让广大人民群众了解艾滋病危害，掌握预防知识，预防、预防再预防。同时，必须消除对艾滋病患者的歧视。不幸被艾滋病病毒感染的患者，必须在认识和行为上严格要求自己，及时检测，遵从医嘱，按时服药，杜绝高危行为。

艾滋病重要的传播途径是静脉注射毒品和性传播，感染率以每年近10%的速度增长。最新的数据显示，艾滋病的传播模式发生了变化。张林琦忧心地说：“艾滋病病毒感染者不是生活在真空，越来越多的新增感染者是通过性传播感染的，性传播的比例从不到10%增加到了近80%。”这佐证了艾滋病的传播已由高危人群扩散到了普通大众，说明针对高危人群的遏制策略是我们防治工作中的当务之急。

“认知和行为是两回事儿，知道和做是两回事儿，很多复杂的心理状况是我们难于理解的。艾滋病病毒感染者一定要好好吃药，决不能‘三天打鱼两天晒网’。健康人群则一定要知道如何保护自己，关键是知识和行为相配合，采取有效的保护手段，既为自己，也是为别人。”

张林琦关心的另外一个问题是学生培养，他认为医患关系对学医的学生造成了负面的影响。“挣钱不多、社会压力大，让学医的学生心理上很受影响。医生与患者，理应是同一个战壕里的战友，对抗共同的敌人——病魔。可是，接连不断的暴力事件，却让这层关系蒙上了阴影。”仅2013年10月下旬，国内十天内就发生了6起伤医事件。“如果大家都不学医了，未来谁来给我们看病。医务人员要讲医德，以救死扶伤为天职，全心全意地为患者服务。同时还要在社会上广泛开展健康教育，使公众知道人类对生命、医学、健康的认识还是有限的。我们必须明白，医院医生并不是包治百病，理性对待医疗技术的局限性和风险。”张林琦希望在这些问题上多建言。

张林琦说：“做科研与做饭不一样，不能差不多就行。做科研就必须要细致、严谨，一丝不苟。”做课题，无论是科研管理机构，还是申请者本人，有些人尽力想大干快上，研究的时间不断压缩，急于出成果，急于拿下一个项目。这种氛围，无论自然科学，抑或社会科学、工业生产，都难以出好产品。

“科学家，对所从事的事业，必须有一种热爱、一种崇敬，一种执着。只有抱着乐观的态度，不懈的坚守，反复的求证，才能在与病毒的较量中最终胜出，才能有资格享受成功者的喜悦和安慰。”

贾继东　驾驭人生

张　涛

我用我的尊严
心的烈焰
锻造一轮冬日暖阳
开智启慧
镇守住受伤后的坚强

初次见到我们的主人公，我不由得想起这几句小诗，虽然那诗的名字早已不能想起，但他那一瘸一拐的步履和平和坚毅的神情，依然让我隐隐觉得他便是那诗句的主人。

他目光深邃、面庞清瘦，眉宇间两道刀刻般的皱纹仿佛是一个古老且神秘的符号一样标记在那里，似乎总是若有所思。我说他显得“凛然正气、肃穆庄严”，他说他没有这么“深沉”。这就是我初见他时的全部印象。

他就是贾继东，北京市政协委员、北京友谊医院肝病中心主任。因自强不息、德艺双馨曾获国务院政府特殊津贴、卫生部有突出贡献中青年专家、全国自强模范、北京市五四青年奖章、先进工作者、十大健康卫士等荣誉。

无奈的抉择

也许人们不会想到，虽然贾继东取得了如此令人瞩目的成就，但他走上这条学医道路，却是出于一种无奈的抉择。

贾继东15岁那年，恰逢国家第一年恢复高考，正读高中一年级的他被允许参加1977年的高考而且还过了分数线，但因为身有残疾的缘故，未被录取。之前，父亲单位为专门照顾职工子女进行的内部招工，因为同样的原因，大门亦向他关闭。歧视、偏见带来的苦痛于健全人是难以体会的。

“既然不让咱顶职，就要好好学习。今年高考不录取，明年再努力。只要成绩好，将来总会派上用场。”在贾继东遭遇人生困顿时，父母就这样为他建立起人生的自信。

贾继东1978年高中毕业，由于身体方面的原因报考大学限制，他只能在那些不太受限制的专业中选择未来的方向，而医学正是这样的专业之一。

“当时还没有残联这样的组织，没有残疾人保障法这样的法律来保证残疾人的权益。我没有太多的选择，顺从现实，就是我当时唯一的选择。我翻看了很多专业，最终选择了医学类院校，当然即使是这样的不太受限的专业，也只能是尽人事听天命而已，被录取是造化，不录取也很正常。”贾继东略带微笑地说。

第二年的高考录取结束了，贾继东终于被济宁医学专科学校（现为济宁医学院）录取。以高出本科线许多的成绩被一所专科院校录取，然而，即使如此，贾继东和他的家人也已经十分满意了。

“当时人们的观念和现在相比还是有很大差异的。竞争很激烈，能被录取就已经让我喜出望外了。至今我也不敢有丝毫抱怨，那毕竟是我人生一个重要的转折点，如果当时没有被录取，那么后来的一切都不存在了。记得有人说，你那么高的分，却不幸被专科录取，但我却说，是有幸被专科录取了。所以我至今也很感激我的母校。”贾继东这样说道。

我在一篇贾继东毕业30周年的感言中看到这样一段文字：我们考入济宁医专的1978年，是不平凡的一年。当时十年浩劫刚刚结束，举国上下人心思定、人心思进，渴求文化、渴求技术，尊重知识、尊重人才……那3年的大学时光是短暂的，因为有那么多基础和专业课程要学习和掌握。3年的大学时光又是充实的，它为我们迈入医学殿堂提供了第一个坚实的台阶。3年中有很多老师为我们授业解惑，不少任课老师的精彩教学场景和音容笑貌至今仍然历历在目；昔日同窗好友们朝夕相处、相互鼓励、彼此关爱、情同手足，许多趣闻逸事仿佛就在昨天。我们3年中所获的教益良多，对母校的感激之情无法用简短的语言来表达。

没有分毫的怨怼之言，没有半点的不平之意。“幸运”和“感恩”，这便是贾继东对昔年不平待遇的全部回答。

智慧的抉择

每个人都知道，若想取得成功，无疑要做明智的抉择。通过比较，人们尽可能地为自己选择一条好的道路，只是一旦选择，便无法回头。

“我很庆幸我在人生的几个节点都选对了方向，如果有任何一次抉择的失误，都不会有我的今天。”贾继东如是说。

努力学习是贾继东选准的第一个方向。贾继东上高中的时代，持续十年的“文革”余波未止，在那样一个动荡的年代，社会活动已经从方方面面占据了人们的生活，至于学习，已经是极为次要的了。然而在那个白卷盛行的岁月，贾继东仍然坚持努力学习，也正是因为他的坚持，终于使他如愿以偿地考上了大学，获得了改变人生的机会。

据贾继东的博士生导师、著名内科学专家王宝恩教授回忆说：“他的大学学历不是很高，这我不去管。但是面试发现他业务比较强、英文不错。出身于济宁医专，他的英文绝不是在那个课堂上培养出来的。”

王宝恩教授所言不错，在作为一所专科院校的济宁医专，许多人对于英语是很不重视的。当时很多人普遍认为，专科毕业之后反正都是要去基层当医生，学英文根本就派不上用场。况且在上大学之前根本没有接触，与其学习倒不如索性放弃的干净。然而贾继东却并不这样认为，他刻苦攻读，从上大学前连英文字母都看不懂，到读研前就可以比较轻松地阅读英文专业文献，这样的毅力和执着，即使现在看来，也是十分令人感佩的。

“努力学习英语，是我人生中的又一个重要决定，没有这个决定，之后的一切都无从谈起。可以说，这对我后来的发展起了决定性作用。”贾继东这样说。

英语这一重要工具为贾继东在医学专业道路上驰骋插上了腾飞的翅膀。在王宝恩教授那里，贾继东获得了更多与外面交流的机会，英文水平又获飞跃。不久，导师又给他机会在国际肝病会议上做同声翻译。因为翻得好，反应敏锐，一时之间名声大噪，以至于成了业内公认的高水平英文翻译，大家一有相关活动就会找他前去。

在北京攻读博士和在德国进行博士后研究期间，贾继东又读了国际上最著名的三大肝脏病学专著，并经常浏览国际上水平最高的自然科学、内科学、胃肠和肝脏病学杂志，紧密跟踪本专业发展前沿。由于他英文能力出众，使得他总能比较快地掌握国际上的新东西、新动态，加之思维敏捷、勤于临床实践，逐渐成为业界认可、患者欢迎的疑难肝病诊治专家。他还将美国、欧洲、亚太等国家和地区的医疗指南很快地学习和消化，为他参与和主持编写中国自己的医疗指南提供参考。而这一切，如果没有英语作为武器，则是不能想象的。

心系民生

贾继东在担任北京市政协委员期间，十分重视发挥委员参政议政的作用，曾多次针对民生问题提出意见建议。在乙肝患者歧视方面，贾继东曾和其他权威专家一起多次在不同场合从科学的角度进行论证，为消除乙肝患者的歧视做出自己的努力。在一些有影响的公共卫生事件当中，作为卫生部特聘的专家组成员，贾继东曾多次不辞劳苦，认真工作在事故发生的第一线。在乙肝患者药物报销的问题上，贾继东多次呼吁，终于使这一问题得到落实和解决。然而当我提起这些事情的时候，他却谦虚地说："这主要归功于国家经济和社会的发展以及北京市政府对民生问题的重视，我不能说这完全是我写提案的结果，只能说我为促成这些事做过贡献而已。"

贾继东觉得政协有一个很大的优势便是界别的划分，有了界别就更利于反映各个方面的声音。但他觉得现在医药卫生界提的问题不够集中，不能充分体现出政协的界别特色，没有反映出医药卫生界特有的视角、特有的背景、特有的体验以及特有的深层次问题，如果大家都总避谈、讳谈和自己相关的事，而去谈跟自己没关系的事，那界别就没有意义了。

当我问起贾继东最近在关注哪些问题时，他说："在医疗事业的花费问题上，本来人力资源方面所占的比重应该是最大的，但是我们的医疗事业中大量的财力物力都花费在盖楼房、买设备上，却没有把培养医疗人才摆在第一位，所以才导致了今天的一系列问题。希望政府能够在这方面引起重视，改变思维方式，使医疗事业能够健康地发展。”

他用笑容改变了人生，却不因人生而改变笑容。面对命运最初的愚弄，贾继东没有自哀自怜，没有怨天尤人，而是用痛苦来制造欢乐，用笑容去淹没泪水。他以惊人的毅力向命运发起挑战，用自己残疾的身躯谱写了一曲不向命运屈服、不向困难低头的人生壮歌！

人生如诗，有醉人的浪漫更有严酷的现实；人生如歌，有高亢的欢愉更有低旋的沉郁。人生如旅途跋涉，有绮丽瑰美的风景更有凄风冷雨的侵袭。然而对于贾继东而言，这些已经不重要了，重要的是他已经凭着自己的坚强与智慧化苦涩为欢乐、化艰难为美丽、化山穷水尽为柳暗花明。

我想贾继东的故事或许没有一个美好的开头，但他的结局定然精彩。

黄宇光　无影灯下的奉献者

崔　晨

每一例手术，第一个走上手术台的是麻醉医生，最后一个离开的仍然是麻醉医生。无影灯下，他们用娴熟的技术与热忱的爱心为手术护航。北京市政协委员黄宇光就是这样一位默默奉献的麻醉科医生，在为生命护航的道路上坚守了30余年。

触底反弹

黄宇光出生在江苏南京的一个书香之家，1976年高中毕业的他正好赶上最后一拨上山下乡，当初只是抱着出去闯一闯的简单想法，现在回过头来看，那段艰苦的岁月，成为黄宇光巨大的人生财富。“每当遇到困难的时候，我都会想起在农村的经历，顿时觉得天空飘来五个字：那都不是事。”插队的经历不仅让黄宇光在面对困难时更加坚定，这其中还蕴藏着丰富的人生哲理。一次，中央电视台偶然播放的《插秧诗》引起了黄宇光的共鸣。“手持青秧插满田，低头可见水中天。心境清净方为道，退步原来是向前。这是一种境界，它时刻提醒我，在这浮躁的社会中，要以一种平静的心态来享受我们今天的作为。”

恢复高考的第二年，黄宇光考到了皖南医学院。出于对医学精髓的追求，黄宇光早早就立下了考研的志向，“要考就考最好的学校”，北京协和医学院成为黄宇光的终极目标。而考研，英语是重要科目，由于当时对中学生而言，英语并非必读科目，所以大学期间英语成为黄宇光的最大软肋。“记得当时英语老师很爱抓两类学生回答问题，一类是好学生，他们是来提供正确答案的；一类是差学生，是用来引起大家注意的。我显然是第二类学生。”黄宇光的妈妈为了帮助他学习英语，特意借钱从上海的录音器材制造厂买了一个“板砖”单放机、3本全国电大教材、13盘英文磁带给他。这些经历黄宇光至今仍记忆犹新。当时他是一边学习医学专业英语，一边自学电大教材。就这样日积月累，黄宇光掌握的英文词汇量比其他同学多了许多。在大学三年级举行的英文统考中，全年级305人，黄宇光考到了第15名，获得了优胜奖，让老师和同学刮目相看。“这是一个转折，让我明白了付出总会有收获，从此之后，我越发有学习的劲头。”

本科毕业后，黄宇光留在皖南医学院附属医院做了两年麻醉科医生，那段时间他除了上班就是复习考研。功夫不负有心人，1985年北京协和医学院麻醉专业招收两名研究生，有17人报考，最终只有黄宇光一人过线。而善于背单词，应对考试的黄宇光，在研究生学习阶段又面临全英文教学英语口语和听力的挑战。他又变成了当年那个回答不出问题的“差学生”，当然解决的途径只有一个，就是努力。“我非常感谢这一次一次的落差和平台对我的激励，它让我明白，你可以触底，也可以反弹，怎样反弹，只有通过刻苦努力！”

麻醉保命

在医疗战线流传着这样一句话：“外科医生是治病的，麻醉医生是保命的。”在整个手术期间，麻醉医师必须密切观察病人各种生命体征的变化，紧跟手术的进展程度，根据各种监测数据和实验室检测数据，不断调整各种麻醉药、其他辅助药物的使用策略，最终保障手术的顺利进行和手术患者的安全。

初任麻醉科医生，曾有前辈吓唬黄宇光，“麻醉这碗饭可不是好吃的！手术中病人的血压要是下去了，你的血压就上来了；病人的心率要是下来了，你的心率就上去了”。黄宇光没有被吓倒，而是业务上精益求精，用细致耐心的工作去应对。病人的血压、体温、脉搏、呼吸等一系列复杂的生命体征，除了观察仪器上闪烁的数字，黄宇光更是用心去感受，保证多年麻醉工作零差错。

麻醉医生需要熟悉各种病情手术的特点，结合病情确定麻醉方案，选择最适当的麻醉方法和药物。让黄宇光印象深刻的有这样一例手术：前几年，一位105岁的老人小腿骨干性坏死需要截肢，否则毒素吸收将导致其很快死亡，当时患者循环不稳定，需要多巴胺维持血压，如果采用全身麻醉或常用的椎管内麻醉，很可能导致血压下降，出现休克状态；老人身体本来就有肺部感染，全麻插管也容易导致感染恶化。全身麻醉也不是，局部麻醉也不是，黄宇光决定采用神经刺激定位单侧腰丛坐骨神经阻滞的方法保证患者单腿麻醉，术中呼吸循环平稳，甚至连尿管都不用插，患者顺利度过手术麻醉关。“如今麻醉学科的境界是，为了拯救病人，麻醉没有绝对禁忌症。”

一个好的临床医师需要善于换位思考，充分体察病人的痛苦。黄宇光对于术后患者的疼痛问题也十分关心。1991年黄宇光赴美国犹他大学留学，在此期间，他发现美国的术后病人每个人都挂着一个泵，还不时地自已按，经过了解他得知，这是手术患者自控镇痛技术。“疼痛是病人切身的感觉，患者自已调控药量，什么时候给药、给多少药，可以取得更好的止痛效果，因为患者的感觉比医生更清楚。”当时，在国内还普遍存在着“做完手术哪有不疼的”理念，但黄宇光认为麻醉应讲究合理调控，既不过，又不缺，麻得过去，醒得过来，同时需要努力提高病人的生活质量。1993年他学成归国后，将这一技术引进国内，现在这已成为全国临床手术病人普遍采用的做法，大大提高了术后患者的舒适度。

注重人文关怀、体恤患者感受的黄宇光还在国内手术室引领了“花帽子”风潮。他带领协和医院麻醉科医生戴着花帽子参与手术已经有两年多的时间了。这些移动的“花帽子”增加了手术室内的亲和力，减轻了手术患者的紧张、焦虑和恐惧；同时也传达了医院拒绝冷冰冰的医疗服务，推崇更人性的人文关怀，提倡从细微之处尊重生命、爱护病人的人文理念。

黄宇光常把医院比作航空母舰战斗群，各手术科室相当于航母上的战斗机群，而麻醉科就是航空母舰的平台和调度，既要让飞机顺利升空，还要安全返航，保障外科手术的安全、高效和顺畅。

重在作为

“麻醉科室是比较被动的科室，要做多少手术不是我们能够左右的。”对于几乎满负荷运转的麻醉科室，黄宇光认为重在团队协作的氛围、持续发挥正能量。他也尽量将这种阳光的心态传递给大家，一次他在科室的黑板上写道：面对困难，与其痛苦的纠结，不如阳光的面对，去迎接挑战。他带领大家用实际行动践行“重在作为”“胸怀远志，不畏近难”的麻醉科室座右铭。这些年，麻醉科不断迎接各种新的挑战，以优质的服务，赢得了医院兄弟科室和病人的认可与尊重。

2012年，黄宇光当选北京医学会麻醉学分会主任委员。身兼重任的他，不仅将精力放在临床上，而且更加关注整个麻醉学科的发展；不仅只关注协和医院麻醉科的工作，而是把视野放眼于北京市乃至全国的麻醉工作。上任伊始的他开展了两项行动，一是传承行动，请富有经验的资深麻醉医生对新人进行传帮带活动；二是牵手行动，号召各大医院帮助中小型医院，努力提高北京地区麻醉科的整体水平。截至2014年5月，牵手项目参与医院总数达到100家，其中责任医院27家，牵手医院73家。完成各类实地培训人数90余人，举办病例讲座25场，进行远程会诊或资源共享数十次，定期或不定期举办麻醉相关知识授课50余场，麻醉新技能、新技术短期培训30余次。“我们的目标就是，要让麻醉学会的雨露洒满北京地区各家医院的每一个角落。”2013年10月，黄宇光又当选了国际麻醉药理学会主席，这是该学会第一次由中国学者担任这一要职，标志着我国麻醉界学术地位已跃升至世界前沿。

作为一名医生，黄宇光不单单关注麻醉专业，对于一段时间一些医院因低级错误所造成的医疗事故，他认为作为临床医生有责任、有义务有所作为。他率先在国内倡导推行手术三方核对制度，让手术医生、麻醉医生和手术室护士三方在手术麻醉的不同时段对病人的重要信息进行共同确认。他还在协和医院普及严格的不良事件上报制度，如果手术中出现的失误未上报，将会受到警示；而按规定上报，不仅不会受到处罚反而得到相应的奖励。黄宇光将不良事件上报制度称为“带着放大镜”找错误。他说，只有及时发现人为和系统的错误，形成向错误学习的习惯，优化制度和流程，从系统上堵塞漏洞，才能避免下次再犯相同的错误，最大限度地保证患者安全。

作为一名政协委员，黄宇光总是千方百计从繁忙的本职工作中挤出时间，多参加一些政协活动，关心国际形势与国家安全以及北京经济发展现状等大事件，他还尽可能地在履职工作中更多地发挥专业特长，就像不久前他在围绕北京市制定控制吸烟条例开展的立法协商座谈会上那样侃侃而谈。

葛红卫　供血战线上的政协人

张 涛

这是一个人们最为熟悉又最为陌生的行业，每当人们走在繁华的闹市区，总会看到一个停在路边的采血车，偶尔还会看到有人走上前去，这大约是这个城市最为人熟悉的一道风景了。然而，大多数人对于采供血行业的了解也仅限于此。

采供血行业是公共卫生领域的一个分支。相对于庞大的医疗机构，这个行业实在有些太小了。以医疗行业而言，整个北京大大小小的医院约有6000家之多，到底有多少医护人员，没人数得清楚。而北京市红十字血液中心仅有几百名员工，但正是这几百人的血液中心，支撑着北京市100多家医院的临床用血需要。我们的主人公，则正是这小小行业中的一员。

小行业大责任

“我们这个行业属于公共卫生领域。相对于临床医疗机构而言，从业人数和机构规模都是较小的。按照国家采供血机构设置规划，一个省只能有一个省级血液中心，一个地级市设置一个中心血站，全国从业人员加在一起也不过才6万多人。相对于不断扩建的医院，增加的病房，发展越来越快的临床医疗资源，我们这个行业的规模是受到国家严格管理的。这是基于国家对血液安全的考虑。在医疗卫生领域有一个共识，叫做血液无小事。”北京市政协委员、北京市红十字血液中心主任技师，血液检测实验室主任葛红卫这样为我描述了她的行业。

虽然这个行业很小，但是工作责任和任务却一点也不轻。这点从葛红卫身上就可以看得出来。葛红卫是北京血液中心血液检测实验室主任，全市每天采集的1000多人份的血液标本都要送到她的实验室来，进行国家强制项目的输血相关传染病检测。每一个标本需要检测包括乙型肝炎、丙型肝炎、艾滋病、梅毒等十项内容。从供血数量方面看，全北京市一年供血量约150吨，其中血液中心约占70%，即每年约有100多吨的血液需要葛红卫和她的检验科完成检测，因此她的工作是十分繁重的。

除去项目繁杂，葛红卫的工作时间之长也是少见的。血液中心血液检测实验室的正常工作时间是早8点至晚10点，但由于血液供给的常态性，患者住院治疗时间又没有常规和节假日之分，因此实际的工作时间是全年365天加全天24小时的。据葛红卫回忆，她已经有十多年没有休过职休假了。对她而言，工作已经成为一种习惯。

“我作为部门的主管，必须随时处于待命状态，所以我不论在与不在，手机永远都必须处于开机状态。血液无小事，身处这样一个行业，责任实在太大了，实在容不得你有丝毫的懈怠。”葛红卫这样说。

葛红卫自大学毕业以来，曾先后换过三个工作单位，但是却始终没有离开血站血液检测这个岗位。在她的职业生涯中，曾亲见很多同事先后离开这个高风险行业，她却不为所动，不管工作怎样艰辛，怎样磨人，她还是坚持了下来。

“现在的年轻人多谈理想和兴趣，可以自由选择未来的职业，但我们在20世纪80年代末90年代初步入社会，那个时代毕业分配到哪里就是哪里，当时选择了什么就是什么，没有什么喜欢不喜欢之说。说实话，在一个行业做得久了，谁又能说得上特别喜欢这个行业呢，但选择了就意味着责任，不论是否喜欢，我们都要用职业精神来认真对待我们的工作。”葛红卫平实地说。

无偿献血由来

经过多年的磨砺，葛红卫如今已经成为了北京血液中心乃至全国采供血机构的中坚力量。她承担过全国几十个省、市、自治区采供血机构的人员培训工作，参与了我国采供血机构一法两规的制定和行业技术标准的制定，还在本行业多个专业组织发挥着技术专家和管理专家的作用。2014年，她还成为中国输血界首个质量管理奖的获奖者之一。对于采供血这一行几十年来大大小小的变化，她也都是看在眼里，记在心里。

葛红卫介绍说，自入职以来，她刚好经历了中国采供血机构的几次大变革。20世纪90年代，国家实行的是有偿献血制度。为了预防输血相关丙型肝炎，1992年国家开始在采供血机构推行丙型肝炎抗体筛查，以减少输血后肝炎的发生。至1995年，由于河南非法采浆导致HIV大面积感染，于是国家开始对采供血行业进行彻底整顿，将采供血行业的资源进行重新配置，实行三统一管理。取消县级血站，规定一个地级市只能有一个血站。1998年，国家又颁布了《中华人民共和国献血法》，废除有偿献血，确定了无偿献血制度。

“虽然献血法确定了无偿献血的制度，但从有偿献血到无偿献血的过渡却很漫长，大约用了十年的时间。一直实行有偿献血，而突然转变成无偿，人们的观念一时还接受不了，因此在献血法颁布之初，一度还出现了血荒，有的血站冰箱里甚至只剩下几袋血了，这件事一度还上了新闻头条，情况之严重可见一斑。”葛红卫介绍说。

《献血法》颁布之后，有偿献血等同于违法，但面对临床供血的严重不足，何去何从确实是摆在采供血行业面前的一大难题。为了顺利度过当时的供血危机，团体义务献血就成了献血法颁布之后相当长一段时间内，各个城市主要推行的献血形式。“团体义务献血就是派发给单位指标，让单位组织献血。这种献血方式对于当时顺利度过供血危机发挥了极大作用。近十年来，随着国家加强对无偿献血的宣传，自愿无偿献血人群的逐步扩大，许多城市街头自愿无偿献血已经成为血液采集的主要形式。但是血液作为一种目前只能来自于人体的稀缺资源，它的获得和需求永远存在矛盾。”葛红卫补充说。

关注采供血难点

葛红卫是北京市政协教文卫体委员会委员，每当专委会讨论医疗问题，她又恰好坐在讨论桌前的时候，就会听见很多来自医院方面的委员抱怨：“现在供血怎么这么紧张，为什么我们医院的供血总是不够。”有人甚至还对无偿献血制度提出了质疑：“你们怎么就不能回到从前，给人家献血者点东西啊，你们一点都不给，怎么会有人愿意献血啊。”

“采供血行业是一个小行业，虽然它很重要，但是人们对它的关注度并不是很高，即便是医疗领域的业内人士，对它的历史发展、运转机制也不是很了解，他们总跟我们说，我们又建了一个医院的分院，需要你们血站提供多少血液，但血液从哪里来他们就不关心了。因此一旦有机会我就得说话，让大家关注采供血行业的难处，不然大家更不理解我们了。”葛红卫这样说道。

葛红卫表示，目前，采供血行业总处于重视与忽视之间。每当出现奥运会、APEC会议，或是群体事件的时候，血液中心都是需要重点关注的紧急保障部门。但等到这些活动一过，血液中心就被忽视掉了，很少有人去关心血液中心日常采血的状况。比如节假日，正是血站的采血旺季，但是公安部门出于公共安全的考虑，为了减少人流，经常禁止采血车停在预设的采血点。对此，葛红卫满是无奈。

“我们主管采血点维护的工作人员，每天都会接到某个采血点被停了，某个采血点让我们两天不要去之类的电话。我们每一个采血点都要面对来自公安、城管、街道办事处等方方面面的压力，需要处理方方面面的协调工作，因此到底采血有多难就可以想象了。”葛红卫无奈地说。

葛红卫告诉我，在她之前，北京市在人大和政协方面还没有来自采供血行业的代表和委员，因此她格外珍视这次当政协委员的机会，她想借着这次机会，让更多的人了解采供血行业，了解无偿献血。在她担任政协委员之后，针对无偿献血制度立法、增加献血点等方面提出不少提案，呼吁大家都来关注这个行业。

当我离开血液中心的时候，看到门口正堆放着一些从外省调运血液的运血箱。葛红卫介绍说，在采血淡季，从外省市进行血液调剂也是补充首都临床用血的一个途径。但是如果发生突发事件，由于北京应急保障水平较高，交通便利，北京血液中心往往还要承担国家指派的紧急血液救援任务。望着灯火通明的操作间和忙碌的血站工作人员，看着一箱箱能够挽救患者生命的血液被运往医院，我从内心感到无偿献血事业是一个热血浓情的爱心事业，也体会到在这份崇高下葛红卫和她的同事们的一份坚韧和执着。

韩小红　把健康理念带给百姓

刘墨非

韩小红，北京市政协委员、慈铭健康体检管理集团有限公司总裁。健康是需要管理的，健康管理应从健康体检开始，这就是韩小红告诉百姓的新观念。在2005年举办的“北京影响力”评选中，评审委员会评价韩小红：“她第一次把完整的健康理念奉献给了首都百姓。”

弃医从商

1997年，韩小红从北京医科大学硕士毕业后进入解放军总医院肿瘤科工作。1999年，她获得了去德国做三个月访问学者的机会，“出去以后看到身边很多人都在读博，我就申请了，后来很幸运地获得了去海德堡大学攻读医学博士的机会”。三年后学成归国的韩小红，本可以选择回医院，继续做一个肿瘤医生，前面的道路自然是一片光明。“回医院工作，走什么样的路我很清楚，我前面的一些人就是这样走过来的，我不想继续去重复。”韩小红说。

在国外时，韩小红发现体检是一个被大众普遍接受的概念。“我当了10年的肿瘤医生，面对的大都是晚期肿瘤病人，他们就是因为没有体检，没有及早发现，到最后就无法治疗了，其实那个时候潜意识里我就觉得在这方面我们国家的医疗有一些缺陷。我认为这是一个非常好的方向，未来一定会有市场的。”于是，“倔强”的韩小红不顾家人的反对，开始了自己的创业生涯。

2002年3月28日，凭着自己的医学背景，没有一点管理经验的韩小红，在北京开了第一家慈铭健康体检机构。“我上任的时候，好多人都很怀疑，‘这么年轻的姑娘能干出什么’，所以我必须做出来，做好了，不管我有什么‘背景’”。两三个月后，慈铭开始赢利，韩小红的管理潜能也被一点点挖掘出来。

浴火重生

2004年，刚刚从SARS和第三家分店失火的意外中挺过来的韩小红，迎来了自己事业上的新起点——第四家慈铭体检开业了，她开始品尝到创业带来的喜悦。没想到的是，就在这一年，父亲第一次到韩小红的体检中心体检，查出了癌症晚期。祸不单行，在父亲临终前三个月，韩小红也在一次韩国之行中，被诊断出早期胃癌。“那次是韩国的三星医院邀请我去体验他们的体检流程。当时我的全部精力都放在观察对方的服务流程和管理环节上，一直在思考回来后怎么改善我们自己的服务流程。可就在回国后第四天，我接到从韩国打来的电话，告知我被诊断出了胃癌。”在北京肿瘤医院的活检病理结果显示，韩小红患的是细胞癌，是恶性程度最高、存活期最短的一种恶性肿瘤。一位胃肠道肿瘤专家告诉韩小红，这种肿瘤病人的存活期最长只有两年。唯一值得韩小红庆幸的是，她的癌症发现得非常早。

站在生与死的边缘，韩小红没有被病魔吓倒。2005年6月，冷静思考后，瞒着病重的父亲，有条不紊地安排好工作以后，韩小红在北京肿瘤医院接受了切除手术。作为一名肿瘤医生，她在术前已经做好了最坏的打算：把家里的日常安排、银行账号等事情都罗列下来，交给了家人。而对自己手术后的生活，她也有了冷静的判断：“不管手术成不成功，我都能活下去，因为就是手术不成功，活一年两年都不是问题，手术成功了，可以活三年四年，那么我会有一个中长期的打算。”

手术后的韩小红和父亲一起在301医院的一个病房里接受治疗。“这可能是老天给我的一个机会，在这之前我一直在求学、工作，没有时间去照顾父亲，而这三个月我可以时时刻刻陪着他，不管我自己是一个什么样的状态。我是健康体检的最大受益者，而父亲却没在健康体检中受益，这事想起来我挺难过，但却可以警示世人。现在父亲虽然走了，但是临终的那段时间我能这样陪着他度过，也很欣慰了。”

虽然每迈出一步都伴随着艰辛痛苦以及生与死的考验，韩小红依然挺过来了。这段特殊的经历，让她坚定了把这项事业做下去、做好的决心，“我现在觉得自己做的事情特别有意义”。她开始逐步扩大自己的事业版图，陆续在上海等城市建立慈铭分院，推广体检概念，细化体检套餐，让更多的人接受民营体检机构。借鉴自己在韩国查出胃癌的经历，韩小红还将无痛胃镜等更人性化的医疗检查也引入到自己的体检项目中来。

如今，韩小红依然奔忙在工作一线。“真的，我现在感觉很好。我觉得自己已经活下来了。”在这些年里，韩小红的慈铭体检机构逐步发展壮大，分院遍及北京、上海、大连、成都、广州等城市，她提倡的健康体检理念也被越来越多的人所接纳。

关注健康

“政协给了我一个很好的平台。在这里我不但认识了很多来自不同界别的朋友，更重要的是让我可以逐步学习参政议政。”说起政协委员这个身份，韩小红感触尤深。

“刚开始的时候，我只是尝试着提出一些意见、建议，没想到确实有政府部门听取了我的呼吁。”作为政协委员，韩小红的关注点仍然与健康事业息息相关。2008年，北京奥运会召开在即，韩小红在提案中建议在奥运场馆周边设立旅游观光点和统一急救客服电话服务奥运。看到一些三级医院医疗挂号秩序混乱，部分盈利性机构参与其中，她又提出严办“黄牛”。最近几年，韩小红还曾多次建议对有资质的民营体检机构的体检结果予以承认，允许各医疗机构之间体检结果互认，节省个人医疗花费。在这些提案中，有不少已经被政府部门所采纳，比如将民营健康体检机构纳入企业所得税纳税优惠范畴的建议已经成为现实，这让韩小红很有“成就感”。

曾有人评价韩小红：她是百炼钢跟绕指柔的复合体，既有天空的想象力，也是地头的耕耘者。经历过创业的艰难，也体会了重生的痛苦，军人出身的韩小红并没有后悔自己当年弃医从商的选择。“慈铭体检走到今天，很多人为这个企业做出了自己的贡献，我也得到过很多人的帮助。我现在拼命干，既是为了回报社会，也是为了回报跟随我的人。这是我的一个梦想。”此刻的韩小红更像迎风怒放的玫瑰，让人时刻感受到健康的美丽，生命的阳光。

雷燕妮　为生命护航

崔 晨

提起120，不仅仅是简单的三位数号码，它是托起生命的希望，是一支“为生命而战”的特殊团队。北京市政协委员、北京120调度指挥中心主任雷燕妮就是这个团队中的一员。她留着干练的短发，口齿伶俐、思维敏捷、动作麻利，言谈举止都体现着雷厉风行，她无怨无悔地把青春和汗水都奉献给了医疗急救事业，可以说急救就是她人生的主旋律。

医者魅力 无私无畏

雷燕妮出生于医生世家，她的祖父及大伯、二伯都是著名西医。身为大学教授的雷燕妮的父亲有着一生的医生情结，自然而然地希望子女中能出个医生。“文革”的开始，使雷燕妮及兄长的学业全部中断，也包括就读于医学院的堂姐等人，这几乎击碎了全家人的医生梦。1979年，在兄弟姐妹中年龄最小的雷燕妮赶上了恢复高考的好时候，承载着全家人的希望，雷燕妮考取了河北医学院，而这却牺牲了她自己的理想。“其实我特别喜欢理工科，想学建筑专业。当时的高考分数也完全可以被第一志愿建筑专业录取，但最后我还是听从了家里的安排学了医。”

医学院毕业后，雷燕妮被分配到北京急救中心工作，那时正值急救中心大楼开始筹建，所以最初的两年她被派到北京同仁医院进行学习进修，在内科系统轮转，之后她又进行了两年的院前急救工作。1988年，随着北京急救中心正式开院，雷燕妮也正式回到诊室，主要从事心脏内科和综合内科的危重症救治工作。几年为重症患者的抢救工作，使雷燕妮真正体会到“时间就是生命”

的现实意义，她在与死神赛跑的较量中，把众多生命垂危的患者从死亡线上拉了回来。“把危重患者抢救过来的那种成就感是我做医生一生的追求。”雷燕妮激动地说。而最让雷燕妮欣慰的是，从1988年到2005年，做急诊医生的17年间，她得到了全部患者的信任，没有收到一项投诉。

在雷燕妮的经历中，2003年是无法被忽略的一年，那一年她光荣地成为了第十届北京市政协委员；也是那一年，非典型肺炎疫情袭击了北京。用雷燕妮的话说，就在她还没完全弄明白当委员是怎么一回事的时候，她只能先放下对政协知识的学习，全身心地投入到抗击“非典”的战斗中。在北京“非典”疫情最为严重的时候，雷燕妮的父亲肺部感染，被送到了医院，可身为医生的女儿却不能时时刻刻守护在父亲身边，她白天在急救中心工作，晚上照顾住院的父亲，这样周而复始近半个月，父亲终于出院了，可雷燕妮却病倒了，她也被诊断为肺炎。雷燕妮果断地进行自我隔离、自我治疗，一个星期后病情好转，雷燕妮又回到了工作岗位。这时她临危受命，急救中心要求雷燕妮所在的科室关闭病房，支援院前急救，参与“非典”病人的转运工作。作为科室主任的雷燕妮及时召开了动员会，让她感动的是，全体医生、护士没有一个退缩的，大家马上写请战书。就在一切工作准备就绪之时，急救中心的领导考虑到雷燕妮肺炎刚好，不让她参与转运工作。“那不可能。”雷燕妮斩钉截铁地对急救中心领导说，最终说服领导的还是雷燕妮的悉心解释，“这种疫情是可以科学防范的，我不是带着大家去送死，我会带着大家去，也会平平安安地带着大家回来。而且我亲临一线，会对工作有帮助，我不去大家就容易慌，慌就容易出错，我去是大家的定心丸”。不止有口头保证，雷燕妮还有实实在在的行动，她严格训练大家穿脱隔离衣，每个人都要经过她的考试才能上“战场”。最终，这块好钢还是用在了刀刃上，雷燕妮去了重症转运组，并带领整个团队圆满完成了转运工作。在此期间，有一件让雷燕妮又惊喜又感动的事情，就是市政协教文卫体委员会到隔离区驻地看望她，让她感受到政协大家庭别样的温暖。

授人“鱼”与“渔”

2005年，北京急救中心进行功能转型，撤销了原有的院内医疗功能，关闭了急诊抢救室和病房，将全部医疗力量转向院前急救。面对某三级甲等医院的诚邀，雷燕妮还是毅然决然地选择留了下来，成为急救中心东区分中心主任。与以前90%的时间、精力用于给病人治疗，10%用于行政管理相比，现在雷燕妮的工作模式实现了对调，虽然不再直接面对病人，但雷燕妮的救治面反而更大了。

谈到120急救，民众最直观的理解可能是街上疾驰而过的急救车，其实医疗急救是一个由人、技术、任务组成的复杂系统，它包含组织结构和组织管理两个方面。急救车犹如急救系统的毛细血管，而作为管理者的雷燕妮，则犹如东区分中心这个急救子系统内的中枢神经，她的日常工作是首先要保证每天的急救车组数量。截至2012年底，急救中心东区分中心已在辖区内建立了7个急救站点，她要保证所有站点运行的车组数量；其次是监督急救人员完成目标质控指标，如接到指令后2分钟内准时出车等。除了日常保障，雷燕妮还要高瞻远瞩作全局谋划，合理布局辖区内的急救站点建设。急救中心东区分中心是直属分中心里第一个在社区建立急救站的，为缩短呼叫反应时间，为挽救生命赢得了宝贵时间；第一个在养老机构建立急救站，既保障高危人群，又覆盖周围社区居民。除此之外，急救中心东区分中心创新举措层出不穷，第一个实施重症新生儿转运，率先开发、使用移动式电子病历……这和雷燕妮的未雨绸缪、创新思维密切相关。

雷燕妮还十分重视日常培训工作，给医生讲解病历、示范急救设备操作，连对急救车驾驶员的培训，她也要亲自过问。雷燕妮还认为，医疗急救不该只是授人以鱼，更应授人以渔。2004年和2005年，在北京国际马拉松赛上，连续有参赛选手突发心脏骤停而猝死，围观的人群中，竟无一个懂得简单的现场急救。这件事对雷燕妮触动很大，从此她走上了急救普及之路。她带领团队进社区、去学校、下乡村，手把手向民众传授急救技能；在承担北京奥运会公路自行车项目医疗保障任务的同时，积极向志愿者传播急救知识；甚至在参与政协委员视察的路途上，还挤出时间给大家讲解相关知识。传授的内容从如何拨打120急救电话，到心外按压、人工呼吸术等，深入浅出，实用易懂。对于这些重复性的工作，雷燕妮则表示：“我还真没有觉得干烦过，我觉得还有很多非常有意义的事需要我去做！”

院前急救是一项事关生死存亡的紧急工作，而推动急救事业的发展从某种意义上说，却是一项“急不得”的事情。雷燕妮用自己坚持不懈的努力，既践行着一位急救工作者的职责，也践行着一位政协委员的职责。2013年，雷燕妮连任市政协委员。她总是说，在每一届政协的七百多名委员中，都只有她一个是做院前急救工作的，她总感觉肩上的责任与压力无比巨大。“院前急救领域的事情，我不提，这个领域就没人去提。”而如何提建议，也是要有技巧的。回顾十年的履职工作，雷燕妮总结，首先要弄清楚这个领域的基本情况、相关政策法规、相关政府管理部门等，还有我们应该做的事情，再了解政府想在这个领域做些什么，找到两者的结合点，然后去推进它，这样做的效果往往事半功倍。同时还要有韧劲，她连续三届提出的《关于建立急救法规的建议》，目前已进入人大立法程序；她提出的《在中小学分级开展急救知识普及培训》《统一“120”急救电话号码，合理使用急救资源》《提高急救呼叫满足率，建立保障急救站运行长效机制》等提案，都起到了重要的作用，推动了相关问题的改善与解决。

采访过程中，不断地有急救车赶往北京的大街小巷，去完成各种急救任务。雷燕妮办公室里几乎占据整面墙的北京地图格外显眼，记者面前的雷燕妮和她的团队正在用急救的脚步丈量这张地图，而留下的将是不朽的生命印记。

林佑辉　为“北京梦”广集智慧

徐　飞

1977年，25岁的林佑辉作为归国华侨的代表，成为山西省政协委员，再次担任政协委员是30年之后。两次担任政协委员的林佑辉，作为政协组织的一员见证了政协在改革开放和协商民主建设中，如沐春风，与时俱进。

对外讲好政协故事

回忆起年轻时初当政协委员，林佑辉说：“当时的自己年轻气盛、锋芒毕露，一口气提了两个提案：一是有感于计划经济时代，户籍制度划分为农业户口和非农户口，提出了取消农业户口，实行身份证制度。二是有感于电镀行业的有毒污水直接排入农田，危及农村土地和饮用水安全，建议工业废水统一处理。”当时，这两个提案似乎显得有些“出格”，大家觉得他这个委员需要好好教育。

2008年再次回到政协，提案的办理过程就反映出了政协的变化，社会的进步。“现在，政协的提案办理有了制度化、规范化、程序化的安排，承办单位特别认真。使我感到压力，促使我履职过程中更专业、更用心。”

作为政协对外友好界别的委员，林佑辉认为有义务将政协的故事、北京的故事、中国的故事讲给外面的人听，成为政协对外宣传的窗口。要把中国故事讲得越来越精彩，让中国声音越来越响亮，使中华优秀文化传播越来越广泛、影响越来越深远，对内坚定信心决心，对外加深理解认同。

如何讲好这些故事？“主要还是通过我在政协的体会来讲。”一次，林佑辉跟台湾同胞讲起大陆的政治制度，谈起政协是中国共产党和国民党在重庆谈判，为组建新政府而召开政治协商会议。嗣后，国民党撕毁政治协商会议决议，遂使政治协商会议即旧政协解体。1948年4月30日，共产党发布纪念“五一”口号，提出召开新的政治协商会议，并产生了新的政协。政协是中国共产党和各民主党派、无党派民主人士、各人民团体、各界爱国人士以及国外华侨共同创立的，是中华民族政治智慧的结晶。林佑辉以自身的经历现身说法，“政协委员的组成，充分吸纳民主党派、各界人士和包括侨联在内的各人民团体，共产党在政协的委员是有一定比例的。政协是在探索追求国家进步、民主过程中，汲取人类文明和历史经验，量身定做的制度，是按照中国国情设计的协商民主。”台湾同胞都听得津津有味，纷纷觉得这是一个很新鲜、有趣的故事。“应该让政协委员讲一讲，政协制度怎么设计的，在国家政治生活和社会生活以及对外友好交往活动中，是怎样发挥多党合作和政治协商的作用?委员如何提案，相关单位是怎么答复提案的，怎样利用这些提案与群众沟通?让更多的人认识到中国自己的政治制度是很有前途、很有生命力、很有自己特色的。我们所关心的政协的发展和完善，是整个中华民族的期待。”

林佑辉认为北京应着力扩大开放，推进建设现代化国际都市的进程，积极拓展公共外交。比如，进一步发挥民间NGO组织作用，增进中外人民友情友谊，为北京企业“走出去”营造良好氛围。友好城市的交流，可以更民间一点，更草根一些，推动友城之间的民间互访或“友城民间自由行”，让北京的寻常百姓给“老外们”讲好今天北京人的故事。

为绿色北京开“药方”

每个北京人心中都有个“北京梦”。在林佑辉心目中，北京应该是低碳、绿色的首善之都。他每年的提案都不断描绘着他心中诗情画意的北京城。

在经济快速发展的大背景下，随着现代化城市进程的不断推进，在“大拆大建”之中，如雨后春笋，拔地而起的城市“水泥森林”“玻璃幕墙”，使北京有些灰头土脸。针对北京的城市污染治理，林佑辉开出了自己的几服“药方”。他建议尽快出台《北京绿地保护建设法规》，使北京的城市绿化工作有法可依。他提议，拆一片城区，还一片绿林；开发一片新区，建设一片生态林。不要把城市变成水泥森林或玻璃森林，而是要能看到成片的绿地。北京的绿化要在现基础上，拓建城市森林、生态园林。

要解决城市交通拥堵、出行难的问题，可以在有条件的道路上设置“自行车美丽生态道路。这是一条与机动车道、人行道不交叉的道路”。林佑辉认为，车道应美观、重绿化，也可增设文化景观，并与城市地铁车站、公交枢纽接轨，可借鉴荷兰、德国等欧洲国家前卫城市的经验，使之成为市民安全出行、健康出行、低碳出行的通道，成为北京实行低碳、绿色的人文标志。

持续不断的雾霾天，屡遭戏谑的“北京咳”就是环境给人的沉痛教训。2014年11月，北京迎来了举世瞩目的APEC会议，为改善交通现状实行的单双号出行也为首都带来了久违的蓝天，有人称之为“APEC BLUE”，意为短暂的、稍纵即逝的美好。林佑辉认为，北京既然有能力创造“APEC蓝”，就说明蓝天是可以回来的。为此，他提出了《关于让APEC蓝成为“常态蓝”成为北京梦的提案》。为了“APEC蓝”，北京市委、市政府对症下药的成功经验值得珍惜，要把行之有效的方法保留下来，把应予提倡的做法在全社会推行。事实证明，雾霾并非一个无法克服的问题，只要有壮士断腕的决心、科学合理的规划、同心协力的行动，蓝天是可以实现的，“APEC蓝”能变成持久的“北京蓝”。他说：“综合欧洲的治理大气污染的经验，至关重要的是做好区域内的顶层设计，整体部署。一是政治手段，政府大力推动新能源汽车、公共交通和绿色交通；二是法律手段，通过严格监管强制督促实施环保方案；三是经济手段，通过排污权交易节能减排，加大惩处力度；四是环境手段，编制区域环境规划，大力推进生态环境建设，园林化城市建设。”

他山之石可以攻玉

如何把多年的海外联谊工作经验更好地运用到政协履职当中去，成了林佑辉经常思考的问题。他说：“无论是经济、旅游、医疗、环保、交通，还是城市管理、城市建设、城市规划，我都是门外汉，所提出的意见建议，主要是集合了海外侨胞和港澳台同胞以及身边朋友的智慧。我能做的就是把自己所联系界别的群众意见、他们对国家发展的意愿反映出来。同时，把其他国家先进的做法、可借鉴的他山之石带回来，成为我们发展的一种思路。”

有一次，在迪拜机场转机时，看到首都机场年吞吐量突破7000万人次的新闻。林佑辉想到，数十年前只是一个大沙漠的迪拜，如今已发展为全球最奢华和现代化的世界都市。其中，着力建设全球最大的机场，是迪拜成功转型、华丽变身的重要因素。林佑辉认为，北京临空经济应当成为北京新的经济增长点。为此，向周边的朋友请教，在《关于把北京首都国际机场建设成国际枢纽机场，推进北京向世界城市方向发展的提案》中提出，加快把北京首都机场建设成为国际航空枢纽，拓展北京首都机场临空产业，应是北京建设现代城市与世界城市的重要举措。这件提案不仅受到了北京市的高度关注，还受到了中央有关部门的重视。让林佑辉感到欣慰的是，几年之后，临空经济这个概念被运用到了北京新机场的规划建设当中。

作为政协委员，林佑辉对于一些领域是生疏的，但只要是老百姓关心的，他都会认真倾听、认真调研。他说："政协委员要有家国情怀，家事国事天下事，事事关心，哪怕起个'万金油'的作用，也要把民意反馈出来。""看病难、看病贵是百姓关切的问题。我可能不能像其他医学专家一样从很专业的角度来剖析问题、建言献策，但是我可以从医疗服务评价和审核体系方面介绍一些发达国家的先进做法。"为此，林佑辉向数位海外专家学者请教，并查阅了近十万字的资料。他了解到，目前国外正在实施的医疗服务评价和审核体系，是采用卫生经济学以及其他医学相关学科的方法，对医疗服务从成本、费用、质量和风险因素，进行综合分析、比较和评价的一门应用学科和体系。他建议在深化北京市医药卫生体制改革中，建立该体系，对医疗服务进行科学的评价和审核，用于医疗服务的定价、补偿和付费。政府可通过该体系，构建医政"大监督"的格局，促进医、患、保从零博弈转向更符合患者利益的合作，从根本上解决当前医疗服务中的痼疾以及看病难、看病贵的问题。

人民政协来自于人民，理当服务于人民。作为一名政协委员，林佑辉要求自己不应景作秀、不曲意迎合，不讲放之四海皆准的"正确废话"，要汇民声，聚民心，拉近与群众的距离和感情，激发群众有序政治参与的热情和信心，让群众真正感受政协组织、政协委员就在身边。

王国镇　坚持暗访调研的政协委员

郭　隆

100多次打车暗访、深夜开车跟踪“地沟油”行踪、入户收集居家养老政策建议……全国社会保障基金理事会机关服务中心主任王国镇始终把百姓关心、政府关注的热点、难点问题，作为自己履行委员职责的发力点，多年持续暗访调研，收集掌握了大量行业一线情况并扎实做好提案工作，为城市发展和民生保障献计献策。“作为政协委员，就是要多观察社会，多调查、反映老百姓关心的问题，分析问题的症结在哪，通过提案为政府提出合理化建议。”王国镇说。

打车百余次，建议减“份钱”

在2014年初召开的北京市政协全会上，会间休息的王国镇委员又被记者围住。他也不记得是第几次讲述自己的提案内容了。“这么多年了，应该有人将这个问题盯下去，直到有个解决办法。”

王国镇所说的“盯下去的问题”，指的是近年来引发民怨，让北京市民有切肤之感的“打车难”。

“一次偶然的打车经历，对我触动很大。”王国镇回忆，2012年9月的一个晚上，他从金融街打车去南站接人。“我还特意错过了晚高峰，但没想到，一等就是40多分钟。”好不容易看到一辆停在路边的出租车，他拉门就要上车，却被司机喝止。“司机冲着我就嚷嚷，不拉了，去哪儿都不拉。”经过协商，对方总算答应载他去南站。一路上，王国镇从司机口中听到了他平时不了解的另一种声音。

“您工作压力大吗？”王国镇随意的一聊像是冲破了司机的底线，抱怨声连珠炮一样倒出来。“能不大吗？份钱多，一睁眼就欠着公司钱，我快不干了。”“有问题可以正常反映，不开车了您收入来源也没了。”王国镇试探着与司机聊起来。司机说，他开了14年车，腿部和肩部都落了毛病，现在北京太堵车，开车比以前更累。

“份钱的定价有什么依据吗？不能调整吗？”王国镇问。司机说，定价标准他们也不清楚。

为了破解打车难，掌握出租车行业的第一手资料，接下来的三个月，王国镇放弃了开车，几乎每天要打三次车出行，前后共百余次，就为了与司机聊天了解情况。这期间，他调研过四环外专门供“大班”司机住宿的仓库，跟着司机吃过5块钱管饱的饭，发现了的哥躲避高峰出车的原因。

“打车难不是小事，能不能根治这一城市生活中的痼疾，既关系到民生保障，也影响到社会和谐。”王国镇说，这三个月来打车的经历，让他越来越担心，一种负面的情绪在出租车司机中蔓延。“解决打车难问题，真到了必须要做点什么的时候了。”

王国镇对自己100多次打车调查了解到的情况进行了详细地分析梳理，他指出，出租车行业存在着严重的苦乐不均。在司机多辛苦少挣钱、消费者承担着不断调高的起步价的同时，出租车公司却旱涝保收，袖手赚钱。出现这种现象的原因，就在于出租车公司规定的“份子钱”。据王国镇了解，北京大部分出租车公司要求，单班司机每月要上缴5000元左右管理费。

在整整三页的《关于改革北京市出租车政策，破解“打车难”问题的建议》中，王国镇提出，出租车行业的改革首先要从削减出租车公司的车“份钱”开始。“‘份子钱’该收，世界一些发达城市的出租车公司也是按比例收取出租车司机营业收入的，但是怎么收，收多少，需要一个符合情理的方案。”王国镇建议，对政府管理部门而言，应该依据行业平均利润率对“份子钱”做出一定的规定；对出租车公司而言，也应该依据市场、油价、利润、司机诉求等情况对“份子钱”进行灵活调整，对不合理的“份子钱”进行下调，减负部分归出租车司机所有。此外，出租车司机的社会保险和休假制度也要落实。每月规定合理的休假，休假日不收“份子钱”，保障出租车司机的劳动权益。

市政协全会前，经过与其他委员的讨论、修改，王国镇将他的“打车难”提案带上两会。“这不算完事，我会持续关注北京的打车难问题和出租车行业的改革，希望早日能有结果。”

关注民生细节，献计城市建设

随着首都经济社会的日益发展，城市的精细化管理与服务成为政府努力的方向。作为政协委员，王国镇十分注重城市建设与管理中的细节问题，用他的话说，“城市建设和社会管理都要以人为本，有必要‘问计于民’。看似细节的地方，正体现着城市的人文关怀。”

北京已经进入老龄社会，老年人出行通过过街天桥时是否真正实现了方便和安全呢？这一细节引起了王国镇的关注。他利用午休时间，多次到地处金融街主干路上的3座过街天桥进行实地调研。他发现，尽管附近工作、居住着大量白领和老年人，但过街天桥的利用率非常低，天桥上鲜有老年人的身影，就连年轻人也寥寥无几。他几次看到一些行动并不利索的老年人走到天桥下时，面对数十级的台阶望而生畏，无奈之下又选择了横穿马路。这也让行人与车辆争路的矛盾愈演愈烈。

“实际上，目前北京绝大多数的过街天桥都没有安装滚梯或升降电梯等设施，这些人性化设施的欠缺一方面导致了残疾人和老年人的出行困难，另一方面使得很多市民为了过街便捷，宁愿放弃天桥横穿马路，造成了交通的混乱和交警执法的困难。”王国镇分析说。

由此，王国镇在《关于在北京重点街道天桥安装电梯设施的提案》中提出了具体建议：一是建议有关部门能够有计划、有重点、有步骤地在北京市重点街道的天桥上安装滚梯，以此减轻老年人的出行负担；二是北京市政府应该就此项目向各区政府提供资金支持，每年有计划地向各区政府拨出一笔专用资金，以促成项目的建设和完成。三是在条件允许的地段，建立有无障碍坡道的天桥。同时，在资金和地段允许的条件下，考虑安装残疾人专用的升降电梯，方便残疾人出行。

停车难是王国镇多年来持续关注的又一民生难点。近年来，随着车辆的持续增多，停车位成了城市的稀缺资源。社区停车经常挤占消防通道，真实版

“抢车位”在小区内轮番上演，“先天不足”的胡同里停车难现象更是愈发严重。对此，王国镇将目光聚焦在设置自动立体停车设施上。在《关于增加停车位、建设立体停车楼的建议》中，王国镇分析了立体停车设施具有节约空间、集中管理、经济实用、区域共享、机动灵活等多方面优势，他建议今后北京市建委等有关部门，在批准房地产立项时，强制要求房地产开发商按照一定比例建设地下停车场或停车楼，同时与见缝插针的立体停车楼相结合，力求解决小区停车难题。“还要根据中国的国情与使用需求来综合规划立体停车设施，选择适合的产品和厂家，杜绝买得起养不起的服务问题。”

关注民生、建言民生是王国镇履行委员职责的又一发力点。他把代言民生视为政协委员的责任，利用一切机会，注重观察和思考当下社会的民生所需。王国镇说，身为一名政协委员，就是要将老百姓最关心的问题反映出来。“我有责任慎重地提出问题，引起管理部门的关注。”

入夜跟踪，紧盯地沟油

面对严重危害人民身体健康甚至生命安全的“地沟油”问题，王国镇又一次开始了“暗访式”调研。

为掌握地沟油地下产业链的一些情况，夜里一两点钟，王国镇开着私家车，一路跟踪拉地沟油的黑车，弄清它在哪里装车，运到私设地点进行处理，再拉到哪家饭馆、宾馆售卖。在去苏州考察时，王国镇对当地政府治理餐厨垃圾的处理模式进行了详细了解。在他看来，从源头杜绝，关键还在于政府管理。对此，他提交了《加强对餐厨垃圾治理力度，杜绝地沟油重回餐桌的提案》，提出应调动公安、卫生、工商、环卫、交通、财政等各有关部门进行综合治理。要从各个环节上入手加强管理，如整治“三小车”，限制其入城；严打加工制作窝点；严惩私自卖出餐厨垃圾单位、非法购入单位及徇私舞弊的主管单位及人员等。政府选择与具有雄厚科研力量和专业技术的企业合作，由该企业派专人回收餐厨垃圾，确保其流向的单一性，这样才能从源头上杜绝地沟油。

当下，社区养老问题引发了王国镇的思考。他通过到回龙观、东直门街道社区调研、走访，建议社区医院设立统一的应急呼叫中心，并对工作人员进行家庭护理知识的培训。“在有条件的社区，应该尽量安排统一的养老用房。”

多年来，王国镇的每一件提案、每一条建议，都倾注了他的热情与责任，而相关部门的高度重视、积极回复与协商面谈，更是让他充满了干劲。“通过提案能够引起相关部门的重视，或者解决了一个很小的问题，都是一种欣慰。”王国镇说。

艾尔肯·哈德尔　伊犁·北京，家乡·热土

莫 非

虽然已经在北京生活了三十多年，维吾尔族北京市政协委员艾尔肯·哈德尔的口音中仍然带着浓浓的新疆味，他的一切生活习惯也依然保留了纯粹的维吾尔族特色。但是说起自己的第二故乡北京，艾尔肯的话语中充满了感情："初到北京时，我单位的所在地和平里一带还都是农田，现在这里已经高楼林立，车水马龙，变化太大了。"让艾尔肯感到自豪的是，历史上曾有不少维吾尔族知名人士做出过很多贡献；更让他高兴的是，北京如今已经是56个民族共同居住、生活的城市，各族同胞团结和睦，已经成为北京社会和谐安定的基础。

我的家乡在伊犁

艾尔肯·哈德尔的家乡在遥远的新疆伊犁。那里有悠久的历史文化，有壮美的自然景象——雄伟的天山、辽阔的草原、茂密的森林，还有幽深的湖泊和溪谷，是著名的"塞外江南"。曾有人说，"不到新疆不知中国之大，不到伊犁不知新疆之美"。在艾尔肯的心中，伊犁之美更是已经化为一种深入到血脉中的自豪和深情："新疆是世界上唯一的四大文化体系汇流的地方，伊犁——阿里玛丽城（苹果园之意）是古丝绸之路上起过重要桥梁作用的一颗明珠。在我心里，她比中国任何一个地方都要美丽。"

1954年，艾尔肯出生在新疆伊宁市，从小在奶奶家长大。他的父母很早就接受党的培养教育，都是老共产党员、知识分子，早年曾经参加三区革命活动。父亲当年是伊犁日报社的厂长，母亲是商业部门的干部。他们曾经在解放

初期一起到西安参加了西北地区青年代表大会，之后又来北京参观学习。父母的这段经历成为艾尔肯小时候听得最多也是最自豪的一段故事。

艾尔肯的少年时代和许多内地孩子不同。15岁时，正值“文革”期间，作为知青，他被分配到伊宁县五一公社伊斯拉木玉孜乡劳动；1972年，在伊犁师范学校进修后，又返回到五一公社，在托克斯塔拉乡当上了小学老师，一年后又被调往伊宁县计委当了一名统计员。从此艾尔肯就开始了“马背上的生活”。为了收集资料，艾尔肯经常需要到各乡巡查，每次一去就是一两个星期，而代步的工具只有马匹，常常一次要骑行二十多公里。巧合的是，十多年后，已经成为一名摄影记者的艾尔肯在边疆采访时仍然需要骑马前行。青少年时代的这段“马背上的日子”让他获益匪浅。

1974年7月，经过努力学习和组织推荐，艾尔肯考上新疆大学维吾尔文学系，开始了自己的大学生活。在学校里，艾尔肯开始系统学习维吾尔族文学。玉素甫·哈斯哈吉甫的叙事长诗《福乐智慧》、史诗《乌古斯传》，还有形式多样的维吾尔族民间文学，都让艾尔肯感受到了民族文化的博大精深，令他更加热爱自己的民族和文化。

开始北京新生活

1977年，23岁的艾尔肯面临了自己人生中又一个重大的选择。当年7月，艾尔肯从新疆大学维吾尔文学系毕业。系里的领导找艾尔肯谈话：小伙子，现在北京的民族画报社来学校选拔记者，我们准备推荐你，你对未来有什么打算？

北京，对于23岁的艾尔肯来说，并不陌生。1968年，当时还是初中生的艾尔肯，尽管不太懂汉语，也曾随着同学，坐了四天三夜的火车来到北京。在天安门广场，艾尔肯特意站在毛主席的画像前留了影。虽然时间短暂，但从那时起，北京就成为他最向往的地方。

但是要远离家乡，在北京长期工作、生活，却让艾尔肯心里打起了鼓：“我当时汉语说得很不好，因为我们上学都是说维吾尔语，写东西也都是用维吾尔族文字，接触汉语的机会非常少。可是能够到北京工作，又实在很有吸引力。”最后还是父母的鼓励让艾尔肯打定了主意——到北京去当一名记者。

1977年8月，艾尔肯告别了自小生活的伊犁，正式来到北京的民族画报社报到。和新疆相比，北京的一切是新鲜而陌生的。幸运的是，和艾尔肯一起分配到民族画报社的，都是和他年龄相近的一群年轻人。虽然大家来自祖国四面八方，民族和生活习惯各异，但是对新工作的热爱，再加上组织的关心，却让大家很快地熟悉了起来。

“我们还有很多很好的老师”，说起当年的往事，艾尔肯显得有些激动。初来乍到，民族画报社给艾尔肯安排了宿舍，同宿舍住的是位已经年过四十的达斡尔族记者吉雅。每天下班后，吉雅老师都会给这位新来的新疆小伙子讲起自己的采访和编辑经历，介绍工作经验。这让初当记者的艾尔肯受益良多。

在进入民族画报社前，艾尔肯只能勉强用汉语写作简单的短文。为了让自己尽快掌握汉语，艾尔肯每天都要利用休息时间反复收听广播、看报纸。这个习惯，一直保持到了今天。

和汉语一样陌生的，还有摄影和专题报道业务。在分配到民族画报社前，艾尔肯从没摸过照相机，更不知道如何将生活中美丽的景象摄入镜头，转化成一幅幅动人的摄影作品。到民族画报社上班后，单位配了一台单反相机给艾尔肯。从认识光圈、快门学起，到进暗房练习洗印照片，相机渐渐成了艾尔肯最心爱的伙伴。

虽然远离故乡，但北京的生活是如此丰富精彩：学汉语、练摄影、编辑稿件，有空的时候还和老乡一起去王府井的“东来顺”吃顿羊肉饺子……这让年轻的艾尔肯渐渐抛开乡愁，倾情地投入到了新生活中。在北京，他结识了出生在北京的维吾尔族姑娘古娜拉，并幸福地步入婚姻殿堂。他的岳父母也来自新疆，是1950年到中央党校新疆班工作的。这样的家庭对艾尔肯的进步确实起了推动作用。

走南闯北记者生涯

当了摄影记者的艾尔肯是个典型的闲不住的人。从1984年起，艾尔肯参与了多次大型专题摄影报道：从湖南、四川的红军长征落脚点，到祖国北疆的新疆边防山口；从欧亚大陆桥的起点江苏连云港，到终点荷兰阿姆斯特丹的新亚欧大陆桥，都留下了艾尔肯的身影。

1985年初，艾尔肯在翻阅资料时发现，当年红军长征时曾经途经很多少数民族生活区，在当地少数民族群众的帮助下，才得以顺利完成长征壮举。但是到底当时的情形是怎样，红军战士们是如何与少数民族群众接触、交流的呢？带着这样的疑问，艾尔肯开始了自己的重走长征之路的采访。

采访从湖南和江西的交界处出发，途经湖北、广西、贵州、四川，整个过程历时数十天。采访时，艾尔肯不但身背相机和采访本，为了和采访对象交流，同时提高自己的汉语水平，他总是随身带着一本汉语字典。

除了这些普通采访器材，艾尔肯的行囊里还经常装着新疆烤馕。原因很简单，艾尔肯是穆斯林，因为饮食习惯，出门采访时常常需要自己做饭，所以每次采访出发前，艾尔肯都会准备一些清油和简单炊具，路途中饿了，就自己动手做些简单的食物。

虽然条件极其艰苦，但是这趟采访也让艾尔肯深刻感受到中国解放事业的伟大。“每到一个地方，我都会翻看当地的县志，再找这里的老人给我讲述当年发生的故事。”艾尔肯说，红军所到之处，其中多处地区是少数民族杂居或聚居区。红军战士们就向少数民族群众宣讲革命道理，大力宣传、执行党的民族政策，帮助他们建立自己的革命政权，吸收他们加入红军队伍。正是由于得到了少数民族群众的大力支持，红军才顺利通过这些地区，完成了长征。“中国革命的胜利，离不开少数民族群众！这对我们今天加强民族团结、搞好军民关系仍然具有十分重要的意义。”

1987年，艾尔肯重回老家新疆伊犁采访，这一次的主题是“环行边疆”。艾尔肯负责的一段是从甘肃出发，途经哈密、吐鲁番的天山北区，再到阿勒泰、塔城博尔塔拉、伊犁等地，采访中国北部边疆。

“路上边防部队带路，很多次还要骑马，没法开车，因为路途非常艰苦，根本没有现成的路。”多亏少年时代的锻炼，最后一次采访时，艾尔肯和向导一起租了4匹马，找了几位猎手同行，就从伊犁出发了。一行人一直骑行了20多天，其间还翻越了天山。“采访边境线风光旖旎的伊犁河谷，满目荒凉的戈壁滩，这一路上，我们饱览祖国的壮美山河，还有古老哈密和吐鲁番的名胜古迹。最难忘的是，那些驻守在边疆的边防战士们，虽然生活条件极其艰苦，但他们和边疆的各民族群众一起，守卫和建设着祖国的边疆。”

艾尔肯还和同行们一起参与了新亚欧大陆桥的采访活动。其间他们横跨国内10多个省区、经过10多个国家，最后到达阿姆斯特丹北海岸。

这一幕幕动人的场景都被艾尔肯记录在了镜头之中。1986年，《民族画报》刊发了艾尔肯重走长征路所拍的“长征路上的少数民族”专题，1988年又接着报道了“环行祖国边疆”，1993年开始连载《新亚欧大陆桥纵横》。艾尔肯还和著名作家王蒙合作，为王蒙出版的画册《王蒙和他笔下的新疆》提供了自己拍摄的百余张新疆各地照片。这些倾注了艾尔肯无穷心血的精美作品以它丰富的色彩、壮美的景观和巧妙的构图，无声地向读者展示了新中国的广阔和美丽，也诉说着艾尔肯对祖国的一片挚爱之情。

多年从事摄影记者工作，使艾尔肯十分热爱这项事业。2003年，经过新闻出版总署严格审查和业内专家的评审，艾尔肯被评为新闻专业的最高职称——高级记者。“这是对我从事摄影记者工作的最大肯定！”艾尔肯如是说。

在艾尔肯三十多年的新闻出版生涯中，他还根据自己收集的资料完成了一部诗歌巨著。此书弘扬了为民族事业，为祖国统一和繁荣做出贡献的维吾尔族前辈的事迹。

参政议政，做好政协委员

如今，艾尔肯已经从一名普通记者，逐步走上了领导岗位。从民族画报社采编部的副主任，到民族画报社的副社长，继而到民族出版社的副总编，艾尔肯在每一次工作转换中，都很好地完成了组织上交给他的任务。

担任北京市政协委员后，参政议政、反映社情民意，成了艾尔肯的又一项主要工作。在北京市政协民族和宗教委员会的工作人员看来，艾尔肯是位热心的政协委员，凡是民族和宗教委员会举办的各类活动，总能看到他的身影。

当年在五一公社当知青的艾尔肯，无论如何也想不到日后自己的足迹遍布祖国大江南北。四十年光阴荏苒，这一路上虽然历经坎坷，但也充满了奋斗和机遇，干记者、做管理者、当政协委员，艾尔肯·哈德尔走出了一条属于自己的路。

（本文刊载于《北京观察》2009年第9期）

刘琦　让生命更有质量

徐　飞

第一次见到北京市政协委员、北京同仁医院老年科副主任刘琦，使人一下子联想起《人到中年》的主人公陆文婷。一样的中年女医生，一样的业务骨干，一样的清秀聪颖。不同的是，陆文婷是被沉重的医疗工作逼压出了无奈，刘琦则是在主动追求中得到了快乐。“从医20多年来，我从中体味着工作中的酸甜苦辣，我热爱我的工作，并坚持临床一线工作。”

老年科的“全科医生”

中国老年人口在增速和数量上均为全球第一，老年人口已超2亿，正跑步进入老龄化社会。老年疾病预防、保健、医疗、康复已经成为全社会需要认真面对的问题。但说起医院老年科，人们知之甚少。

“老年科的治疗不看重某一项指标，而是看重整体。通过综合治疗，让病人整体有质量地生存。”刘琦说。老年科在业界是一个不出彩的专业，要求业务全面，但很难在某一个领域做出特别辉煌的成绩。她常常对年轻医师讲：“我们治不好病（冠心病、高血压、糖尿病等都是不能治愈的疾病），但我们可以控制病情，通过全面评估和治疗，使患者整体情况更好，生存期更长，生活质量更高，这也是医疗工作中最大的成绩。我们虽然在某一方面不是顶尖，但我们同样可以自豪地说我们是糖尿病医生里心血管治得最好的，心血管医生里糖尿病治得最好的。”

老年人随着年龄的增长，常患有多种疾病，这些病的表现错综复杂，又极不典型，如果不用全科的知识分析判断，是难以理出头绪的，容易“头痛医头，脚痛医脚”。老年科面对的老年患者往往集多种疾病于一身，病情复杂、危重。这些患者不容许在诊疗过程中有丝毫的延误，一点诱因可导致已脆弱的身体发生级联反应般的崩溃。

最近抢救的一名患者让刘琦记忆犹新。这是一名93岁女性患者，有高血压和糖尿病的病史，平素仍可自我料理。因受家人感冒传染，老人肺炎诱发心功能衰竭，这是临床中常见病例。经抗炎、止咳、化痰及抗心衰治疗，患者症状迅速缓解，家人也非常高兴。但在一次探视时，患者兴奋地与家属交谈后感到胸闷、憋气、胸痛，持续不能缓解，心电图提示心肌广泛缺血，并有心肌损伤标志物增高，诊断为急性心肌梗塞，这种情况血管病变广泛，病死率高，且患者高龄，有肾功能不全的基础。权衡患者整体情况，刘琦选择保守治疗，其间患者精神萎靡，生命体征不稳定。刘琦和她的团队严密观察病情变化，根据患者的情况随时调整治疗方案，经过两周的努力，患者生命体征稳定了，心衰控制了，肝肾功能恢复了，精神状态好转了，最终患者康复出院。这仅仅是众多成功抢救病例的一例，这就是刘琦的日常工作。

刘琦的专长是老年心血管专业，但这些患者常常合并糖尿病、慢性阻塞性肺病、慢性肾脏病等基础疾病，治疗往往是全身性的，因此老年科室要掌握的专业知识比其他科室要多。“目前的治疗方案都是以循证医学为基础的，每年各个领域的指南和共识都有更新，因此要求医生不断学习，别的专业只需关注本专业的进展，而老年科室需要涉及更广泛的领域。”

刘琦的细心、周到、爱心，赢得了很多病人的信赖。有的人起大早、排长队挂一张号，对她说，“知道你很忙，我不看病也不取药，就为了看看你，跟你聊两句。”“倾听本身就是一种治疗。一个人精神上对你依赖，你的成就感就更大一些，这也是对我最大的褒奖，是让我工作的原动力。”刘琦说。

医学领域的人文关怀

医学的责任与医学的魅力是分不开的。刘琦表示，医学是自然科学，可里面还有重要的人文、社会科学的要素，它们交叉在一个“人”字上。人们出生、成熟、衰落、死亡，是生命自然的规律，但是在社会中，生老病死都与医学脱离不开。

中国人很忌讳谈论死，如何让病人有尊严地离去，幸福地离去，是每个人都需要面对的，这就涉及医学的人文方面。

医学伦理专家、北京协和医学院袁钟教授曾说，面对很多绝症终末期的患者，我们医生往往无能为力，并感到深深地内疚。“其实，我们是可以有所作为的，舒缓医疗就是一个很好的方法。”通过舒缓医疗，帮助消除患者内心的冲突，妥善处理与亲友的道别，实现病患的特殊心愿。

所谓舒缓医疗是指通过由医生、护士、志愿者、社工、理疗师及心理师等人员组成的团队服务，为患者及其家庭提供帮助，在减少患者身体疼痛的同时，更关注患者的内心感受，给予患者“灵性照护”，让患者有尊严地走完人生最后一段旅程。让死者了无牵挂，让生者坚强地继续自己的人生。

刘琦和她的团队一直在践行舒缓医疗的理念。她把科内的护工、患者家属和照料者也纳入了团队，团队成员之间、医患之间相互沟通，重视并尽量满足患者的生理、心理、社会及精神方面的需求。记得一位90多岁的病人，家属纠结要不要进行舒缓治疗。“我和我的团队一直与家属沟通并进行安抚，不把所有的压力都给病人家属，而是我们和家属来共同承担。”最后家属对刘琦说：“你是我见过的医生里面最像医生的。”刘琦说：“我觉得这是病人家属对我最大的肯定，做一个纯粹的医生挺难的，但这是我一直追求的。”

大多数老年人死于不能治愈的慢病终末期。当死亡不可避免地降临时，多数人都希望有尊严地离开人世，而不是像一个被维修的机器一般，在医院抢救间里痛苦地耗尽生命。“根据我们的经验，对于慢病终末期老年人进行积极的治疗手段，非但不能提高其生活质量，反而是一种极度痛苦的煎熬。患者亲属不仅眼见各种抢救措施给病人造成了痛苦，还不得不面对巨额花费后亲人的辞世，以致造成‘人财两空’的现实。”刘琦希望大众认识到，死亡是一种正常过程，医护的原则是让患者得到最大限度的舒适。对于终末期患者不以刻意延长生存时间为主要目的，而是让他减少痛苦，最大程度地有质量的生存。刘琦和她的同事们默默地工作着，这是一支优秀的团队，她为有这样一个集体而自豪和骄傲！

工作之余，刘琦不忘普及医学的相关知识。多年来，刘琦多次参加社区医生继续教育培训，分别在顺义、昌平、丰台及东城部分社区宣讲老年血脂治疗、老年高血压治疗、冠心病防治等专题，取得良好反响。她参与远程医学教育工作，录制《老年合理用药》《药物不良反应》《药物相互作用》等系列专题讲座。连续两年在国际睡眠日活动中，为老百姓宣讲呼吸睡眠障碍与心血管疾病的相关性，其中不乏从外地来京的患者群，为老百姓认识疾病、重视疾病并能主动就诊，以避免更严重的事件发生做力所能及的工作。

2006年，经医院推荐，刘琦成为了东城区政协委员，为了尽快进入角色，她尽量多地参加各种活动，不但参加医药卫生界别的活动，也受邀参加民族宗教委员会的活动。为保证正常的医疗工作，她经常利用下夜班的时间参加活动、调研、撰写提案，使视野得到扩展，参政议政能力也得到提高。2009年，她作为医务界代表参加了北京市妇女大会。针对巨大的工作压力造成医务人员流失现象，她提出对医务人员加强心理疏导，以良好心态面对工作和生活。近年来，医护人员被伤害事件屡有发生，为使更多的人了解医务人员的工作性质，刘琦协助全国政协委员撰写提案《关于加强医务人员正面宣传的建议》。

2013年，刘琦被推选为第十二届北京市政协委员，她认为这是一份荣誉，更是一份责任，应利用这样一个平台为健康北京做贡献。对于媒体中频繁报道的“猝死”问题，刘琦和医疗界其他委员认为，猝死发生后即刻给予积极抢救，可有较大的生还几率。因此，广泛普及急救知识，正确心肺复苏培训非常重要，可利用媒体在固定时间反复宣传、播放，在有需要时更多的人都可以伸出援手，就可以有更多的生命得以延续。可喜的是，这一建议得到采纳，如今在电视节目中可以看到急救知识反复播放。

“作为政协委员，我感觉责任重大，我是一名医生，在做好本职工作的同时我要更加努力学习，为和谐、美丽北京建言献策！”

李惠英　从彩云之南到圣水河畔

郭冬云

出生于云南省楚雄自治州一个彝族家庭里的李惠英，1981年毕业于昆明师范学院，在云南楚雄民族中学任教。1988年她从彩云之南来到北京郊区的圣水河畔（房山区的大石河古称圣水），到房山区第一职业高中任教。月缺月圆，春秋十载，她在异乡的土地上教书育人。三尺讲台上，她用声音，用热汗，用心血，辛勤耕耘，把莘莘学子领进知识的殿堂。她当班主任，是学生的知心朋友，生活上体贴、关怀，情感上沟通、交流，心灵间相互理解信任。

为了稳定一个情绪波动的女生，她在宿舍里与之彻夜长谈；为了一个家庭濒临破裂的学生能够安心学习，她与爱人骑着自行车奔波40华里去家访……她精湛的教学艺术和朴实细致的工作作风，赢得了骄人业绩。李惠英多次获得“北京市优秀教师”“先进德育工作者”的光荣称号，她所带的班级多次被评为市区级先进集体。

1993年以后，她担任了北京市职业教育教研员兼组长，后来又担任职教处主任、副校长，在房山区教育界有了一定的影响。1993年，李惠英被推荐为房山区政协委员。1994年破格晋升为中学高级教师。担任政协委员期间，她关注社会经济和文化教育事业的发展，热心社会公益事业，认真履行参政议政、民主监督等职能。1998年她被北京市委、市政府授予“民族团结进步先进个人”。

从“山区工程”到“宏志班”

房山区有2019平方公里，七八十万人口，460多个村庄，是北京市的较大区县。1999年，李惠英被任命为房山区副区长，主管教育、卫生、计划生育、文化、体育、科技、广播电视等16个委、局的工作。然而上任之初，这里的情况并不乐观：医院医疗网点布局不合理，广大农民就医看病困难多多；计划生育工作刚刚丢了红旗；北京市全运会房山区倒数第一；山区中小学校舍破旧不堪，群众对教育教学的质量颇多微词。一个少数民族的干部，一个来自西南边陲的彝家女，一个教师出身的副区长，能挑得起这么重的担子吗？人们在担忧、疑虑中拭目以待。

面对千头万绪的工作，李惠英把重点放在教育上。

1999年李惠英上任伊始，房山区的教育形势十分严峻：大部分山区学校还是“泥房子、破桌子、苦孩子、六七十年代的老样子”。第三个生育高峰期又刚刚过去，中小学人数爆涨，班额激增，每年净增100个教学班，教师缺额几百人。物理、化学、生物等课程没有实验教室、没有实验设备。

此时，正赶上北京市政协委员、人大代表视察山区教育，他们向北京市政府建议：加大对山区教育的投入，三年改变山区教育的面貌。李惠英抓住这个机遇，每年积极向市里争取资金3000万元，房山区每年筹集教育基金3000万元，又通过区长办公会，制发了一系列发展教育的政策性文件。那几年，她带领教育部门的干部跋山涉水，走遍了霞云岭、史家营、十渡、蒲洼等七个山区乡镇。为了摸清底数，设计方案、督促工程进度，检查工程质量，每天要走五六个学校，教育局几个壮年男子都累得腰酸腿疼，李惠英身先士卒，没有丝毫倦怠。有一天，时近中午，骄阳似火，刚刚检查完张坊中学的校舍，下午2又要去市政府开会，她顾不上吃午饭，就带着教育局、财政局和建委的同志赶赴六渡中学，她说，一定要对下午检查的几个学校心中有数，不然，我睡觉也不踏实。

从1999年到2001年，市、区、乡镇三级政府共投资4450多万元，改造和维修校舍60718平方米，增加各种教学设备仪器67811件套，图书264325册，为2800多名学生减免学杂费，发放了助学金和伙食补助，使全区44所中小学都达到了北京市规定的标准。

2002年以后，又对15个山区中小学进行了完善建设，给山区寄宿制学校调拨了16辆校车，改造了15所学校的餐厅、浴室、厕所。

山区工程完成后，2002年又开始了“川区工程”，对平原和半山区学校的办学条件进行了大规模的改善，改造了45所学校的破旧教室，95所中小学取消明火取暖，建成了9740平方米的专用教室。

2004年，投资9000多万元，在86所中小学全部建成了校园网，开通了房山区教育信息网，88%的教师掌握了现代教学技术，山里的孩子有了“千里眼、顺风耳”，知道了外面精彩的世界。

这些民心工程深得山区父老乡亲的拥护，也得到北京市人大代表的赞誉。

房山是北京市西南的大区，由于历史的原因，社会经济的发展速度与市区有较大距离。为了让一些家庭贫困的优秀学生享受到优质的高中教育，李惠英还多方奔走，积极筹划，争取政府和社会各界的支持。2005年，房山中学成立了“宏志班”，50名优秀的贫困学生走进了高中教室，这项深得民心的善举在龙乡大地有口皆碑。这其中，李区长付出了多少心血，满心欢喜的学生和家长们并不知晓。

从“特殊的计生专干”到“抗击非典总指挥”

李惠英主管的卫生工作都是与老百姓的生活质量甚至与生命休戚相关的大事，往往也是很难办好的事情。然而，李惠英把这几件事都办得很漂亮，让老百姓和政府都伸大拇指，实在难能可贵。

计划生育工作被称为“天下第一难”。李惠英上任后，走乡串户宣传政策，强化队伍素质，改善工作条件，不到三年，“计生红旗”失而复得，她被老百姓称为“特殊的计生专干”，开始对这位党外副区长刮目相看。

群众看病难，看病贵是社会呼声很高的普遍问题，处于弱势地位的农民尤甚。这也是李惠英抓卫生工作的起点和着力点。她认为，坚持政府主导是卫生事业发展的根本保证。在她的努力下，区政府先后制定了多项新规。五年间，房山区政府的卫生基本建设投资达1.53亿元。在北京市公共财政的支持下，2005年，在全区23个乡镇463个行政村，107个社区建成标准化乡村卫生室210个，标准化社区服务站175个。经过大规模的基础工程建设，全区公共卫生体系已经具备雏形，农村卫生网日趋完善，卫生服务覆盖率达到80%以上，卫生服务的可及性、公平性得到改善。

当然，最令人难忘的是2003年抗击“非典”的日日夜夜。那年春天，“非典”突袭京城，波及房山。李惠英临危受命，担任抗击非典领导小组组长。从3月25日到4月21日，她率领医疗防治军团，设置三条防线，御SARS于房山界外，打了一场艰苦卓绝的阻击战。4月20日，北京市政府宣布房山区第一医院为收治“非典”病人的定点医院，李惠英为第一责任人。当晚7点，她连续召开几个紧急会议，研究医院改建方案，部署相关工作直到凌晨1点；4月21日4时，房山区发现第一例发热病人，李惠英带队赶赴现场；4月23日，老年病医院有7名一线医护人员发烧，第二天增加到22人；4月25日，岳各庄疫情爆发，发布隔离公告；4月26日，房山区第一医院接受第一批80多名SARS患者。黑云压城，危机四伏。4月24日，战云密布之际，李惠英把办公室搬到了卫生局，那套普通的桌椅就是她运筹帷幄的指挥台，一张简易的钢丝床就是她与医护人员同舟共济的渡船……在长达93天的日子里，李惠英夜以继日，亲临疫区掌握第一手材料、到医院现场办公、进病房看望医护人员和病人、到进京路口检查工作。5月27日最后一名“非典”患者出院，5月29日，最后一名疑似病人出院，李惠英终于和全区人民迎来了抗击“非典”的重大胜利。

从好领导到好大姐

无论是在政府还是在政协工作，李惠英从政这十几年来，正是房山区社会经济和各项事业蓬勃发展的十几年。这当然离不开市区政府的决策与支持，离不开全区人民齐心协力的奋斗，李惠英的智慧与心血也必然融入其中。

曾经和李惠英一起工作的区文化委的同志们说：李区长上任之初，正赶上云居寺石经回藏。那14278块石刻经版都是国宝。她请教专家，协调关系，多方奔走，筹措资金，顺利完成了石经回藏。此后的周口店遗址和商周遗址保护、云居寺申遗等工作都十分出色。房山区因此被评为“全国文物工作先进县”。

红十字会和计生委的同志们说：这是一位善于营造和谐，充满爱心的好大姐。李惠英在繁忙的工作中经常过问和督促红会工作，对救助、募捐等活动十分热心，还深入家庭为群众解决实际困难。一位身患结核病的女大学生生命垂危，李惠英不怕感染，亲自到床前询问病情，当即决定送往小汤山医院治疗，又筹措资金数万元，挽救了这个挣扎在死亡线上的女孩。“非典”期间，到医院和疫区查看情况，她总是第一个下车，还嘱咐身边的同志说："我一个人进去就行了，少去一个人，就少一分危险。"

身边的工作人员说：这是一位善于学习，平易近人的好领导。办公室就像是她的家，她每个月都有10多天住在机关。她常说："白天要参加各种会议、检查、调研，只有晚上才能静下心来，研读文件，吃透政策。"她特别平易近人，到农村到学校，从来不摆领导的架子，各委办局的领导都叫她"大姐"……

李惠英，从彩云之南飘来，把赤诚与智慧献给了祖国首都，献给了龙骨山下的每一片绿叶。

（本文刊载于《北京观察》2009年第9期）

李锦芳　与濒危语言赛跑

郭　隆

汉朝时候，一个地处西南名叫夜郎的小国家，因为不知道自己统治的国家只和汉朝的一个县差不多大，其国王竟不知天高地厚地问使者："汉朝和我的国家哪个大？"

成语"夜郎自大"世人耳熟能详。但古代的夜郎国疆域在哪？谁是夜郎国的主体民族？该民族有着怎样的历史文化脉络？……多少年来，夜郎古国的神秘面纱，牵引着中外学者从未停息的探寻脚步。

将这些困扰世人的谜题一一揭开的，是一位执着而痴情的少数民族语言文化学者。十几年来，云贵高原的田野乡间，桂滇黔的山寨村落，记录着他跋山涉水探寻濒危民族语言的曲折与艰辛；一个个发音，一句句古歌，都是他此生最为珍视的文化遗产；辗转于整个大西南，与语言的消亡速度赶时间，是他工作常态的朴实描述。他就是三十余年致力于弱势语言、濒危语言的保护与研究工作的北京市政协委员、中央民族大学中国少数民族语言文学学院教授李锦芳。

探究没有文字的语言

"我小时候在桂西田林县定安镇长大，那是驮娘江畔的一座古镇，地处桂黔滇交界，是西南高原内陆和东南丘陵沿海文化对接之地，近几百年来成为黔桂滇越民族迁徙走廊的通道……"谈到与民族语言文学结缘，李锦芳说这与他小时候的成长环境有关。在多语多元文化的桂西地区成长，使青少年时期的李锦芳就能熟练使用壮语北部方言、西南官话、粤语，还对当地及周边地区几种瑶话、蔗园话（平话）、客家话以及壮语南部方言有所了解。“老家桂西山区这么小的一个区域，就有那么丰厚的历史文化底蕴，但这些文化符号却鲜有历史典籍的记载。”1979年，带着对民族语言和文化的思考，李锦芳进入广西民族大学中文系学习，自此，对我国西南地区少数民族语言，特别是以壮语、仡佬语、布央语为代表的侗台语族各支系语言的探究和整理，成了他孜孜以求并痴迷不改的生命航标。

李锦芳所调查的西南偏远少数民族语言，历史档案少，很多民族干脆没有文字，其民族古语几千年来靠一代代人口口相传才得以延续，如今已濒临消失。比如分布在贵州、广西、云南等西南地区的仡佬族，现存有70多万人，其中会说本民族古老语言的只有几千人，这其中又分出四种方言，有些方言只有几个八九十岁的老人还会说，而在另一些语言点上，连一个能唱古歌的人都找不到了。“在我国56个民族中，有40多个民族的语言没有文字记录，对这些濒危语言进行调查和语料整理，主要靠语言工作者的实地考察、交流，需要几代人认认真真地深入乡间田野，尽可能多地记录语料。”光听李锦芳介绍这一工作方法，就足以想见其工作的艰辛程度和所需要的不懈韧劲。

2003年7月，“非典”刚刚解禁，李锦芳便带领他的研究生团队深入贵州平坝县大狗场村调查仡佬语。经当地人介绍，他们认识了年近70的“发音合作人”何在仁先生。通过与老人聊天交谈，李锦芳首先记录下每一个词汇的发音，如天、地、日、月等，经录音后将这些发音转写成国际通用音标。一周后，凭借语言调查的基本训练，李锦芳可以掌握几百个词和简单的例句，可以进行日常交流的基本发音——他把这一方法称为“调查式的学习”。然后，李锦芳请老人唱一些古歌谣，讲一些古老故事或神话传说，把每句话的发音和释义都记录下来，最后进行大量的录音整理、汉英翻译、复核材料等工作，形成一些关于古歌和语句的资料，这也就是该民族的语言文献了。

录音、对音、音标转写分析，从几千个词到语法例句记录，再到自然语篇，为了能收集到较丰富的语料，李锦芳带领团队一连几个月与何老先生吃住在一起，每天工作都在12小时以上，劳动强度远高于常态，这也令老人深感钦佩：“我也到贵州民族学院合作过，没见过你们这样的干劲！”

“认识一种语言最好要有实际语感，没有几轮反复记录分析谈不上较准确地认识一种语言的基本面貌和特点，因此要多调查、注意核实语料，而且还有可能根据不同研究任务不断补充调查。”几十年来，李锦芳对于每一个语言点的调查都不止一次：1995年和2006年他两次亲往调查三冲仡佬语；2003年7月他亲往调查大狗场仡佬语，三年后又派博士生前往；2003年8月他亲往调查居都仡佬语，四年后又三次派博士生前往……

“语言是文化的活化石，民族语言是研究民族历史和文化的一个窗口和工具。”李锦芳的仡佬语系濒危语言探究工作，也为民族历史和文化的研究打开了一扇窗。比如，通过语言学研究得知仡佬族的祖先是夜郎族，其历史可追溯到先秦，夜郎自大的成语便来自于此；历史上仡佬族掌握了提炼水银的技术，秦始皇皇陵的水银最早就是从云贵高原提炼运输过去的；国酒茅台最早也来源于仡佬族的酿造，但由于商业不发达，后来四川商人迁徙到贵州北部地区，茅台酒才得以传播出来；还有仡佬族人发明了人类早期音乐形态的一种简易乐器——泡桐，对于民族音乐史做出了贡献。

光仡佬语支的调查工作，李锦芳就进行了十几年。由他编著的《仡佬语布央语语法标注话语材料集》，成为国家社科基金资助项目“仡佬语群调查研究”和教育部新世纪优秀人才支持计划资助项目“仡佬语方言研究”的重要成果。在2006年出版的《西南地区濒危语言调查研究》一书，集合了李锦芳多年调查研究的结晶，也成为全人类的语言、文化财富。他还在澳洲、欧盟出版了两部布央语、仡佬语描写著作，在国际上介绍我国珍稀语言文化遗产。

真情建言民生

“无党派人士光有政治热情还不够，还要注重学习，多调研、多掌握社会实际情况，知情明政才能更好地议政建言。”作为北京市政协委员，李锦芳注重把握社会信息，分析思考社会热点难点问题，通过高质量的建议、提案，反映民声民意。

致力于民族语言文化研究的李锦芳，特别注意了解少数民族群体的心声和需求。他关注到社会语言援助服务问题。“北京正在成为国际型大都市，世界友人和各民族的朋友来到北京，不管是日常生活中的沟通交流还是进行商务活动、处理商业纠纷，都需要语言援助，而北京目前的语言服务多集中在商务、旅游等领域，大多为有偿服务，而且价格也比较高。”李锦芳建议，北京有必要建立一种语言服务援助保障机制，一方面能提供多方面的语言服务，包括汉语方言、国内少数民族语言以及各国语言，另一方面也能满足提供无偿或低廉价格的语言需求者的需要。

带着这样的初衷，李锦芳在2014年政协北京市第十二届二次会议上，提交了“建立语言援助服务志愿者团队”的提案。他建议，由政府牵头组织研讨成立“北京语言援助服务中心”和“北京市语言援助服务志愿者团队”；设立“北京语言援助服务中心”网站，网罗各类语言人才加入志愿者队伍，提供语言援助服务。“此项工作还关系到社会信息的及时收集分析及国家的安全稳定。”李锦芳说。

“认真履行委员职责，就是要多观察社会，深入社情民意，为改善政府工作和老百姓的生活出些好点子。”多年来，李锦芳在关乎民生保障、社会建设、素质教育等方面，积极撰写提案，为政府工作建言献策。

在北京市大力治理交通拥堵工作中，潮汐车道成为提高道路分流能力的新举措。而这一思路，与李锦芳早在2007年“设立可移动隔离栏”的设想，可谓一脉相承。

在2007年的“两会”上，李锦芳提交了《关于根据车流量移设隔离栏问题建议》的提案。“我们可以借鉴国外的经验，再结合北京市区早上进入市中心的车辆多，晚上出市中心的车辆多这一特点，将现有的隔离栏改造为电子控制的可移动护栏，并规定在早 7 点左右和晚 6 点左右的高峰时段，分别给上下班的车流让出一条车道。”提案提交后，得到了市交管局等相关部门的高度重视。2013年，朝阳路、紫竹院路先后进行潮汐车道运行试点，据测算早晚高峰时段的通行能力提高不少。

身在校园，心系教育。作为教育工作者，李锦芳把目光聚焦在中小学生“德智体美劳”的全面发展上。

劳动是立人之本，勤劳是中华民族的传统美德。但近年来，学生在家庭内部和社会实践的劳动时间都很少。“家长、社会和教育评价体系更关心的是学生的课程成绩，这种情况发展下去不利于下一代的素质培养和全面成长。”在《关于加强中小学生义务劳动教育的建议》中，李锦芳特别强调，劳动不仅锻炼学生的动手能力，更能培养他们的吃苦精神和正确的价值观，参加劳动对培养青少年的道德品质、责任心和社会责任感非常重要。他建议，要给不同年级的学生制定课外劳动时间表，并作为三好学生评比和毕业考核指标；劳技课要形式多样，可开设缝纫、烹饪、洗刷等家务常见内容，应多创造条件让学生到农村参与体力劳动。

金毓嶂　真水无香

唐晓春

“金爷，您来啦！”

北京市政协民族和宗教委员会主任会前，几位高僧、道长纷纷起身，招呼一位戴着宽大眼镜、脚步稍显蹒跚的长者。后者和善地微笑着与每人逐一打过招呼后，弯腰在签到簿的最后一行签上“金毓嶂”三个字。“您又签这了，上面还空着好几行呢。得，我们还是在您后头签得了。”紧随其后的委员半开玩笑。“金爷”笑着摆摆手，只顾落座翻看会议材料去了。

金爷全名爱新觉罗·毓嶂，1943年生于北平城什刹海边的醇亲王府。醇亲王是清朝末年一支皇室世系，其中第一位受加封的是道光皇帝第七子，醇贤亲王奕譞。其次子载湉入继大统，称光绪帝；其五子载沣继承亲王位，所生长子溥仪于光绪帝崩后，被立为宣统皇帝，载沣亦为监国摄政王。宣统三年即公元1912年，载沣主动请辞摄政王，赋闲回家后，抵制遗老遗少复辟活动，反对日伪满洲国政权，被周恩来赞为“具有政治胆识、魄力和民族气节”。

金毓嶂的父亲溥任即载沣最小的儿子，溥仪的幼弟。与其他兄弟的命运不同，溥任终生与父亲相伴，在剧烈的社会动荡中，努力维系着一个大家庭的生存。金毓嶂4岁时，历经风雨变革的长辈们选择教育为业。父亲溥任利用王府闲置房屋，开办了一所名为竟业的小学，一切开支靠变卖字画文玩。祖父载沣任董事长，父亲为校长，七姑韫欢也协助任教，招收贫困孩子免费就读，最多的时候有200多个学生。载沣老人去世后，溥任先生把竟业小学连同醇亲王府一起无偿献给了国家，自己又到别的小学任教直至退休。

17年青春在高原闪光

清帝逊位时规定，爱新觉罗氏都采用其满语中的“黄金”之意改姓“金”。耳濡目染，亲见长辈们的创业历程，溥任的孩子们都继承了醇亲王一脉敦厚务实的品格。1968年，身为长子的金毓嶂从北京地质学院（现中国地质大学）物理探矿系毕业后，响应当年中央“面向边疆”的号召，被分配到青海省地矿局第二地质队，在青海东北部的祁连山区从事野外勘探工作。

初到青海还是冬天，地质队给每人发了一身皮衣皮裤。“那时年轻，穿在身上就出汗。”很快，青藏高原独特风貌带来的新鲜感就被严酷的自然环境击碎了。地质作业多在山区进行，为了找矿，往往一驻大半年。荒漠无垠，高原苦寒，帐篷里冷得连牙膏都挤不出来。有时上到海拔5000米以上的雪山勘探，来自五湖四海的年轻人高原反应重，皮肤被严重晒伤，还面临雪盲和雪崩的危险。队里不时传来有人滚落山崖，或在爆破作业中受伤的消息。

地质队里有一位皇族后裔，队友们知情吗？有没有因为特殊身份受到优待？面对这些疑问，金毓嶂笑了：“在那个年代，没有因为这个身份成为人民的敌人，被千夫所指就不错了！”没错，自辛亥革命以来的历次政治运动中，清朝皇室后裔的身份可能招致无穷无尽的麻烦乃至杀身之祸。金毓嶂说，自己的家族是幸运的，一方面得益于周恩来等中央领导的关心爱护，另一方面是因为这一家人的厚道善良和本分敬业。而一些关系亲近的同事知晓了金毓嶂的身份，开始唤他“金爷”，这个称呼从此跟了他几十年。地质队实行粗放管理，工作可以自己安排。不出工的日子，小伙子们在辽阔的星空下侃大山，成了一生的朋友。

金爷命大。有一年下雪后山坡上特别滑，他不慎跌倒，头朝下滑行了100多米。所幸凭着清醒的意识，在下滑过程中他把身体调整成头朝上脚朝下，才保全了性命。还有一次他独自一人野外探矿，不知不觉爬到一处绝境，四周全是陡峭的山崖，举目环望，无路下山，只能冒险从山崖跳下，所幸没有受伤。

他在地质队干了17年，从最开始扛坑木的山地工干到工程师，负责了一些大大小小的技术项目。地质队居无定所，物资匮乏，常常只有主食没有副食，他和队友们就着酱油下白饭。用在大学学到的专业知识，队友们一起勘查各种地质现象，分析地质构造，为国家获取了许多祁连山脉矿藏资源的重要数据。

然而，离家千里的地质工作意味着难以维持正常的家庭生活。队友们因为离家远，工作风险高，很难找到对象。金毓嶂31岁才结婚，爱人在北京的旅游用品公司工作。由于有在青海的特殊工作津贴，金毓嶂那时候月薪150多元，算是相当高的。每月寄回50块钱，每年一次探亲，就是他对妻子全部的支持。1985年，根据中组部对青藏地区工作15年以上干部的内调政策，金毓嶂调回北京，在崇文区环保办公室工作。那时女儿已经整整十岁了。从25岁到42岁，他最好的17年青春都洒在高原山野间。金毓嶂把这段经历视作人生的一笔财富，“不像现在的大学生，毕业后都想留在大城市。到基层去学到的更多，以后面对再大的困难都觉得很容易克服了。”

皇族后裔当上了副区长

1999年1月的一个中午，崇文区第十二届人代会第一次全会的会场。几位副区长候选人在场外紧张准备下午的竞选演说。角落里，两把椅子搭就的简易床上，同为候选人的金毓嶂却呼呼地睡得很香。

会前，市委组织部的领导、区委书记找他谈话，表示将推举他为党外副区长的候选人。金毓嶂当时已在崇文区环保局工作了十几年，历任办公室主任和副处级调研员，还担任了两届区人大代表，工作很受上下认可。然而担任一方百姓的父母官，他却从来没想过，竞选时心态也很平静，只是老实说了想法：“我是赶上好时候了，赶上了落实党的民族政策、统战政策，这也是对我的一个考验……如果当选了副区长，我一定好好干，如果干不好就辞职，我还回去干环保，环保工作也很重要。”平实真诚的演说引起掌声雷动，金毓嶂以高票当选，时年55岁。正如当时的报道所言，世事如棋局局新，新中国曾经把末代皇帝溥仪改造成一个普通公民，而今，人民又通过选举的方式把一个皇族后裔推上了副区长的位置。

他同时兼任北京市民委副主任，这个职位历来由一位满族名人担任，前任是载涛、启功等。他在区里分管民宗侨、法制办、计划生育、档案局等部门，在市民委分管民族古籍工作，还兼任北京市民族联谊会副会长。几处办公，横跨多个领域。他的司机永远整装待发，常常是白天在区里开会，晚上组织联谊会活动，节假日跑档案局、博物馆谈古籍合作协议。

虽然他主管的各个部门都获得了全国或市级先进，对金毓嶂来说，最愿意干的工作却是每周的上访接待。他性子好，总能耐心倾听百姓的疾苦，即便碰到情绪激动和难缠的上访者，也热心接待，帮助对方找出问题所在。这项工作他坚持了5年，甚至还帮其他区长去接访，为老百姓解决了住房、就业等方面的无数问题。

他觉得最难的工作之一是整理发掘民族古籍。北京是六朝古都，民族古籍浩如烟海，而这些资源的整理发掘完全要依赖于一史馆、故宫等部级单位的协助。从区长任上退下来后，金毓嶂把大部分精力都投入到民族古籍工作上。当年他的父亲和祖父曾无私地向国家捐献出全部珍藏文物，如“醇亲王金印”、镀金亲王册、古铜镜、康熙和乾隆等皇帝御笔书法、慈禧手书及《十一朝东华录》等7000多册善本图书。这些当年家中的物件，今天却要经过烦琐的文物管理程序才能看到。

身份不可抛弃，也不可强求

西扬威胡同一处严格说算不上四合院的院落，庭院深深，落叶满地。现年94岁的溥任老人仍精神矍铄，只是双耳失聪，只能通过小黑板与人交流。儿女五个，除了金毓嶂，其他四个，三个在高校和中学任教，一个从工厂退休。儿女们每天轮流到小院，陪着老人说说话，接待慕名而来的各界来访者。

溥老退休后曾任北京市文史研究馆馆员，担任了三届市政协委员。自第十届（2003年）开始，金毓嶂接了父亲的班，迄今连任市政协委员，不当区长后还担任了一届崇文区政协副主席。金毓嶂在市政协结识了现任的中国伊斯兰教协会会长陈广元大阿訇、中国佛教协会会长传印长老，还有已故的傅铁山大主教等宗教界著名人士，年长的他们睿智豁达，造诣高深，像对待小弟弟一样引导着他。政协十年，金毓嶂牵头开展了不少关乎少数民族民生的调研：少数民族乡村经济发展、中小学清真餐饮规范，一件件提案、建议案，一次次实地调研和督办视察，倾注了他无数的热情和心血。2009年，在他的倡议下，民宗委搞了一个“少数民族特需商品企业发展情况”的调研，挽救了许多濒临破产的非物质文化遗产生产企业，如珐琅厂、剧装厂，都是百年老厂，独门独户。今年换届，他提出，不只忙着开新提案，要紧的是回头梳理，对尚未完全落实的提案、建议案进一步督办和追踪问效。

斗转星移，爱新觉罗家族曾经活跃在政协舞台上的各路名人，大多因为年岁退任，而今硕果仅存的只金毓嶂一人。越来越多的群众知道政协办事好使，找他反映各种问题。

两年前金毓嶂受台北故宫博物院邀请，着手准备组织爱新觉罗家族赴台考察。爱新觉罗后裔平时各在一方，“一盘散沙”，能否成行？费用如何解决？家族里的人大多已经七八十岁，旅途中身体有没有问题？历经两年，今年初终于成行。老人们大多是首次去台湾，看了台北故宫和阿里山，了却了多年心愿。回来时，金爷开玩笑，“顺利回归了”。

每天早上，金爷必做的第一件功课是喂猫。养猫是从父亲那沿袭的习惯，最多的时候家里养过十几只猫。后来只剩一只，养了十几年，去年去世了。“伤了心了，再也不养了。”金爷的女儿刚从外企辞职，专心创作工笔画。老伴退休，小孙女刚上幼儿园，正是含饴弄孙时。

2010年，东城区档案局编辑的《金毓嶂口述史》出版；由金毓嶂牵头的爱新觉罗家谱整理项目也已上马。面对国内外记者采访时，金毓嶂并不愿意提起自己的皇族后裔背景，在他看来，这个身份是血缘带来的，不可抛弃，也不可强求；既不是耻辱，也不是骄傲。“不过趁着还有精力，多做一些事情罢了。”对这位年近古稀的老人，我们在投以尊敬目光的同时，唯有在心里默默祝愿他身体健康。

（本文刊载于《北京观察》2012年第3期）

黑德昆　做最温暖的工作

张　涛

第一次见黑德昆的时候，我实在无法将“德老”与他联系起来。四十多岁年纪，性格热情率真，使人不自觉间便生出一种天然的亲近感。在“法露精舍”小书房，我与他整整畅谈了一个上午之久。他侃侃而谈、挥洒如意，就如同在招待一位久别的老友一样，使我没有半分拘束的感觉。他的谈话内容颇多，总在不经意间透露出对人生的理解，以至于有时我在明知有些偏离主题的时候也不忍打断他，生怕因为我的冒失而错过了什么。我当时觉得，也许“德老”这个绰号就是因为他的古道热肠和学识广博吧。

黑德昆是北京市政协委员、国家宗教事务局业务三司副巡视员，一个谦和坦诚，令人信任的人。

最珍贵的财富

黑德昆出生于北京一个标准的穆斯林家族，自幼便可经常在家中见到马松亭、安世伟、陈广元等大阿訇，也有机会在长辈的带领下结识很多文化名人、学术大家。受此影响，幼年时代的黑德昆便对宗教和文化产生了浓厚的兴趣。他经常问道于费孝通、王光英、程思远、赵朴初等老先生，甚至还和他们结成了“忘年交”，尤其是他与国学大师季羡林先生更是保持了长久的友谊。那时，黑德昆三天两头到季先生家求教拜访，他称呼季先生“爷爷”，而老先生则称呼他为“老友兼小友”，忘情时甚至直接称呼他为“德昆小弟”。

因为长时间亲近这些老先生的缘故，不知不觉间，他们的人品、学识与精神境界也在潜移默化中影响着黑德昆价值观的形成，而这些点滴小事也逐渐地成为了黑德昆一生中最为珍视的财富。

有一次在拜访季羡林先生的时候，黑德昆说，他得到了一幅陈三立先生的墨宝，想请季羡林先生品鉴品鉴。季羡林先生惊叹道：“散原老人陈三立，好东西啊！”他顿了一顿，随即又反问道，“你知道陈三立的儿子是谁吗？”“我知道两位——陈衡恪、陈寅恪。”黑德昆如是回答。“你说得很对。”季羡林语罢，先是在案上一拍，然后忽然很恭敬地正立坐好，将两只手交叠着放在桌子上，敛容说道：“陈寅恪先生是我的老师，我是他的学生。陈寅恪先生是大儒，是士，是一个伟大的学者。”言毕，他交叠着的双手才缓缓放下来，重新回到原来的坐姿。当时，屋内除黑德昆与季羡林先生外，并无旁人在场，若说是做给旁人看是绝无必要的。在这样的环境下，季羡林偶尔提到自己老师的时候仍然不敢失了恭敬，虽然黑德昆与季羡林相交已深，却也不曾料到，他先是吃了一惊，而后则是无尽的感佩。

“类似季羡林老先生这样的长者我小的时候遇到过很多位，从他们身上我汲取了很多最质朴、最真实的情感，也给我留下很多每每回忆起来让我肃然起敬的故事。虽然他们很多位已经离去了，但每当我回忆起那些事，那些他们和我之间的故事，就好像他们依然还在我身边一样。”黑德昆说。

大爱无疆

黑德昆的经历中总是充满温暖和爱。2008年汶川特大地震发生时，时任国家体育总局体育基金管理中心处长的黑德昆，正在四川省雅安市挂职市政府副秘书长。地震发生时，他恰巧回到北京汇报工作。得知地震发生后雅安受灾严重的消息，他立刻投入了抗震救灾工作。得知地震发生，他第一个念头就是买票回雅安，“那是我工作的地方，在这个时候，我要和大家在一起”。但是经过多方打听得知，到四川的火车和航班都已经中断了。无奈之下，他在北京开始了为四川、为雅安马不停蹄的奔走努力，让更多人了解灾区的情况，知道灾区的人们最需要什么。

在黑德昆的奔走下，中国进口汽车贸易有限公司为雅安灾毁学校捐赠100万元和一辆应急吉普车；康辰医药发展有限公司总裁刘建华急购了一批美国电解质注射液支援雅安灾区；中国青少年发展基金会为雅安紧急划拨了价值100

万元的两所板房学校，批准了4所灾毁学校重建……

在参加全国青联组织的“长城计划”代表团赴日本友好交流活动的时候，全国青联委员、人民日报社记者赵亚辉偶然间与黑德昆聊起了“乡村医生”这个话题。赵亚辉说，作为一个新闻工作者，他最想宣传的是乡村医生。中国一百多万乡村医生是一个很特殊的群体，既是农民又是医生；行使着医生的职责，却没有享受医生的待遇。很多偏远地区的农民，都是靠乡村医生来守护他们的健康，平均每一名乡村医生要服务几千人，工作量非常大。但他们从医环境艰苦，房屋设备简陋，收入待遇和社会保障水平低，学习、培训的机会缺乏，亟须社会的扶持和帮助。

这段话记在黑德昆的心里，他也一直希望有朝一日能为乡村医生们做些什么。2010年，黑德昆调任中国红十字会基金会副秘书长，他期待多年的机会终于来了。他觉得，乡村医生是值得尊敬的人，也是最美的人，却很少有人将镜头对准他们，那么何不组织一次摄影活动，通过摄影家的镜头，来捕捉和记录乡村医生的最美瞬间呢。于是，在这样想法的推动下，2010年10月28日，“寻找最美乡村医生公益摄影活动”在北京正式启动。在他的多方努力和推动下，活动邀请到了贺延光、王文澜、刘雷、于志新、黑明、雷声、惠怀杰、汪永基、郭建设、赵亚辉、孙自法等11位国内知名摄影家，并得到了人民日报、中央电视台、央视网、中国青年报、参考消息、新浪网等众多主流媒体的鼎力支持，该活动也一度成为了当年公益界、新闻界、摄影界的一次盛举。

2010年11月2日至16日，由摄影家、媒体记者、中国红十字基金会工作人员组成的六组摄影团队，从北京出发，分赴河北、河南、湖北、湖南、贵州、广西、云南等7省区，行程数万公里。摄影师们顶着寒风雨雪、高原烈日，踏着崎岖泥泞的路，在基层一线与乡村医生们同吃同住，在两周左右的寻访拍摄中，摄影家们通过镜头和眼睛去捕捉这些质朴乡村医生的感人故事，去发现他们的美丽，共拍摄了上万张照片。当月25日，“寻找最美乡村医生”公益摄影展在北京开展，展出了经过遴选的113幅精品图片，并出版了摄影集。这次公益摄影活动引发了社会的强烈反响和广泛关注，《人民日报》、新华社、中央电视台《新闻联播》等都进行了专题追踪报道，中央宣传部门主要负责同志给予了高度评价，特别是由著名摄影家贺延光所拍摄的云南怒江“索道医生”更是成为当时家喻户晓的人物。

在公益摄影展之后，黑德昆仍然在工作中持续着对乡村医生的关注和扶持。2011年3月7日，中国红十字基金会组织了来自云南、广西等民族地区的100名乡村医生到北京协和医学院接受医疗技术培训；此后，他还在中央统战部的支持下，合作开展了“同心·红十字天使计划”“同心·博爱民族地区培训计划”，专门为民族地区乡村医生提供培训，以促进民族地区医疗事业的发展，来自云南、宁夏、广西、甘肃、新疆、西藏等地区的近千名乡村医生获得了到北京的学习机会。黑德昆每次都把乡村医生培训班的结业式选在人民大会堂进行，虽然更为隆重庄严，但也提高了会议的成本。有人问黑德昆：“我们为什么非要每次把结业式放在人民大会堂？”黑德昆回答说：“他们为国家做了几十年的贡献，很多人却连省城都没去过，我们请他们来到北京，来到天安门，来到人民大会堂这个举行全国最重要会议的地方举办结业式，受党和国家领导人接见，为他们颁发结业证书，让他们知道党和国家没有忘记他们，他们做出的一切都在被大家所关注着。是值得我们尊敬的、最美的人！”当时在场的所有人都为之动容。

在乡村医生之外，还有另外一个朴素而崇高的群体，那就是乡村教师。作为一名少数民族干部，黑德昆也非常关注民族地区的教育。“民族地区教育水平相对落后，教师缺乏，很多民族地区的乡村教师都是语文、数学、英语、体育、音乐、美术课一人兼，所以我想，对他们进行一些多方面的培训，丰富他们的文体知识，是很有必要的。”

于是，黑德昆积极推进携手中共中央直属机关青年联合会、北京体育大学、北京师范大学和北京景山学校等单位发起了“民族地区优秀青年乡村教师文体培训班”“民族地区小学校长培训班”，黑德昆是主要的负责人和执行者。来自西藏、新疆、青海、甘肃、宁夏、云南、贵州等地的200位优秀青年乡村教师和小学校长来到北京接受了培训，培训课程内容异常丰富，有国家民族宗教政策的宣讲，有教育学、心理学、国学，还有红十字急救课程训练……很多来参加培训的老师和小学校长们都是第一次来到首都北京，他们没想到自己能接受这么丰富全面的培训，也没想到能与这么多明星零距离面对面，接受他们的指导。老师们说，十几天的时间虽然短暂，但自己将带着满满的收获，把这些天学到的知识和技能带回去，教给孩子们。

对于黑德昆来说，以上的几项工作只是短短的缩影，也因为出色的工作，他先后荣获了共青团中央、国家民委、全国青联颁发的“第五届全国各族青年团结进步奖”优秀奖，首届中央国家机关青年五四奖章，中国民主同盟抗震救灾先进个人，四川省雅安市抗震救灾模范等荣誉。

建言履职

黑德昆是北京市政协委员，同时他也是国家宗教事务局的副巡视员。他广调研，写提案，同时也接提案，办提案；因此，他也深知提案办理的不易。黑德昆认为政协委员在懂政协、善议政、会协商上，还需要进一步下工夫，委员不仅要会提出问题，更要会解答问题，在提出提案的同时，更应该换位思考一下，如果自己是提案的办理者，这个提案应该如何着手。

因为受着这样观念的影响，黑德昆每年在政协会议上的每件提案都要进行充分调研论证，并广泛征求各路专家的意见建议，力求自己的提案质量高，落实快。

在北京市政协十二届五次会议上，黑德昆提出建立2022年冬奥会文明观众培养机制的提案。这个提案一经提出就引起了社会各界的广泛关注。

黑德昆建议，观众的来源可以借鉴2008年奥运会模式，通过社区和学校组织招募文明观众报名，并给予免费的观赛机会。社区的组织招募，可以依托奥林匹克社区作为样板，在社区内招募文明观众报名并宣传和普及冬奥知识。学校的组织招募，可以依托有冬奥项目基础的大学，第一步以一所大学带动几所周边大学的方式进行培训和拓展，第二步以一所大学带动周边几所中小学的方式进行培训和拓展，第三步以学生群体带动家庭培训观众。

在冬奥项目方面，黑德昆还建议观众来源要与冬季旅游项目需要相结合，给予优质的旅行社一部分免费观赛的机会。“这个提案我的确打磨了很久，为了写好这个提案，我专门咨询了很多人，包括很多参与过奥运会、冬奥会的专家，都给予了我这个提案很多帮助和指导，我真心希望我的这个提案能够引起相关部门的重视，也算我为开好2022年冬奥会尽了一份自己的力量。”黑德昆这样说。

行最暖心的事，做最温暖的人，这就是我要向您介绍的黑德昆。

陈广元　跨越半世纪的政协情

张 涛

在十二届市政协700多位委员中，陈广元应该是最为特别的一位。他是资历最深的委员。初来政协还要追溯到1957年，从区政协委员到市政协委员，再到全国政协常委，做五十多年的政协委员需要何等的热情与情怀，殊非一般人所能理解。

半辈子的政协委员

政协对于陈广元来说，大约可以算作他的另一个家。在陈广元五十多年的政协委员生涯里，他一直积极通过政协民主渠道，反映宗教方面的社情民意，帮助宗教界解决了很多现实困难和问题。如北京广济寺、法源寺归属问题；地震灾区受损的寺观教堂纳入灾后恢复重建总体规划等等。

2004年全国政协针对宗教房产政策落实情况，在北京、上海调研。在陈广元和其他委员的努力下，这次调研进一步摸清了现状，清理了政策，分类提出了许多意见建议。不但推动了一批落实宗教房产政策方面老大难问题的解决，还在政协委员和广大宗教界人士中产生了很好的反响。

2007年，全国政协民族宗教委员会保护和发展少数民族文化调研组一行到宁夏回族自治区银川市永宁县中华回乡文化园参观调研。在调研过程中，陈广元针对中华回乡文化园建设和所做的工作提出了许多建议。他指出，要积极挖掘回族文化遗产，进一步研究，进一步深化。要落实民族、宗教政策，讲融合；反对分裂，讲和谐；反对极端，讲大局；反对自私，发展回族文化，把宁夏发展成为回族之乡。

北京市少数民族多，宗教活动场所也多，因此对北京市的民族宗教工作，陈广元也十分关注。2005年，在北京市政协民族和宗教委员会对北京市18个区县少数民族聚居社区建设情况进行调研的时候，当时已经70多岁的陈广元坚持跟着调研组，全程参与。调研组先后走访了东城区和平里街道交通社区、东四街道豆瓣社区，西城区德胜街道办事处、月坛街道办事处以及宣武区牛街街道办事处，还参观了安德路北社区、美廉美超市德胜门店清真专区、三里河民族团结社区，陈广元兴奋地说："到了民族团结社区，就像回了家一样。"

陈广元一直说，他作为一名民族宗教界别的政协委员，内心是非常愉快的。多年来，政协领导、民族和宗教委员会对他的工作和生活给予了许多关心、支持和帮助。作为一名宗教人士，他本人也积极参加有关国家民族、宗教政策和相关法律法规贯彻执行情况的调查研究，提出意见和建议，为少数民族和宗教界人士做工作、服务。对此，他感到格外的荣幸。

2016年的全国两会上，全国政协主席俞正声所作的工作报告令当了半辈子政协委员的陈广元连连称赞。报告中有一句话最令其动容：过去一年，为促进民族团结、宗教和睦，全国政协做了大量工作，深入企业、社区、学校、农牧区和寺庙，开展慰问看望、政策宣传、座谈交流等活动，更好发挥少数民族界、宗教界委员桥梁纽带作用。陈广元说，当他听到报告中"深入寺庙"这句话时心里"为之一振"，他做了几十年的政协委员，这种说法却从没听说过，一句话将政协对民族宗教工作的重视放在了新的高度，现在他感觉心里更踏实了。

听、跟、走都追随共产党

熟悉陈广元的人都知道，五十多年的政协委员生涯中，他一直念念不忘一个信念——听、跟、走都追随共产党。无数次在各种场合，他都反复地提起这句话，每一次都令在场的委员们颇为感动。

"听，就是听党的话；跟，就是永远跟党走；走，就是走社会主义道路。没有共产党，就没有我的今天。听、跟、走三个字已经深深地印在我的脑子里，海枯石烂心不变。"陈广元如是解释。

其实，陈广元有如此的认知与他的个人经历不无关系。1932年，陈广元出生于河北一个回族穆斯林家庭，三岁那年，本就出身贫苦的他不幸丧父，四岁便到清真寺学经。抗战期间，10岁的他用放羊的鞭子斗过拿枪的汉奸。经历过一系列的斗争，最终在共产党的领导下，陈广元才得以翻身解放。也因此，陈广元对共产党始终有一种深厚的、本然的情感。

陈广元既受过传统的清真寺教育，也有着完整的现代伊斯兰教学院教育经历。1952年起，他先是在北京市回民学院阿语专修班学习3年，此后又到中国伊斯兰教经学院学习了4年。毕业以后，他先后在北京昌平清真寺、牛街礼拜寺任阿訇。1966年，32岁的陈广元成为了东四清真寺的阿訇，并且一做就是五十年，如今他已经成为这座清真寺的"灵魂"。

在这座清真寺里，他经历过无数次的政治运动，但他的心中始终抱有一个坚定的信念，他坚信这些苦难是暂时的，坚信中国一定会改正错误重新走入正轨，也坚信共产党一定会还他清白。

皇天不负有心人，改革开放之后，国家根据形势需要，开始重新落实宗教政策，陈广元与东四清真寺迎来了新生。在此后的许多年中，陈广元也凭借其见识和名望，声誉日隆，逐渐成为了中国伊斯兰教的旗帜。2000年1月，他在中国伊斯兰教第七次全国代表会议上当选为新一届中国伊斯兰教协会会长，2011年9月15日中国伊斯兰教第九次全国代表会议上，又选举产生了以陈广元为会长的中国伊斯兰教协会新一届领导机构。陈广元已经当之无愧地成为了中国的宗教领袖。

"经历了这么多年这么多事，应该说好的坏的我都赶上了，但总的来说，我自己是一个幸运儿，所以我才真心地感谢共产党，才有了听、跟、走都追随共产党的主张。"陈广元解释说。

桥梁与使者

陈广元觉得，他的人生并没有什么特别之处，无非就是学宗教，当阿訇，如果说真发挥了什么作用，那就是"桥梁"和"使者"的作用，一座沟通穆斯林群众和政府的桥梁，一名沟通中外的使者。

陈广元从不讳言做好穆斯林群众与党和政府的桥梁纽带工作并不是一件轻松的事。因为这个工作既要让党和政府满意，又不能让群众受到委屈，所以若没有干练的头脑和较高的声望，这个工作无论如何也做不了。每当群众有意见的时候，陈广元总是耐心说服，提高群众觉悟，使群众尽可能地理解政策，顾全大局，保持伊斯兰教与政府以及其他教派的安定团结。同时他又总是及时将群众的意见和建议反映到政府相关部门，协助政府更好地了解穆斯林群众需要。

陈广元是中国伊斯兰教协会会长，又是全国政协常委，因此时常有穆斯林群众来找他反映情况，有的是清真寺在拆迁中碰到问题，有的是生活中清真食品发生清真不真的问题，还有的是扩建穆斯林公墓中遇到困难等。总之，这些问题五花八门，纷繁复杂，涉及方方面面的利益及信仰习俗等差异，许多年来陈广元做了大量的解释说服工作，并且帮助了很多群众维护了合法利益，得到了广大群众的认可与称赞。

中国是个多宗教的国家。中国的宗教一直坚持独立自主自办，同时在平等友好的基础上积极与世界各国宗教组织进行交往和联系。但是，中国依照宪法和法律支持中国各宗教独立自主自办的事业也因为与世界其他国家的差异而受到误解，为此，陈广元不得不主动承担起解释和宣传的工作。他先后出国50余次，参加过3次世界性的宗教会议，5次国际性的伊斯兰会议，出访过32个伊斯兰国家，还有21个其他国家和地区，这期间他历经无数次质疑责难，无数次化戾气为祥和，向国外宣讲中国伊斯兰教政策，成为了中外共仰的友好使者。

陈广元至今还记得1957年他第一次参加大学生代表团出访埃及和叙利亚时的情形，一共5个学生中只有他一个是穆斯林，当时外国人很好奇地询问他关于国内穆斯林的生活状态，他就以亲身经历向他们解释作答。

“当初，新中国刚成立不久，与中国建交的国家不多，很多外国人都认为因为中国共产党是无神论者，绝对不会支持宗教思想自由，所以每次对外交流，虽然和风细雨为主，但质疑、怀疑、敌视的情况也绝对不少，每当这个时候，我就用我穆斯林的身份向他们解释，向他们说明我们国家实行的是宗教信仰自由的政策，我们也有自己的宗教学家，消除了很多外国人对中国宗教政策的怀疑。”陈广元说。

抄写古兰经

《古兰经》一直被穆斯林认为是最为神圣的经典，穆斯林认为缮写《古兰经》也是一种善行，多少年来手抄《古兰经》已成为中国穆斯林的一个文化传统。

2002年，有位穆斯林石刻家提出请陈广元手写《古兰经》。当时，陈广元觉得日常工作太忙，而这个任务又太重，没有时间抄写。但后来，经过他反复思考，还是答应了下来，他觉得这是一件神圣、重要的事，也是一种功课，并且还可以借此机会弘扬伊斯兰教的文化。

于是从2002年到2006年，陈广元用了四年多的时间完成了手写《古兰经》的工作。在不影响日常工作的情况下，他利用一切业余时间手写《古兰经》。一位年近七旬的老人，在四年多的时间里放弃所有休息日，埋头书写如此长篇章的《古兰经》，其间的困难可想而知。据陈广元回忆说，有时候写着写着眼睛就花了，或者肩病犯了，他就揉揉眼睛，活动活动，再接着写。

袁志鸿　清虚怡淡　潇洒寂寥

李士杰

袁志鸿委员长得高高大大，双目奕奕有神。我们相识在政协，相交在他的“道教文化”中。我曾拜读过他写的一些著作，例如《道教神仙故事》《当代道教人物》《凝眸云水——关于道教文化的思考与阐扬》，也时常能够在许多报纸、杂志上见到袁志鸿发表的文章。他的文笔十分流畅，构思非常敏捷，既梳理普及了道教知识，又通过深入浅出的文字和大量鲜活事例展示了道教有益于社会的文化内涵，很有现实意义。

袁志鸿爱聊天。他不但是北京市政协委员，还是个“官”——北京市政协民族与宗教委员会副主任。和袁志鸿这个“当官的”聊天能让人增长很多的知识。但是，因为我听不懂江苏话，与袁志鸿聊天“很受罪”。尽管他费了很大力气编了一口的“江苏普通话”，仍然让我听着很辛苦。

他是东岳庙住持

我曾于2012年2月22日造访了这座位于北京朝阳门外大街闹市之中的一域清静刹土——东岳庙。抬头观古柏参天，低头察碑林斑驳，人世烦恼，顿然消减。一条神道，直通大殿，东岳大帝的神像安坐居中，好像一位古代帝王，文官武将分列两厢，七十六司神各负其责，好生威严。

袁志鸿住持头戴道帽，身穿道袍，道貌轩然，笑容可掬地将我迎进他的书斋，与我先品香茶，又谈玄机，论世理，开示东岳因缘。此时，庙外是喧嚣的繁华世界，门内檀香袅袅，仙风恬静，在这样的环境里，我大有“神仙加被，来坐阁中”的感觉……

北京东岳庙是道教正一派“玄教”在元代鼎盛时期“产生”的，始建于1322年，占地约71亩，有着悠久历史和深厚传统文化积淀。

东岳庙自南而北依次有琉璃牌坊、山门（已拆除）、棂星门、瞻岱门、岱宗宝殿、育德殿和后罩楼等，形成了六进院落。其大殿内供奉着幽冥世界的最高主宰泰山之神东岳大帝。

由于东岳庙尊奉的是掌管人间一切贵贱、生死、祸福的东岳泰山天齐仁圣大帝，所以前往烧香的人也特别多，在上层和民间具有极强的影响力。历史上虽然数次被毁，但每次都能获得皇室成员的捐助而得以重建。

现在东岳庙的庙门其实是原本的二道门——棂星门，在山门拆除后，这里作为了正门。原来悬挂在山门的康熙帝御书“东岳庙”横匾也移到了这里。庙内保存了大量各具特色的道教建筑，具有丰富的道教文化内涵，对研究中国古代道教及玄教的历史渊源和发展以及北京的民俗文化，都提供了重要的实物资料。

新中国成立后，东岳庙被北京市安全局占用。直到1995年，庙中所驻机关全部腾退，随后建立了北京民俗博物馆。1996年，北京东岳庙被定为第四批全国重点文物保护单位之一。2008年5月3日，东岳庙归还道教。至此，中断了七十余年道教活动的东岳庙，由正一道茅山上清派道士袁志鸿道长担任“住持”这个职务。

茅山指的是江苏西南部的一座山，又称“三茅山”，主体部位位于江苏省句容市和金坛市交界处，是中国道教名山之一。山中道观现统称为茅山道院，是中国道教上清派的发源地，又是道教上清派、正一派、全真派，多派共修共存之地。

1955年4月20日，袁志鸿生于江苏省句容市一户普通家庭。1982年袁志鸿在江苏茅山入道，1985年被选为茅山道协副会长兼秘书长，同年被推举为江苏省政协委员。1991年袁志鸿正式调入中国道教协会，1998年任“中道协”副秘书长兼教务处主任。

2008年袁志鸿道长率道士入住东岳庙后，致力于“道团”专业能力和素质的提升，如法如仪地开展道教的科仪活动。他始终注重制度建设，强调以制度管人、管事、管钱、管物。他经常说：“强化制度管理，不仅是东岳庙现实的需要，更是道教界建设纯正道风的需要。”

袁志鸿注重用博大深广的道教文化吸引青年人，注重对年轻道士的专业培养，高起点选拔人才。如今，东岳庙道士中有4位拥有学士学位。东岳庙自2008年3月正式开放以来，还陆续开办了3期科仪技能培训班，聘请科仪专家来道观授课，使东岳庙科仪组在实际操作中做到技能娴熟，内容丰富，流程规范。

他是教务专家

光阴荏苒，如梦似幻。1982年入道参学的袁志鸿，如今已成为道教正一派的宽仁长者，现任北京东岳庙住持、庙务民主管理委员会主任，北京市道教协会副会长，中国道教协会副秘书长兼教务处主任。

他入道后，积极发挥自己渴慕文学、勤奋学习的特长，两次受箓。在中国道教协会教务部门主持工作二十余载，几乎走遍了我国所有的道教宫观，翻阅了无数的道教经典。他既有深厚的道教教义传承，又有实际的道教工作经验。他是正一派道士，却参与了改革开放后全真道所有的传戒活动。他将教义精神作为自己信仰的支柱。因此，无论袁志鸿道长管理哪座宫观，都将道场的神圣性放在首位。

他在向书本典籍学习的同时，也向各地宫观的高道大德学习，从而奠定了他扎实的道教学术功底，成为当代道教界为数不多的学者。

袁志鸿著书的过程，也是对道教教义和文化精髓学习、思考、理解、认识、实践的过程。他说："我的专业就是道教教务，这是一项涉及面很广又很复杂的业务，如果不学习，真的是无法工作。"

因为袁志鸿长期负责中国道教协会的教务工作，熟悉道教界的内部情况，身处道教发展的洪流之中，时时感悟良多，时时出作品，而且大多是针对道教发展的具体问题，言之有物。例如，他1995年编著出版的《道教神仙故事》到目前已经再版3次，21万字，内容包括108则故事。全国政协常委、中国道教协会第五届理事会傅元天会长为该书题写了书名。中国道教协会第五届理事会常务副会长谢宗信大师为之题辞："寓道的精神于最平常的事情中，使人易于理解和认识，也就是弘扬道教。"

这是一部通俗易懂、以道教神仙为题材的作品，却是借神仙故事宣扬和描述炎黄子孙在人生的过程中热爱生命、追求崇高、拒绝庸俗，告诫人们在不懈超越和神圣的同时，要满腔激情地面对和拥抱现实生活。

2009年初，时任北京市宗教局局长的申建军一行人来到东岳庙调研，对袁志鸿道长的学识给予了高度的评价。他说，袁道长是道教界的学术带头人，希望他在道教教义和文化精髓的学习方面以及办庙、管庙、养庙方面成为全国的带头人。

袁志鸿称他自己是道教文化的受益者，更是道教的守护者。他通过多种渠道，积极弘扬道教有益社会的文化精神。在今年东岳庙庙会的“百姓讲坛”上，他们为来东岳庙的香客游人宣讲道教养生理念；在“祈祝龙年吉祥、国家昌盛、社会和谐、人民幸福”的道场法会上，他为国家、为龙年祈福，祝愿国家强盛、经济繁荣、社会和谐、世界和平。

他是积极奉献爱心的慈善家

作为一名道教人士，袁志鸿积极践行道教齐同慈爱、帮困救急、济世利人的优良传统，积极参与和支持社会慈善事业。

2008年底，东岳庙有一位小道士的父亲生病，急需用钱，而这位小道士的家庭经济状况很差，袁志鸿知道情况后，不但自己拿钱资助，又动员东岳庙的教职员工为其捐款，在当时经济都困难的情况下，为其筹集2万余元人民币，解决燃眉之急。由于这位小道士家庭困难，又要照顾父亲，不得不离开东岳庙回到甘肃老家。为了满足他继续修道的愿望，袁志鸿积极联系甘肃省道教协会，为他找到了一座适合他修道和兼顾老人的道观。

袁志鸿不仅注重道友之间的关爱互助，还积极参与社会公益事业。2008年汶川大地震时，东岳庙正处于百废待兴的时刻，但他们还是挤出5万元支援灾区。说起为汶川地震募集善款的过程，东岳庙的马建勋道友至今还充满了感动。那时，无论是道观还是道士，都是“一穷二白”。尽管如此，除了以东岳庙团体的名义捐款外，袁志鸿还以个人名义带头捐款2000元。考虑到年轻道友经济困难，他又拿出自己的工资和积蓄，为他们每人捐出200元。

2009年，台湾遭受风灾、水灾侵袭后，东岳庙庙务民主管理委员会积极响应道教界倡议，迅速向台湾受灾地区捐助善款。2010年，江西龙虎山天师府遭遇水灾，虽然庙里难以挤出钱来支援，但袁志鸿发动弟子凑款支持，最终凑足10万元人民币汇给天师府“庙管会”，表达北京东岳庙玄门同道的一份心意。

2010年4月28日，北京市道教协会第二次代表会议号召全市道教界人士要从国家建设的大局和北京市道教事业的健康发展出发，树立正知正见、正信正行的理念，继承与发扬道教优良传统，努力开创北京道教事业新局面，为构建和谐社会首善之区，为建设“人文北京、科技北京、绿色北京”和实现世界城市建设目标贡献力量。大会向青海玉树地震灾区捐款10万元。

2010年东岳庙庙会期间，东岳庙向北京市朝阳区慈善协会捐款5万元，用于支持朝阳区的公益慈善事业。他们还通过朝外街道捐助朝外地区困难群体，“尽可能地为朝阳文明创建活动尽北京东岳庙的一份心”。袁志鸿是这么说的，也是这么做的。以感恩、慈善之心回报社会已成为袁志鸿修道的一部分。

袁志鸿的确是一位让我敬佩的学者。

在政协，他积极履行政协委员“政治协商、民主监督、参政议政”的职责，积极参加政协组织的活动，积极撰写提案。

在道观，人们愿意听袁志鸿讲“道”者为何清虚怡淡，潇洒寂寥。尽管他说了一口“江苏普通话”，人们愿意听，我也愿意听。因为这是在“享受”崭新的、道教信仰的文化景观！

（本文刊载于《北京观察》2012年第5期）

蔡葵委员与奥运会

李士杰

在北京市政协组织的一次调研活动中，我和许多委员一样都是初次相识市政协民族宗教专委会副主任——蔡葵。

这位蔡葵委员不仅是位“帅哥”，而且还是一位“工作狂”类型的“演讲家”：他向在场的委员们大讲，民宗委如何贯彻落实阳安江主席2月27日的讲话要求，如何在评估工作中边调研、边评估、边提建议、边督促检查，坚持“四边”同步进行；他又讲，青年会于1844年在英国伦敦创立，1885年传入中国，青年会的会训是“扶危济困”和“非以役人，乃役于人”的服务精神；他特别讲到青年会在中国现代体育发展中所做的贡献。

他滔滔不绝地向我们讲，青年会是一个社会服务性团体，而非一个基督教教会组织，但它一直贯彻落实基督教“自治、自传、自养”的“三自”方针。例如，他们把坐落在东单北大街3号10层的北京青年会大楼9层以下的房屋出租就是“三自”中“自养”的体现……

由此我知道：得到北京奥组委主席、北京市委刘琪书记好评的《关于防范奥运民族宗教风险的建议》的提案，是出自于这位市基督教三自爱国运动委员会副主席和北京市基督教青年会（英文缩写YMCA，下同）总干事蔡葵之手。

由此我知道：虽然在奥运会期间奥运场所里设有宗教活动场所，但仍然会有运动员和其他外宾会到北京城里的教堂参加宗教活动，因此，蔡葵每天都忙碌于各个教堂之间，了解教堂各项准备工作的进展情况；

由此我才知道：当北京奥组委媒体村需要借调人员时，蔡葵克服青年会本身工作量大、人手紧的困难将办公室主任借调到奥组委，并组织青年会干事到社区向居民们宣传文明奥运的知识，讲解比赛的规则和观赛礼仪，让大家做到文明观赛……

女儿说7月13日那天爸爸“疯”啦

蔡葵说，2001年7月13日北京奥运申办成功的那天，他正在稻香湖参加青联全委会。秘书处通知常委们晚上聚会，电视台要来拍摄首都各界青年热烈欢庆申奥成功的镜头，当时他就感到申奥成功十拿九稳，那时北京会成为欢腾的海洋。所以他向秘书处请假后便驱车赶回市区的家中。回家后，带上太太和三岁半大的女儿蔡亚伦开车向长安街驶去。路途中，申奥成功的消息公布了，北京沸腾了，蔡葵沸腾了，蔡葵一家人都成为了沸腾的元素！时隔七年，该上小学四年级的女儿，一提起七年前那个欢乐的夜晚，她便会笑着说：7月13日那天爸爸蔡葵“疯”啦！我们全家人那天都跟着他“疯”啦！

幼小的女儿怎么能理解申奥成功不仅是中国人的百年梦想，更是曾经启蒙中国近代体育的基督教青年会（YMCA）干事们百年不解的情缘。

蔡葵介绍，从YMCA在中国天津创立的1885年起，青年会就从没有放松过将古老文明与现代文明接轨，特别是当现代奥林匹克运动方兴未艾之际，即第四届奥运会在英国伦敦举行之后的1908年，天津YMCA的会刊《天津青年》上就刊登了题为“竞技运动”的文章，第一位把奥运会介绍到中国的前天津基督教青年会会长、南开大学校长张伯苓先生最先向国人提出了三个问题：中国何时才能派一位选手参加奥运会？中国何时才能派一支队伍参加奥运会？中国何时才能举办奥运会？

19世纪70年代，YMCA在“强国必先强种，强种必先强身”的体育思想指导下，培养了一大批优秀的体育干事，他们活跃于全国各地的学校和场馆。1902年，天津YMCA主办了全国最早的一次体育运动会“天津青年会运动会”。

1932年，天津YMCA董事张伯苓先生和北京YMCA的名誉会员张学良先生力促刘长春等人组成中国代表队参加第十届奥运会，刘长春虽未取得决赛权，但却成为我国留名于中国奥运史上的第一位参加奥运会的正式选手。

1984年，我国首次派出了353人组成的强大阵容参加了第23届奥运会，获得了历史性的突破……

青年会在志愿者方面已经积累了许多经验

奥林匹克理想是奥林匹克主义和奥林匹克精神的综合，是人们对奥林匹克运动未来和前景的向往和希望。奥林匹克运动提倡人的全面发展，提倡人类社会的和谐和公正，提倡建立一个和平的更加美好的世界。蔡葵说这些都和青年会的理想不谋而合。

蔡葵认为孩子是每个家庭的希望，更是2008北京奥运的中流砥柱。在培养孩子立志精神方面，YMCA将加大投入，与世界最权威的体育大学美国Spring Field大学共同进行青少年体育发展研究。建立适合中国发展现状的青少年体育达标体系。

随着北京2008年奥运会的临近，已经有越来越多的人体会到运动带来的乐趣，而更多的家长们也逐渐意识到发展体育精神对儿童全面发展的重要性。而今快速的生活节奏及繁重的工作压力，使越来越多的家庭失去了与家人团聚，相互沟通，共享天伦的乐趣。

蔡葵边说边打着手势向我们介绍他日前在YMCA幸福家园组织的以奥运为主题，家庭为单位的“家庭活动日”。

“家庭日”通过生动有趣的互动游戏方式，增进家庭成员间的相互信任，亲密合作。让人们体会到一草一木都是自然教育的良好教材，每个游戏都是相互沟通的美妙载体。在此次活动中，蔡葵邀请了参加都灵冬奥会女子冰球比赛的美国女子冰球队队长ANGELA，让孩子们提前感受到奥运的气氛。她与孩子们分享自己的成长经历，讲述成功背后的努力付出，与每个家庭一同游戏、合影。激励孩子们更加努力自信，解读更高、更快、更强的奥运理念。

蔡葵说，随着奥林匹克运动和现代社会的迅速发展，奥林匹克主义的内涵和外延也在拓展和丰富。当一个城市主办奥运会时，数十万人几天之间从世界各地奔向一座城市，他们的吃、住、行和语言交流等服务工作就显得十分重要，没有几十万群众的参与不可能解决这一难题。他断言：北京奥运会最少有

60万名以上的志愿者参加!

青年会在志愿者这方面，已经积累了许多经验。1950年，年轻时曾在南开大学青年会参加过活动的周恩来总理评价说：“在抗日战争期间，基督教青年会等宗教团体也起到了很好的作用。”

青年会在扶危济困的公益活动方面做了很多工作

蔡葵在讲述周恩来总理曾在南开大学参加过青年会活动的事情时，显然加重了口气，瞪大了眼睛，似乎是想向周围的人们进一步说明些什么。

他说，青年会的会训初衷就是“扶危济困”。主要强调丰富人的精神文化生活，青年会这个理念要发展，也必须有一个基础就是改善贫困。20世纪80年代，青年会恢复后，在扶危济困的公益活动方面做了很多工作。例如通县干塘乡中心小学就是利用亚洲和香港青年会的捐赠建设的；例如1994年北京青年会向平谷区上镇小学捐赠资金和一辆汽车；再例如，自1997年起，每年负担密云县200多个孩子的学习费用，到目前为止已经帮扶千余名学生……

蔡葵此时在向周围的人们说，又像是在对自己说：“社会的贫困是一个现实的问题，造成的因素是综合的，改善贫苦是我们的目标，手段也是多种多样的。国家在扶助贫困上是义不容辞的，但全社会也要从一点一滴做起，积累起来汇成爱心的洪流就会解决很大的问题。”

蔡葵的思维是跳跃型的。他从青年会创立、青年会把奥运会介绍到中国，“跳跃”到青年会的“扶危济困”，接着，又“跳跃”到5月12日汶川大地震突如其来时，青年会成员迅速投入到气壮山河的抗震救灾的“斗争”中。最后又“跳跃”回“北京奥运会”这个话题。

“中国出色地通过了一次意外的考试”，地震，震不垮13亿人民办好北京奥运会的坚强决心，震不垮中华民族实现百年梦想的殷殷期盼。

蔡葵激动地说：“今天，我们终于迎来了第29届奥运会在中国北京的主办权，这是我们多少中华儿女百折不挠、顽强拼搏的成果；这是我们中华儿女几代人前赴后继、不懈努力的成果。我们北京青年会一定要为中国现代体育的发展做出新的贡献！”

蔡葵兴奋而又虔诚地说："我们将沿着前辈们的足迹努力向前，将参与、竞争、公正、友谊、奋斗的奥运精神继续发扬光大，世代相传。在此，也献上我们发自内心的祷告：求主你继续引领YMCA的事工走前面的路程，求主预备我们趁着你给我们的机会做你所托付的事，使我们配得上你的荣耀。"

看着蔡葵饱含热泪的双眼，聆听着他动情的演讲，我们在场的人都被他的情绪所感动；都和他一样感慨万千；思绪涌动……

（本文刊载于《北京观察》2008年第9期）

王琳达　将慈善进行到底

徐　飞

4月27日晚，“第十届（2013）中国慈善榜发布盛典暨明星慈善夜”在国家游泳中心——“水立方”盛大开幕。北京市政协委员，怡海集团董事长王琳达又一次荣获“中国十大慈善家”称号，这是自2010年，她连续第四次获此殊荣。

慈善的组织者

每次面对灾难，王琳达虽然可能不是捐赠金额最多的那一个，但绝对是号召性最强、参与度最深的那一个。在王琳达看来，中国不缺少爱心人士，缺乏的是组织者。作为一名北京市政协港澳委员，王琳达认为这不仅是荣誉也意味着责任，她希望通过自身的努力，能够在慈善方面起到积极的示范、带动作用。

2008年初，南方部分地区遭遇了罕见的冰冻雨雪灾害。王琳达像往常一样，以最快的速度向灾区捐赠了价值3000余万元的救灾物资。在赶赴灾区的路上，看到一片片被冰雪冻坏的柑橘树，得知当地百姓正因柑橘卖不出去而心急，她没想那么多，为解百姓的燃眉之急，在当地政府侨务部门和商务局等单位的协助下，自己掏出36万元人民币一次性买了160多吨柑橘，分别运到北京、上海、深圳、杭州等地组织义卖。王琳达说，义卖活动并不是简单的买与卖的过程。她要将这一过程开辟为一条怡海通往灾区的爱心之路，激发怡海人并带领更多的人一起向灾区人民奉献爱心。就这样，“情系灾区，怡海真情行动——爱心慈善义买活动”在各地纷纷展开。活动中，王琳达不仅亲自担当讲解员，还加入到了销售行列中，大家在她的带动下干得热火朝天。义买活动得到了居民、职工、学生等成千上万人的积极响应，大家见面问得最多的就是“你买了几箱？”最终，柑橘义买活动共筹集善款96万元，全部通过湖南省侨办，用于支援湘西果农恢复生产和修建吉首市万溶江中心小学。她还给学校捐赠了校服及教学设备等物资，并改善了办学条件，安排怡海教育集团所属的北京第二实验小学怡海分校与万溶江小学正式结为姊妹学校。湖南吉首市政府决定将“万溶江小学”命名为“乾城侨心怡海小学”。这一善举不仅为灾区筹到款项，也把怡海师生带入到慈善的事业当中来，使更多的师生懂得了“大爱天下”的含义，使怡海的博爱精神得到弘扬。一位同学在回忆这次义买活动的时候说：“送人玫瑰，手有余香，付出关爱的同时，收获的是明白自己被需要的感动。”

许多怡海老员工在回忆到跟随王琳达董事长参与援建北川中学的往事时，都感慨万分：“怡海人在王董带领下，是最早参与援建北川中学的，怡海集团也是参与援建程度最深、参与时间最长的侨资企业。”2008年5月12日汶川大地震后，在王琳达的号召下，怡海集团举全集团之力在两年多时间里，从头到尾参与援建北川中学的全过程。仅北川中学规划设计方案，就先后在北京、北川、绵阳、成都、深圳等地开了12次大型方案论证会。怡海集团规划设计、成本预算、财务审计和工程设备的专业技术人员，以及怡海教育系统的教育专家，在王琳达的带动下积极参与了北川中学援建工作。

玉树地震、海地大地震中国维和人员遇难……王琳达都组织、带动社区百姓、员工、学生参与到慈善活动中来。

她经常说的一句话是：“一个人点燃一支蜡烛，光芒很小，但如果全社会的人都点燃蜡烛，那就一片光明。”

慈善要持之以恒

于丹曾说过，在慈善这件事上，是论心不论绩，你用什么样的心做这个事情，你一生用什么样的持续努力，也许比一次性的付出更重要。

今年是北川中学援建五周年，当所有的聚光灯都散去以后，王琳达依然坚守。春节慰问，考前动员，欢送、迎接支教老师……从北京到北川中学，王琳达一年不知道要往返多少趟。

“做慈善不能只是一阵子，要的是真正的、彻底的帮助灾区，不能只建好一个漂亮的学校而丢下一个不堪的教育。”王琳达经常这样说，她更关心的是学校未来的发展，她希望为北川中学的灾后重建和提高其教育教学质量多做一点事情。在王琳达的积极倡导下，2009年，怡海教育集团与北京市西城区教委共同开展对北川中学的支教工作。当年，新北川中学还在建设当中，第一批支教老师就在简易板房授课。迄今为止，赴北川中学的支教教师已有四批53位。

北京四中青年教师尹强是第一批支教教师中的一员。尹强在《在北川支教的日子》一书中写道：“回顾这一年，北川生活的点点滴滴渐渐地聚集起来，绘成一幅不甚完整却别具色彩的北川气象。我从不以为北川此行是为‘支教’。在经历了如此浩劫、生死洗礼，并坚强面对的北川人面前，到底谁才是人生的弱者呢？”北京七中的李凯和实美职业学校的马月，都是刚结束在新疆和田的支教任务又急奔北川，爱心在北川延续。

王琳达说：“北方人去到南方不习惯，几乎所有的支教老师都长了湿疹，有的家里有老人、小孩需要照顾，有的老师的配偶生病，面对各种困难，支教老师们都坚持工作在北川中学。在北川所有的支教老师成了一家人，他们相互勉励、相互支持。”

最值得欣慰的是四年支教下来，老师们的努力没有白费。2012年，有326名学生考上了大学，2013年这个数字上升到360名。学校教育质量稳步提升，这缘于老师和孩子们的共同努力，也浸透了支教老师的汗水和心血。

考到北京上大学的同学，也学会了感恩，时常会来怡海集团看望“王妈妈”并聆听她的教诲：不要忘记学习，要感恩、要去帮助别人。“王妈妈”不但给他们设立了奖学金，还给他们生活上的一些帮助。王琳达说：“这几年下来，孩子们成长得很好，我很欣慰。”

南方雪灾至今也5个年头了，每年王琳达都会邀请乾城侨心怡海小学的老师们到怡海教育集团学习培训进修，一起来共同组织活动。

说起对北川中学和乾城侨心怡海小学的持续关注与帮助，王琳达说：“人能做成功一两件事也许不难，但是能把一件事持续地做下去不容易。我就是坚持，做慈善也好、做教育也好、做企业也好，都必须要坚持，只有坚持才会成功，才会取得最好的结果。”

慈善要从娃娃抓起

“我送给你们两个翅膀，一个如何做人，一个如何做事，只有一对翅膀平衡才能飞翔。”王琳达经常这样对孩子们说。

前不久，雅安地震募捐中有个细节，怡海幼儿园小朋友捐的硬币就有6000多枚，为什么有这么多硬币呢？原来这是王琳达注重社会公益、爱心教育的结果。王琳达每年给各个年级的学生们送存钱罐，以方便孩子们将家长给的零花钱、压岁钱随时投入。一方面可以促使孩子从小养成勤俭节约的好作风，另一方面当社会有需要的时候，孩子们就会积极地将平时攒的钱捐献出来，用自己的钱奉献爱心比伸手向爸爸妈妈要钱奉献爱心更有教育意义。王琳达希望通过这种方式把慈善的行为、慈善的观念变成孩子们自觉的行为，让孩子们意识到帮助社会是每个人应尽的责任。王琳达的这种慈善理念和做法，在社会上也取得了很好的影响。社区的一位正在遛弯的老大爷感慨地说：“住在怡海就是不一样，我们家孙子在怡海上了四年学，雅安地震他主动说拿出买玩具的钱，为雅安灾区人民捐1000元钱。记得2008年为帮助湖南的义买活动，他拉着我的袖子说‘爷爷我们买100箱’。”

王琳达坚信，慈善就是教育，是一种播种和培养的过程，是一个和谐家庭的基础，也是一个和谐社会的基础。今年，王琳达提出了《关于在基础教育阶段加强社会公益慈善教育的提案》，她说在现代文明社会里，社会公益慈善作为社会美德和公民素质被广泛认同和崇尚。相对而言，目前中国青少年对社会公益慈善的认知水平和学校慈善教育，在一定程度上滞后于社会公益慈善的发展。倡导社会公益慈善，从基础教育抓起，功在当代，利在千秋。对此，她早已先行一步，怡海教育集团已经将慈善纳入了教育的课程，并且每一个孩子每年都得做义工，都得做慈善。她还将《三字经》《千字文》等国学典籍纳入基础课程，以此传达传统文化中“善”的理念。“不能为了办教育而办教育，而是要培养对国家有用的人，对社会有用的人”。

对于慈善，王琳达说：“既然是社会需要，我愿意挺身而出，为慈善奔走呼吁。国家给予我们这么高的荣誉，不是告诉我们到此为止，而是激励我们要做得更好。”

（本文刊载于《北京观察》2013年第7期）

邓予立的爱国爱港心

徐　飞

素有香港“外汇教父”之称的香港著名企业家、金融家、北京市政协委员、香港亨达集团有限公司主席邓予立，早已成为游走金融界的风云人物，值得称赞的是，他一直都保有一颗爱国爱港之心。

祖籍广东东莞的邓予立，1950年出生于香港。在港英政府统治下的香港长大，邓予立骨子里却有着强烈的国家意识、民族观念。这一点来源于父亲邓毅生的教育。邓毅生于抗战时期从东莞来到香港，一生从事文化教育工作。“他对民族感情、国家观念这方面的教育很重视。他有强烈的国家观念，不管怎么变，中国都是他热爱的国家。”父亲为生于香港长于香港的邓予立打下了深深的中华印记。

他是一个成功的商人，他是一个积极的社会活动家，他是一个多面手。多重身份下面，是邓予立一段段精彩而又丰满的传奇人生。

专业领域写传奇

从以1200港元租用一张写字桌做外汇起家，一个客户一个客户地积累，如今亨达集团已经发展成为一家多元化金融集团，客户超过80个国家。对此，邓予立有着自己独特的管理观。在他看来，管理公司如雕刻，把公司雕刻得好与坏，精细还是粗糙就要靠艺术家。这个艺术家就是管理者。

世界投资市场就是一个巨大的赌场，朝夕万变，打造了多少“几家欢乐几家愁”的人世悲喜剧。然而，作为投资大师，邓予立却很少加入“赌场”的“投注”活动，也从不以自己的资产介入外汇炒卖。他说：“顾问本身不宜直接介入投机炒卖。因为个人介入炒卖活动后，就不能旁观者清，若大市有变，自然会先处理自己的‘赌注’，这样对客户和个人信誉没有好处。”邓予立一直将帮助客户部署资金，规避风险获得最大收益，作为自己最重要的目标。

他曾经面对过几次难忘的风波。在1983年，中英谈判令港元大跌，为了降低公司在外汇方面的损失，经过周密的思虑，邓予立决定邀请香港及外地所有的中资银行做出联合行动，在亚洲市场“做”低美元，同时又利用短线投资获得回报，终于维护了公司的资产，有惊无险渡过难关。

另一次是在1987年，全球出现股灾，他所经营的机构却未受损。因为在股灾前，邓予立已根据市场的形势，包括基金的蠢蠢欲动、股价的走势、市场内集资活动频密等异常因素，判断出大势不好。于股灾前一个业务日，把公司持有的股票全数卖出。

回顾自己的创业生涯，邓予立说当中有辛酸，也有挑战。每一个风浪考验，都在集团上下的团结努力下一一化解。

退休之后的邓予立更忙了，忙着去看世界，目前他已出版了九本游记。“我很喜欢去了解世界，了解各个城市的人民、历史、经济发展等。”随着中国国力的不断提升，在国际舞台上的话语权越来越大，对于经常穿梭世界各国的邓予立来说，备受鼓舞。“国家的强大，给予我们的不但是经济上的利益，更重要的是作为中国人的一份光荣与自豪。”

不畏浮云遮望眼，风物长宜放眼量。“现在的年轻华侨华人，只要到世界去看一看，开阔一下自己的眼界，强烈的民族自豪感就会油然而生，就敢于堂堂正正地告诉全世界‘我是中国人’。”邓予立坚定地说。

勇担社会责任

对于在金融界摸爬滚打近40年的邓予立来讲，国家、社会和民族在他心里永远都是首位的。对社会、对国家，邓予立更是义字当头、责任当先。

1998年10月1日，是香港回归后的第二个国庆节。金融危机的冲击使得港人信心尽失，人们脸上充满了失落和彷徨。晚上8点，维多利亚港上空如期绽放出绚丽的焰火，将整个港湾映照得五彩缤纷。人们抬头仰望，久违的节日欢愉再次涌入港岛。从那时起，香港民众记住了一个叫邓予立的企业家，一家叫

“亨达”的企业，使得“那夜烟花格外美”，让他们重新振作精神，走出阴霾。

谈起当时的烟花汇演，邓予立回忆说：“经济大衰退令‘国庆’活动受到了严重影响。一天早上，我听广播提及临近截止接受赞助烟花汇演的申请日期，全港仍未有企业赞助政府举办的烟花汇演。如果还未有企业赞助，国庆烟花汇演只能取消。”紧要关头，邓予立毅然决定出资400万港币独家赞助了这项国庆烟花汇演，振作了港人的士气。“焰火的背景音乐《团结就是力量》是我自己挑的，是想唤醒大家团结一致，不要因为短暂的阴影，蒙上不开心。应当看到背靠祖国的优势，预见到香港的前途很光明。对于克服暂时的困难，我们应当充满信心。”

其实，当时的亨达集团刚刚度过艰苦的创业期，还只是一个中小型企业，同样经受了东南亚金融危机，400多万港元对于邓予立来说，不是一笔小数目。“但小公司能办大事，我们有回馈社会的心，凡是对国家、对社会有益的事，我们都应该积极去做。”

2012年，香港的政治环境并不乐观，为了香港金融业健康发展，邓予立决定参选立法会金融服务界工人组别议员参事。邓予立说：“率先报名参选就是希望业界有所转变。希望我这块石头，能够激起千重浪，促进更多同行出来竞选，令更多业界人士关注市场面对的问题及进行讨论。我并非一时冲动参选，自然有考虑过胜算，如果能够当选自然会感到高兴。即使选不上，亦不失在业界中打滚四十多年的一次宝贵经验。”最终，邓予立的参选引发五人竞争的局面，使准备连任的“不合适”人选被迫退选。

为了促进两岸三地青少年的交流，了解祖国的历史文化。2010年初，邓予立提出由亨达集团出资赞助，每年优选部分香港中学生，开展中华传统文化研习活动。至今，已有来自16所香港中学的720名学生参与到研习中华传统文化的学习实践活动中来。

山西太行山地区兴建亨达希望小学，广东贫困地区捐建希望小学，为嘉许青年教师捐资100万人民币成立西安美术学院亨达集团基金，捐资超60万港元支持抗击2008年冰雪灾害，捐助汶川地震、台湾台风风灾、玉树地震……扶助社会弱势群体、推动两岸三地交流、参与慈善事业、赞助希望工程、慰问失学儿童、援助灾区，邓予立的脚步始终没有停歇。每当国家有需要时，邓予立都会毫不犹豫站出来，尽自己所能积极地回馈社会。邓予立说："我的本领都是国家培养的，在适当的时机表达是作为国家公民的一份责任。对我来说，这是回报国家、回馈社会的一种自然表达。"

为北京建设贡献力量

作为一名任职三届的北京市政协"老"委员，他见证了北京经济的快速发展并参与其中，成为首都建设的参与者和实践者。

"成为北京市政协委员，对我而言是了解北京的发展，更好地认识中国文化的机会。在此过程中我交到了更多的朋友，开阔了眼界。"采访当天，邓予立正陪女儿在北京拍婚纱照。"女儿和女婿是通过北京海联会青年委员会互相认识的，以后他们都在北京工作。我跟北京的关系更加密切了，跟北京深厚的感情延续到下一代。"他笑着说。

连续三届担任政协委员，发生了很多让邓予立难忘的事儿。"60周年国庆阅兵、举办奥运会、抗战胜利70周年阅兵活动，我都有幸亲眼见证，这对我的一生来讲，都刻骨铭心。每一次参加大型活动，对自己都是精神上的一次洗礼，感到祖国欣欣向荣，愈发繁荣富强。随着年龄增加，对国家感情愈发深厚。"

虽然身在香港，邓予立一直对保护京城古都风貌和中华瑰宝缱绻深思。他曾说："我要大声疾呼：采取切切实实的举措，保护好京城文物古迹！必须动员全社会力量保护紫禁城，紫禁城只有一个，损坏了就再也没有紫禁城了。"他认为，中国有十多亿人，海外还有数千万侨胞，如果大家全部动员起来，通过民间募捐的形式保护紫禁城，那么保护水平就会大大提高。这一做法既可以调动民众积极性、从一定程度上减轻政府的财政负担，又可以起到良好的社会教育作用。他还提议，将筹集的募捐基金统一归交政府管理，利用基金加强对文物古迹的维护与修缮，使文物保护切实走上良性循环的道路。对于北京八达岭和琉璃厂的维护，邓予立也有自己的一番见解。他坚决反对在文物古迹摆摊经商，力求维护它的原貌。北京琉璃厂是老北京古玩字画的汇集场所，邓予立认为，北京是历史文化古城，而琉璃厂正是北京历史文化的一个很好的载体，应将其打造为真正的能代表北京的文化品牌。

2000年前后，邓予立每年都要来几次北京，那时的首都机场要收100元左右的建设税。他发现，首都机场只有两三个专门销售离境建设税的专柜，每日排队轮候付款买票的人龙甚长。有不少外来或国际旅客对此并不了解，到排队轮候和进入海关等关卡时方知有此需要，只能再次排队购买，给旅途带来很多不必要的麻烦。当了政协委员之后，邓予立提出可以将建设费加到机票费中，减少旅客出境所要处理的事务。随着奥运会的临近，他还提出增加外币兑换点的建议。

这两项建议在邓予立提出后不久都得到了落实。“可能是很多人反映的情况，不一定是由于我的建议作出了改变，但让我看到了参政议政的成效，增加了参政议政的热情，让我感到切实能为北京的国际化出谋划策。”

“未来我也许不会再担任政协委员，但我与北京市政协的感情不会因此而中断。”邓予立说：“多年来，港澳委员之间的关系也越来越密切，形成了一股稳固的爱国爱港力量。我会继承和发扬爱国爱港的光荣传统，为香港和北京搭建友谊的桥梁，在促进两地经济发展、青少年交流等方面做出自己的贡献。”

杜家驹　香港委员的北京情

薄　茹

香港委员小组讨论会上，当召集人点名杜家驹发言时，他总是拿出事先准备好的材料，用并不太标准的普通话一字一字认真地读出来。对于“北京市政协委员”这一身份，他十分珍视。

杜家驹常常这样出现在公众视野——香港富豪郑裕彤的外孙、香港丰盛企业集团有限公司行政总裁。他的家族赫赫有名：外祖父郑裕彤出身寒微，凭借过人的胆识和能力，成为珠宝大王，进而进军地产业，获得巨大成功，被誉为香港地产界“四大天王”之一。2008年，郑裕彤获香港大紫荆勋章。他的经历充满传奇色彩，他把自己成功的经验总结为“大胆投资，博回大额回报。心诚体勤。”

父亲杜惠恺也是一位做生意的“奇才”。杜惠恺祖籍潮州，小时候在上海生活过一段时间。20世纪70年代继承了父亲于香港的珠宝生意，凭着异乎常人的创业和冒险精神，将家族生意由原本单一的珠宝业务拓展到其他行业，包括地产、酒店、保安、物业管理等等，被誉为香港商界后起之秀。

杜家驹处事低调、话语不多，谈到家族，最常说的两个字是“幸运”。

父辈的光芒难以掩盖杜家驹的优秀。1973年，杜家驹出生于香港。中学毕业后，进入牛津大学法律系学习。牛津大学的经历，让杜家驹备感自豪——进入牛津读书并不是“有钱”就能实现的。中学毕业时，他的成绩全部是A，凭借如此优异的成绩才顺利成为牛津的学生。他说：“在牛津学习，不仅仅是学习法律知识，同时学到了思考、分析、处理问题的能力。”在外祖父郑裕彤的眼中，他这个外孙从小到大都很“乖”，成绩优异正是表现之一。

牛津大学毕业后，杜家驹获得了英国伦敦法律学院律师执业资格，之后返回香港，受聘于高纬绅律师行驻亚太区香港总部。这是世界最大的律师事务所，他在那里工作了八年，成为法律方面的专业人士。“在律师事务所工作的最大收获，除了获得宝贵的法律工作经验外，是认识了我的太太”，不经意间的流露，让人感受到了他的幸福甜蜜。杜家驹太太是他在律所时的律师同事，他们在那里相识、“拍拖”，直至结婚。现在，他们已经有了三个活泼可爱的宝贝，他很感激太太的牺牲，“太太事业上很出色，但是为了孩子她放弃了事业”。

2007年，33岁的杜家驹当选为北京市政协委员，走上参政议政的舞台。“当时，我是很年轻的政协委员，现在不是了。”说到自己担任政协委员的经历，他很谦虚也很幽默。杜家驹初次来北京是上中学时，那时北京留给他的印象并不深刻。直到香港回归，他们家族的产业在内地有了很多发展后，他对北京才逐渐熟悉起来。北京崇文区的新世界地产就是郑裕彤当年与区政府合作建成的旧城改造项目，如今已经成为北京最繁华的商圈之一。父亲杜惠恺则在上海拓展事业……“外公和父亲在内地都有自己的事业，他们既是我的榜样，也为我提供了机会。他们是做生意的天才，把做生意当成乐趣，在这点上与外祖父、父亲还是有差距的，我只有不停地学习。”杜家驹说道。

担任北京市政协委员后，杜家驹对北京发展更为关注。北京市政协组织的各种视察、调研活动，他都积极参加。随着认识的深入，他对于北京发展有了自己的见解。“北京这几年发展迅速，最急迫需要解决的问题是交通和环境。”在市领导与港澳委员座谈会上，他建议北京市政府考虑通过税务优惠和补贴的方式推广混能电动车。“现在香港及许多先进城市很流行混能车，一半用电，一半用汽油。慢的时候用电推动，快的时候用汽油推动，这样可以节省汽油的用量。但是，混能车的成本比较高，香港政府对此在税务上有优惠补贴。”作为香港委员，他很希望把香港在交通方面的先进经验介绍给北京。

在香港，杜家驹是香港巴士公司的董事，拥有两所专营线路巴士公司。通过对北京交通环境的考察，他认为北京应该推广双层巴士。为此，他算了一笔账：“普通巴士只有7年的寿命，英国的双层巴士虽然价格高，一台大概400万港币，但可以使用17年，双层巴士的载客量是普通巴士两倍，对解决运力会有很大帮助。”

他关注的另一个话题是环境。关于这一问题如何解决，他还没有很好的建议。但是他提到了一种理念——“勿以事小而不为”。在公司，他是环保组长，这个组长是兼职的，监督员工日常的一些具体的节能措施，比如人走灯关、节约用水等。“一年下来，能节约不少资源。”

除了对北京发展建言献策外，杜家驹积极参与各类公益活动。他担任香港省级政协委员联谊会名誉会长，致力于促进香港与祖国内地各方面的友好交流，支持香港特区政府依法施政，积极配合贯彻落实“一国两制”和基本法，维护香港长期繁荣和稳定发展。联谊会团结香港地区省级政协委员及历届香港地区省级政协委员，促进相互学习和友好交流，同时广泛联系各界人士，增进社会和谐。

2008年北京奥运会期间，他曾参与组织海外华人的“水立方”捐资活动。2010年上海世博会试运行阶段，北京市政协组织港澳委员赴上海考察，在接待和安排食宿上他做了许多工作。“我的父亲是上海市政协常委，在上海有不少投资项目，包括酒店投资，在安排食宿方面我有些便利条件，所以应该多出些力。”他是香港政府任命的会计工会调查委员会委员、香港入境处审裁员，为香港的繁荣稳定做出了贡献。

在香港，已经很少有年轻家庭与老人住在一起了。杜家驹是个例外，“父亲是潮州人，很传统。”作为父亲唯一的儿子，他结婚后一直与父母生活在一起。杜家驹的母亲是全职太太，为了儿女的成长付出了很多心血。生意之外，杜家驹喜欢打高尔夫球，每个周六的早晨都会打一场球，其余时间用来陪太太和孩子。如果有一些长的假期，他会陪家人旅游。

“北京市政协委员”的身份给了他荣誉，也给了他责任与历练。身为北京市政协常委，杜家驹表示，会更关心北京的发展、承担更多的责任。

（本文刊载于《北京观察》2011年第7期）

李若弘　用国际语言讲好中国故事

李泽宇

李若弘，现任政协北京市第十二届委员会港澳委员、中国世界和平基金会主席、北京国际和平文化基金会理事长、加拿大阿尔伯塔大学教授、联合国合作伙伴办公室高级顾问，国际社会尊称他为“和平大使”与“民间外交家”。

他利用自身的优势，积极参政议政，通过综合分析提出《北京社会组织应抓住进军“一带一路”历史机遇》《“和平+1”是全球治理的软实力》《传统文化地缘经济社会创新是中小企业的新动力》等6篇提案。以和平大使的形象开展民间外交，积极开展NGO（非政府组织）合作交流，培养壮大国际义工团队的建设，对推广“一带一路”建设的设想和方法等提出意见建议。

小联合国的由来

在北京市朝阳区霄云路18号3000多亩的土地上，有一座京润水上花园别墅——“和苑”。园中矗立了178块景观石，上面是由来自联合国、国际红十字会、欧盟、阿盟、国际奥委会和世界各国驻华大使以世界和平为主题镌刻的题词。这是李若弘于1992年投资建设的项目，现已成为各国首脑和政府代表团访华参观的景点、国际知名学府进行国际主义教育和研究全球治理的公益社区、各国驻华使节和跨国企业交流的活动场所、培养青少年和志愿者能力建设的创新创业基地，也是与联合国教科文组织开发“一带一路文化互动地图”、发布《和苑宣言》，举办国际“和苑和平节”的发源地。

时任联合国副秘书长的莫里斯·斯特朗2006年10月率联合国高官访问“和苑”，在观看题词时说：“李先生为建立一个宁静、和谐和繁荣的世界做出了杰出的贡献。”如今，住在这里的大多是各国驻中国的外交官员、跨国公司的驻中国代表，被誉为“小联合国”。李若弘以他的谦和与真诚为“世界公民”们创造了一个邻里之间和睦相处的氛围，也赢得了这些特殊人群的尊重。

喀麦隆共和国驻华大使、驻华外交使团团长Eleih-Elle Etian说：我们向“和苑”表达最美好的祝愿。对于你们为促进世界和平和团结所做出的努力深表钦佩。对于你们所取得的这个值得赞赏的成就，我将贡献我的微薄之力。柬埔寨王国驻华大使Khek Lerang说：“和苑”为我们提供了书写和平心声的舞台。阿拉伯埃及共和国驻华大使Mahmoud Allam说：愿“和苑”成为我们和平征程中的一步，来实现“全球大和苑”。厄立特里亚国驻华大使Tseggai Tesfazion说：当一些国家还处于战乱时，任何国家都无法安定。让“和苑”精神遍布星球上的每一个国家。科威特国驻华大使Faisal R.AI-Ghais说：作为一个曾经遭受侵略的国家的公民，我非常了解和平的意义。不理解为什么世界不能从战争和恐怖中摆脱出来。然而当身处“和苑”时，我感到平静而祥和。马其顿共和国驻华大使Fatmir Dzeladini说：在此，我谨对“和苑”以此种高贵的方式来弘扬世界和平与和谐表示致敬！马里共和国驻华大使N'Tji Laico Traore说：和平在“和苑”得到了充分体现……

展露中国NGO风采

李若弘认为，在国际各方力量的博弈中，中国的国家利益也不断受到冲击，东海问题、南海问题、台海问题、中印对峙、市场经济地位、绿色金融、低碳减排、跨文明合作、大国责任等都成为我们不可回避的课题。他说，在国际社会能够“亮相发声”，并赢得各国的共识与合作，不是一朝一夕的。他以“报效祖国，服务世界”为使命，组建了一支由部分国家政要、驻华使节、国际著名的专家学者、艺术家、世界冠军和中国社会各界知名人士参加的国际义工团队，先后成立了中国世界和平基金会和北京国际和平文化基金会，搭建了各国政府与民间交流合作的平台。

2013年9月23日，应联合国秘书长潘基文的邀请，李若弘一行出席了在联合国总部召开的“加快行动、扩大合作、促进千年发展目标全面实现”的高级别论坛。应邀出席会议的有秘鲁总统、埃塞俄比亚总理、萨摩亚总理、挪威首相等政府首脑，还有联合国发展集团署长、联合国教科文组织总干事、世界银行总裁、联合国粮农组织总干事、世界卫生组织总干事等，以及来自世界各地的著名非政府组织负责人共计200人左右。李若弘发言时介绍了所创办的NGO组织如何创新外交公益，在国际间进行文化、教育、体育、健康领域的交流，推动理念的沟通与信用的合作，支持和帮助贫困国家和弱势群体的实际效果。倡议用“和平+1”的公益模式加速千年发展目标的实现。如今，李若弘所著的《中国NGO》得到联合国秘书长等100多个国家政要和国际组织负责人的好评，并成为许多国内外知名学府的教科书。

近年来，李若弘积极举办或参与联合国总部和联合国教科文组织大会、“欧盟布莱德国际战略论坛”“地中海国际论坛”“巴尔干地区和平论坛”“世界体育大会”“全球妇女峰会”“中非民间友好论坛”等大型国际会议，发表的主旨演讲得到160多个国家政府和各界代表的热烈反响。在接受美国、俄罗斯、英国、法国、日本、韩国、巴基斯坦、摩洛哥、突尼斯、科特迪瓦、肯尼亚以及许多欧亚电视台、报纸、杂志等主流媒体采访中，李若弘用国际语言讲好中国故事，形象生动地介绍中国立场和中国决心，彰显了中国公益外交形象。值得一提的是，李若弘在联合国教科文组织巴黎总部纪念“奴隶之路”二十周年大会做的《中国与非洲过去、现在和将来》主旨演讲，让各国驻教科文大使代表团认识到中国NGO在世界舞台的影响力，纷纷称赞这支团队为“国际雷锋”。

多年来，义工团队为了新北京的建设，为了展露中国NGO的风采，在默默地工作着。他们说，我们是走在社会改革前沿的NGO，用我们的汗水、泪水换来各国人民的欢迎和尊重，听到他们为北京叫好，为中国叫好，值得！这是国际主义的大爱情怀。

李家诚　逐梦未来　关怀流动儿童

朱生志

2013年9月29日，“逐梦未来——用优秀文化塑造新一代北京人”儿童公益项目在北京市金地实验学校启动。该项目由北京市政协委员、恒基兆业地产有限公司副主席李家诚先生捐赠，旨在为北京市打工子弟学校和社区特殊儿童群体引进开展儿童道德教育课程和课外艺术培训，培养城市流动儿童和特困儿童的艺术修养和心理品质，造就新一代有道德、有素养、懂艺术、讲文明的有礼北京人。

作为新一届北京市政协委员，李家诚先生积极履行委员职责，勇于承担社会责任。为此，本刊对市政协委员、恒基兆业地产有限公司副主席李家诚先生进行了专访。

记　者：“逐梦未来——用优秀文化塑造新一代北京人”儿童公益项目已经正式启动，目前基本运作情况如何？

李家诚：该项目由我本人资助，由中国儿童少年基金会、北京市朝阳区妇联发起和监督执行，具体由北京乐器学会、北京青年宫广渠门培训部及其他社会组织（北京舞蹈学院、798尤伦斯当代艺术中心等机构）提供志愿服务。

项目首期实施时间为3年，从2013年开始到2015年，首笔经费120万元人民币已经全部支付到位。每年会选择3所小学，共计4000多名学生，围绕德、孝、爱、家、美的理念，将道德讲堂引进校园。同时，开展关爱社区特殊儿童活动，在劲松、双井、潘家园、垡头、高碑店等5个街乡资助100名品学兼优的贫困孩子及残疾孩子进行传统文化、道德以及才艺培养。

目前，项目资助儿童名单已经确定，所需师资、志愿服务、监督、协调以及记录跟踪等人员均已全部到位，开始初步运作。在举行启动仪式后，已经正式全面铺开。

记　者：实施该儿童公益项目有何初衷及出发点，希望达成何种目标？

李家诚：我是有三个孩子的父亲，近年儿童教育问题，最牵动我的神经。因此，当联合国儿童基金香港委员会主席陈晴女士向我介绍，并建议我捐助由中国儿童少年基金会组织实施的“逐梦未来——用优秀文化塑造新一代北京人”儿童公益项目之后，我就毫不犹疑决定捐助。因为，儿童是家庭的未来，亦是国家的未来，更何况他们是打工一族的儿童。他们最需要关心，也最应该关心。

我特别注意到全国妇联较早前发表的报告，指出“现时全国城乡流动儿童数目高达3500万，单是北京市就已经超过了49万。虽然这些孩子已经可以接受基本的义务教育（九年免费教育），但他们的父母工作很忙，这些孩子放学后缺乏照顾，成绩普遍比本地的孩子差”。

我希望这个项目能够摸索出一个解决流动儿童问题的有效模式，先从流动儿童较集中的大城市如北京开始，继而推广开来。

记　者：该项目定位于解决北京流动儿童问题，具体项目选址有何考量，未来是否考虑在全市展开？

李家诚：在确定资助流动儿童项目以后，就委托中国儿童少年基金会进行选址调研，经过差不多半年的考察论证，最终确定了以北京市朝阳区作为最先启动地点。朝阳区面积很大，辖区覆盖从繁华的商业中心到城乡接合部，流动儿童问题比较突出。

据不完全统计，朝阳区有2万余名外来流动在校儿童，在18个民办小学校（已批）、18个自办小学校（未批）就读。其中民办校12079名，自办校949名。

此外，朝阳区还有不错的文化基础，社区的组织和志愿服务能力也比较强，以这里作为启动点，可以更好地建立服务流动儿童的体系，以便形成模式。

项目初期实施后将陆续建立规范，会向北京市其他各区，乃至全国进行推广。

记　者：该项目如何具体选择资助对象，有何标准？

李家诚：项目资助对象分两类，一是对在校儿童进行音乐、书法、绘画以及传统文化、道德的教育和培养，初步选定的是朝阳区十八里店地区的北京弘善学校。这个学校周边是建材市场，学生基本上都是流动儿童，因为父母工作忙碌往往没时间照顾他们，加上周边环境杂乱，孩子们放学后处于“放羊”状态，容易沾染不良习惯，同时也有安全隐患。通过该项目给孩子们免费提供乐器和文化课程，让他们课后可以有个安全的地方，同时也可以获得文化熏陶，提高素养，培养一技之长。

另一种是在社区内开展，利用居委会的活动场地，针对社区内的贫苦儿童和残疾儿童，教给他们艺术、手工艺技能，让孩子通过学习达到考级和演出要求，重点突出艺术教育对孩子们，尤其是残疾孩子的自信心、学习能力、身心发展的积极影响。

资助对象名单都是通过妇联、居委会一个个确定核实的，保证把关爱送给最需要的孩子。

记　者：作为个人出资项目，如何处理与中国儿童少年基金会的关系？

李家诚：我是项目的出资人，同时也是项目管理小组的成员，其他成员还有中国儿基会代表、朝阳区妇联的代表，以及实施单位中北京乐器学会、青年宫广渠门培训部的代表一起组成。同时还聘请专门的审计机构进行财务监督和审计，以及第三方对项目进行评估审核。

项目资金汇入中国儿基会账户，他们负责具体的管理落实，最后统一由管理小组来监督协调。

中国儿基会作为国内最早的专业儿童慈善机构，拥有良好的信誉和非常高效的管理团队，并且有能力将该项目推向全国，是个很好的合作伙伴。

记　者：北京流动儿童较多，该群体存在何种问题，建立何种解决北京流动儿童问题的可靠模式？

李家诚：流动儿童是内地高速城市化所带来的普遍性问题，北京作为首都，自然是比较集中的城市，与农村的留守儿童相比，流动儿童在基本生活保障以及硬件设施上都还不错，主要是缺乏完善的看护和素质教育、品德教育，还存在因为无法融入所在城市而带来的心理问题。

所以在论证该项目时，儿童慈善家们很充分地考虑了这一点，最后确定以“艺术教育、才艺培养及传统文化和道德教育”为核心，目标确定为“以优秀的文化培养新一代北京人”。

希望通过近一年的摸索，到2014年11月，在道德课堂进校园项目报告的基础上，形成一份《用优秀文化塑造新一代北京人——道德讲堂进民办校试点政协提案》，提交相关部门参考。同时在媒体上发布，希望汇集更多的力量，来推动这种模式在北京全市推广开来，帮到更多流动儿童。

记　者：在项目发起、筹备、实施、落实过程中，遇到何种难题，目前存在何种阻力？

李家诚：在北京市政协、全国妇联领导和中国儿童少年基金会及北京市朝阳区妇联、相关街道居委会的指导和帮助下，这个项目的整个过程推进非常顺利。

项目最困难也是最关键的点就是如何确立符合北京实际情况，符合流动儿童特点的服务模式，经过了大量的调研和论证，包括UNICEF香港委员会主席陈晴女士在内的儿童慈善专家多次深入到社区内进行实地考察，最终确定模式，确定资助对象的标准，然后按照标准去选定资助名单。

目前已经进入具体实施阶段，接下来最大的挑战就是如何把项目的设想变成现实，让流动儿童能真正得到帮助，同时能尽快地摸索出更有效的模式，可供推广。

记　者：自担任第十二届北京市政协委员以来，您多次参加市政协组织的活动，对如何积极履行委员职责有何意见建议？

李家诚：加入北京市政协，是因为家族在北京有诸多慈善捐助项目，集团旗下也有在北京投资，希望能更多了解北京的需求和社会的需要，既把业已进行的慈善项目做好，也为北京的建设尽绵薄之力。

今年3月我如愿被北京市政协吸纳为十二届委员之后，积极参加了市政协组织的多次很有意义的活动。譬如：市政协《关于开展城市精细化管理调研活动》；吉林主席来港介绍北京的经济和社会发展情况；以及这次来北京参加海外联谊会大会和国庆活动等。这不但使我加深了对国家、尤其是北京的了解，也对我认识和履行好政协委员的职责帮助很大。

我注意到，我们北京市政协48位港区委员中，不少是香港工商和专业界知名人士，他们从小在香港这座中西文化交融的国际都市读书、生活和打拼，积累了不少的经验。市政协应该充分利用好他们，用建言献策等方式，请他们把香港最成功的现代化都市规划、城市管理、环保理念，以及香港各界近年积极推行的各种慈善宣传和捐助模式带来北京。

记　者：在开展公益慈善、关注流动儿童方面，如何更好发挥政协作用？

李家诚：我个人认为，开展公益慈善、关注流动儿童，这既是政协的职责，亦是我们每个政协委员应尽的义务。作为北京市政协委员，应该多了解北京的社会和民生，多为北京的和谐和稳定做贡献。

我认为，我们北京市政协应该、也有条件动员更多的委员，积极加入到捐助由中国儿童少年基金会组织的“逐梦未来——用优秀文化塑造新一代北京人”儿童公益项目中来，为北京的和谐稳定，为我们的未来多做点贡献。

记　者：请介绍在内地开展的公益慈善项目，对从事公益慈善有何感想?

李家诚：我的乐善好施，完全受家父（李兆基博士）的熏陶。他向来很讲究财富“聚、散”之道，经常强调：“赚钱要成功，花钱也要成功”，衡量慈善捐助的成功与否，要看能否做到“以小博大”，得到“最高回报率”（即受惠人最多）。

过去几十年，他不单这样讲，也是这样做。例如，他三十年前参与成立“香港培华教育基金”，以“一传十、十传百”的宗旨，出钱出力为国家培训专业人才，至今共培训约7万人；2006年，他在全国推行“温暖工程百万农民”项目，至今捐出4亿元人民币，成功培训了120万个农民，让他们获取谋生技能；他赞助培训了11000名内地乡村医生和支持扩建1000所农村医疗站，使偏远农村的农民得到了及时就近的医疗；他在2008年汶川大地震时，捐助一亿港元赈灾，其中八千万港元重建地震倒塌的广元市中心医院，使这家医院成为了三级甲等医院，服务四川、陕西、甘肃近600万人；他2012年与国家教育部合作，推行“千名中西部大学校长海外研修计划”，资助了1000名中西部大学校长、书记到欧美著名大学实地考察和研讨。此外，他还带着我和哥哥共同赞助北大和清华等重点大学。

家父的身教，令我耳濡目染，我和我太太今年亦积极参与更多的慈善活动，包括捐资北京大学和清华大学；协助智行基金和百仁基金筹款等等。我更是由百仁基金援建的四川彭州市百仁基金希望学校的名誉校长。

我总觉得，能够帮助有困难的人，协助小孩健康快乐的成长，感到无比的快乐！我希望我们家族这种乐善好施的好传统，将来能一代一代地传下去。

（本文刊载于《北京观察》2013年第11期）

吴雅玲　奏响“音乐报国”主旋律

任万霞

初见吴雅玲委员是在市政协十二届五次会议开幕前港澳委员和港澳台侨工作顾问预备会上。作为“空中飞人”的她，当天凌晨4时抵京，只休息了三四个小时，就迅速切换到“政协模式”：了解会议流程和须知，听取相关情况介绍，阅读学习会议文件，为履职建言做准备。

吴雅玲身材纤瘦，短发飘拂，眉眼含笑，很难想象这样的她竟是“全球乐器与音响制品行业225强”第11位，“全球乐器零售商排名”第7位，世界钢琴企业前三强——柏斯音乐集团的掌门人。更没想到，30年来，她一直以“音乐报国”为理念，始终致力于培养音乐人才，传播音乐文化，把履行社会责任当作企业家最高的价值追求。

业内的参天大树

提起吴雅玲，在乐器行业，她的名字耳熟能详。

1986年，钢琴老师出身的吴雅玲和弟弟吴天延在香港创立了第一家店面——“柏斯琴行”。“只有30多平方米，隔成7个小琴房，以教学为主，之后慢慢增加了乐器销售。”吴雅玲回忆道。

1993年，吴雅玲和弟弟吴天延把“店校结合”的模式从香港带到内地，在广州开设了第一家门店，开创当时领先中国乐器零售业的经营模式，引领了乐器零售和音乐教育市场的发展。

此后的十几年持续发力，在内地及香港快速发展，并扩展到乐器制造领域。1999年，进入湖北宜昌投资建立钢琴厂，开始了建设“中国第一、世界一流”钢琴生产基地的新征程。

作为中国乃至世界最具规模及知名度的大型音乐文化企业，柏斯音乐集团以1986年的一家店面为胚芽，成长为一棵参天大树。从遍布中国的百余家直营连锁门店到跨越中德的九大乐器生产基地，从深入社区的音乐培训中心到汇聚艺术名家的音乐厅舞台，音乐行业的版图上遍布着它的身影。

历经30年风雨，柏斯音乐集团完整覆盖了乐器制造、乐器销售、音乐教育和文化推广四大领域。作为中国乐器行业领先力量，在世界乐器版图占有了一席之地，并持续保持着强有力的发展势头。

让钢琴刻上中文字

店面数量、行业排名只是吴雅玲创业故事的开头。作为以“音乐报国”为己任，以“振兴中国钢琴品牌”为目标，出品代表中国民族品牌的“长江钢琴”是她故事中重彩的一笔。

吴雅玲介绍到，钢琴是舶来品，在世界钢琴市场，中国的钢琴产量和销量均占有很高的比例，但“中国制造”却始终处于市场中低档位置。在所有国际性钢琴大赛和音乐活动中，也很少出现中国钢琴的身影。

当中国钢琴的“质”与“量”在国际市场严重错位时，作为具有强烈民族自尊心的中国企业家，吴雅玲深感责任重大，她深思：“中国作为音乐人口大国，为什么一直没有属于自己的、具有世界一流品质的钢琴呢？”

从此，她立志要改变国际市场对“中国制造”钢琴产品的中低端印象，提升中国钢琴制造业在世界的行业地位，在打造“中国第一、世界一流”钢琴生产基地的同时，致力于创立一个拥有自主知识产权和世界一流品质的中国民族钢琴品牌。“我们要一洗‘中国制造’给人的低端印象。”吴雅玲强调：“必须把它洗得干干净净的。”

2009年，经过缜密研发，长江钢琴荣耀问世，并以伟大领袖毛泽东主席手书“长江”二字作为品牌标识。自钢琴诞生300年来，“方块字”首次镌刻于钢琴之上。

以“在世界舞台，奏响辉煌之声”为目标出品的长江钢琴，自问世以来，已获得众多艺术名家青睐，并代表中国钢琴在国际树立全新形象：

在业界，长江钢琴以优异的演奏性能和舞台表现，已被包括刘诗昆、周广仁、李名强、但昭义、石叔诚、朱雅芬、李民铎、鲍里斯·贝尔曼、安杰依·雅辛斯基、阿里·瓦迪、米哈伊尔·沃斯克列辛斯基等数百位中外钢琴名家选用为音乐会演奏用琴或大师班教学用琴；

在赛场上，长江钢琴在“第三届中国深圳国际钢琴协奏曲比赛”这一国际性重大赛事中，成为首个登上国际赛事舞台的中国民族钢琴品牌；

在荧屏上，长江钢琴通过中央电视台春节联欢晚会、北京电视台春节联欢晚会、中国文联“百花迎春”春节联欢晚会、《艺术人生》《星光大道》等众多综艺节目，频繁出现在观众的视野；

在舞台上，长江钢琴联合德国广播交响乐团、俄罗斯国家交响乐团、德国柏林爱乐管弦乐团、中国国家交响乐团以及众多中外艺术名家，奉献出诸如“长江钢琴之夜——中国几代优秀钢琴家大汇演”“庆祝中国音协钢琴学会成立音乐会”“黄河音乐会”等艺术演出精品；

2016年6月，长江钢琴更是出现在《中俄睦邻友好合作条约》签署15周年纪念大会上，见证中俄伟大友谊，奏响外交辉煌篇章。

30年初心不改

“好的乐器，是为更好地培养音乐人才服务的。但如果只有一流的乐器，而没有良好的音乐教育和音乐普及，那也没有意义。”对于推广音乐文化，培育音乐人才，吴雅玲始终感到责任在肩。

“30年前，我们就树立了‘培养音乐人才，传播音乐文化’的理念。在当时这是一个明确的理想。很感慨，30年来我们一直坚持在做这件事情。”吴雅玲的言语中透着欣慰。

通过创建艺术培训学校、举行音乐大师班、创立音乐奖学金，培养音乐人才；通过组织钢琴赛事、参与音乐演出，打造艺术氛围；通过捐赠教学设备、培训乡村音乐教师，促进教育平等；通过支持高端教育论坛、联合教育部成立“音乐教学设备与课程研发中心”，支持音乐教育发展；通过举办如“长江钢琴音乐节”“亚洲青少年音乐比赛”“柏斯·长江钢琴奖学金”“长江钢琴大师讲堂”“长江钢琴之星系列音乐会”“爱只因有你——万名乡村音乐教师培训”等数千个惠及各方的音乐文化项目，用音乐装点了无数民众的生活。

“音乐能让人们心情舒畅，让生活更美好，让社会更和谐，所以我们积极地做大量的音乐普及。”吴雅玲说。

公益观与政协情

1997年，吴雅玲还在创业中，资金紧张，但为了给家乡修建大桥，吴雅玲硬是贷款了200多万元。

30年来，吴雅玲带领柏斯音乐集团做过的公益项目不胜枚举，捐款资助活动众多，数额已无从算起。

“做善事有很多种，资金捐赠是一种。但在音乐文化领域做公益，不光需要资金，组织更加重要，要集合资源，懂专业，用心去做。音乐普及就是最大的公益。”吴雅玲说，要集合社会平台资源，再投放到社会上去。为此，近年来她不断探索通过政企、校企合作的方式，运用自己的资源和品牌做更多事情。例如已与湖北省文化厅和教育厅合作连续举办三届的“长江钢琴杯”青少年钢琴比赛，从策划、组织到经费资金给予全力支持和参与，发挥行业优势和专业经验配合政府出色完成湖北省这一钢琴人才培养的重点项目。

作为市政协香港委员，吴雅玲在做公益的同时不忘积极促进香港与内地交流，发挥港澳委员的“双重作用”。“两岸交流，必须有切入点和持续性。音乐就是很好的切入点。”吴雅玲在采访中说，并分享了过往经验。

如举办“亚洲青少年音乐比赛”，以赛事为契机，搭建音乐文化交流平台，促进中国大陆和港、澳、台地区的文化融合和发展；

如举办“黄河”音乐会，联袂台湾指挥大师陈澄雄、内地著名钢琴演奏家石叔诚、香港中乐团，两岸三地名家以长江钢琴奏响中国旋律，共话家国情怀；

如创办“长江钢琴音乐节”，邀请香港教育大学、九龙华仁书院、香港华仁书院、培正小学等学校师生到宜昌参加“名家进社区、进校园”活动，搭建内地、香港文化交流新桥梁，增进两地青少年的彼此了解；

再如赞助“香港中学生太空搭载实验方案设计比赛”，邀请获奖香港中学生到酒泉观看“神舟十一号”发射升空，感受祖国的发展实力。

此外，吴雅玲还提起了正在举办的“第五届KAWAI亚洲钢琴大赛”，该赛事在香港、澳门和内地共设置了近80个赛区，几地音乐学子将汇聚西安同台竞技。在吴雅玲看来，“这又将是一个促进内地、香港青少年交流沟通的良好机会”。

在带领柏斯音乐集团举办丰富音乐活动的同时，吴雅玲积极撰写提案，从更高层面推动音乐事业的发展。她提交的《关于进一步促进北京市社区音乐文化活动繁荣发展的提案》，详细分析了近年来北京社区音乐普及工作所取得的成绩和存在问题，并提出了构建“六型和谐社区”，加强社区文化活动的5点建议。提案办理过程中，北京市委市政府高度重视，并将提案转到北京市文化局，市文化局也对她的提案做出了积极回应。

在京港两地青少年文化交流交往方面，吴雅玲也给予了重点关注。她在《关于加强京港两地各界人士互相交流沟通的提案》中指出，香港大多数青年学生是爱国、爱港、爱乡的，只要通过进一步的思想指引，努力创造两地青年之间沟通和联系的平台，就能让香港学生更多地了解香港和内地的唇齿关系。

香港和北京两地的发展同时牵动着吴雅玲委员的心：“香港回归20周年，经过很多风风雨雨，20年是一个新的里程碑。香港有良好的基础，加之内地发展势头的积极影响，香港的未来会更好。”对于北京，吴雅玲今年尤其关注疏解非首都功能和城市副中心建设的情况，她认为，积极的疏解，是把功能进行合理布局，是有规划的、更完善的建设各个区域。

采访的最后，吴雅玲谈到了每次开大会她都忍不住向员工强调的“性命·生命·使命”的逻辑。

说起性命，她希望企业可以成为员工的依靠，让员工安居乐业；说到生命，她希望能用音乐让人们的生活更加充实、美好；说到使命，她希望以音乐为切入点，为中国钢琴制造行业开创新的天地，为中国音乐教育事业不懈努力，为促进社会和谐发展做出最大成绩。

这大概就是吴雅玲作为一位企业家、一位政协委员，对人生价值和社会责任最朴素的“真谛”。

施荣怀　儒商风范　赤子情怀

崔　晨

北京市政协委员、香港恒通资源有限公司执行董事施荣怀，一直兢兢业业于政协委员的履职工作，在港澳委员中发挥着自己的号召力与影响力，并不遗余力地为促进京港交流、共同发展发挥更大的作用。

政协世家的爱国情怀

提到施荣怀，不得不提的是他引以为荣的政协世家。施荣怀的父亲是著名爱国企业家、书画家，享有儒商美誉的全国政协委员施子清。这个由施老先生白手起家从纺织业发展起来的家族，虽不像香港四大家族那么尽人皆知，但是他有一个特殊的名号——政协世家。“施门五父子，全家皆政协”，在回归初期的香港豪门里并不多见，并传为佳话。除了施老先生担任了四届二十年的全国政协委员，施荣怀的大哥是江苏省政协委员，三弟是福建省政协委员，四弟是贵州省和深圳市的双料政协委员，再加上亲戚朋友的话，这个家族总共有八位政协委员，是当之无愧的政协世家。“担任政协委员，在港澳地区不是件容易的事，能成为北京市政协委员，这份光荣感与使命感就更加重大而深远。”施荣怀激动地说。论经济实力，施家在香港是新兴家族，但在参政意识和政治影响上，施家可算得上是为数不多的大宅门。这个家族对政协、对祖国的情感自然也非同一般。

1984年，《中英联合声明》签订后，移民热在当时的香港逐渐兴起，每年移居海外的港人都在两三万人以上，1987年更是达到了创纪录的六万人。当时施家已经是身价过亿的商界新贵，带着一大笔钱移民对于四兄弟来说是轻而易举的事，是移居海外还是扎根本土？一次家庭投票决定了这个家族的发展轨迹。

“当时父亲召集全家人开家庭会议，他说：如果你们要移民，跟我说一声，我一定接受你们的意见，同时你们每人可以带走一笔家产。”父亲的提议让施家兄弟感觉有些吃惊，最初的一瞬间，屋子里显得很安静。当时的情境，施荣怀至今记忆犹新。其实施老先生是在试探孩子们的心态，片刻的犹豫之后，施家兄弟做出了自己的选择。“我们马上就回答，我们不移民，因为香港是我们的家，我们对中国的发展信心十足！”说起当年的选择，施荣怀志得意满。“有很多人移民后拿着外国的护照回香港工作、生活，但我们四兄弟始终都是拿着香港特区护照的。感情在这里，根在这里，不一样。”谈及此，施荣怀的眼神中流露出别样的温暖。

如今香港的发展也证明了施家选择的正确，长期在香港与内地之间奔走的施荣怀亲眼见证了香港回归祖国以来两地的发展变迁，感触良多的他在接受《大公报》采访时恳切地表示：“两地唇齿相依，香港过去的发展离不开内地这个平台，未来的发展同样与国家一荣俱荣。”

商海驰骋竞风流

当年，施老先生为四名爱子取名为荣怡、荣怀、荣恒、荣忻，寓意怀有恒心，干出一番事业。四个儿子也并未辜负父亲的希望，目前他们各自掌管着家族中地产、投资、贸易、证券等支柱产业，在政界和商界都同样出色。

看到这些光环，人们不禁认为施荣怀是含着金汤匙出生，子承父业，没吃过苦、没受过挫折的“富二代”。“其实并不是。”在施荣怀眼中，“富二代”的“富”说的是大家族、大财团的财富，他谦称未够资格；至于“二代”，“我的确是第二代，不过是爸爸和大哥带着我一起创业，刻苦、克勤克俭地打江山，不是一出世就有大把钞票”。的确如施荣怀所说，他确实不应被如此标签化。据施荣怀回忆，小的时候，家里并不富裕，他比大哥只小一岁，当时的家庭条件并不容许两兄弟一起出来读书，大哥读完高中便出来做事，可以说是牺牲了自己的读书机会，家庭条件得以改善后，施荣怀才有机会留学美国。因此，施荣怀对大哥分外尊敬，并且更加珍惜去美国威斯康星州大学读书学习的机会。

1985年，施荣怀从美国毕业回到香港，当时正值施家纺织原料业务尚在起步阶段，父亲鼓励他帮忙家族生意。本打算再回美国深造的施荣怀，原计划将来当老师或研究学者，而如今，他却成为了一名成功的商人。

与现在的独当一面不同，施荣怀当时还是帮助父亲和大哥打理生意的毛头小伙子。1986年，施荣怀第一次到北京谈生意，在他心中，这个城市充满了神秘和陌生，他怀着既紧张又兴奋的心情踏上了北上的征程，人生的全新旅程就此展开。“我当时真的很紧张，提前两三天都睡不着觉，把到北京找谁、和人家说什么话都写好了。”可出乎意料的是，“我在北京待了一星期谁都没有见着。这些客户都是和我父亲年龄相仿的，我打电话过去想约他们见面，他们第一句就问：你爸怎么没来？接着又问：那老大呢？”当年，给人第一印象略带学生腔的施荣怀，是生意伙伴眼中还不足以代表家族的二公子。

此次出师不利并没有挫伤施荣怀的志气，反而越挫越勇，在生意场上不断摸索的他，1987年在天津做成了自己的第一单生意。由他牵线，当时的天津真棉织品公司从韩国进口了一批价值20万美元的羊毛纱，作为中间商，施荣怀净挣了15000美元。

逐渐地，施荣怀在家族生意里扮演着“前哨兵”和“先头部队”的角色。1988年，施家同辽宁省对外贸易厅（现称商务厅）合作，前往朝鲜开拓市场。施荣怀说，当时去朝鲜做生意算得上是苦差，交通和生活都很不方便，没有电视、没有娱乐，收钱要亲自数现金，每周只有一次航班……开始时施荣怀很不适应，但是在朝鲜谈生意有既定的规则，要历经考验，这都让他学到很多，并且至今难忘。“有一次我自己从朝鲜带回了价值130多万美元的日钞，走之前要预先一两日数钱，装了满满两大袋子。那时胆子也大，带着朝鲜有关部门出具的证明，我一个人把钱带回了香港，到港后也没通知家人，直接搭的士去银行，好不容易才存入现金。”现在回想起这些经历，施荣怀自己都觉得有些不可思议。

1998至1999年间，施荣怀接手了家族内几乎全部的纺织原料贸易业务。也就是从那时起，他养成了每天24小时查看棉花价格走势的习惯，如今虽身居公司高位，但做事务求精细准确的他仍坚持如此。施荣怀还始终秉持父亲的儒商理念，做生意不计较一时成本，但求薄利多销，建立诚信。最初接手生意，不小心下错订单价格使公司亏了钱，父亲还是坚持让其按照原价卖给客户，以树立施荣怀在商界的诚信。因此，施荣怀与合作伙伴建立了良好的关系，并逐渐从不足以代表家族的二公子变成了各界争相结识的商界名流，在香港商界打响了自己的名字。

社会责任重在肩

香港一直是一个自由商港，随着香港工商业的发展，商业团体纷纷按各行业或商人所属乡邑成立，以团结会员，维护同行业或同乡的商业利益。早期的商业团体惯称“公所”或“公局”，后改称“商会”。发展实践证明，在中小企业占大多数的香港，商会在政府与行业间的桥梁纽带作用不可或缺。创立于1934年的香港中华厂商联合会，就是目前香港最大及最具代表性的非牟利工商团体之一，拥有各行业会员超过3000家，致力于服务社会，维护公众利益。这个历史悠久的商会在2011年底迎来了新一届会长——施荣怀。年轻时，一心想在商界打出一片天地的施荣怀并不愿在其他公职上分心，后来是在父亲的影响下才更多地参与社会工作，而真正投入进去，他就要求自己尽全力做到最好，足足将一半的时间献给了厂商会和其他社会工作。出任厂商会会董达十余年的他，这次成功当选会长可谓众望所归。

厂商会最受瞩目的工作要数一年一度举办的工展会，全称香港国际工业出品展销会，是全港最大的户外展销会之一，创办目的是宣扬香港制造的工业产品，推动工商业发展及拓展对外贸易。“工展会是1938年创办的。记得小时候爸爸、妈妈常领着我们去逛工展会，在那里看明星、看新出的产品，感觉很新奇，很开眼界。那时不比现在信息发达，上网就能看到很多新鲜事物，当时真的要去现场才能看得到。”工展会在施荣怀儿时的印象里就像是绚丽多彩的肥皂泡，而如今他成了吹泡泡的人。在历届会长和施荣怀的带领下，厂商会展览服务有限公司将香港工展会举办得有声有色，每年入场人次屡创新高。工展会还拓展到内地多个主要城市，协助港商开拓庞大的内销市场。2005年由该会牵头成立的香港品牌发展局，还每年结合工展会举办“香港名牌选举”和“香港服务名牌选举”，为“香港制造”的产品进军内销市场铺路搭桥。“我们就是要提供一个平台，让这些企业先在香港扬了名，再进军内地市场。我们还是领头羊，帮助港商寻找新的商机，为中小企业做些实实在在的事。”施荣怀表示。

除了致力于推动经济发展，厂商会还非常重视社会责任。2006年厂商会举办第41届工展会，在施荣怀的牵头下，特设“工展迎奥运”主题活动区，设置“同胞喜迎奥运会携手共建水立方”的展位。通过广泛推广与宣传，令香港市民对2008年北京奥运会及港澳台侨同胞共建奥运场馆的意义有了更深入的了解。“在短短二十几天的活动中，有265565名香港市民共捐资近三百万港元。”时隔多年，施荣怀对活动的参与人数仍印象深刻。“很多小朋友由家长带着到会场捐款。这次活动一方面是支持‘水立方’建设，一方面把公民意识灌输给市民，让香港的下一代知道什么是国家，祖国在哪里。”2008年，施荣怀也有幸作为港人的代表参与北京奥运会火炬传递，“能在北京传递奥运圣火更有一份自豪感，我深感自己这一棒不同凡响的意义。”这两百多米的历程，成为永恒的画面定格在施荣怀美好的记忆中。

施荣怀还有很多头衔与社会职务——香港特别行政区太平绅士、香港特区劳工顾问委员会委员、大珠三角商务委员会委员、香港贸易发展局理事、中国和平统一促进会香港总会理事、湖南省青年联合会副主席、中华海外联谊会理事……他尽量平衡自己的时间分配，让自己更多地浸润在社会事务中。

黄永光　搭建好两地的桥梁

徐　飞

在政协委员中，一直不缺少香港籍名人新面孔。初见黄永光，是在北京市政协十二届一次会议上，在众多的港澳委员中，黄永光很低调，白衬衫黑西装，外面一件黑色呢子外套，戴着一副眼镜。很绅士，让人看着很舒服，同时不会给人距离感是我对黄永光的第一印象。虽为富家子弟，但从哥伦比亚大学硕士毕业后，他在家族企业从最基层的助理做起，用员工的话评价黄永光：充满智慧与热情。如今的他已是香港信和集团执行董事，不仅是经营商业出色的企业家，更是经营社会出色的社会贤达。

促两地青年交流

2015年6月，近200名香港大学生前往北京，同当地大学生交流互动；7月，清华大学19名建筑学院与土木专业的高材生结束了两周的香港学习；同年8月，近百名香港大学生走进驻港部队体验15天的军旅生活……作为这些活动的组织发起者，北京市政协委员、信和集团执行董事黄永光在推动两地青年的交往交流工作中始终亲力亲为，“作为港澳委员，不光是提建议，还要当好桥梁，身体力行”。

黄永光注重学习请益，积极建言献策，第一年他便一口气提出三项提案，其中《关于进一步推进京港两地青年交流的提案》成为北京市政协重点督促落实的七项提案之一，促成了京港青年交流基金的筹建。黄永光表示：“作为一名年轻的新委员，所提的提案能够得到高度重视，感觉十分荣幸。这种肯定和迅速反馈让我很兴奋，我们香港的政协委员原来真的可以发挥作用，我回去跟很多香港的朋友说北京政府做事很认真务实。”获选优秀提案也促使他更加认真调研思考，今年两会上又提交了四个提案。

黄永光发起主办的“香港大学生军事生活体验营”，鼓励青年学习驻港官兵为国奉献之精神。黄永光曾经在大学期间服过两年兵役，他表示，军营中结下的友谊甚至会比学校里的同窗情谊更为持久，“我现在常联系的很多朋友，都是当兵时的战友。驻港部队官兵背井离乡来到香港，可能要与家人分开三四年之久，他们做出的牺牲不少”。黄永光希望青年人学习他们为国家为社会的精神，离开军营后能延续这里的正能量。

近年来，在参与推动香港同内地青年互动交流方面，黄永光发起组织的“香港大学生暑期内地实习计划”，倡导主办的“未来之星——香港传媒专业大学生国情课程班”赴京交流等活动，形式丰富多彩，多为青少年喜闻乐见，成效显著，令京港两地数千名大学生受益。

在香港中联办青年工作部副部长李蓟贻看来，工作繁忙的黄永光一直都在“挤出时间”为两地青年的共同成长“出钱出力”。在黄永光的推动下，数千位港青“通过自己的双眼看到了真实的中国”。李蓟贻说。

热衷公益与环保

在黄永光尖沙咀办公室的墙上，多年来一直挂着“先天下之忧而忧，后天下之乐而乐”的条幅。黄永光说：“这是我每天都面对的，我用这句话来提醒自己。”这句古人名言，是他的中学老师送给他的。老师提醒他说：“你的身世很好，要多考虑能为社会做些什么有意义的事情？”

在他的带动和直接参与下，集团义工队“信和有心人”的成员已超过2100人；“爱心探访”计划已服务逾3000个家庭；他更在集团内部推出“义工奖励”计划，把义工服务进行数字化统计，全方位鼓励员工参与义工服务。

在内地，黄永光的慈善脚步比经商快。信和在北京的发展项目还在考察中，但在此间的公益捐赠已超过港币5000万。成为北京市政协委员以后，黄永光想了解北京最基层的东西，北京的民情，市民关心的热点、难点问题，他能够做哪些实实在在的事情，而不是仅仅限于提案。无论是来北京开会、参加活动还是培训，他都利用零碎的时间走进北京的大街小巷去看。

黄永光十分关心北京市老年人的生活状况。为此，他多次走访敬老院，与老人一起聊天、吃饭。今年两会期间，他向北京福寿老年公寓和南磨房乡敬老院捐款近百万元人民币，用于改善两所敬老院的配套设施。他说，北京作为国内率先进入老龄化社会的城市，拥有280多万60岁以上常住老年人口。政府在逐步实现“养老金”随“消费指数”增加的保障制度的同时，有必要将养老金的投资纳入国民经济及社会发展规划，达致财政预算中有明确相应比例。他提出了《关于加快社会养老服务体系建设的提案》。他表示，政府部门宜深入调研、借鉴先进的建设和管理经验，可率先在全国探索实施“养老时间和服务储蓄”制度。

黄永光还考察了京郊平谷区养蜂基地，对于此“造血式”扶贫项目，他表示十分愿意出一分力，“希望可以帮到更多人”。他听说怀柔区长哨营满族乡二道河村要进行新农村改造，当即捐赠人民币45万元支持该村的产业专业规划。他前往清华大学科技园参观创新创业基地X-lab，同青年学生交谈交流。为激发大学生的创新、创意、创业热情，捐助了人民币300万元支持平台建设。

在内地，黄永光及其家族捐赠了“友城基金会”“医学基金会”“华侨公益基金”等，设立了北京大学及清华大学教育基金等。在香港，黄氏家族设立的“黄廷方慈善基金”近年来持续不断向数百间社福机构捐赠数千万元，广受社会好评。

黄永光还热心环保事业，近年来连续提出了多个关于环保的提案。例如，《关于加快“绿色北京”建设的提案》《关于构建公众参与低碳城市建设机制的提案》《关于开发水能发电，助理治污治霾的提案》等。

作为一个房地产商，为何付出如此多的心血做环保的研究？黄永光说，雾霾不单发生在北京，也发生在上海和香港。因为呼吸的空气是同样的，自己又有借助旗下物业试验的资源，愿意做这个抛砖引玉者。

“我也有小朋友，希望他未来的环境越来越好。总有一天我们会没有雾霾，不过是几时呢？我希望能促进这一天来得快一点。”黄永光说，旗下地产试验项目也不为营商，如果香港政府、北京政府的水务局和专业工作人员能受到自己试验的启发，更快更好地开发环保电，自己乐见其成。

“地球只有一个，我们要为子孙后代留一个好的环境。‘关于水能发电’和‘绿色北京’的提案，我自己做房地产，有物业的优势，有资金的优势，有海外专家学者容易召集的优势，可以作为实践的平台，为内地的环保做一些实实在在的事情。”

促进文物保护

香港大澳文物酒店日前获颁联合国教科文组织亚太区文物古迹保护奖优异项目奖，成为香港特别行政区政府发展局活化历史建筑伙伴计划中，首个获得此项殊荣的项目。该酒店的前身是建于1902年的大澳警署，是香港的二级历史建筑。如今外观依旧，内部被“活化使用”的这间文物酒店，由香港历史文物保育建设有限公司以非牟利社企模式经营，公司与社区携手一道，推广及保育大澳的文化遗产。

实践这个计划的仍是黄永光，香港历史文物保育建设有限公司董事。“我一直有一个想法，希望可以为大澳出一份力，恰好政府招标这个项目，只给非牟利公司参与，这对我是个机会。”黄永光认为，无论是大澳还是大澳警署，都是一段香港的历史，香港以前并不是什么中环、湾仔、高楼大厦，而是由很多不同的渔村组成。如今的大澳是香港硕果仅存的小渔村真实风貌，能参与旧大澳警署这个“活化历史建筑”的项目，实在是圆了多少年的梦想。

香港地狭人多，建筑稠密，为了留下更多值得纪念的历史空间，香港特区政府采取古迹活化的办法，令老建筑在保持外观依旧的情况下，拥有新功能，实现保护和利用双赢。

黄永光的梦还不止于此。他希望全世界都能知道香港西南部的这座古老渔村，能够肯定香港对于文化遗产的保护。他期待有一天大澳渔村的棚屋、红树林以及渔村生活和大澳文物酒店一起，申请世界文化遗产。

鉴于在香港实践的成功经验，黄永光提出了《关于学习借鉴香港新加坡经验，保护和活化北京历史建筑的提案》，他认为，北京政府可以借鉴香港的《活化历史建筑伙伴计划》，研究出台诸如《保育历史建筑之友》计划等，鼓励社会各界尤其是企业积极参与，政府提供适当的财政支持。这样，通过社会企业的营运模式，注入商业管理元素，采用创意的方法，在保存修复历史建筑风貌的同时，赋予其时尚元素，让文化古城生机重现。这样，不仅历史文化遗产得到有效保护，文化产业也将获得蓬勃发展，力求达到双赢的效果。

“跟香港有何不同，香港哪些好的经验可以拿到北京来”是黄永光最常思考的问题。这个香港青年对北京的关注甚至超过了一些生活在北京的人们。黄永光说：“虽然我是一名香港人，但能够为北京的发展做点贡献，感到十分荣幸。希望在接下来的履职生涯中，把香港更多、更好的经验、做法介绍给北京，为北京更好地发展尽自己的绵薄之力。”

鲁薇　戴着“广角镜”参政议政

崔　晨

广角镜是摄影镜头的一种，它焦距短而视角广，使用它可以让相机扩大可视范围、让照片呈现更宽广的景物。《广角镜》还是一本香港出版的综合性政经月刊，它内容翔实、言论开阔，细品它可以让读者以港人的视角了解和分析国内外时事政治动态，开阔国人视野。执掌这本刊物的鲁薇女士是北京市政协委员，她爱国爱港、履职建言，充分发挥着促进京港两地交流与发展的作用。

爱国爱港

鲁薇是1977年中国恢复高考后的第一届大学生，从北京大学中文系新闻专业毕业后怀着满腔热情投入新闻事业，在中央人民广播电台担任编辑兼记者，而后进入平面媒体，成为上海《文汇报》驻北京记者。随着赴港定居，鲁薇继续发挥新闻专业的专长，进入香港《广角镜》杂志社。如今，她已经是这本深具权威的综合性政经月刊的执行董事和出版人。

谈到《广角镜》，鲁薇言谈中充满了热情与自豪：“《广角镜》是1972年10月创刊的，它以自己的特色和风格占据着香港众多报刊的一隅阵地，办刊多年来，始终秉承爱国爱港的立场。这个立场是坚定的，不能动摇的！”基于这样的办刊原则，《广角镜》立足香港社会，深入报道港情民意、权威解读中央对港政策、系统介绍祖国内地改革发展情况、密切关注国际涉港动向，为香港的顺利回归和繁荣稳定，为香港特区政府依法施政，为香港与内地的交流与合作，发挥了舆论先导作用。《广角镜》坚持独特的视角，分析评论讲究立场客观公正，其文章经常为世界各大报章刊物、电台、电视台所引用转载，它的许多观点也时常引起中央及政府机构的关注。这正如鲁薇所期许的，“让《广角镜》成为决策者的工具”。这样一本严肃的政经刊物，能在八卦新闻横行的香港传媒界生存下来并办得有声有色实为不易，可见鲁薇及她的团队在刊物内容质量及宣传推广方面下的工夫。

目前，《广角镜》的读者遍布全世界每一个有华人的地方，大陆、港澳台、东南亚以及欧美地区……而且就传阅率来讲，据不完全统计，平均每期每份《广角镜》拥有数万名读者，其推广效应不言而喻。鲁薇站在《广角镜》的平台上，以自己的实际行动践行着爱国爱港的理念和立场。

履职建言

长期的新闻工作培养了鲁薇对客观事物敏锐的洞察力以及对时事政治的敏感性，加之强烈的社会责任感，使她具备了作为政协委员得天独厚的优势，然而鲁薇自知对政协还知之甚少，需要加强学习才能成为一名合格的政协委员。她主动给自己补课，报名参加中联办举办的初级、高级学习班，还有市政协、市委统战部组织的培训班，学习社会主义政治制度、宪法、人民政协理论等。“没有理论基础，只是就事论事，是无法履行好政协委员的职责的，虽然我工作很忙，但是我一定要加强学习，增长这方面的知识。”

在鲁薇看来，能成为政协委员非常荣幸，作为北京市的政协委员就更加荣幸。“赋予我这份荣誉，我就要承担起这份责任，而且责任应该大于荣誉。”鲁薇是这么说的也是这么做的。虽然大部分工作、生活时间是在香港，但是北京市政协的各种考察、会议她都尽力抽出时间参加，并且积极献计出力。立足本职参政议政，鲁薇很好地找到了本职工作与参政议政工作的结合点。身在传媒界的她，每天都要接触大量的时事新闻，了解社会各界最新发展动态，这不仅锻炼了她把脉现实难点、透析未来潮动的能力，还为她参政议政提供了厚实的素材。

鲁薇还在提高提案质量上下工夫。她根据调查研究提出《重视公共图书馆建设的提案》指出：文化是城市之魂，知识是城市发展的动力，只有社会大众把读书作为日常的爱好与习惯，一座城市甚至社会才能更加和谐。随着社会的不断进步、公众信息意识的不断提高，公众对知识的渴求越来越迫切，公共图书馆作为社会文化事业的一部分，应越来越得到重视。鲁薇发现，北京的公共图书馆极为缺乏，平均50万人才有一家。不仅数量少，而且没有实现系统外联网，制约了图书的借阅。对此她提出三点改进措施：一是政府重视，加强公共图书馆的建设与管理；二是自身造血，通过提供特色服务扩大经费来源；三是人员更新，采取资格考试、竞聘上岗制度。这份有理有据的提案荣获了当年的优秀提案奖，这也更加激发了鲁薇的积极性。

鲁薇同样关注“一老”“一小”问题，针对居家养老问题及加强博物馆儿童教育功能提出了建议；她还不忘倡导低碳理念，建议政府向市民发放低碳手册。“低碳不是一个时尚的概念，应该是日常生活中的举手之劳。现在处处讲低碳，但是具体应该怎么做很多人不是很清楚，我建议政府制作低碳手册发放给市民，我们港澳委员也可以出钱出力支持。”市政协全会期间，鲁薇还细心地发现，会场由于安保措施不让自带水杯，只能使用一次性纸杯，“这实际上是一种浪费”，如何把安保与环保有机结合起来是鲁薇下一个思考的问题。

她就这样发现着、思考着，每年都会提出几件提案，关注点也逐步扩展到市民文明素质提升、环境保护、民生改善等社会生活的方方面面。她提出的提案普遍带有前瞻性，反映的问题是很多委员并未发现的，建议部分还介绍了大量国外及港澳地区的先进经验做法。大家看后不禁感叹：“我怎么就没有想到呢。”并纷纷联名附议。

除了自己撰写提案，鲁薇还肩负着一项艰巨的任务。她是港澳委员中公认的中文水平最高的，因此帮助港澳委员修改提案就成了经常的事，她乐此不疲、认真对待，其热心肠也使她在政协委员中结下了好人缘。

鲁薇在政协这所大学校中加强学习、不断提高，在政协这个大舞台上参政议政、展现风采，在政协这个大家庭中结交朋友、团结友爱。她戴着“广角镜”，以广博的视角观察社会，以独到的见解建言发展，为维护香港繁荣稳定和推动首都建设作出了积极贡献。

（本文刊载于《北京观察》2011年第3期）

张凤敏　做职工的“娘家人”

崔　晨

还未开口说话嘴角先露笑意，嗓音清亮柔和充满热情，一双明亮有神的眼睛总是透着关切……面对这样一位和蔼可亲的女士，一种亲近感油然而生，让人忍不住想与她唠唠家常。而她，愿意倾听每一位职工的心声，做每一位职工的“娘家人”，她就是北京市政协委员、朝阳区双井街道总工会主席张凤敏。

扎根街道

在改革开放的新时期，30多年没换过工作，一直默默奉献基层，这样的人可谓凤毛麟角，张凤敏就是其中之一。从1982年参加工作开始，她就扎根于朝阳区双井街道办事处。“80年代的街道工作就像‘小脚侦缉队’。”回忆起当年的情境，张凤敏觉得恍如隔世。“当时双井地区都是大厂房，内燃机总厂、钢琴厂、啤酒厂、酱油厂、化工厂、建筑木材厂……现在，这些企业都外迁了，双井地区变成了居民区。”一路走来，张凤敏既是双井地区发展变化的见证者，也是改革建设的参与者。

起初，张凤敏是在双井街道宣传科，每天办报纸、出画册忙得不亦乐乎。突然把她调到街道工会部门，张凤敏可是带着情绪去的，总感觉从骨干科室到了边缘科室，心里难免有些落差。一次全区工作会点名发言，激发了张凤敏的好强心，“要发言就得说出个一二三来”！她开始研读工会资料，调研企业工会组织情况，认真准备发言材料。在准备的过程中，张凤敏逐渐对工会工作产生了兴趣。“我看你不像工会工作的新兵，倒像是工会工作的行家里手。”区里领导对张凤敏发言的肯定更加鼓舞了她，从此她一心扑在街道工会工作上，越干越起劲，越干感觉越有干头。“我刚来时，街道的工会工作相对简单，主要是和辖区内国企的工会组织联系，为职工解决一些衣食住行等方面的福利。而现在的工会工作内容发生了很大变化，维护职工合法权益、助推职工劳动条件改善、关心职工心理调节减压等是我们更加关注的内容。”多年来，随着工会工作的不断发展，张凤敏个人在事业上也不断获得进步。

服务创新永远在路上

2010年，双井街道总工会正式成立，张凤敏的事业迎来了新的春天。在她的带领下，仅一年时间，双井街道总工会就获得“全国百强示范街道工会”的荣誉称号，连续5年被评为北京市先进工会。谈起工作有什么秘诀，张凤敏表示就两个字——服务。为广大职工服务，张凤敏连年有创新，有的还是全国首创。而谈起创新的源泉，她反复强调的是要坚持从职工的需求出发，“创新不是坐在办公室拍拍脑袋想出来的，是从实践中来的；不是为了创新而创新，创新的最终目的是解决实际需求”。

2011年，双井街道总工会创建全市首家街道总工会、工会服务站、核算中心和职工活动中心合署办公的“一会一站两中心”工作模式。经过一段时间的工作实践，张凤敏认为，更好地为职工服务，就要让职工有苦有处诉。因此，她带领街道工会工作者建立了心理解压室和心理疏导室，实现了朝阳区总工会提出的“五室两中心”的规范化建设。而在别人固守已有成绩时，张凤敏又敏锐地发现了新的问题：来心理疏导室的职工要和单位请假，还会在路途上耽误时间、精力；很多职工在心理健康和精神障碍上存在认识误区，进行心理疏导担心被人说有精神问题，怕面子上过不去。“不能让心理解压室和心理疏导室成为摆设，要真正帮助职工解决心理问题。”张凤敏带着这样的想法考察调研了多家心理咨询服务机构，最终决定开通全国首条街道总工会职工心理咨询热线。“心理热线的开通，是一次大胆的尝试。随着社会的变化，工会会员家庭、工作、生活呈现出多样化、细琐化、随机性和不确定性等特点。心理热线的建立，可以解决上述问题，在帮助会员化解心理矛盾的同时，还可以对同类的问题做出统计分析，为未来的工会工作提供决策参考。”张凤敏信心满满。

看着心理热线一天天“热”起来，张凤敏又进一步打开入口，2015年对心理热线进行了升级，由只对辖区开放，变成面向全国的400免费电话，还增加了语音心理测试，可选择抑郁状态测评或焦虑状态测评，测评结果会以短信形式发送到用户手机上，方便职工及时了解自身的心理健康状态。

更好地为职工服务，还要让职工有难有人帮。2013年，双井街道两名社区工作者被诊断患上了癌症。此时恰逢朝阳区总工会出台了《朝阳区在职工会会员或职工患重大疾病、发生家庭火灾、意外伤亡请款抚慰办法》。张凤敏得知两位社工的病情，十分着急，“社区工作者待遇不高，工作压力又很大，患了大病之后对于他们的整个家庭来说，都是晴天霹雳”。她积极帮助这两名社工争取工会抚慰金。然而，由于社区工作者不是工会会员，并不在抚慰范围之内。“每天跑上跑下帮工会做工作的人，患了大病却不能享受工会抚慰，这绝对说不过去。”为了解决灯下黑问题，张凤敏暗下决心，组建社工工会，把大家都纳入到工会大家庭中来。想法是美好的，可到了具体实施阶段，各种问题接踵而来，张凤敏与上级工会、街道工委等相关单位反复沟通、协调，解决了最主要的社工工会法人证和工会经费的问题，就这样，全市首家社区工作者工会——双井街道社工工会正式成立，151名社工有了共同的家。春节前，社工们领到了工会赠送的厚厚的手套等慰问品，他们纷纷表示既暖在身上，也暖在心上，感受到工会大家庭的温暖。

为贯彻落实北京市总工会《关于进一步加强基层工会经审工作的意见》和《北京市工会审计基础工作规范》，2013年双井街道总工会对辖区100多个独立建会企业进行了工会会计工作的集中培训。为了检验培训效果，张凤敏决定开展抽查，就选取了之前工作做得相对较好、中等和较差的三家企业进行检查，而检查结果让张凤敏倒吸了一口凉气。“这三家企业做得相对较好的也存在不少问题，做得相对较差的工会账目简直没法看。”怎样帮助独立建会企业重视并健全工会会计制度？怎样让他们在符合工会财务规定的前提下，把每一分钱都花在职工身上？张凤敏陷入了沉思。凝思苦想了好几天，突然一个念头划过了她的脑海：集中培训效果不好，一对一培训可行吗？可新的问题又冒出来了：街道总工会经审委员人数不多，又都有自己的本职工作，谁能承担这种耗时、耗精力的工作呢？眼看着问题摆在那里，却因为没时间、没精力而无法解决，张凤敏总觉得心里不踏实。综合考虑现实情况，又请示街道工委和上级工会领导，张凤敏决定引入专业的第三方会计咨询公司，负责给独立建会企业开展一对一带账培训。“我们并不是要管控企业，而是给企业一个指导方向，让工会经费花得合情合理合法，并且真正用来回馈职工。”实践证明这项创新效果显著，独立建会企业都建立了工会财务管理制度，工会账簿与企业财务账簿分开，并且账目合理。切实体现了更好地为职工服务，就是让职工真真正正享受工会福利。

为非公企业工会干部申请补贴、吸引“六小”门店职工入会、开展“完美宝贝养成计划，全家总动员”为怀孕女职工及家属进行培训……张凤敏每天都在为辖区内近900家工会组织、12000余名工会会员忙碌奔波。暑期将近，张凤敏又在尝试开展职工子女托管班，为双职工家庭解决假期没人带孩子的后顾之忧。可以说，张凤敏的服务创新永远在路上。

履职初体验

2016年，张凤敏被推荐担任北京市政协委员。来自基层的她，一直觉得人民政协是一个“高大上”的组织，感觉自己与其他委员的差距很大。为了尽快融入政协大家庭，张凤敏不放过每一次学习的机会，积极参加培训、聆听讲座、参与座谈交流等，努力拓宽自己的知识面。一次关于国防问题的学习报告会，不仅让张凤敏听得解渴，还对她的工作带来了启示。她在组织辖区企业工会主席开展培训时，不仅讲工会知识，还请来专家讲南海问题、朝鲜半岛问题，还有全面放开二孩后的政策问题等。工会主席听了都特别振奋，表示这些讲座让他们了解了国际、国内时局，对于做好新形势下工会工作有很大帮助。

张凤敏不放过每一次履职的机会，参与调研、视察，撰写提案等，做到知情明政、尽职尽责。这位政协新人对待履职的第一份“作业”可是格外重视、非常认真。初任委员，应该提什么方面的提案，让张凤敏思考了很久，她找到辖区社工、企业工会主席、街道工委领导征求意见，最终决定反映垂杨柳地区的危改拆迁问题，“一方面，我在双井街道这么多年，对这地区的问题比较了解；另一方面，我觉得我应为本地区百姓办点实事”。张凤敏在垂杨柳地区进一步调研走访后，在提案中反映：双井街道垂杨柳地区是一个老旧小区，房屋建筑都源自于20世纪四五十年代，上下水管线老化、电线老化、房屋漏雨、屋顶脱落、阳台掉瓦等现象严重；在此居住的居民大多是离退休人员，家庭人口多、老少三代同居一室的多、合居户多、低保特困家庭多、残疾家庭多、孤老户多。“2002年，垂杨柳地区列为危改拆迁以来，产权单位纷纷弃产。近几年，双井街道通过党政群共商共治项目的实施，解决了一些老百姓迫在眉睫的电线老化、污水管线老化、房屋漏雨等问题。但百姓生活仍存在极大困扰。”她建议加快推进垂杨柳地区的危改拆迁工作。可借鉴酒仙桥地区的拆迁办法，政府通过购买，主导拆迁，彻底解决老旧小区房屋及设施老化等诸多的不安全隐患问题。“垂杨柳地区的危改拆迁工作已经启动多年。提出这个提案的目的就是，希望政府尽快帮助解决这些问题，让垂杨柳地区老百姓的民生福祉在朝阳区的发展变化中得到提升。”言谈之间，张凤敏充满了履职为民的满腔深情和坚定信心。

张凤敏，本不该有太多的故事，可在双井街道总工会主席的岗位上，她的故事一天天多起来；她，本不会有多大的名气，可伴着这些故事，她成了双井地区家喻户晓的人。

后记

政协委员是各行各业的精英和代表，他们有的是专家学者，有的是企业英才，有的是业务骨干。他们在本职岗位上突破创新、奋斗不懈，创造出不平凡的业绩。同时，作为政协委员，他们履职尽责，以高度的政治责任感和饱满的热情投入到调研、协商、议政工作中，通过提案与诤言，为首都经济社会发展和民生改善鼓与呼。

北京市政协《北京观察》杂志“风采”栏目，是全面展示政协委员多彩人生和履职作为的宣传板块，每期刊发2至3篇稿件。这些稿件多为记者一线原创采访，通过与委员交流或深入工作、调研现场，亲身感受后采写。文章立足于展现委员岗位奉献、精益求精的奋斗经历以及求真务实、议政建言的点滴细节，具有一定的感染力。

2017年，十二届北京市政协收官在即，为了更好地总结履职成果，我们将本届政协工作和委员的有关新闻报道、《北京观察》风采、文化专栏的精华篇目进行修订，作为北京市政协新闻宣传丛书出版发行。其中，《委员风采》一书收录了160余位十二届北京市政协委员的“风采”稿件。少数篇目采写的十二届连任委员为十一届时撰写，也有少数篇目为其他媒体采写刊发。

作为十二届市政协五年工作总结的一个重要内容、作为五年工作成果的一个重要反映，北京市政协新闻宣传丛书的编辑出版得到了市政协领导的高度重视和支持。丛书由宗朋同志主持编辑，刘墨非、郭隆、崔晓晖、徐飞、秦焕钧、崔晨、任万霞、张涛、王硕、张斯伟参与编辑工作。受材料和编者水平所限，本书疏漏和不妥之处在所难免，敬请广大读者批评指正，以期提高。

北京市政协宣传中心

2017年12月

图书在版编目（CIP）数据

委员风采 / 北京市政协宣传中心编. -- 北京 : 中国文史出版社， 2017.10

ISBN 978-7-5034-9706-3

Ⅰ. ①委… Ⅱ. ①北… Ⅲ. ①政协委员—生平事迹—北京 Ⅳ. ①K820.81

中国版本图书馆CIP数据核字(2017)第264096号

责任编辑：卜伟欣

出版发行：中国文史出版社
网　址：www.chinawenshi.net
社　址：北京市西城区太平桥大街23号 邮编：100811
电　话：010-66173572 66168268 66192736（发行部）
传　真：010-66192703
印　装：北京地大彩印有限公司
经　销：全国新华书店
开　本：710×1010 1/16
印　张：47
字　数：580千字
版　次：2018年4月北京第1版
印　次：2018年4月第1次印刷
定　价：108.00元（上下册）
